INDESTRUTÍVEL

John R. Bruning

Indestrutível
Como um homem mudou o curso da Segunda Guerra Mundial

TRADUÇÃO
Otacílio Nunes

Copyright © 2006 by John R. Bruning
Publicado mediante acordo com Hachette Books, Nova York, Nova York, EUA.
Todos os direitos reservados.

*Grafia atualizada segundo o Acordo Ortográfico da Língua Portuguesa de 1990,
que entrou em vigor no Brasil em 2009.*

Título original
Indestructible: One Man's Rescue Mission That Changed the Course of WWII

Capa
Alceu Chiesorin Nunes

Imagem de capa
Daniel Uhr/ duhraviationart.com

Imagens de miolo
p. 249 – Acervo de Nat Gunn; p. 250 – Acervo de Nat Gunn; MacArthur Memorial, Acervo de
Bartsch; p. 251 – Acervo de Nat Gunn; Acervo de John R. Bruning; p. 252 – Arquivos Nacionais,
RG-80G; p. 253 – Arquivos Nacionais, RG-342; Acervo de Nat Gunn; p. 254 – Air Force
Historical Research Agency, Acervo de George Kenney; Arquivos Nacionais, RG-342;
p. 255 – Arquivos Nacionais, RG-342; p. 256 – Acervo de Nat Gunn

Preparação
Fernanda Villa Nova

Índice remissivo
Probo Poletti

Revisão
Huendel Viana e Angela das Neves

Dados Internacionais de Catalogação na Publicação (CIP)
(Câmara Brasileira do Livro, SP, Brasil)

Bruning, John R.
    Indestrutível : Como um homem mudou o curso da Segunda Guerra Mundial / John R.
Bruning ; tradução Otacílio Nunes. — 1ª ed. — Rio de Janeiro : Objetiva, 2020.

    Título original: Indestructible : One Man's Rescue Mission That Changed the Course
of WWII.
    Bibliografia.
    ISBN 978-85-470-0103-2

    1. Aeronáutica, Militar – Inovações tecnológicas – História – Século XX 2. Americanos –
Filipinas – Biografia 3. Gunn, Paul Irvin, 1899-1957 4. Gunn, Paul Irvin, 1899-1957 – Família
5. Guerra Mundial, 1939-45 – Operações aéreas 6. Guerra Mundial, 1939-45 – Prisioneiros e
prisões – Japoneses 7. Prisioneiros de guerra – Filipinas – Biografia 8. Pilotos aéreos – Estados
Unidos – Biografia 9. Resgates – Filipinas – História – Século XX I. Título.

20-32745	CDD-940.544092

Índice para catálogo sistemático:
1. Pilotos de guerra : Guerra Mundial, 1939-45 :
    História e memórias   940.544092

Maria Alice Ferreira – Bibliotecária – CRB-8/7964

[2020]
Todos os direitos desta edição reservados à
EDITORA SCHWARCZ S.A.
Praça Floriano, 19, sala 3001 — Cinelândia
20031-050 — Rio de Janeiro — RJ
Telefone: (21) 3993-7510
www.companhiadasletras.com.br
www.blogdacompanhia.com.br
facebook.com/editoraobjetiva
instagram.com/editora_objetiva
twitter.com/edobjetiva

Este livro é dedicado a minha filha, Renee Bruning. Sobrevivente de uma cirurgia no cérebro aos catorze anos, aluna nota dez e a pessoa mais valente que conheci. No aniversário de dezesseis anos de Renee, ela me pediu que escrevesse um livro sobre um assunto que eu sempre quis abordar. Indestrutível se tornou esse presente. Obrigado, Renee, por me dar a coragem e o motivo para tentar. Você é o fósforo que acendeu este fogo.

Nota do autor

Os diálogos neste livro se basearam em entrevistas, cartas, diários, artigos de jornais contemporâneos, matérias de revista, filmagens e relatos oficiais das pessoas envolvidas. Sempre que possível, usei fontes contemporâneas. Embora a reconstrução das palavras exatas usadas em uma conversa específica sete décadas depois de ela ter ocorrido seja quase impossível, trabalhei com empenho para refletir rigorosamente a natureza da conversa e as palavras usadas que os próprios participantes recordaram ou sobre as quais escreveram na época.

*Vou morrer antes dos sessenta anos usando minhas
botas e com o manete pressionado até o fim.*
P.I. "Pappy" Gunn

Sumário

Nota do autor 7
Prólogo 19

PARTE 1: ODISSEIA FILIPINA

1. O último dia normal 23
2. O viajante misterioso 32
3. Rumo à tempestade 44
4. A voz de Manila 56
5. O dia de *fiestas* 62
6. Terror na noite 73
7. Cenas de cinema 80
8. Procurando encrenca 87
9. O recruta de meia-idade 95
10. Filho fora da lei de um homem da lei 105
11. O nariz 118
12. Barão Vermelho americano 127
13. Aliados refugiados 133
14. Rotina no caos 142
15. Véspera de Natal 150
16. A última transmissão 159

PARTE 2: A LENDA DE PAPPY GUNN

17. Primeiras lendas 169
18. A perigosa consequência do "está em falta" 173
19. Daniel Boone das Índias Orientais Holandesas 188
20. Regras da Oitava Avenida 203
21. Pappy e o Miss EMF 211
22. Invalidando a autorização 216
23. Onde os fracos são as presas 226
24. Wainwright para MacArthur: Onde está o capitão Gunn? 239
25. A sorte invencível de Pappy Gunn 257
26. Os Comandos Camberra e os inúmeros problemas que se seguiram 266
27. Matando Von Gronau 276
28. Segredos, espiões e buracos misteriosos 290
29. Sobrevivência versus pecado 301
30. O adorável mortífero com o agachamento de Jack Dempsey 311
31. "O cara mais fissurado em armas que eu conheci" 326
32. Bust'Em George, o general renegado sem documentos 337
33. O amadurecimento de Clara Crosby 347
34. *Margaret*, a radical, agressiva, letal máquina mortífera de Pappy ... 355
35. A guerra contra a esperança 366
36. Sangue e fogo 373
37. Reconexões e revoluções 383

PARTE 3: SEGUINDO PARA CASA

38. Lendas posteriores 393
39. Verão de *gunships* 395
40. Miss Priss revida 404
41. O mindinho e os pulmões 415
42. Na cauda do fantasma de Custer 423
43. A promessa de última instância 436
44. A batalha final de Pappy 445
45. O doce pêssego da Geórgia 451
46. A guerra transformou homens em animais 458
47. Enfermaria 6 464

Posfácio 473
Agradecimentos 477
Notas 483
Referências bibliográficas 487
Índice remissivo 495

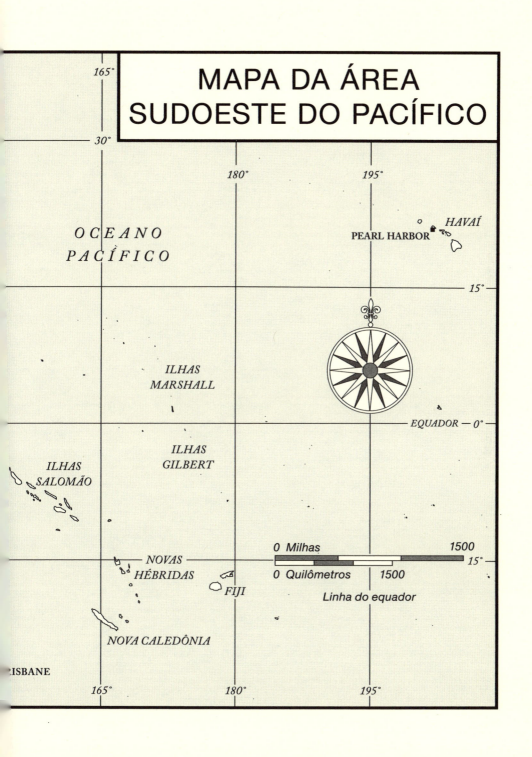

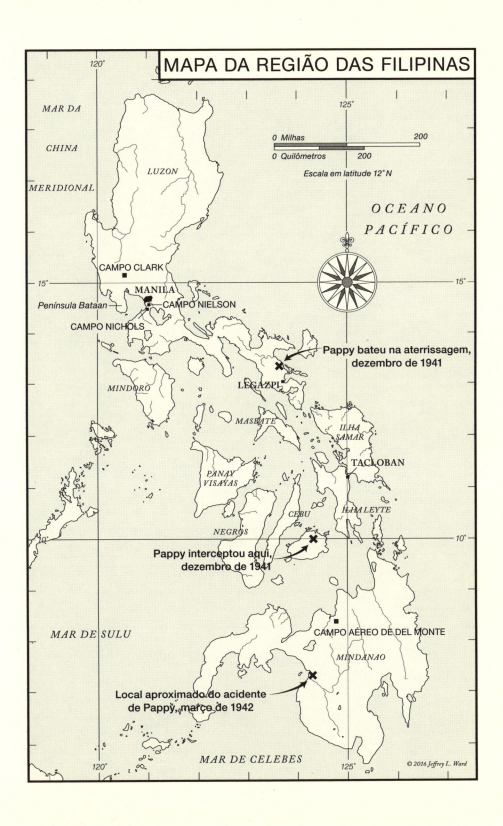

Prólogo

3 de março de 1943
Trinta milhas ao largo da costa norte da Nova Guiné

Os tubarões se alimentavam, os homens gritavam. Aqueles que podiam revida-vam, chutando e socando em desespero enquanto os grandes tubarões-brancos e martelo se erguiam das profundezas, as mandíbulas arrancando seus membros ou rasgando-os ao meio. Os mortos flutuavam ao redor dos vivos, o sangue tão espesso nas ondas de crista branca que aqueles que testemunharam a cena juravam que o mar de Bismarck naquele dia ficou vermelho.

Uns poucos sortudos encontraram refúgio nos surrados botes salva-vidas, ou engatinharam sobre fragmentos de uma dezena de naufrágios. Outros flutuavam em salva-vidas, abrindo caminho pela água entre cadáveres e des-troços. Milhares já haviam morrido. Os feridos gritavam por uma ajuda que sabiam que não viria.

Um som surgiu ao longe. A princípio era fraco, um mero zunido que mal se ouvia acima do caos das ondas.

Apavorados, os homens exaustos voltaram os olhos para o céu. Os americanos haviam retornado. Alguns engatilharam fuzis de repetição ou metralhadoras leves encharcadas de água que haviam carregado das laterais de seus navios que afundavam. Essas armas ofereciam uma defesa deplorável contra a força destruidora que se aproximava velozmente, mas era o que lhes restava. Sua

Força Aérea fora vencida. Sua Marinha fora destruída ou afugentada. Agora, oscilando no mar de Bismarck, esses homens sabiam que não haveria nenhum milagre para salvá-los.

Os sons de motores arremetendo com força total se tornaram ensurdecedores, mas os homens, tensos, não conseguiam avistar nenhum avião. À distância, alguns apareciam milhares de pés acima deles. Não faziam qualquer diferença para os homens na água, não eram aqueles cujos motores lhes enchiam os ouvidos. A verdadeira ameaça permanecia invisível.

A água se agitava ao redor deles como se açoitada pela chuva de uma tempestade tropical. Botes salva-vidas foram despedaçados, os destroços varridos pelas balas de muitas metralhadoras pesadas. Os estrondos atingiram os ouvidos dos sobreviventes um instante depois. Sombras predatórias passaram a toda velocidade sobre eles. Os bombardeiros americanos desceram tanto e tão depressa que só puderam ser vistos quando estavam praticamente acima de suas cabeças.

Eram armas novas, projetadas para um novo tipo de combate aéreo que pegara os homens na água completamente de surpresa. Não havia defesa eficaz contra elas, e em questão de minutos seus navios foram transformados em enormes conflagrações perfuradas de balas. Em retrospecto, os sortudos tinham morrido a bordo.

Os motores rugindo retrocederam, mas só por um instante. Voltariam para outro ataque.

Nove mil pés acima dos mortos e da agonia na água, o piloto de meia-idade, um pai de quatro filhos e marido devotado que havia engendrado o destino deles, observava a cena abaixo inicialmente com olhos cheios de alegria, depois sem compaixão.

Os tubarões não paravam de se alimentar.

Parte 1

Odisseia filipina

1. O último dia normal

Dezembro de 1941
Manila, Filipinas

Em uma cama de dossel fabricada à mão, sob uma colcha branca feita em casa, Paul Irvin "P.I." Gunn estava deitado ao lado da mulher com quem casara vinte anos antes. O cabelo amendoado de Polly, sempre meticulosamente trançado, adornava seu travesseiro. Eles dormiam próximos, emparelhados como amantes cujo fogo mútuo jamais esmorecera. Outros casais se formavam e se desfaziam. Esses dois tinham prosperado a despeito de tudo que uma vida dura e perigosa lhes impusera.

Sobre a mesa de cabeceira de P.I. estava um relógio de pulso Hamilton Buships padrão da Marinha dos Estados Unidos, um legado de uma carreira que agora completava quatro anos, mas que ainda era usado todos os dias. Estreito, solidamente construído, e desgastado em incontáveis aventuras, o relógio combinava perfeitamente com os traços físicos de P.I. Ao longo dos anos, homem e relógio tinham sobrevivido a tudo, de ferozes tempestades no oceano a quedas de avião e missões de combate sobre a Nicarágua em biplanos de baixa potência. Fazia muito tempo que o relógio se tornara parte do homem. O ponteiro menor percorreu mais um minuto até que o relógio marcou precisamente 4h30.

Na cama, os olhos cinza-azulados de P.I. se abriram. Ele empurrou a colcha e se sentou, como uma mola se desenrolando. Para ele, não havia transição lenta entre sono e consciência. Como o estalido de um interruptor de luz, ele ia do dormente à plena potência todas as manhãs exatamente às 4h30. Nunca precisava de despertador; seu despertador interno era melhor que qualquer coisa que mesmo os suíços conseguissem produzir.

Seus pés encontraram o piso de madeira de lei envernizada, que os criados da família desgastavam polindo com cascas de coco que amarravam aos pés. Esse processo semanal era uma fonte de fascínio para os dois garotos de P.I. e Polly.

"Levantar!", gritou P.I., a voz ribombando pela casa. Um momento depois, foi ao banheiro para colocar seus dentes. Muito tempo antes, quando iniciava o uso de hidroaviões nas belonaves da Marinha, ele tinha pousado seu avião ao lado de um cruzador e taxiado ao longo dele. Um guindaste oscilou para fora sobre a lateral do navio e enganchou um cabo no avião dele. Enquanto a tripulação puxava o guindaste para bordo, uma enorme onda bateu no costado do navio, o que o fez inclinar-se abruptamente antes de voltar à horizontal. O movimento repentino lançou o avião de P.I. como um pêndulo — diretamente no flanco do cruzador. A força do impacto jogou o rosto de P.I. contra o painel de instrumentos com tanta força que seus dentes foram danificados permanentemente. Mais tarde, ele pediu a um dentista que arrancasse todos e lhe fizesse um par de dentaduras.

Sua rotina matinal era curta e precisa. Ele abriu a torneira do chuveiro, esperando impaciente que a água quente jorrasse. Tinha coisas a fazer, e a paciência nunca combinou com ele. A água esquentou e ele entrou no banho — depressa —, sem demora para aproveitar a água que caía em seus músculos de meia-idade. Banhos eram necessidades funcionais, não deleites. Ele acabou de se banhar e puxou uma toalha do cabide ao lado.

Muito antes, quando usava couro e seda para trabalhar todas as manhãs, ele aprendera a se barbear à noite. Era um velho truque de piloto, passado de uma geração à seguinte na era do biplano com cabine de piloto aberta. Lenços de seda ajudavam a evitar que o pescoço do piloto fosse esfolado por golas de couro, mas o vento açoitava a pele recém-barbeada. Aqueles que se aventuravam nas primeiras máquinas voadoras de tecido e madeira ficavam bastante desconfortáveis em assentos de cesto e em regiões congelantes, de modo que passaram a raspar a barba antes de dormir para dar à pele tempo para voltar a se enrijecer.

Embora seus dias de cabine aberta estivessem no passado distante, P.I. era uma criatura de hábitos.

Ele acabou de se enxugar e pegou as roupas. Apesar do calor tropical, para trabalhar P.I. preferia sempre camisas cáqui de mangas compridas abotoadas. Em parte isso era senso de profissionalismo. Mas era principalmente uma maneira de esconder uma indiscrição de sua vida passada.

Ele vestiu a camisa, a manga esquerda escondendo um par de tatuagens. Uma, no antebraço, retratava uma águia americana agarrando o escudo da Marinha dos Estados Unidos. A Estátua da Liberdade adornava o ombro esquerdo, uma encarnação do senso de excepcionalismo americano de P.I. na juventude.

Uma vez ele pegara o filho mais novo, Nathan, olhando para suas tatuagens. P.I. as cobriu depressa, enquanto dizia ao menino: "Nath, se algum dia eu vir uma coisa como esta em você, vou te dar uma surra daquelas".

Elas eram o resultado das férias de um marinheiro na praia em algum lugar do Caribe durante os anos 1920, quando P.I. servia a bordo do cruzador leve USS *Omaha*. Na época ele era um grumete, e as tatuagens faziam parte da cultura.

Agora, nesta nova vida, ele pertencia ao alto escalão. Nunca seria um oficial burocrático empolado, fechado, preso a uma mesa, mas tinha passado de algumas centenas de dólares por mês como suboficial sênior na Marinha a mais de mil dólares por mês nas Filipinas. Agora, em vez de trabalhar ao lado de mecânicos experimentados, seu círculo profissional incluía algumas das pessoas mais ricas do mundo. Pessoas que olhavam com desconfiança para algo inculto como uma tatuagem.

Havia coisas no passado de Pappy que não podiam ser cobertas com uma camisa. Era um passado complexo e às vezes torturado. Um dia ele fora definido pela posição socioeconômica de sua família em sua cidadezinha, no Arkansas. Na adolescência, tentou afoitamente se livrar daqueles julgamentos de cidade pequena do Sul e criar uma nova vida para si. Conseguiu — pelo menos até que a lei interveio.

Desde então, ele abandonara seu lugar de nascimento e vira o mundo. No trajeto, ele se inventou e reinventou muitas vezes, acrescentando uma camada sobre outra, até que se tornou uma mistura de elementos com frequência contraditórios. Ninguém jamais viu todas as camadas, mas Polly chegou mais perto disso do que qualquer outra pessoa.

P.I. abotoou os punhos e pegou a gravata. Toda preta, a mesma que ele usara na Marinha. Terminou de se vestir com um par de sapatos oxford marrons, outro aceno a seus dias no mar. Aviadores navais usavam sapatos marrons. Todos os outros na frota usavam pretos. Ao longo de seus vinte anos, a tensão entre os sapatos pretos e os marrons nunca diminuiu. No máximo, aqueles anos finais eram frequentemente coloridos com hostilidade aberta entre as duas facções, enquanto os almirantes lutavam para reter seu senso de supremacia marítima em face de revolucionários torpedos e bombas da Força Aérea.

Todo aquele rancor entre os pilotos arrogantes e os tipos míopes e retraídos da frota agora estava no passado de P.I. Mas aquele espírito pioneiro que ele e seus colegas aviadores cultivavam, aquele senso de abertura a novas ideias e inovação, se tornara havia muito tempo um traço definidor do caráter de P.I. Ele não tinha tempo para quem carecia de visão para enxergar como a tecnologia podia transformar o futuro.

Ele se abaixou e amarrou os cadarços de seus oxfords, enquanto gritava: "Merced! Vamos servir o café!". Merced era o cozinheiro da família. Ao chegar a Manila, em 1939, P.I. ficou a princípio um pouco oprimido pelos refinamentos da sociedade americana polida dali. Esperava-se que os americanos tivessem criados, mordomos e motoristas filipinos, que podiam ser contratados a um preço tão baixo que até soldados rasos morando fora da guarnição em volta do Forte McKinley podiam contratar pelo menos um.

Sua família tinha deixado de lutar para pagar as contas mês a mês e passara a ser servida de todas as maneiras possíveis. Polly, uma chef consumada e dedicada, chegou às Filipinas e teve seu lugar fundamental na casa usurpado. Quando tentava ajudar a preparar as refeições da família, o cozinheiro recusava seus esforços. Então ela o despediu, após ter combinado com P.I. Merced se integrou à equipe pouco depois, e não tinha problema com o envolvimento de Polly na cozinha.

P.I. pegou o relógio e o prendeu no pulso. As Filipinas tinham sido a Terra Prometida para sua família. Os quatro filhos estavam sendo educados em escolas privadas de primeira classe. As tarefas de Polly na casa tinham sido aliviadas, e agora ela passava os dias com os filhos ou fazendo trabalho voluntário na Cruz Vermelha local com as esposas de outras famílias de classe média alta.

Enquanto isso, havia camadas na nova vida de P.I. no Extremo Oriente. À primeira vista, ele era de novo um pioneiro em sua segunda carreira. Quantos podiam dizer isso? Não admira que ele amasse as Filipinas. Ali estavam a oportunidade, o crescimento, um reino inteiramente aberto cheio de potencial, precisando só de um fulcro como Paul Gunn para aproveitar as oportunidades e realizar algo verdadeiramente notável e duradouro. Mas em sua presença nas Filipinas havia mais que seu espírito empreendedor. Muito mais.

Ele penteou o cabelo castanho — um pouco mais fino do que quando ele pousou um biplano no primeiro porta-aviões americano, o USS *Langley*, mas o tempo não lhe havia roubado o brilho. Trabalho intenso e paixão o mantinham jovem, e P.I. não parecia nem perto de seus 41 anos. Ele evitara a temida barriga da meia-idade, e os pés de galinha ainda não haviam pousado em seu rosto.

Ele se virou e encarou a cama e as cobertas amarrotadas. A colcha que usavam fora costurada na Flórida pela mãe de Polly e por suas amigas, que passavam horas na varanda dos fundos da casa de Pensacola criando colchas para todos os membros da família. Polly e P.I. receberam várias, e os quatro filhos dormiam cada um sob sua própria colcha de Pensacola. Quando a cabala de costura se cansava de cobertas de cama, faziam toalhas de mesa e descansos para pratos de crochê. Polly juntava os mais delicados e preciosos em um baú de cedro mantido na sala de jantar, onde só eram usados nas ocasiões mais formais.

Agora a cama estava vazia. Polly estava acostumada a essa rotina antes do amanhecer. Assim que P.I. entrava no banho, ela se levantava, enrolava-se em um robe e ia acordar os filhos e se certificar de que o café estivesse na mesa.

Havia duas constantes na vida de P.I. em casa. A primeira seria sempre Polly e o amor que eles partilhavam. A fagulha entre eles surgira duas décadas antes em um piquenique de igreja em Pensacola e se mantivera brilhando através de todas as tempestades em que a vida os lançara.

A segunda era a cama de dossel com colunas torneadas. O pai de Polly a fabricara afetuosamente em madeira de bordo e lhes dera de presente no dia do casamento. Era uma bela obra de arte. Ele moldara os carretéis em cada uma das colunas com um torno mecânico, esculpindo com precisão admirável o ornamento filamentoso em todas as quatro colunas.

A natureza transitória de uma vida na Marinha não se prestava a uma peça de herança familiar tão grande e pesada, mas Polly garantiu resolutamente que a cama de colunas torneadas pulasse pelo país de uma base a outra à medida que a carreira de P.I. prosperava. Da Flórida, ela tinha ido para San Diego, depois para Honolulu, chegando finalmente à doca de Manila dois anos antes com o resto dos pertences da família. Para P.I., lar era onde Polly estava. E onde Polly estava sempre estaria a cama deles.

P.I. desceu depressa a escada e entrou na cozinha, onde Merced estava cortando uma toranja em pedaços decorativos. Para ele, comida era um meio artístico, algo que P.I. nunca entendia realmente, mesmo após meses comendo suas cenouras, mangas e outras delícias fatiadas de forma intrincada. Fazer comida bonita lhe parecia um desperdício de tempo. Afinal, ela ia ser comida de qualquer jeito, certo? Para Merced, a apresentação era tão importante quanto o sabor.

P.I. pegou uma lata de sardinha da geladeira; um item de luxo sem o qual passaram anos durante sua carreira na Marinha. Puxando a tampa, ele tirou uma sardinha e foi até a lavanderia, onde Amos, o gato malhado amarelo brilhante que P.I. adotara de um capitão do Exército dos Estados Unidos que fora embora, esperava pacientemente por sua refeição.

"Honestamente, P.I., por que você o alimenta com sardinha?", Polly perguntara mais de uma vez.

A resposta era sempre a mesma: "É o que o capitão dava a ele. Então é o que nós temos que dar".

Ele brincou com Amos, coçou-lhe a cabeça e aquele ponto atrás das orelhas que os gatos amavam. Um momento depois, Dingo, o viajado pastor australiano da família, saiu de seu canto na lavanderia em busca de atenção.

Depois de cumprimentar Dingo, P.I. disparou para a sala de jantar cheio de energia, um contraste com os dois filhos de olhos sonolentos, Paul e Nathan, que estavam sentados à mesa com Polly. A cadeira de P.I. ficava sempre na cabeceira, e ele caiu nela enquanto dava bom-dia aos filhos. Mesmo sentado, parecia um homem em movimento.

Merced havia lotado a mesa com belas comidas, cortadas com delicadeza e arranjadas em porcelana branca. Frutas, panquecas, aveia, ovos — tudo o que cada membro da família quisesse estava ao alcance da mão.

Nessa manhã, a mesa estava desfalcada de dois membros. As filhas, Connie e Julie, estavam em Baguio, a capital de verão filipina, torcendo pelo time de basquete da escola. Haviam partido na sexta-feira e voltariam até a hora do jantar de domingo.

Essa excursão para passar a noite tinha sido um grande passo para P.I. Suas filhas adolescentes se pareciam com a mãe: eram impressionantes. Connie, em particular, herdara não só a beleza física da mãe, mas irradiava o mesmo charme energético que tornava Polly tão irresistível para homens e mulheres.

Como pai, P.I. assistira consternado aos rapazes se apaixonando pelas filhas. Aonde quer que fossem, rapazes eram cativados pelo charme e pela aparência delas. Quando as meninas iam à base aérea para vê-lo, os outros pilotos praticamente as cercavam, acotovelando-se enquanto se ofereciam para levá-las para voar. Isso ocorreu até que P.I. repreendeu com severidade seus confrades aviadores. Depois disso, eles passaram a ser modelos de cortesia. Então ele disse a Connie que só havia um piloto em quem confiava para estar com ela e que permitiria que a levasse para o ar. Nath e o resto da família pensavam que essa era uma maneira notavelmente esclarecida de lidar com o assunto, a eterna luta de ser pai de filhas bonitas. Talvez não tão esclarecida quanto astuta. P.I. sabia que o piloto era gay.

Ele encheu seu prato, e a família começou a comer. P.I. e Polly tinham tornado esse aspecto do ritual matinal uma regra inviolável: a família sempre se reunia para tomar o café da manhã antes de cada um seguir seu caminho no dia. Isso significava que todos se levantavam às 4h30 em quase todas as manhãs, embora com frequência os garotos fossem autorizados a voltar a dormir mais um pouco antes de ir para a escola.

À mesa, conversavam sobre a logística de levar as crianças à escola, que trabalho P.I. tinha a fazer e onde faria, os planos de Polly, ou quaisquer outros detalhes cotidianos que mantinham a família funcionando.

À noite, o jantar era a outra regra familiar inviolável. Enquanto a conversa no café da manhã era toda sobre trabalho e logística, o papo à noite ia de política a bobagens, brincadeiras e risadas. Momentos especiais eram partilhados e vitórias individuais, celebradas. Na década de 1930, quando o salário de P.I. na Marinha finalmente ultrapassou a marca de duzentos dólares por mês, ele levou o cheque para casa e o circulou pela mesa de jantar. Cada filho o segurou e olhou para o número aparentemente astronômico com quase reverência, até que o cheque finalmente chegou a Polly. Ela se emocionou ao segurá-lo, pensando em todos aqueles anos em que eles viveram no aperto com o pagamento de recruta e os bicos feitos pelo marido.

"Oh, P.I.", ela disse baixinho, "estou tão orgulhosa de você."

Esses eram os momentos sempre lembrados, e a mesa do jantar propiciava muitos deles. A do café da manhã, nem tanto.

Neste domingo, P.I. tinha compromissos. Disse aos garotos e a Polly que iria à base aérea, mas estaria em casa para o jantar. Polly planejava levar os filhos à missa de manhã, uma atividade dominical básica que P.I. evitava. Embora eles se reunissem em piqueniques da igreja, P.I. não era religioso. Essa era a maior diferença entre marido e mulher, algo que poderia ter separado outros casais. Em vez disso, eles se adaptavam um ao outro. P.I. concordou e deixou Polly criar os filhos como católicos. Polly concordou em nunca pedir a P.I. que se convertesse. O assunto se resolveu. Nunca virou um problema entre eles.

Igreja e voar. A dupla experiência dominical da família Gunn. P.I. normalmente trabalhava sete dias por semana. Sempre fizera isso e imaginava que sempre faria.

Nos anos seguintes, a família tentaria lembrar aonde P.I. fora e o que fizera naquele domingo fatídico. Julie achava que ele tinha ido pescar na ilha Alabat, a cerca de oitenta quilômetros a leste de Manila, na baía Lamon. Polly se lembrava de que ele tinha ido com um empresário americano a sua operação de mineração em uma ilha na costa de Luzon. O que quer que P.I. tenha dito sobre seus planos à mesa do café da manhã se perdera para a história. Mas com toda certeza não envolviam pesca.

P.I. costumava ser infalivelmente honesto com a família — às vezes em excesso. Mas, quando se tratava dos riscos de seu trabalho, ou de assuntos de segurança nacional, ele se fechava. Aquele dia era um duplo azar: ele sabia que enfrentaria perigo em nome da segurança nacional, portanto havia inventado um disfarce. Não gostava de fazer isso, mas em sua vida na Marinha ele tentava proteger Polly dos riscos diários que enfrentava como aviador pioneiro. Fazia piada com aqueles perigos e contava histórias de percalços de voo de um jeito que fazia as pessoas num coquetel uivarem de rir. No entanto, indo um pouco mais fundo, essas histórias mascaravam uma realidade sombria: muitos de seus colegas aviadores navais tinham morrido voando em biplanos frágeis cobertos de tecido.

Como americano e veterano leal, P.I. levava a segurança nacional e o sigilo muito a sério. Para ele, essa era a única coisa que poderia superar a família, pois a segurança de seu país assegurava que a família pudesse florescer. Mal sabia que naquela manhã a lealdade a seu país e a lealdade a sua família seriam testadas até o limite nas semanas seguintes, obrigando-o a tomar a decisão mais difícil de sua vida.

Ele acabou de comer, pôs o guardanapo na mesa e pegou Polly nos braços. Um beijo demorado, dois abraços nos garotos, e ele saiu. A missão do dia não podia mais esperar.

2. O viajante misterioso

Paul Irving Gunn se pôs atrás do volante do sedã da família, um imponente Buick Roadmaster de quatro portas estacionado na entrada para carros. Era de cor *verdi* — um verde especial — e tinha um rack para bagagem preso na tampa do porta-malas. Ele o comprara novo em 1939, diretamente do pátio de uma concessionária em Manila, e o carro tinha sido o primeiro zero-quilômetro da família. E também de P.I. Seu primeiro carro era de antes da Primeira Guerra Mundial, uma mistura de dois veículos parcialmente destruídos que ele encontrara em sua cidade natal, Quitman, no Arkansas. Ele o remendara até que seu calhambeque se tornara a carroça mais rápida do condado, perfeito para as corridas à luz do luar que ele fazia quando a polícia do Arkansas estava atrás dele e de seu círculo de camaradas nada respeitáveis.

Tinha então dezessete anos, era inevitavelmente um criminoso e estava disposto a fazer qualquer coisa para impedir que a mãe fosse à falência. Isso acontecera em uma vida anterior, uma camada que enterrara e redimira com seu serviço militar. Na época ele tinha até outro nome. Os garotos da cidade o apelidaram "Bill", porque durante anos ele usou o mesmo boné de aba longa.*Era o único que ele possuía quando criança. Tornou-se P.I. na Marinha, depois que alguns recrutas tentaram chamá-lo por suas iniciais — P.I.G. [porco, em inglês]. Ele resolveu isso depressa com os punhos, e os recrutas

---

* No original, *long billed cap.* (N. T.)

valentões nunca mais o chamaram de Porco. Depois disso, as pessoas apenas o chamavam de P.I.

O motor Fireball Straight-8 de 5,2 litros roncou, soando macio e potente quando esquentou. Refletia o cuidado do proprietário. P.I. o mantinha com o tipo de alegria que só um mecânico inato podia encontrar sob o capô.

Ele engatou a marcha do Buick enquanto Paul abria o portão da frente. Dingo andava de forma protetora nas proximidades enquanto Nath acenava um tchau. P.I. guiou o Roadmaster para a rua.

A vizinhança ainda dormia, e o carro de P.I. era o único à vista. Por dois anos, essas saídas matinais de domingo dos Gunn sempre foram assim, mesmo quando as casas ao redor estavam cheias de famílias de oficiais lotados no Campo Nichols e no Forte McKinley, que ficavam nos arredores. Ali eram os trópicos; poucas pessoas saíam para trabalhar em um domingo, menos ainda tão cedo.

Agora a maioria das casas estava vazia. P.I. passou por uma longa fileira delas, com o Roadmaster ainda em primeira. Seis meses antes, quando as relações entre o Japão e os Estados Unidos se deterioraram, os militares haviam ordenado que os dependentes voltassem para casa. Antes disso, Nath e Paul nunca sentiram falta de amigos para brincar. Agora, eram praticamente os únicos garotos de sua idade que restavam na vizinhança.

P.I. observou as casas que passavam, cada uma delas murada e com portão, como a dele, e desejou que seus familiares tivessem voltado para Pensacola. Eles teriam ficado seguros lá até que essa última crise explodisse. Polly sempre se recusara a ir, e os filhos a apoiaram unanimemente. P.I. insistia em fazê-los mudar de ideia, mas, nas muitas discussões à mesa, Polly fincava pé. Onde P.I. estivesse a família estaria, e eles não cediam. Ele desistiu quando percebeu que não venceria essa batalha.

Polly e os filhos não tinham ido para casa, e durante o outono os sinais da crise pipocaram em volta deles. Manila realizava treinamentos de blecaute noturnos, fazendo testes para ter certeza de que os cidadãos sabiam como evitar que escapasse de suas casas qualquer raio de luz que pudesse guiar os bombardeiros japoneses para a capital.

Na igreja aos domingos, em jantares e reuniões, os americanos em Manila se inquietavam com qualquer acontecimento internacional. A maioria tinha posto fé no general Douglas MacArthur e em seu exército de tropas americanas e filipinas. Contudo, para alguns dos 6 mil americanos que viviam nas ilhas em 1941, a sensação era de que seus lares estavam na ponta de um galho muito comprido. P.I. conhecia o bastante sobre os militares nas Filipinas para saber que a fé nas Forças Armadas locais era provavelmente indevida. O galho era estreito, e se os japoneses atacassem, a única esperança seria uma rápida resposta da frota da Marinha americana no Pacífico.

O Roadmaster chegou à Autoestrada 54. Diante dela se estendia o Campo Nichols, a principal base da Força Aérea do Exército dos Estados Unidos para a defesa de Manila. Havia fileiras de aviões de combate Curtiss P-40 Warhawk novinhos em folha — monomotores, pernaltas e de nariz pontudo — estacionados na rampa ao lado da pista principal.

Durante sua carreira na Marinha, ele tinha voado em tudo, de desajeitados hidroaviões de asa alta a aviões de combate biplanos semelhantes a mosquitos, mas nunca estivera na cabine de algo tão avançado quanto esses P-40. Quando ganhou suas insígnias, em 1926, depois de oito anos como mecânico sem patente, a Marinha o mandou para um dos primeiros esquadrões de torpedo da frota. Lá, ele ajudou a desenvolver táticas de ataque contra navios em aviões de baixa potência com cobertura de tecido chamados Martin T3M. Esses Warhawks na linha de frente podiam alcançar 560 quilômetros por hora. A primeira expedição de combate de P.I. podia chegar a cerca de 180 quilômetros — sem o torpedo. Com uma daquelas armas maciças presas sob a fuselagem, os T3M mal conseguiam ficar acima da velocidade de estol. Isso levava a decolagens problemáticas no velho USS *Langley*, o primeiro porta--aviões da Marinha, um navio carvoeiro que havia sido convertido. Com sua minúscula cabine de pilotagem, tão estreita que a envergadura do T3M quase correspondia a sua largura, e sem ejetores e sistemas de segurança, voar no *Langley* levou muitos amigos de P.I. em acidentes horríveis. Aqueles eram os anos gestacionais das operações de porta-aviões. Muito foi aprendido e refinado para os futuros porta-aviões que na época estavam nas pranchas de desenho, mas aquelas lições eram aprendidas duramente com o sangue e os ossos dos camaradas de P.I.

Ele ficava pasmo de ver quão longe a aviação chegara em apenas uma década e meia. A tecnologia naqueles P-40 não poderia nem ser sonhada em 1930. Com trem de pouso retrátil, estrutura toda em metal, uma cabine fechada e velocidades nunca antes vistas nas aeronaves de frota em que ele voara, aqueles Warhawks representavam o apogeu do desenvolvimento da aviação americana.

De torpedeiros desajeitados, P.I. passou a hidroaviões, projetos experimentais e finalmente caças. Ele ingressou nos lendários *Flying Chiefs*, o mais alto esquadrão de elite, no qual praticamente todos os pilotos eram recrutas. Esses eram os homens que começaram do nada e haviam ganhado seu lugar entre os melhores da Marinha com determinação, trabalho intenso e incansável e habilidade. Os Chiefs adotaram como missão pessoal mostrar aos outros esquadrões — todos equipados com oficiais-pilotos — que eram incomparáveis no ar. Ano após ano, provaram que eram os melhores em artilharia de frota e combates aéreos de curta distância.

Com os Flying Chiefs, ele passou vários anos voando do convés de decolagem inclinado do USS *Lexington* em incontáveis exercícios pelo Pacífico. Eles executaram ataques furtivos simulados a San Francisco e ao canal do Panamá, e tinham até coberto um ataque anfíbio simulado no atol de Midway. No meio-tempo, vários blockbusters da Hollywood da época eram filmados a bordo do porta-aviões, conhecido como Lady Lex. Em 1937, ele participou da busca por Amelia Earhart, antes de voltar para casa no Havaí para concluir sua carreira na Marinha como piloto de bombardeiro de patrulha.

Ele era um dos pilotos mais hábeis do esquadrão mais hábil da Marinha. Com os aviões mais modernos e o melhor equipamento, os Chiefs eram os queridinhos da aviação naval no entreguerras. No entanto, as aeronaves mais avançadas em que eles tinham voado no fim dos anos 1930 ainda eram caças biplanos com trem de pouso fixo que pareciam versões mais esportivas dos aviões que tinham enfrentado o Barão Vermelho e sua laia em 1918.

Ele estudou mais um pouco os P-40. Eram elegantes matadores em repouso, esperando o momento de soltar toda a sua fúria sobre o inimigo. Vê-los fazia-o querer ter uma sensação de segurança. A chegada deles naquele outono sinalizava que Washington levava a sério a defesa de Manila, e isso significava que sua família estaria mais bem protegida. Contudo, P.I. conhecia muitos dos pilotos designados para aquelas novas aeronaves. Eram reservistas inexperientes, mal treinados, deslocados para a Força Aérea do Exército depois da queda da França, no verão de 1940. A maioria nunca estivera em um P-40 antes de chegar às Filipinas.

Houve algum treinamento de voo em novembro, mas que fora interrompido no começo de dezembro. Os esquadrões de caças ficavam em alerta 24 horas por dia, com os pilotos prontos para decolar em uma hora. No começo da semana, esse tempo havia sido reduzido para quinze minutos. Isso era bom se os japoneses lançassem um ataque, mas P.I. sabia que aqueles jovens e imaturos pilotos precisavam de tempo no ar em seus novos aviões. Em vez disso, estavam engaiolados em suas salas de espera, cochilando ou jogando cartas.

O problema do treinamento era tão terrível que, quando um esquadrão recebeu ordem de ir de Campo Nichols para uma nova pista de pouso mais ao norte, aconteceu um desastre épico. Tendo recebido velhos caças Seversky P-35 construídos quando esses pilotos ainda estavam no início do ensino médio, metade do esquadrão caiu quando fazia o movimento.

Quase tão ruim quanto a falta de treinamento era a cultura colonial entranhada nos americanos. Por dois anos, P.I. se preocupara com a atmosfera de festa que permeava todos os ramos do serviço. Para ele, pareciam estar tentando se manter alegres em uma situação difícil, trabalhando o mínimo possível durante os quentes dias tropicais, jogando polo e lotando os bares de Manila nas tardes e noites. Enquanto isso, o Japão estava ocupado tomando a China e grande parte do Sudeste da Ásia.

É claro que P.I. passara grande parte de sua juventude entre os pubs dos piores portos de escala na Frota do Atlântico, mas agora era diferente. Ele continuava esperando que os militares levassem a sério. Por tudo o que testemunhava, as jornadas de trabalho de quatro horas e as festas tinham continuado para grande parte dos militares americanos, ao mesmo tempo que MacArthur recebia mais homens e aviões dos Estados Unidos.

MacArthur sabia da importância das Filipinas. Os Estados Unidos haviam adquirido esse território na sequência da Guerra Hispano-Americana. Os filipinos se revoltaram contra o domínio americano, e de 1899 a 1902 uma implacável campanha de guerrilha se disseminou pelas ilhas. O Exército americano subjugou o levante usando uma combinação de programas de obras públicas e massacre generalizado de aldeias hostis. Depois que os Estados Unidos ganharam a guerra, as Filipinas se tornaram uma crítica colônia americana. Serviam como um trampolim para o comércio com a China e outras partes do Extremo Oriente. Tornaram-se um centro de atividade econômica, inclusive mineradora. Nas primeiras décadas do século XX, o país atraiu empreendedores americanos, e lentamente seus esforços estavam transformando as ilhas em uma sociedade moderna.

Ao mesmo tempo, quando as Filipinas caíram no colo dos Estados Unidos depois da guerra com a Espanha, o país se empenhou para entender como defendê-las. Os espanhóis achavam que o arquipélago era tão remoto que era impossível protegê-lo. Depois que os japoneses derrotaram a Rússia em um conflito sangrento em 1905, os militares americanos enfrentaram o mesmo problema. Com linhas de suprimento se estendendo por 7 mil milhas pelo Pacífico até portos na Costa Oeste, haveria pouco tempo para reforçar as Filipinas caso os japoneses decidissem atacar. Tóquio estava a apenas 3 mil quilômetros de Manila.

Se a guerra com o Japão de fato acontecesse, os japoneses teriam todas as cartas no Pacífico ocidental. Pelo menos, a princípio. Washington tentou com atraso resolver esse problema enviando mais soldados, aviões e munições para as Filipinas à medida que a tensão crescia entre os dois países. Mas isso parecia muito pouco, e muito tarde. Se a guerra começasse, na melhor das hipóteses as forças que defenderiam a família de P.I. estariam apenas parcialmente prontas para lutar.

O sol nasceu sobre as montanhas a leste, lançando longas sombras sobre o Campo Nichols. Os P-40 estavam imóveis, com a silhueta desenhada à luz da manhã, carregados de combustível e munição, enquanto os pilotos esperavam nas proximidades pela ordem para sair correndo, se aviões japoneses fossem detectados sobre Luzon.

O rumor entre os aviadores era que os japoneses tinham começado a fazer missões de reconhecimento noturnas sobre Luzon a partir de suas bases na ilha de Formosa. Os P-40 no Campo Iba, na costa noroeste de Luzon, haviam tentado interceptá-los, mas fora um fiasco. As equipes de controle aéreo no solo não conseguiram nem falar com os pilotos no ar. Tiveram de fazer um piloto sentar na cabine de um P-40 estacionário na base aérea, repetindo orientações de interceptação dos controladores para os aviões no ar. Esse sistema improvisado logo parou de funcionar, e os P-40 baseados em Iba não encontraram nada no escuro.

P.I. dirigiu para o norte, margeando o Nichols, até chegar ao Forte McKinley. O fluxo de tropas de reforço que chegavam naquele outono superara a capacidade do Exército de abrigá-las. O campo de exercícios se tornara uma verdadeira cidade de barracas, pois as unidades recém-chegadas de San Francisco ainda não tinham alojamento próprio. Novas construções se desenvolviam para resolver a situação, mas isso levaria meses. Nesse meio-tempo, os homens viviam na sujeira e na lama.

A situação era uma completa bagunça. Tudo tarde demais, sem a infraestrutura necessária para apoiar os novos soldados e seu equipamento. Enquanto isso, P.I. ficava sabendo da escassez crítica de munições, tanques, veículos e outros suprimentos. Duas semanas antes, Connie e Julie haviam estado no Forte McKinley para uma atividade de caridade patrocinada por um grupo de mulheres de Manila. Depois do evento, ambas tinham sido convidadas a ficar para almoçar com o major general Jonathan Wainwright, o principal oficial de campo de MacArthur. Ex-cavalariano beberrão, veterano da Primeira Guerra Mundial, naquele dia ele não mediu as palavras à mesa. Falou abertamente das deficiências do Exército, inclusive dos muitos problemas na Força Aérea do Extremo Oriente (FAEO). As meninas voltaram para casa à noite e, durante o jantar da família, repetiram tudo que o general dissera, confirmando a maior parte do que P.I. já ouvira no aeroporto ao longo do ano anterior.

Logo a nordeste do Forte McKinley, apareceu o Campo Nielson. Construído em 1937, era um dos únicos aeródromos pavimentados nas Filipinas. As duas pistas do Nielson, largas e compridas, podiam receber praticamente qualquer tipo de avião nas Filipinas, inclusive os recém-chegados bombardeiros Fortalezas Voadoras Boeing B-17 que o presidente Franklin D. Roosevelt acreditava que agiriam como um dissuasor contra a agressão japonesa.

P.I. saiu da estrada e cruzou a pista principal. Às vezes, quando a situação estava tranquila ali, ele punha os filhos no Roadmaster e corria pela pista, o motor Straight-8 ribombando. As crianças adoravam essas corridas perigosas, o Buick fazendo o quarto de milha enquanto eles gritavam e riam.

Esses momentos alegres no Nielson tinham dado lugar à chegada da Força Aérea do Exército ao que antes fora um campo só para civis. Embora nenhum avião de combate estivesse estacionado no Nielson por enquanto, um fluxo regular de tráfego militar chegava e saía todos os dias desde que as construções de madeira tinham sido erguidas para abrigar o quartel-general da FAEO e o centro de interceptação aérea do norte das Filipinas. Esse último prédio era cheio de telefones ligados a estações remotas operadas por filipinos, cujo trabalho era reportar qualquer avião no ar. Essa informação era então marcada em um enorme mapa de relevo horizontal de Luzon que dominava a sala de plotagem do centro de interceptação aérea. Era um sistema primitivo, mas era também a única maneira plenamente funcional de saber se os japoneses estavam lançando um ataque aéreo.

P.I. estacionou ao lado do hangar da Phillipine Air Lines. Espaçoso o suficiente para abrigar quatro aeronaves, instalações de manutenção e mesas, o hangar fora construído no fim de 1940, logo depois que o chefe de P.I., o milionário Andrés Soriano, incorporou a empresa aérea. Quando ele entrou, os funcionários da PAL que lá estavam o saudaram calorosamente.

Essa empresa aérea era projeto dele, seu esforço pioneiro ali no Pacífico ocidental, e ele abraçou o empreendimento com todo seu coração e talento.

P.I. Gunn tinha chegado às Filipinas em 1939 para trabalhar como piloto pessoal de Andrés Soriano. Soriano possuía um grande número de empresas em Luzon — de todos os tipos, da cerveja San Miguel a minas de ouro em Baguio e Paracale. Durante um ano, ele voou com Soriano por todas as ilhas em um biplano Beech Staggerwing vermelho, até que P.I. o convenceu de que havia muito dinheiro no negócio de aviação de passageiros. As viagens aéreas pareciam sob medida para a região, um modo de ligar as ilhas de uma maneira que nunca fora possível.

Soriano amava a ideia de voar entre Mindanao, a ilha mais ao sul, e Manila em poucas horas, em comparação com os dias que às vezes levava por mar. Se a mistura correta de aeronaves, investimentos e pessoas pudesse ser feita, uma empresa aérea nacional nas Filipinas podia ser um enorme sucesso.

Soriano encontrou os investidores certos, e em Paul Gunn o homem certo para fazer a coisa funcionar. Em rápida sucessão, ele fez de P.I. o principal piloto e o gerente de operações da companhia. P.I. administrava o dia a dia da linha aérea, transportava passageiros, sondava novas rotas potenciais e ajudava a estabelecer novos aeroportos nas Filipinas.

Eles começaram pequenos — uma viagem para a capital de veraneio de Baguio em março de 1941 se tornou o voo inaugural da Philippine Airlines. Agora, P.I. tinha dois modernos aviões de passageiros bimotores Beech 18 e o velho Staggerwing com cobertura de tecido na frota da companhia. As coisas iam tão bem que ele tentou convencer Soriano a comprar vários outros aviões. Eles estavam em algum lugar no Pacífico a bordo de um cargueiro com destino a Manila.

Na mesa de operações, P.I. verificou a previsão do tempo do dia. Não parecia boa. O céu de Manila devia estar bom ao longo do dia, mas uma monção próxima tinha engolfado a maior parte do sudeste de Luzon. A chuva torrencial havia transformado os declives de montanha ao longo da costa naquela região em rios de lama, e a pista de terra em Paracale, uma pequena comunidade mineira a duzentos quilômetros a sudeste de Manila, certamente tinha virado um brejo lamacento. Isso complicaria seriamente sua manhã; ele devia conduzir um voo *charter* para Paracale com um único passageiro. Era uma pessoa importante nas ilhas, e deixara claro para P.I. que o voo tinha importância crucial para a defesa das Filipinas.

Ele releu a previsão do tempo e deu uma olhada no hangar, refletindo sobre a situação. Os dois Beech 18 estavam próximos, com as pontas das asas quase se tocando. A cor preferida de Polly era um vermelho-escuro, saturado, e em sua homenagem P.I. a havia escolhido para a pintura que era a marca da frota. Os Beech 18 eram mais vermelhos que o triplano Fokker da Primeira Guerra Mundial do Barão Vermelho, ornados com faixas brancas do nariz até cada um dos lados da fuselagem. A empresa tinha pintado seus números de registro civil nas asas a estibordo em letras brancas fortes.

Eram aviões belos e capazes, mas nenhum deles levantaria voo nessa manhã de domingo. O Staggerwing é que estava lá fora, abastecido, limpo e pronto para partir.

Ele conhecia bem o passageiro. Não exageraria a importância de um voo domingo de manhã para uma minúscula aldeia litorânea, mas era prudente levar um biplano de meados da década de 1930 para o meio de uma tempestade? Certo, o Staggerwing era um avião robusto, capaz de aterrissar nas pequenas pistas de selva que pontilhavam as ilhas. Podia ir aonde os Beech 18 não podiam, e isso tornava o velho avião um ativo valioso para a Philippine Airlines.

Originalmente, ele servira como a versão art déco dos anos 1930 de um Learjet — um avião leve executivo compartilhado luxuriosamente que era em parte prático e em parte símbolo de status para Soriano e seus ricos sócios de negócios. Desde que se tornara parte da frota da Philippine Airlines, os pilotos o usavam para voos *charter* a pistas menores em Luzon. Uma vez por semana, P.I. o levava a Paracale para recolher um carregamento de ouro extraído das minas lá. O Staggerwing podia carregar um cofre com 56 quilos de ouro por voo, o que o tornava a coisa mais rica no ar.

Se a previsão do tempo fosse precisa, levar o Staggerwing a uma tempestade tropical seria forçar a barra, mesmo para P.I., que normalmente voaria em condições de tempo que ninguém mais ousaria enfrentar. Ele ficava à vontade no ar mesmo com visibilidade zero. Com 17 mil horas de voo, tinha passado por tudo, de nuvens de tempestade no Atlântico a furacões no Caribe, que lhe deram a capacidade e a confiança para voar em praticamente qualquer coisa. Mas nunca exigia que os outros pilotos da Philippine Airlines agissem segundo seus padrões. Deixava que cada homem decidisse seus limites, e quando o tempo parecia um pouco incerto, ele os deixava escolher entre voar ou cancelar o voo. Ele voaria se seu passageiro quisesse arriscar. E logo descobriria exatamente quão importante o voo realmente era, ou quão corajoso se sentia o passageiro.

Desde o começo, a linha aérea tinha sido menos uma empresa do que uma família. A primeira comissária de bordo casou-se com um dos primeiros pilotos, e os mecânicos e emissores de bilhetes se encontravam rotineiramente depois do trabalho na casa de Gunn para tomar um drinque ou jantar. P.I. conquistava a lealdade deles sendo paternal e protetor. Várias vezes, caminhara até o terminal e encontrara um passageiro gritando ou destratando seu emissor de bilhetes. Isso sempre o irritava — ninguém podia desrespeitar seus empregados. P.I. voava para cima do passageiro descontrolado, agarrava-lhe o braço e o apertava. Chamava isso de "mordida de cavalo".

Com um riso largo no rosto, P.I. dizia ao passageiro chocado: "Escute, aqui nós não toleramos idiotas". A paradoxal combinação da dor física com o comportamento de P.I. intimidava o passageiro, que intuía que a voz de P.I. podia estar calma, mas sob a fachada tranquila havia um homem que não tinha dificuldade de usar a violência, se fosse pressionado.

Não havia problemas assim com o passageiro de hoje. O homem, esbelto, vestido de forma impecável e elegante, estava batendo papo amigavelmente com o emissor de bilhetes. Ele se virou e saudou P.I. como o amigo que ele era.

Aos 53 anos, Joseph Stevenot se tornara uma lenda nas Filipinas. Durante a Grande Guerra, servira nas ilhas como um dos primeiros aviadores americanos e pilotara o primeiro avião para a ilha de Cebu, em 1919. Criara a primeira escola de voo filipina e ajudara a treinar a primeira classe de pilotos enquanto fazia parte da Guarda Nacional. Depois, trabalhara como representante de tecnologia da Curtiss Aeroplane Company nas Filipinas, estabelecendo uma escola de aviação civil sob a direção da empresa.

Isso era só metade de sua atividade. Originalmente, ele viera para as ilhas como especialista em eletricidade, trabalhando em vários projetos de energia como civil. Depois, aventurou-se nas comunicações e se tornou especialista em tecnologia de telefone, telégrafo e radiotelefone. No fim dos anos 1920, ajudou a consolidar as numerosas empresas de telefonia nas Filipinas sob uma única entidade corporativa, a Philippine Long Distance Telephone and Telegraph. Como seu vice-presidente de operações, instalou a primeira linha de telégrafo transpacífica para os Estados Unidos. Construiu linhas telefônicas em todas as ilhas, ao mesmo tempo que diversificava seus negócios em outros empreendimentos, inclusive uma empresa de mineração. Tinha até sido um dos principais sócios que criaram a Philippine Air Taxi Company (PATCO) no começo dos anos 1930.

Em tudo isso, Stevenot era um *bon vivant* gregário apaixonado por pesca e bebidas excelentes. Era um filantropo e um organizador comunitário que desempenhou o papel principal na criação dos Escoteiros das Filipinas. Fazia amigos com facilidade e tinha ligações no mundo inteiro.

Era também um homem influente. Muito influente. No começo desse ano ele viajara a Washington, D.C., onde instara o secretário da Guerra, Henry L. Stimson, a dedicar mais recursos à defesa das Filipinas e a unificar a estrutura de comando nas ilhas. Essa era a segunda vez em dois anos que ele fazia lobby em nome de seu país de adoção junto a membros da elite do poder na capital americana.

Stevenot tinha muitas responsabilidades em público, mas naquele outono havia um lado dele que poucos conheciam. Depois de sua visita a Stimson, o Departamento de Guerra pôs o general Douglas MacArthur no comando geral do Exército filipino-americano. MacArthur, por sua vez, trouxe Stevenot de volta à ativa como major. Seu papel exato no quartel-general de MacArthur permanece um mistério, mas naquele outono ele estava supervisionando uma variedade de projetos de comunicação especiais, inclusive um considerado altamente secreto.

P.I. contara a Polly que ia levar Joseph Stevenot para sua empresa de mineração na ilha Lahuy, ao largo da costa do sudeste de Luzon. Sua filha Julie mais tarde escreveu que ele tinha levado Stevenot para pescar na ilha Alabat, na baía Lamon. Anos depois, quando perguntado por repórteres, P.I. disse a eles que tinha estado em Surabaya, Java, sondando novas rotas para a Philippine Airlines. Ele levava a segurança nacional e seus segredos tão a sério que nunca revelou a verdadeira natureza de suas atividades em 7 de dezembro.

É claro que naquela manhã P.I. não estava em nenhum lugar próximo das Índias Orientais Holandesas, e ninguém ia pescar no sudeste de Luzon, assolado por tempestades. Tampouco havia algum motivo empresarial premente para que ele voasse através de uma monção para visitar a mina de ouro de Stevenot em um domingo, quando ninguém estaria trabalhando lá.

Uma tecnologia novinha em folha acabara de chegar às Filipinas, e poderia significar a diferença entre derrota e vitória para a força aérea de MacArthur. Stevenot estava correndo contra o relógio para ajudar a torná-la operacional ao mesmo tempo que mais aviões de reconhecimento japoneses violavam o espaço aéreo filipino. Esse foi o verdadeiro motivo pelo qual P.I. viajou para o Campo Nielson naquele domingo.

P.I. e Joseph Stevenot apertaram-se as mãos e falaram sobre o clima. Ambos sentiam que o tempo estava se esgotando para os filipinos. Não era hora de evitar riscos, quando a guerra podia irromper a qualquer momento.

Eles voariam.

Juntos, caminharam até a pista, onde o Beech Staggerwing da empresa esperava, com a pintura vermelha reluzindo ao sol da manhã.

3. Rumo à tempestade

P.I. atravessou a porta da fuselagem do Staggerwing e se instalou no assento do piloto. O interior do avião, embora apertado, transpirava suntuoso conforto. A Beech Aircraft o projetara tendo em mente o executivo de bom gosto. Um banco com costuras reforçadas para três pessoas, que parecia um sofá de couro superestofado em miniatura, ocupava a traseira da cabine. O assento do piloto ficava à esquerda, e ao lado e um pouco atrás dele havia um segundo assento sobre trilhos de correr. A tapeçaria creme complementava os braços cor de mel. Os painéis laterais almofadados, que lembravam os de um sedã de luxo típico, eram complementados com manivelas manuais para as janelas.

O Staggerwing não tinha um verdadeiro sistema de controle dual, mas, se necessário, podia ser comandado do assento de passageiro de Stevenot. O manche era afixado a um braço de metal que podia ser girado em um arco de 180 graus de um lado da cabine ao outro, dependendo de quem quisesse pilotar. Escondido sob o painel de instrumentos de madeira havia também um segundo conjunto de pedais do leme.

P.I. preencheu o checklist de pré-voo do Staggerwing, acionando os interruptores e posicionando o manete para dar a partida. Ele trabalhava calmamente e com concentração meticulosa. Vinte anos de voo durante a Era de Ouro do Voo o haviam ensinado a ser extremamente cuidadoso. Dizia o ditado: "Não existem pilotos velhos ousados". Em seus dias de juventude como aviador naval, ele tinha feito muitas coisas ousadas. Uma vez ajudou seu esquadrão a vencer a prestigiosa competição de artilharia aérea da frota, só para ficar no solo por um mês depois de comemorar a vitória levando um avião em um "voo não autorizado sobre um país estrangeiro", o que foi anotado em seu arquivo oficial da Marinha. Voou em operações de socorro no Caribe e em missões de bombardeio sobre a Nicarágua. Testou novos projetos e pilotou aviões tão perigosos que outros não eram autorizados a sentar atrás de seus controles.

Numa missão memorável, ele aterrissou seu hidroavião no Atlântico sul depois de ficar sem combustível — taxiou-o até subir nas costas de uma baleia. Esse episódio se tornou matéria de lendas em toda a pequena e superintegrada comunidade de aviadores navais do período pré-Segunda Guerra Mundial.

Os homens que pilotavam esses aviões de madeira agiam por instinto. Exploravam, forçavam limites, improvisavam quando o que tinham à disposição não funcionava. Logo depois de P.I. ter aprendido a voar, uma tripulação da Marinha tentou voar de San Francisco ao Havaí em um hidroavião biplano. Sofreram uma pane mecânica no caminho, o que os obrigou a descer ao mar. Dada como perdida, a tripulação milagrosamente chegou às ilhas quase duas semanas depois. Sem rádio nem motores funcionando, ela montou velas improvisadas e deixou o vento carregá-la pelas 450 milhas finais até seu destino.

Esses homens moldaram a aviação naval, criando uma força marítima que um dia dominaria seus adversários. Aqueles primeiros dias, porém, eram um equilíbrio constante entre o perigo de forçar os limites e encontrar um jeito seguro de voltar ao solo. P.I. às vezes assumia riscos que teriam matado pilotos inferiores, mas nunca ia além de suas capacidades. Era isso o que o mantivera vivo quando tantos de seus irmãos pilotos navais tinham morrido em acidentes.

O motor de arranque ganiu e o motor do Wright R-975 Whirlwind começou a funcionar. Ao encomendar esse Beech, Soriano queria potência. A Beech oferecia várias opções, e Soriano escolheu o R-975 porque ele tinha 450 cavalos-vapor. Isso fornecia força suficiente para levar o bem proporcionado biplano a mais de 320 quilômetros por hora em voo nivelado.

P.I. escutava o motor como um maestro escutando sua orquestra. Seu ouvido era tão sintonizado aos sons do Wright que ele conseguia distinguir cada pistom explodindo, cada estalido dos tuchos e varetas das válvulas. Era sua sinfonia, embora para qualquer outra pessoa o Whirlwind soasse tosco e irregular, balindo em marcha lenta como se prestes a morrer. Um pouco de aceleração suavizou o motor.

P.I. sorriu; seus mecânicos sempre faziam um trabalho exemplar de preparação dos aviões da PAL para voar. Ele treinava seus outros pilotos a sempre se comunicarem com a equipe no solo depois de cada voo, para conversar sobre qualquer anormalidade ou problema. Na Marinha, P.I. tinha visto pilotos que nunca faziam isso; simplesmente desciam da cabine e iam embora, ignorando completamente a turma de solo. Em seus primeiros anos como mecânico de aviação, ele estava na ponta receptadora e ficava ressentido com esse tratamento. Além disso, se não se falasse sobre o desempenho do avião, não havia maneira de saber se alguma coisa precisava ser consertada. A Marinha fazia os pilotos preencher formulários que deviam detalhar essas coisas, mas os aviadores odiavam papelada tanto quanto qualquer outra pessoa, e ela sempre parecia ser negligenciada. Esse desligamento levava a infortúnios desnecessários no ar.

Na Philippine Airlines, P.I. insistia que a tripulação e a turma de solo funcionassem como um time integrado. Isso não apenas assegurava que os aviões estivessem em ótima condição, mas mantinha o moral elevado entre os mecânicos, já que os pilotos os tratavam com respeito.

O sistema funcionava. A PAL não tinha sofrido nenhum problema mecânico em voo, apesar dos contratempos que os aviões enfrentavam nas pistas semifinalizadas na selva.

O Whirlwind esquentou depressa, e seu ronco tranquilizador encheu a cabine. Esse som sempre emocionava P.I. Mesmo depois de tantos anos de voo, ele ainda amava esse momento, suspenso no limiar de romper os laços com a terra para encontrar de novo a liberdade no ar.

Ele taxiou o Staggerwing para a pista e o alinhou. O manete se projetava do painel de instrumentos, sua maçaneta coberta por um botão que o piloto tinha de afundar para deslizá-lo. P.I. acionou os freios e puxou o manete em sua direção. O motor passou de um ronco a um rosnado e depois a um rugido enquanto ele abria totalmente o manete. Ele girou um interruptor no painel para verificar os magnetos. Estavam funcionando bem. O *run-up* era a última checagem pré-voo. Não havia sentido em disparar pela pista só para descobrir tarde demais que alguma falha inibia a plena potência. Homens morriam assim.

Satisfeito, P.I. reduziu a potência do manete e se preparou para decolar. Verificou se não havia outros aviões na pista, embora soubesse que poucos voariam no dia, se é que voariam. Era melhor seguir a rotina e estar seguro do que cometer um descuido. Tudo certo; ele liberou os freios. O Staggerwing avançou de repente, ganhando velocidade. Leve e rápido, deslizou pelo concreto até que a cauda subiu. P.I. moveu o leme um pouco para a esquerda para compensar o torque da hélice e deslocou lentamente o manche para a posição original. O nariz curto e grosso do Beech se elevou e as rodas se separaram da pista.

Eles subiram sobre Manila e se nivelaram a 3 mil pés. A menos que voasse sobre terreno montanhoso, P.I. preferia voar baixo. Quando perguntado por seus alunos de pilotagem por que fazia isso, dizia a eles que imaginassem um bule de café transparente fervendo sobre um queimador. "Quando você olha para ele, vê como o café ferve no alto, mas o fundo está calmo? É assim que o céu é. Permaneça baixo e o ar será mais calmo."

O Staggerwing com seis anos de uso era um avião robusto, mas ainda era apenas um tubo de aço e uma estrutura de madeira cobertos com tecido encerado. Não se sustentaria no ar violento em uma frente de tempestade. Tendo em vista os relatos de chuva pesada e ventos vigorosos em Paracale, P.I. se manteria abaixo da frente e ao mesmo tempo ficaria atento aos espinhaços e picos em volta da cidade.

Ele apontou o nariz para sudeste, posicionando o manete para velocidade de cruzeiro. Instintivamente, ele soltou o avião para o "degrau". Nariz levemente para baixo, cauda levemente para cima, ele sentiu através do manete a pressão negativa empurrando para baixo a asa superior nesse ângulo de ataque. Um leve ajuste e o Staggerwing acelerou, como se uma força extra invisível o estivesse puxando. Um observador cuidadoso teria notado uma mudança sutil no som do fluxo de ar que corria pela cabine — mas só um observador cuidadoso.

Dependendo do piloto, o degrau era algo que aviadores natos podiam encontrar ou uma versão aérea de uma crendice. O debate existe desde que os humanos passaram a se mover pelo céu. Para aqueles que acreditavam em sua existência, "chegar ao degrau" significava encontrar o ponto mais eficaz de uma aeronave — o melhor ajuste de potência e o melhor ângulo no ar para maximizar a velocidade e a eficiência do combustível. Se isso fosse feito corretamente, o piloto podia alimentar a aeronave pegando o fluxo de ar, como um surfista pegando uma onda do jeito certo. Haveria uma arremetida e o avião se aceleraria, como se percorresse a espiral de uma corrente de ar.

Chegar ao degrau exigia partes iguais de intuição, percepção e um entendimento técnico da performance do avião. Tudo afetava onde o degrau podia ser encontrado e mantido, do número de passageiros à carga e ao combustível queimado, e até, alguns pensavam, a quantidade de tinta e cera nas asas. O degrau era um alvo móvel no curso de qualquer voo, e os pilotos tinham de fazer ajustes constantes para permanecer nele. Em 1941, não havia nenhum piloto automático no mundo que pudesse fazer isso por eles. Era uma habilidade enigmática, que exigia talento artístico nos controles.

Gerações posteriores de pilotos, acostumados a controles hidráulicos ou eletrônicos, pilotos automáticos modernos e voo computadorizado ridicularizavam o degrau como um mito. Para alguns, o distanciamento daquela ligação física entre piloto, aeronave e céu tinha sido rompido por todas as novas tecnologias que havia muito tempo tinham tornado voar menos uma arte e mais uma perícia técnica.

Aqueles que voavam com P.I. Gunn juravam que ele conseguia chegar ao degrau e ficar lá praticamente assim que as rodas de seu avião deixavam o solo. Ele voava mais rápido e queimava menos combustível do que qualquer outro piloto nas Filipinas. Outros que voavam com ele descobriam quantos litros de gasolina ele deixara nos tanques depois do pouso, e ficavam maravilhados com o fato, enquanto seus tanques estavam quase vazios. Depois de duas décadas de voo, P.I. fazia aquilo de forma tão intuitiva que às vezes não entendia como pilotos com menos experiência ou habilidade tinham tanta dificuldade de encontrar aquele encaixe aéreo elusivo. Era algo difícil de ensinar, e um piloto precisava ter um conjunto de habilidades naturais elevadas e entendimento para efetivamente conseguir realizá-lo.

Para o Staggerwing, o degrau significava oito quilômetros extras por hora e bons litros poupados no trajeto até Paracale. Não era muito, mas ajudava, e a PAL ainda era uma empresa em busca de qualquer maneira de reduzir custos.

Eles voaram para sudeste, passando sobre uma colcha de campos de arroz e aldeias de cabanas esparsas intercaladas com trechos de selva densa. Adiante, a paleta do céu mudou de azul para cinza e para preto, e nuvens enormes da cor de carvão apareceram no horizonte, estendendo-se milhares de pés acima do minúsculo Staggerwing.

P.I. mantinha um curso regular, e logo o avião voou sob a frente de tempestade. Chuva e vento açoitaram suas asas cobertas de tecido. O biplano não tinha limpadores de para-brisa, e o aguaceiro obscurecia a visão à frente. Sereno, P.I. observava com cuidado os instrumentos para manter o nível da aeronave e não se desviar da rota. Quando eles entraram mais fundo na tempestade, o ar se tornou mais agitado, e ficar no degrau se tornou impossível quando repentinas correntes de ar descendentes e turbulência sacudiram o Staggerwing.

Normalmente, ele ficava muito concentrado na cabine. O homem jovial e expansivo que amigos e colegas conheciam no solo, no ar se transformava no profissional consumado. Ele não tolerava nenhuma brincadeira grosseira, e mais de uma vez castigou os filhos por gastarem o tempo em bobagens quando voavam com ele. Num clima como esse ele ia além, recorrendo fortemente a uma capacidade incomum de, ao mesmo tempo, se concentrar e realizar múltiplas tarefas. Era uma habilidade paradoxal que os melhores pilotos possuem.

P.I. conseguia processar o mostrador de cada instrumento com apenas uma varredura pelo conjunto de dials e medidores. Sabia exatamente o que cada leitura significava em relação às outras, reagindo instintivamente a suas informações com o controle ou a regulação de potência que elas requeriam. Fazia isso enquanto mantinha uma misteriosa consciência de tudo o que acontecia fora e em torno da aeronave.

Ele observava pilotos que se fixavam em uma única coisa — digamos, um grupo de instrumentos — em detrimento de outros aspectos de sua consciência. Pilotos que faziam isso voavam contra montanhas ou cometiam outros erros cruciais. Alguns que se concentravam excessivamente no ambiente externo podiam ver seus sentidos enganados enquanto voavam através de neblina ou de uma massa de nuvens. Esquecendo-se de verificar seus instrumentos, eles às vezes terminavam invertidos, ou em um mergulho, e nem sequer se davam conta disso até segundos antes de atingir o solo.

Num processo sequencial seguido com ritmo meticuloso, P.I. varreu com a vista o painel de instrumentos — velocidade do ar, altímetro, indicador de velocidade vertical, indicador de curva e inclinação, medidor de combustível —, depois levantou a cabeça e olhou o céu. De cabeça abaixada, seus olhos checaram o painel, certificando-se de que tudo estava no verde. Um toque no compensador, um leve ajuste no manete ou no passo da hélice para manter o avião no degrau, e o ritmo recomeçou.

Pilotos jovens logo eram subjugados pelo volume de informações e pelo processamento necessário. Quando isso acontecia, ficavam atrás da aeronave e da situação, e depois disso raramente as coisas iam bem. Os mestres como P.I. não só tinham mais recursos, eles pensavam adiante da aeronave, como um piloto de carros de competição fica uma fração de segundo à frente de sua corrida. Para P.I., a concentração necessária para fazer isso, especialmente em condições de voo ruins, era total. Nada de bater papo. Nada de movimentos desnecessários, nenhuma distração na cabine. O maestro regendo sua sinfonia.

Através do para-brisa riscado de chuva, P.I. e Stevenot viram a cadeia de montanhas que formavam o espinhaço norte-sul de Luzon. Os picos cobertos de mata e vales com vegetação densa passaram abaixo deles na escuridão crepuscular da tempestade.

Cerca de uma hora depois, chegaram à baía de Paracale. A cidade era pouco mais que uma reunião confusa de cabanas com teto de zinco agrupadas ao longo da praia, ao lado da foz de um rio. Algumas bancas — canoas de regata — e barcos de pesca estavam amarrados às estacas que elevavam as cabanas acima do nível da água. O Staggerwing zumbia baixo sobre a aldeia, e P.I. observou as palmeiras para ter noção da velocidade e da direção do vento. Esse era mais um truque usado pelos pilotos que ajudava a confirmar o que eles sentiam dentro do avião. Essas sensações podiam ser enganosas, e sinais visuais do solo eram muito mais precisos. P.I. podia ver rajadas abruptas açoitando as frondes das palmeiras para um lado e para o outro, seus troncos oscilando devido à força. Esse não seria um pouso fácil.

Do outro lado do rio, a cidade escasseava. Algumas cabanas e choças pontilhavam a margem da praia, e algumas outras estavam aninhadas na selva. Além delas, o solo se abria para revelar equipamento pesado, junto com construções maiores, guindastes e veículos. Essa era uma das minas de ouro, construída onde o terreno fazia uma curva para o norte em uma península que formava a linha divisória entre Paracale e a baía de Malaguit. O campo de aviação tinha sido aberto na selva no extremo norte da península. Sem pavimento, ele era curto e irregular, estendendo-se de leste a oeste ao longo de algumas centenas de metros da praia. Não havia drenagem, nem pistas secundárias, nem rampas, apenas uma faixa terraplenada de terra e grama mais ou menos nivelada entre a praia e a selva. Ele fizera essa viagem centenas de vezes; conhecia a pista e a melhor maneira chegar a ela. Mas não podia controlar os elementos, e uma rajada repentina no momento errado podia lançá-lo contra as árvores ou levá-lo para a areia.

P.I. voou sobre a baía de Paracale, a arrebentação branca com espuma enquanto as ondas da tempestade batiam na praia. Ele baixou o trem de pouso e passou à aproximação final. O vento soprava transversalmente à estreita faixa, e P.I. lutou com esforço para chegar ao solo, usando o leme de forma generosa, até que o Beech pareceu estar quase saltitando para os lados e para baixo na pista.

Não está claro o que exatamente aconteceu a seguir. A pista estava em más condições devido à tempestade, e o trem de pouso do Staggerwing foi danificado ao tocar na pista, ou um de seus pneus estourou enquanto P.I. taxiava o avião. O que quer que tenha acontecido, a aeronave não podia voar até que o trem de aterrissagem fosse consertado.

P.I. não queria ficar isolado na erma cidade mineira pelo resto daquele domingo, 7 de dezembro de 1941. Ele planejava voltar a tempo de receber as filhas depois da excursão escolar a Baguio. Agora estava preocupado com que seu reencontro tivesse de esperar até que o Staggerwing fosse reparado. Enquanto isso, Stevenot, com ou sem tempestade, tinha trabalho a fazer. Ele se despediu de P.I. e partiu para começar sua missão.

A empresa telefônica de Stevenot construíra as linhas telefônicas para as estações de observação aérea em Luzon. Essas linhas iam até o centro de plotagem no Campo Nielson, onde o pessoal do Signal Corp, o grupo de comunicações, e da Força Aérea do Exército ficavam de prontidão para atender, depois passar as informações a serem plotadas no gigantesco mapa em relevo de Luzon que dominava a sala principal do centro. Essas estações de observação representavam o único sistema abrangente de alerta aéreo nas Filipinas, e na melhor das hipóteses era sofrível. Filipinos semitreinados usando binóculos não seriam capazes de descrever com precisão voos de aeronaves japonesas que se aproximassem — poucos sabiam a aparência dos aviões japoneses. Os últimos relatórios de inteligência da Força Aérea do Exército sugeriam que os japoneses voavam em uma variedade confusa de velhos biplanos alemães e italianos e monoplanos bombardeiros de primeira geração que eram construídos sob licença. Os americanos nas Filipinas não tinham nenhum indício de que os japoneses possuíam aeronaves modernas de primeira classe que eram muito mais capazes que a maioria das americanas que haviam chegado a Manila naquele outono.

Mesmo que os observadores soubessem em que os japoneses estavam voando, não havia quase nenhuma maneira eficaz de julgar sua altitude e velocidade, portanto o alerta que poderiam emitir nunca forneceria a informação necessária para que se executasse uma interceptação bem-sucedida.

Só o radar, uma tecnologia ultrassecreta e revolucionária em 1941, podia fazer isso. Para os que estavam associados a ele, o invisível olho abrangente do radar parecia algo saído diretamente de um filme de Buck Rogers.

Os britânicos tinham usado radar no ano anterior durante a batalha aérea sobre suas ilhas natais. Ele dera ao Comando de Combate da Royal Air Force uma vantagem decisiva sobre a Luftwaffe alemã. O radar da Grã-Bretanha rastreava eletronicamente ataques alemães iminentes, e as informações que seus sistemas forneciam permitiam que controladores no solo selecionassem quais esquadrões de combate disponíveis os perseguiriam. Então os caças recebiam ordem de decolar e subir para altitudes e posições que lhes davam a maior chance de uma interceptação exitosa.

Uma rede de radares nas Filipinas podia fazer toda a diferença entre destruir atacantes japoneses e ser golpeado por um ataque aéreo de surpresa. Washington sabia disso, mas o Signal Corps possuía poucos radares e ainda menos operadores treinados. Naquele outono, a guerra eletrônica estava na infância nos Estados Unidos, mas os radares que o Exército tinha estavam sendo enviados ao Pacífico com a maior pressa possível. Em outubro, cerca de doze haviam chegado gradativamente a Manila.

Eram de duas variedades principais: o sistema de radar móvel SCR-270 e o SCR-271, projetado para ser colocado em uma instalação fixa permanente, como os radares que os britânicos tinham para defender seu país.

Em novembro, um pequeno grupo avançado de uma das recém-chegadas unidades de controle de radar do Signal Corps do Exército — chamada de companhia de alerta — chegou a Paracale para sondar um local para posicionar um novo radar. Ele cobriria os flancos sudeste e leste de Manila para o caso de os japoneses atacarem partindo de porta-aviões no mar das Filipinas. Como os japoneses tinham bases navais a leste e a nordeste, a probabilidade de lançarem ataques de seus porta-aviões dessa direção parecia aos americanos uma ameaça importante às ilhas.

Em 29 de novembro, alguns oficiais e um punhado de recrutas carregaram um SCR-270 e um SCR-271 para bordo de um cargueiro na baía de Manila que zarpou em 1º de dezembro. Seguindo para o sul pela costa oeste de Luzon com a maioria dos homens dormindo no convés, a viagem foi bem até o cargueiro entrar em uma monção. As ondas caíram estrondosamente sobre ele, fazendo os soldados do Signal Corps cair e escorregar pelo convés. Um de seus sargentos, Everett Rosen, foi obrigado a amarrar seus homens a partes da embarcação, para que não fossem jogados ao mar.

As ondas cresciam enquanto a tempestade os atacava com violência, e várias vezes veículos amarrados no convés quase se soltaram. A tripulação filipina trabalhou febrilmente junto com os americanos para mantê-los no lugar.

Quatro dias depois, na sexta-feira 5 de dezembro, o navio chegou à baía de Paracale. Lá não havia docas nem guindastes na praia para ajudar a descarregar o equipamento, então todos os veículos e a carga tiveram de ser baixados em barcas que foram depois rebocadas por pequenos botes até a praia na margem da cidade. Entre eles havia tratores, um trailer de quinze metros de comprimento, caminhões de vinte toneladas e jipes, além de caixotes enormes contendo o precioso equipamento de radar.

O conjunto permanente foi levado para o armazém de uma empresa mineradora e guardado para uso futuro. Seriam necessários meses para construir o local fixo do radar; por ora, os homens tinham ordem de montar o radar móvel e pô-lo imediatamente em operação.

O grupo avançado havia escolhido um topo de montanha ao sul da cidade, ao qual se chegava por uma estreita estrada de terra construída por uma mineradora. As tempestades haviam transformado a estrada em um rio de lama, e seu declive era tão acentuado que mesmo os jipes com tração nas quatro rodas mal conseguiam andar por ela. Trabalhando dia e noite naquele sábado, eles arrastaram o conjunto móvel, seu enorme trailer e os caminhões da companhia até o topo. A despeito do vento, da chuva e dos detritos de escavação, eles montaram o sistema de antenas de vinte metros de altura e o ligaram ao trailer de comando. Logo descobriram que parte do aparelho da antena tinha sido danificada em trânsito. Na calada da noite naquele fim de semana, enquanto a tempestade continuava a açoitar Paracale, o sargento Rosen amarrou um tanque de gás nas costas e escalou o aparelho, enquanto este oscilava com a força dos ventos muito fortes, para soldar as partes danificadas.

O conjunto estava funcionando, mas tinha que estar operando plenamente para que a equipe de radar conseguisse mandar informações ao Campo Nielson. Foi aí que Stevenot interveio. Ele tinha que encontrar uma maneira de ligar o radar às linhas de telefone seguras que corriam até o Campo Nielson. Embora houvesse uma linha telefônica que chegava até a cidade de Paracale, não existia nada ao sul, portanto o punhado de americanos que labutavam no topo da montanha só podia se comunicar com o centro de plotagem por rádio. Com o terreno montanhoso entre o Campo Nielson e a costa, o contato por rádio era arriscado. Eles precisavam de comunicações melhores.

A situação em Paracale não era incomum naquele 7 de dezembro. De todos os conjuntos de radar nas Filipinas naquele fim de semana, só o do Campo Iba estava funcionando adequadamente. Fora ele que rastreara voos de reconhecimento japoneses sobre o território filipino no começo daquela semana. Outro tinha sido colocado em um espinhaço ao norte do Campo Clark, mas estava com defeito.

Os olhos eletrônicos de que os americanos precisavam tão desesperadamente ainda tinham de ganhar visão.

Depois de deixar Stevenot, P.I. pegou uma condução para a cidade, e então ligou para o escritório da PAL em Manila e explicou a situação. Eles não tinham nenhuma outra aeronave que pudesse ir a Paracale, o que significava que as peças de reposição do Staggerwing teriam de seguir por terra. À primeira vista, isso não parecia problemático, mas a estrada de Paracale para leste estava semiacabada e inundada em alguns pontos. Mesmo em melhores condições, a estrada era no mínimo primitiva, com trechos de areia movediça que apanhavam viajantes inadvertidos. P.I. foi informado de que era provável que demorasse alguns dias para que as peças chegassem ao avião.

Uma das empresas mineradoras havia construído um pequeno clube para seus empregados. O comandante da equipe de radar, tenente Jack Rogers, tinha se alojado lá ao chegar, no começo da semana, enquanto o resto de seus homens fora aquartelado em um armazém com piso de terra. É muitíssimo provável que um frustrado P.I. tenha se instalado naquele clube para passar a noite, esperando que as peças fossem entregues antes do previsto.

P.I. se certificou de que o Staggerwing fosse amarrado e cuidado antes de seguir para o clube. Ele saíra da tempestade na borda da pequena faixa. Aviões eram só ferramentas para P.I., portanto ele nunca se apegava muito a nada mecânico. Alguns pilotos tendiam a feminizar seus aviões, P.I. não. No entanto, havia lembranças a bordo daquele Beech — os primeiros voos dele com Andrés Soriano, quando chegou às Filipinas, foram nessa bela aeronave cor de vinho. Nela, ele levara a família a Cebu e Baguio, os garotos apertados no assento traseiro, um único cinto de segurança atravessado sobre as figuras magrinhas, enquanto Polly voava ao lado dele no outro assento. Às vezes, Paul ou Nath se aproximavam e espiavam por cima do ombro do pai para ver o que ele estava fazendo. Tinham aprendido a nunca incomodar P.I. quando ele estava na frente dos controles. Várias vezes, eles observaram passageiros tentar ir até o cockpit em um dos Beech 18 e falar com seu pai. Isso invariavelmente o irritava, e ele ordenava que o passageiro voltasse a sentar. Então Paul e Nath ficavam atrás de P.I., observando em silêncio enquanto ele pilotava o avião. Algumas vezes, se o voo fosse fácil, P.I. olhava sobre o ombro e explicava aos garotos o que estava fazendo. Mas era sempre ele que tomava a iniciativa, de modo que os garotos nunca interrompiam o ritmo de P.I. nos controles.

Voar era sua vida, e ele a abraçava com uma seriedade calma que queria que os filhos aprendessem. Esperava que ambos se tornassem pilotos, e os deixava pilotar outra aeronave. Graças a P.I., os dois tinham pilotado aviões muito antes de sentarem atrás do volante do sedã da família.

Ele amava ensinar sua arte a outros. Fora liberado cedo da Marinha, em 1937, para ensinar no K-T Flying Service em Honolulu. Há alguma especulação sobre se isso foi feito para ajudar a fomentar a aviação em territórios americanos no Pacífico, garantindo uma presença extraoficial da Marinha na região.

Desde quando chegou às Filipinas, ele encontrou maneiras de continuar a instruir outros. Durante os primeiros dois anos, treinou a maioria dos pilotos filipinos que agora trabalhavam para a PAL, sem falar dos mecânicos.

P.I. também trabalhava secretamente com o incipiente Corpo Aéreo do Exército Filipino, ensinando à sua nova safra de pilotos de combate como pilotar a antiga aeronave de segunda mão dada a eles pelos Estados Unidos. Ele conhecia quase todos os aviadores militares filipinos, e pelo menos um deles lembraria mais tarde que P.I. tinha uma patente no PAAC como tenente-coronel. Ele não era só o pai da Philippine Airlines; também ajudara a criar a Força Aérea Filipina. Poucos homens em 1941 tinham tanta influência quanto P.I. no desenvolvimento da aviação naquelas ilhas.

Por mais que fosse gratificante para ele ensinar a filipinos, nada superaria a alegria de ver os filhos voar sozinhos pela primeira vez e cavalgar as nuvens como o pai. Voar seria o negócio da família Gunn, e ele tinha prazer em pensar que seria o mentor dos garotos até que eles pudessem se tornar parte dele. Talvez em alguns anos os filhos pudessem até pilotar também o Staggerwing.

Uma nova tempestade que soprava do norte garantiu que esse sonho nunca se realizaria.

4. A voz de Manila

Na manhã seguinte, o mundo mudou para sempre.

P.I. Gunn acordou cedo em Paracale, esperando que as peças do Staggerwing chegassem mais tarde naquele dia. Enquanto esperava no clube, alguém ligou o rádio para ouvir as notícias matinais da rede NBC. Com Manila dezoito horas à frente do Havaí, e vinte horas à frente de San Francisco, nos Estados Unidos ainda era a manhã de domingo, 7 de dezembro de 1941.

Don Bell, conhecido durante anos como A Voz de Manila, normalmente anunciava o resumo das notícias das seis horas, o primeiro de muitos que ele apresentava ao longo de um dia típico. Ele era americano, um fuzileiro naval veterano da estação da China que não gostava dos japoneses. Como locutor baseado em Xangai, fizera relatos severos sobre as depredações do Exército Imperial Japonês na China depois da invasão de 1937. A guerra lá o obrigou a voar para Manila, onde a principal estação da NBC no Extremo Oriente, a KZRH, o contratou como locutor de notícias. Ele logo se tornou o repórter mais respeitado nas ilhas, um homem cujo comportamento sóbrio e calmo levava todos os dias acontecimentos mundiais a centenas de milhares de pessoas.

Às seis horas da segunda, 8 de dezembro, Don Bell surgiu nas ondas de rádio, a voz, normalmente imperturbável, estava cheia de alarme. "No começo desta manhã, um grande número de aviões estranhos atacou Pearl Harbor. Ainda não soubemos de onde eles vieram, mas fontes confiáveis acham que vieram do Japão. Não sabemos exatamente quanto dano causaram em Pearl Harbor. Todos os relatos são vagos..."

A notícia se espalhou rapidamente pelas ilhas, e embora as pessoas nas Filipinas tivessem vivido sob a ameaça de uma guerra durante meses, sua chegada efetiva deixou a maioria em estado de choque.

A notícia tornou reais os piores pesadelos de P.I. Significava que os japoneses tinham atacado a frota do Pacífico, exatamente como o grupo aéreo do *Lexington* fizera nos muitos treinamentos de guerra dos quais P.I. participara durante os anos 1930. Ele sabia que só havia um motivo para irem bombardear as belonaves americanas ancoradas lá. Com a frota fora do caminho, a Marinha Imperial japonesa podia lançar ofensivas e invasões anfíbias em qualquer lugar que quisesse no Sudeste da Ásia.

As Filipinas seriam o próximo. P.I. não tinha dúvida. A casa da família em Villamor Court ficava a menos de dois quilômetros do Campo Nichols. Se os japoneses planejassem invadir, o Nichols seria um dos principais alvos.

Quantas vezes P.I. tinha voado sobre seu bairro? Centenas, pelo menos, desde a chegada, em 1939. Olhando para Villamor Court, ele sempre notava que do ar o bairro parecia uma série de prédios e alojamentos militares. A menos que os japoneses tivessem feito alguma espécie de reconhecimento no solo e soubessem a verdadeira natureza do bairro, P.I. estava certo de que eles considerariam Villamor Court parte do complexo da base do Campo Nichols.

Isso significava que Polly e os garotos estavam prestes a se ver no meio de tiros e bombardeio. Preso em Paracale, a duzentos quilômetros de distância, não havia nada que pudesse fazer por eles. Nos Estados Unidos, esses quilômetros teriam significado um trajeto de carro de duas, talvez três horas. Aqui, sem o Staggerwing, a distância parecia quase insuperável. Mas, com a família em perigo, ele não podia ficar parado esperando que as peças aparecessem. Além disso, se os japoneses atacassem o Campo Nielson, talvez nem sobrassem peças para ser enviadas a Paracale. Em sua imaginação, ele viu como tudo poderia acontecer. Ondas de bombardeiros atacariam Nichols, despejando sua munição sobre as pistas, enquanto caças circulavam no ar disparando suas armas. Ele os via rugindo no céu, metralhando Villamor Court. Acabariam os dias de voos para longe de casa nos fins de semana, de missa nas belas igrejas de Manila e de reuniões de grupo na casa deles. Criados, motoristas e cozinheiros, os ornamentos da vida colonial, seriam coisa do passado. Tudo que conheciam e amavam em seu lar de adoção seria destruído, passando a viver só em sua lembrança.

Como sua família poderia ser protegida disso? A casa não pararia balas nem estilhaços de bomba. Se a família tentasse se refugiar nela durante um ataque aéreo, ela poderia se tornar seu túmulo. Ele precisava ir para casa e encontrar uma maneira de manter os familiares fora de perigo.

Outros pensamentos, mais terríveis, seguiram essas imagens. P.I. costumava levar a família ao cinema. Os cinejornais mostrados antes dos filmes eram muitas vezes cheios de cenas da guerra do Japão contra a China. Ele tinha visto ataques aéreos ao USS *Panay* captados em filme por repórteres que fugiam de Nanquim quando os japoneses chegaram à capital nacionalista, no fim de 1937. Também tinha assistido a bombardeiros japoneses atacando cidades chinesas. Os cinejornais americanos mostravam tomadas aéreas feitas por japoneses junto com filme gravado por repórteres ocidentais no solo.

Para o olho destreinado, tudo parecia um caos. Imagens de bombardeiros soltando suas cargas mortais sobre uma paisagem axadrezada, seguidas por cenas de civis chineses correndo desordenadamente para abrigos antibombas. Alguns carregavam valises, outros fugiam com bebês nos braços. A filmagem não tinha som ambiente, mas não era preciso muita imaginação para ouvir os gritos aterrorizados daqueles chineses.

O julgamento e a experiência profissionais de P.I. permitiam que ele visse naquelas imagens mais do que o americano comum via. Ele não era cegado pelo racismo prevalecente que rejeitava os japoneses como uma potência militar imatura com aeronaves obsoletas compradas ou copiadas de fabricantes estrangeiros. Quando via esses cinejornais, P.I. percebia que os japoneses possuíam uma Força Aérea de primeira com capacidades letais. As tomadas aéreas nesses cinejornais exibiam formações compactas de bombardeiros modernos atingindo com precisão seus alvos, de milhares de pés no ar. Isso mostrava que os japoneses tinham tecnologia para produzir miras de bombardeiros decentes — um feito nada desprezível, já que os Estados Unidos tinham se esforçado durante anos para desenvolver uma. Essas cenas também destacavam os pilotos e suas habilidades consideráveis. As formações compactas não eram fáceis de manter, especialmente em combate com fogo antiaéreo salpicando o céu.

E, o pior de tudo, aquelas cenas também mostravam que os japoneses não tinham nenhum problema moral com o bombardeio maciço de civis inocentes.

Às oito horas a voz de Don Bell voltou às ondas de rádio e relatou que aviões japoneses tinham bombardeado o Campo John Hay, nas imediações de Baguio, situada nas montanhas do norte de Luzon, a cerca de duzentos quilômetros de Manila. Com apenas algumas horas, a guerra já havia chegado às Filipinas — no lugar exato em que as filhas de P.I. tinham passado o primeiro fim de semana longe de casa.

Se ele não estava frenético para voltar para casa antes, ficou assim agora. As linhas telefônicas de longa distância estavam sobrecarregadas com o tráfego causado pela irrupção da guerra. P.I. não conseguia entrar em contato com Polly. Não tinha ideia de se as filhas estavam em segurança. Aliás, não tinha nenhuma ideia de se o resto da família estava em segurança.

Na metade da década de 1930, a Marinha mandou P.I. para Coronado, Califórnia, e a família morou vários anos em San Diego. Um dia, ele e Polly tinham levado as crianças para passar o dia na cidade, onde P.I. precisava dar uma passada no quarto andar do Edifício Spreckels. Ele estacionou no meio-fio ao lado do imponente edifício e deixou a família no carro com o motor ligado. Garantiu a eles que iria num pé e voltaria no outro.

P.I. nunca chegou ao quarto andar. Enquanto estava no elevador, um terremoto atingiu a cidade. No carro, Polly e os garotos observavam aterrorizados enquanto as luzes das ruas balançavam em volta deles e as pessoas saíam dos prédios vizinhos.

O elevador ficou emperrado entre dois andares, prendendo P.I. no momento em que ele sabia que a família precisava de sua calma e sua presença tranquilizadora. Com o edifício evacuado, ele foi deixado lá dentro por mais de uma hora e meia. Do lado de fora, a família ficou quase louca de preocupação. Todos, exceto P.I., tinham saído do local. Como eles podiam não temer o pior? Quando ele finalmente saiu e voltou ao carro, encontrou os familiares profundamente abalados.

Essa foi a única vez que ele não esteve lá quando eles mais precisavam. Ele jamais queria ter esse sentimento novamente.

Agora, a situação era muito mais séria do que um mero tremor na Califórnia. Nesse momento exato o Exército japonês poderia estar desembarcando em algum lugar em Luzon. Era o mesmo Exército que tinha estuprado dezenas de milhares de mulheres em Nanquim em dezembro de 1937. Eles jogavam jogos mortais com civis aos gritos, implorando pela vida. Histórias de bebês baionetados, pais obrigados a assistir enquanto suas filhas, mulheres e mães eram vítimas de estupro coletivo e depois assassinadas pelos japoneses, vindos da China com os milhares de expatriados que fugiam da devassidão. Muitos — entre eles Don Bell — tentaram reconstruir a vida em Manila depois da fuga. P.I. e Polly tinham conhecido alguns desses refugiados — eram uma mistura de russos, espanhóis, americanos, ingleses, italianos, holandeses, alemães e chineses. Em reuniões, eles às vezes contavam histórias do Exército Imperial que faziam os mongóis parecer mansos.

Connie estava com dezessete anos. Tinha virado uma bela jovem, com os olhos e o cabelo ondulante da mãe. Era refinada, uma jovem capaz que estava passando a ser reconhecida. Julie, aos quinze, era esbelta, espirituosa e corajosa. Cativava os garotos com uma espécie de carisma tempestuoso que atraía e confundia. Era bela, animada e independente, mas ao mesmo tempo ingênua e tão vulnerável quanto Connie sem P.I. para protegê-la.

Polly, elegante e charmosa, andava com graça e irradiava algo único que atraía todos para si. Sua aparência tinha vencido a meia-idade. O rosto era liso, a pele clara e livre de linhas de expressão e rugas. Parecia consideravelmente mais nova do que seus quarenta anos. Era a mulher mais bonita que P.I. tinha conhecido. Gentil e calorosa, era o tipo de pessoa em quem os outros confiavam, sabendo que a confiança não seria traída.

Como a maioria dos americanos, Polly tinha uma vida protegida em comparação com o inferno niilista que os atacava agora. Era testada às vezes quando P.I. ia para o mar por meses seguidos, mas nunca tinha enfrentado morte e carnificina, nem os horrores de um Exército como o do Japão.

Quão forte ela era? P.I. não tinha certeza. Ele se dedicara no casamento protegendo-a de qualquer coisa desagradável. Se algum homem começava a contar uma piada suja na frente de Polly, P.I. invariavelmente se aproximava e pedia que ele parasse. Nas poucas vezes em que seu pedido era ignorado, ele derrubava o cara com um jabe rápido e repentino no queixo. Quando se tratava de Polly e suas sensibilidades, P.I. era inflexível. Logo correu por Manila a conversa de que só um tolo ofenderia a sra. Gunn.

Rumores de mais ataques circularam aos sussurros por Paracale. Soldados paraquedistas, quintas-colunas, vira-casacas filipinos ajudando o inimigo — esses eram os rumores que corriam naquela manhã enquanto o choque produzia um temor crescente. Os engenheiros de minas americanos começaram a entrar em pânico. Suas famílias estavam lá sem eles, ainda mais indefesas que os que estavam em Manila naquele dia. Nem um canhão antiaéreo, nem um único batalhão de combate tinha sido posicionado em algum lugar próximo da cidade. Se os japoneses aparecessem na baía, estariam sujeitos ao seu arbítrio. Ninguém queria ver a natureza desse arbítrio.

Joseph Stevenot preferiu ficar em Paracale, pelo menos na semana seguinte ou algo assim. Pôr o sistema de comunicações em funcionamento no topo da montanha era agora mais decisivo do que nunca. Ele tinha família em Manila, mas seu dever estava lá na costa sudeste, portanto ele confiaria nas forças de MacArthur para manter os familiares em segurança.

O dever de P.I. estava em casa. Ele tinha que encontrar um jeito de voltar para a sua família. Esperar pelas peças do Staggerwing seria apenas uma morte lenta para ele. Com as roupas com que voara no dia anterior e pouca coisa mais, ele saiu às pressas da mineradora, determinado a subornar, adular, pedir carona ou ameaçar para conseguir chegar a Manila. Não importava o que fosse preciso, ele estaria com Polly e os filhos antes do pôr do sol.

5. O dia de *fiestas*

Segunda-feira, 8 de dezembro de 1941

Manila estava em clima de celebração. O dia 8 de dezembro assinalava a Festa da Imaculada Conceição, e a cidade, predominantemente católica, estava enfeitada com faixas azuis e brancas. Bandeiras com a imagem da Virgem Maria adejavam em janelas e postes de luz. Os manilenses acordaram naquela manhã antecipando ansiosamente as *fiestas* de dia inteiro a serem realizadas por toda a cidade. Logo depois do alvorecer, vestidos com as roupas mais finas, eles seguiram para as igrejas para orar no início do dia. Celebrações, banquetes e festas viriam a seguir.

Polly se encaixava bem nesse aspecto da vida nas Filipinas. Criada na igreja na cidade natal de Pensacola, também foi educada em escolas católicas privadas. Amava ir à missa em Manila. Os espanhóis que haviam trazido o cristianismo para as Filipinas no século XVI mantinham sua grandiosidade construindo belas casas de culto, algumas das quais haviam suportado incontáveis calamidades ao longo dos anos. Algumas haviam sido reconstruídas muitas vezes na esteira de incêndios ou terremotos, seu rico legado preservado pelos fiéis paroquianos. Polly nunca rezara em lugares históricos tão impressionantes antes de ir para as Filipinas. A Catedral de Manila, a Basílica de San Sebastian e a Igreja Quiapo do Nazareno Negro inspiravam reverência.

Naquela manhã de segunda-feira, ela conduziu os filhos para o Buick

Roadmaster, que dois empregados da PAL tinham trazido para casa na noite anterior. Os garotos usavam suas melhores roupas de domingo; as meninas, recém-chegadas da viagem a Baguio, vestiam saia da escola e bons sapatos que P.I. lhes comprara. Tinham chegado em casa na noite de 7 de dezembro, evitando por cerca de doze horas o primeiro ataque de bombas nas Filipinas.

Paul e Nath eram alunos de uma escola católica na cidade, que estava fechada para o feriado. Mas Connie e Julie cursavam a Escola Americana secular, e seguiram em frente, com um pouco de inveja dos irmãos.

O motorista deles tirara o dia de folga, então Polly as levou para a cidade manobrando pelas ruas agitadas com uma mistura silenciosa de pânico e determinação. P.I. a ensinara a dirigir alguns anos antes, em San Diego, onde a maioria dirigia com serenidade e obedecia às leis de tráfego.

As ruas de Manila não podiam ser mais diferentes. Carruagens puxadas por cavalos, chamadas caleças, disputavam espaço nas ruas com caminhões, táxis e sedãs cujos motoristas praticavam uma espécie de darwinismo automotivo: a sobrevivência dos mais rápidos. Eles entravam e saíam das faixas, interrompiam pessoas, e quando havia um acidente, gritavam uns com os outros, ignorando a confusão que tinham criado. Uma vez, Polly quase batera em um motorista de caleça que parou no meio da rua, depois desmontou para chicotear seu cavalo exausto quando este desabou de lado no chão.

Quando elas chegaram à igreja redentorista, em Baclaran, paroquianos americanos, filipinos, alemães, italianos e espanhóis estavam misturados do lado de fora da arcada alta marrom-arenosa que levava à capela. Havia até alguns japoneses na multidão — principalmente lojistas que tinham se convertido depois de emigrar para essa cidade diversa e ativa. Eles se cumprimentavam calorosamente, conversando enquanto entravam.

A igreja era uma das mais modernas em Manila. Embora construída recentemente, tinha um caráter tão forte, com seus tetos abobadados, fileiras de velas em castiçais de ferro e bancos de madeira envernizada, que trazia a Polly um profundo sentimento de conforto. Esse era o refúgio dela. A missa nunca era uma obrigação, mas uma alegria que ela amava partilhar com os filhos. P.I. viera para as Filipinas para exercitar seu espírito pioneiro. Polly encontrou aceitação espiritual. Em sua vida inteira, ela tinha feito parte de uma religião minoritária no Sul, e mais de uma vez foi visada por isso. Aprendeu a esconder sua fé, mas mesmo isso não a protegeu de comentários ou ataques grosseiros. Então ela se apaixonou por P.I. Gunn, e ele se tornou seu escudo.

Logo depois de ela e P.I. se casarem, em 1923, eles viajaram para a cidade natal dele – Quitman, Arkansas – para passar algum tempo com sua família. Numa manhã, a sobrinha de seis anos de P.I. entrou no quarto de Polly quando ela estava arrumando o cabelo antes de ir à igreja. A menininha ficou olhando para ela de olhos arregalados, até que Polly perguntou qual era o problema.

A menina apontou para as longas tranças de Polly empilhadas no alto da cabeça e perguntou: "É assim que você esconde seus chifres?".

"O que você disse, querida?", perguntou Polly, tentando esconder a surpresa.

A menina explicou que o pastor metodista da cidade tinha dito que todos os católicos eram agentes do diabo. Era possível saber quem eram eles, porque todos tinham chifres.

Polly sorriu e pediu a ela que se aproximasse. A menina hesitou, dividida entre o que o pastor ensinara e o jeito doce de Polly. Por fim se aproximou. Polly pegou a mão dela e a encostou em sua cabeça.

"Olhe. Está vendo? Não tem nenhum chifre."

Polly e P.I. foram à igreja com o resto da família. O pastor, um tipo fanático, havia sido bem preparado para a chegada de uma católica em seu cantinho dos montes Ozark. Passou a maior parte do sermão acusando raivosamente a eles e àqueles que deixam a verdadeira Igreja para casar com eles.

Quando criança, P.I. ouvia essa espécie de absurdo todos os domingos e nunca aceitou sua intolerância. Mas na época ela parecia inofensiva. Agora, ali estava ele na mesma igreja, um homem vivido de 23 anos ouvindo a mesma cantilena cheia de ódio. Dessa vez, o pastor a dirigia toda contra ele e sua noiva.

Isso era demais. P.I. se levantou, anunciou que não ia tolerar nenhum menosprezo por sua esposa ou pela religião dela. Então, pegando a mão de Polly, levou-a para fora da igreja. Eles voltaram para a fazenda da família, embalaram suas coisas e foram embora.

Ele tinha escolhido sua esposa e as crenças religiosas dela em detrimento de sua família. Essa lealdade com ela tão cedo depois que eles trocaram os votos estabeleceu o padrão para todo o casamento deles. Ocasionalmente, P.I. ia à missa com o resto da família, mas nunca se ajoelhava para rezar, e nunca acreditou realmente. Protegia o direito de Polly de acreditar no que quisesse com devoção implacável. Entre P.I. assegurar sua liberdade de acreditar no que ela quisesse e a aceitação que ela encontrou em Manila, Polly estava mais feliz em Manila do que em qualquer outra época de sua vida.

A missa acabou antes de a escola começar, mas Polly precisou correr para levar as garotas à aula a tempo. Um abraço apressado nas duas e elas saíram do Buick. Nath e Paul observaram alegremente a ida das irmãs, contentes porque em poucos minutos estariam brincando em casa enquanto elas sofreriam na aula.

Polly deixou a escola e entrou em uma rua vazia. Ao vê-la, achou-a esquisita. Nenhum tráfego matinal, nenhum barulho de cascos de cavalos puxando caleças. Não havia sequer pessoas andando nas calçadas ou olhando vitrines de lojas. Em duas horas, Manila passara de uma cidade turbulenta a uma verdadeira cidade-fantasma. Só nos bancos havia algum ajuntamento de pessoas, e elas pareciam tensas. Agrupavam-se em volta das portas, espiando ansiosamente o interior.

Quando eles chegaram em casa, Polly tirou a cena incomum da cabeça e levou os meninos para dentro. Ocupou-se com a lista de afazeres domésticos enquanto os meninos subiam para o andar de cima para trocar de roupa. Com o dia de folga, eles decidiram ir após o almoço à praia de areia preta a alguns quarteirões de distância para ver se a frota já tinha voltado. Às vezes, eles também viam alguns jóqueis filipinos exercitando seus cavalos na beira da água antes das corridas na pista local.

Enquanto isso, eles brincavam no quintal dos fundos. À medida que a população do bairro encolhia, eles ficavam mais criativos, inventando brincadeiras e aventuras enquanto seus amigos voltavam para os Estados Unidos. Antes de todos os dependentes militares irem para casa, eles eram bastante sociáveis, correndo em grupo, fazendo serenata para uma menina ruiva por quem tinham uma queda, cantando "Red Sails in the Sunset" [Velas vermelhas ao pôr do sol] para ela sentados no muro de sua casa.

Agora, porém, eram as últimas crianças de sua idade no bairro. Montavam sua coleção de soldados de brinquedo e tanques de metal, cada um deles adornado com uma estrela americana. Alguns de seus colegas de turma eram filhos de famílias espanholas que apoiaram os nacionalistas do general Francisco Franco durante a Guerra Civil Espanhola. Brincar de guerra na casa deles chocou Nath; seus soldados de brinquedo usavam uniforme alemão e os tanques exibiam suásticas. No começo os garotos ficaram constrangidos, mas não deixaram que isso atrapalhasse a amizade.

Enquanto montavam a batalha no quintal, seu macaquinho de estimação, Chi--Chi, saiu da casinha que P.I. tinha construído para ele em uma árvore próxima. Havia uma corda estendida entre duas árvores, e ele corria de um lado para o outro nela, dando cambalhotas enquanto os meninos riam de suas palhaçadas.

P.I. garantira que cada filho tivesse seu bicho de estimação. As meninas não ligavam para o macaco — na primeira vez em que o viram, Chi-Chi agarrou o próprio pênis e começou a brincar com ele. Um macaco se masturbando as repelia, embora os meninos o achassem muito engraçado. Então o macaco ficou sendo deles. Amos, o gato, gravitava em torno das meninas, assim como uma família de patos. O cachorro, Dingo, protegia o casal e as crianças. No momento, ele estava em posição de escuta, olhando para Margarida e Pato Donald enquanto estes gingavam em torno de uma das árvores de Chi-Chi, os filhotes em fila atrás deles.

Amos apareceu. Ele e Chi-Chi pertenciam ao mesmo capitão do Exército, portanto eram amigos de vida inteira. O gato laranja magricela subiu em uma das árvores e andou pela corda para dar um banho matinal em seu amigo macaco. Chi-Chi suportou a língua do gato batendo no pelo no alto de sua cabeça, emitindo ruídos de arrepio enquanto era limpado.

"Vamos levar o Chi-Chi para passear", disse Paul enquanto eles erguiam os olhos de sua guerra para ver os dois animais balançando na corda.

Momentos depois, eles levaram alegremente Chi-Chi em uma coleira pelas ruas vazias, onde ele ocasionalmente disparava para pegar um lagarto que tomava sol e lhe arrancava a cabeça com uma mordida. Ele sentava sobre as patas traseiras e mastigava ruidosamente com uma expressão de triunfo no rosto símio. Na primeira vez em que isso aconteceu, os garotos ficaram tão assustados que correram para casa e contaram a P.I., que replicou laconicamente: "Ah, ele adora essas coisas".

Eles concluíram o circuito e voltaram para o quintal. A porta de trás se abriu e Polly ficou ali parada, o rosto inexpressivo. Eram raros os momentos em que Polly não sorria. Estava usando um vestido com estampa floral que ela mesma fizera na máquina de costura que tinha ganhado de P.I., e seu cabelo estava preso com grampos coloridos que ela encontrara quando eles viviam em Ford Island, em Pearl Harbor.

"Meninos", ela disse, a voz trêmula, "venham almoçar, por favor." Na mesa de refeições, um prato de sanduíches esperava por eles.

Polly ficou ao lado do rádio, em um aparador. Era um Motorola portátil que eles tinham comprado no Havaí, um dos dois que possuíam. Polly o ligou. As válvulas zumbiram enquanto esquentavam. Um momento depois, a voz de Don Bell surgiu no meio de uma crepitação de estática. No começo os garotos ficaram confusos com algo sobre os japoneses atacarem Pearl Harbor, depois a notícia fez sentido.

"Temos informação de que a primeira baixa civil durante o ataque ao Havaí foi Bob Tyce, morto no Aeroporto John Rodgers, de Honolulu, no início do ataque."

Os garotos ficaram congelados, os olhos vidrados nos da mãe. Polly se sentou, desviando levemente o rosto dos filhos. Parecia prestes a chorar.

"Bob Tyce era sócio da K-T Flying Service no Aeroporto de Honolulu. Foi atingido por um avião japonês quando saía de seu escritório. Caiu nos braços de sua esposa, que é enfermeira, e morreu logo depois..."

"Oh, meu Deus... Mãe? Ele está falando do Bob Tyce? Nosso Bob Tyce?", perguntou Paul.

Polly, com o queixo apoiado no peito, só conseguiu balançar a cabeça. O rádio confirmou o que ela rezara para não ser verdade. Momentos antes, ela tinha recebido uma ligação telefônica de Dan Stickle, o chefe de manutenção da PAL. Ele disse a ela que os japoneses tinham atacado Pearl Harbor no começo daquela manhã e que Bob estava morto.

"O sr. Tyce... está morto?", Nath perguntou, incrédulo. O que estava acontecendo? Dan Stickle, Bob Tyce e P.I. trabalharam juntos no K-T Flying Service por quase dois anos. Suas famílias passaram bons momentos juntas. A esposa de Bob era uma mulher maravilhosa, com uma personalidade efervescente.

Eles ouviram o rádio em silêncio, a voz de Don Bell relatando as últimas notícias de Pearl Harbor. Polly ficou sentada e chorou silenciosamente durante toda a transmissão, pensando nos navios de guerra amarrados ao lado da Ford Island. Quando eles moravam lá, viam os enormes encouraçados chegar e sair do que era praticamente o quintal de sua casa. Conheciam os marinheiros e passaram a amar os navios. Ela e as crianças costumavam correr para fora de casa quando o grupo aéreo do *Lexington* fazia ataques simulados ao porto durante os treinamentos de guerra da frota na década de 1930. Eles ficavam na beira da água, dando vivas loucamente enquanto tentavam identificar qual dos aviões que mergulhavam em movimento circular era o de P.I.

Achavam tudo uma grande diversão. Agora, os japoneses usavam a mesma estratégia que a Marinha praticara em si mesma durante anos. Isso não tinha nada de diversão ou espetáculo. As notícias sobrepostas às lembranças em que eles se perdiam pareciam dissonantes e irreais. Don Bell continuava a descrever como aqueles navios que eles conheciam tão bem estavam em chamas e muitos daqueles marinheiros, mortos ou feridos.

Onde estava P.I.? Polly precisava dele agora, precisava que ele lhe dissesse o que fazer. Mas a única coisa que o escritório da PAL dissera era que ele estava a caminho de casa. Ela tentava se concentrar, mas não conseguia escapar das palavras de Don Bell.

Inacreditavelmente, ele falou de um ataque aéreo japonês contra Davao Harbor, na ilha de Mindanao, no sudeste das Filipinas. Descreveu o bombardeio do Campo John Hay, em Baguio, que as meninas tinham acabado de visitar.

Fiestas por toda a Manila, e os japoneses estavam atacando? A repentina realidade da guerra sobre a descontração alegre do dia parecia mais do que cruel.

"O que nós vamos fazer, mãe?", perguntou Nath.

Polly mirava os garotos enquanto eles olhavam para ela.

Guerra. As Filipinas já estavam sendo bombardeadas. Certamente ia piorar.

A mente dela gritava: *P.I.! Onde você está?*

"Mãe?", disse Paul, com a voz baixa e intranquila. Eles nunca a tinham visto assim.

Polly se obrigou a pensar. Compostura, ela tinha de recobrar a compostura. Seus filhos estavam assustados e precisavam dela.

Connie e Julie. Elas ainda estavam na escola. Era preciso cuidar disso imediatamente.

Polly ligou para a escola e, milagrosamente, a ligação foi completada. Ela pediu à diretora que pusesse as filhas em uma caleça e as mandasse para casa.

Colocou o fone no gancho, virou-se e disse aos garotos: "Primeiro, nós precisamos de todos juntos, aqui em casa".

Nath e Paul fizeram que sim com a cabeça.

"Então esperamos que seu pai chegue em casa. Ele vai saber o que fazer." Ele sempre sabia.

Quando as meninas chegaram, Julie estava calma e ausente, talvez tentando não trair o medo que sentia. Connie espelhava o hábito da mãe de tentar ser positiva. Deu um abraço em Nath. Era como uma segunda mãe para ele, e eles tinham uma ligação diferente de qualquer outra entre os irmãos. Ela ficou perto dele por todo o dia, a voz reconfortante, embora as notícias no rádio fossem de mal a pior.

Polly tomou as meninas nos braços e contou calmamente a elas o que acontecera a Bob Tyce. O choque do ataque a Pearl Harbor e de ser arrancadas da escola fora profundo, mas agora os acontecimentos do dia se tornaram pessoais. Juntas, elas choraram, Polly as abraçando com força enquanto elas pensavam na sra. Tyce e sentiam um pesar duradouro por sua perda. Ver o marido morrer daquele jeito... Polly lutava para encontrar palavras.

"Eu sei. Eu sei", disse ela por fim. "Eles são nossos amigos há anos."

Quando elas desfizeram o abraço, Merced trouxe comida para as meninas. Elas comeram em silêncio enquanto ouviam o rádio, do tamanho de uma caixa porta-pão.

No começo da tarde, a família percebeu aviões sobre Manila. Eles circulavam no alto ao longe em formações imponentes. Os garotos subiram no telhado para observá-los, pontos cinza apagados povoando o céu límpido, e rezaram para que fossem amigos.

Depois de um bom tempo, um P-40 danificado oscilou sobre o Campo Nichols. Orbitou a pista a cerca de 8 mil pés antes de finalmente pousar. Seguiram-se mais dois. Por volta das três horas, um esquadrão inteiro retornou. Dezoito P-40 de nariz pontudo, com os motores Allison resfriados a água ronronado de modo protetivo, apareceram no padrão, passaram sobre a casa e tocaram a pista principal.

Eles não viram nem ouviram mais nenhum avião naquele dia.

No rádio, Don Bell recitava uma lista de notícias cada vez piores. Os japoneses pareciam estar atacando simultaneamente todos os lugares no Pacífico, de Pearl Harbor à Malásia. A minúscula ilha de Wake e Guam tinham sido atingidas. Mais ataques se seguiram por todo o Sudeste da Ásia. A família se instalou na sala de estar para ouvir os últimos acontecimentos, a vigília ao lado do rádio só interrompida quando alguns funcionários da PAL chegaram para pegar o Roadmaster e levá-lo ao Campo Nielson, de forma que P.I. pudesse utilizá-lo quando voltasse ao aeródromo.

Por vezes, naquela tarde, Bill saiu do ar. Ele recebeu uma dica de que os japoneses tinham bombardeado o Campo Clark, a principal base do bombardeiro pesado B-17 nas Filipinas. Deixando que outros fizessem a cobertura em seu lugar, ele dirigiu os cerca de oitenta quilômetros até o Clark. Quando voltou ao microfone naquele fim de tarde, sua voz estava imbuída de um tom mais melancólico e sombrio que insinuava o que ele não podia dizer: uma catástrofe se desenrolava em volta deles.

O pôr do sol chegou quando Merced cozinhava um assado em fogo lento. A casa estava inundada pelo cheiro acolhedor de um jantar preparado com amor. Porém, em vez de ser um conforto, isso aumentava a sensação de irrealidade em seu pequeno enclave. Além dos muros de sua casa em Villamor Court, a cidade que eles amavam estava em pânico com a chegada da escuridão.

O choque do ataque a Pearl Harbor tinha diminuído ao longo do dia, e ruas antes vazias estavam apinhadas de refugiados saindo da cidade. No centro, policiais empilhavam sacos de areia na frente de lojas. Não havia na cidade nenhum abrigo antibombas subterrâneo nem metrôs — com o nível pouco profundo do lençol freático, eles teriam sido inundados. As paredes com sacos de areia eram a única alternativa para proteger as pessoas.

Nas esquinas havia soldados filipinos nervosos, com fuzis antigos engatilhados, os ouvidos cheios de rumores pavorosos de paraquedistas e espiões japoneses entre eles. Atiravam em sombras, e quando um homem começava, dezenas de outros disparavam em temor reflexivo, até que tudo soava como um tiroteio violento nas ruas da capital.

Enquanto isso, fora da cidade, labaredas vermelhas formavam arcos no céu. Ninguém sabia quem atirava em quem. O que elas assinalavam não podia ser determinado. Cada uma aumentava o medo que tomava a cidade e alimentava boatos de quintas-colunas trabalhando para abrir caminho a uma invasão japonesa.

Entre as bases americanas, havia atiradores anônimos em posição de emboscada. Eles dispararam várias vezes contra o carro do staff do general Louis Brereton enquanto ele viajava entre quartéis, obrigando-o a mudar constantemente suas rotas.

Uma corrida aos bancos esgotou a maior parte do dinheiro disponível. Manila vivia de crédito — todo mundo tinha conta nas mercearias, hotéis e comércios locais. Ao anoitecer, o Hotel Manila tinha passado a só aceitar dinheiro vivo. Os mercados locais fizeram o mesmo. Aqueles que não sacaram dinheiro se viram incapazes de comprar produtos de primeira necessidade.

Polly ficou nervosa com isso. Era sempre P.I. quem administrava as finanças deles. Estando em algum lugar nas províncias, ela sabia que ele não teria como sacar dinheiro das contas deles. Eles tinham algum dinheiro para emergências guardado na casa, mas não seria suficiente, especialmente se a crise causasse inflação nos preços de itens de sobrevivência.

Se as coisas piorassem, como eles comeriam? Poderiam sair do país em um avião da PAL? E a Força Aérea japonesa? E os animais de estimação e todos os pertences da família?

Se eles fugissem, teriam que deixar a cama de dossel de quatro colunas. Polly a tinha arrastado por todo o país e para o outro lado do Pacífico. A ideia de deixá-la para trás a enchia de pavor e punha em foco a gravidade do apuro em que se encontravam. A cama era um símbolo da família. Abandoná--la significaria que a situação não tinha salvação. Eles estariam fugindo para salvar a vida.

Ela combateu esse pessimismo com a esperança de que as forças de MacArthur conseguissem manter os japoneses longe de Manila. O rádio estivera cheio de notícias sobre o Exército e sua prontidão para o combate. Talvez as preocupações de P.I. fossem indevidas. Talvez eles esmagassem qualquer tentativa japonesa de bombardear Manila ou desembarcar tropas em Luzon.

Depois de vinte anos de casamento, Polly aprendera a nunca duvidar da percepção de P.I. nesses assuntos. Ele não tinha muita confiança no Exército. Mas isso era tudo que ela tinha no momento. Era tudo que qualquer pessoa tinha naquela noite pavorosa.

Afinal, ela precisava considerar os filhos. Tentou ao máximo manter um senso de normalidade. Obrigava-se a sorrir. Connie espelhava a mãe. Julie continuava pensativa e preocupada com o pai. Os garotos, com o choque da morte de Bob Tyce se desfazendo, viam ingenuamente tudo que era novo como emocionante e aventuroso. Coisas estavam acontecendo. Coisas grandes, e os japoneses certamente pagariam se viessem a Manila.

Enquanto o caos rodopiava em torno deles, a casa se tornou um bastião na tempestade. A voz de Don Bell servia como o buraco de fechadura através do qual eles viam o mundo exterior, e cada despacho trazia mais pavor. O rádio permanecia ligado, mas depois que escureceu Polly mudou todos para o quarto dos fundos, onde eles continuaram a ouvir, sentados em cadeiras e um sofá, os pés descalços apoiados no piso de ladrilho.

Aparentemente, os japoneses não apenas haviam atacado todos os lugares, mas também estavam conquistando todos os lugares de uma vez. Mais e mais notícias vazavam de Pearl Harbor, e embora os detalhes fossem incompletos, a Marinha recebera um golpe devastador.

Merced terminou o assado, mas Polly se recusou a deixar a família comer até que P.I. chegasse em casa. Eles comeram lanches e esperaram enquanto o relógio arrastava os ponteiros.

Duas horas depois do anoitecer, Dindo disparou para fora da casa e entrou no quintal. Seus latidos encheram a noite. Alguém estava no portão da frente.

6. Terror na noite

P.I. Gunn, coberto de sujeira e fedendo como uma estrebaria, pressionou a buzina do Buick ao chegar ao portão da frente. Com a gravata torta e o cabelo curto despenteado, ele parecia extremamente cansado. Por dentro, fervia de raiva. P.I. tinha a tendência a se irritar facilmente, e nesse momento estava usando todo o autocontrole que lhe restava para controlá-la.

Enquanto esperava pelos meninos, deu um longo trago no cigarro Camel preso entre dois dedos da mão direita. Quando exalou a fumaça, ela subiu para seu olho direito e nublou um pouco sua visão. Ele tinha fumado o dia todo, e a fumaça deixara seu olho esquerdo vermelho de irritação.

Nath e Paul apareceram, Dingo atrás deles. Destrancaram e abriram o portão. P.I. pisou de leve no pedal do acelerador e o Roadmaster deslizou para o quintal. Quando o porta-malas deixou a entrada para carro, os garotos trancaram de novo o portão.

"Pai!"

Ele mal os via. Subiu os degraus com pisadas fortes, espumando de raiva.

"Pai, você soube do Bob...?"

"Eu soube...", ele disse abruptamente, a voz revelando a raiva.

"Pai?"

Ele ignorou os filhos e praguejou baixinho. Os garotos pararam. Polly odiava palavrões, e o pai nunca os usava em casa. Para eles, aquilo significava que as coisas deviam estar mesmo ruins.

"Brereton não conseguiu nem entrar em contato com MacArthur", disse P.I. com rispidez. Os meninos se olharam, ambos sem nenhuma ideia do que aquilo significava. Já tinham ouvido o nome de Brereton. Ele era o general encarregado da força aérea de MacArthur.

"Malditos idiotas", ele xingou enquanto entrava apressado na casa e quase colidia com Polly na sala da frente. Ela ignorou sua linguagem e jogou os braços em volta dele.

"Oh, P.I."

Ele a abraçou com força enquanto Nath e Paul ficavam ao lado atônitos com aquela exibição de emoções.

"Está vendo? Está vendo o que aconteceu? Você devia ter ido embora, Polly. Devia ter me escutado", ele disse em desespero, com a testa encostada na dela, seus lábios quase se tocando.

Ela não disse nada, só ficou agarrada a ele enquanto os garotos olhavam do vão da porta.

"Está vendo o que acontece agora que você não foi?", ele disse de novo. Parecia estar xingando a si próprio por ter cedido a ela.

Ela lhe cobriu as bochechas com as mãos e o olhou nos olhos.

"Isso é passado. Não podemos viver nele. Você não pode. Precisamos de você."

A princípio ele não respondeu; apenas a segurava.

"Todos os nossos amigos...", disse Polly. Fazia apenas quatro anos que P.I. saíra da Marinha, mas ele havia servido com muitos dos velhos marinheiros que tripulavam os navios de guerra em Pearl Harbor. As famílias deles haviam convivido. Os filhos deles haviam brincado juntos.

Duas mentes, havia muito tempo sincronizadas, voltaram à casa deles no Havaí. Primeiro a ilha Ford, depois uma pequena casa alugada em Honolulu.

"Os japoneses bombardearam a área inteira."

"A ilha Ford também?", perguntou Polly.

"Sim."

"Bob..."

"Eu sei. Eu sei."

"O que vamos fazer?"

"Bem", disse P.I., "vamos ver o que acontece. Eles têm que fazer os pilotos ficar sóbrios."

Polly olhou para cima.

"O quê?"

"Houve um bocado de bebida hoje à tarde. Muita mesmo."

"Pai?"

Connie e Julie tinham saído do quartinho. Estavam observando os pais, com medo nos olhos ao ver como o pai estava desarrumado.

"Como você conseguiu chegar em casa?", uma delas perguntou.

"De barco, ônibus, trem e carro. Não havia escolha. As peças do Staggerwing não chegaram, e mesmo que tivessem chegado, o Corpo Aéreo fez pousar todos os voos civis."

"Bem, agora você está em casa. É só isso que importa", disse Polly. "O jantar está pronto."

P.I. acrescentou: "Cheguei aqui assim que pude. Fui à estação de trem, tive que parar no escritório da PAL para ver o que estava acontecendo, depois fui até Nielson pegar o carro".

"Vamos sentar e comer. Você deve estar morrendo de fome", disse Polly.

A família se reuniu na sala de jantar enquanto o assado de Merced era servido por uma jovem filipina. P.I. foi lavar as mãos. A troca de roupa e o banho teriam de esperar. O que tinha acontecido com ele na viagem de Paracale o deixara em péssimas condições.

Quando ele voltou para a sala de jantar, sua raiva começou a se desfazer. Enquanto comiam, ele passou do modo extravasamento para o modo planejamento.

"Eles vão ter os aviões hoje à noite", anunciou. A família sabia que isso significava Campo Nichols.

"Por que você diz isso, pai?", perguntou Julie.

"Porque, srta. Priss", começou P.I., usando o apelido que dera a ela, "eles já têm os bombardeiros. Agora a lua está do jeito certo. Quase cheia. Eles conseguirão ver mesmo que a cidade esteja em blecaute."

Ele pensou um pouco. "Eu imagino que eles estejam aqui por volta das duas da manhã. Então a lua vai estar perfeitamente posicionada para eles. Bem nas costas deles quando vierem da baía."

Como se pensasse em voz alta, ele acrescentou: "Bem em cima de nossa casa".

Merced entrou na sala de jantar e perguntou se podia ir para casa. P.I. perguntou onde ele morava. Quando o cozinheiro mencionou um pequeno *barrio* entre Villamor Court e o centro de Manila, ele disse: "Você precisa sair de lá. Você também vai estar na linha de fogo".

Merced agradeceu a ele e saiu apressado para a noite, enquanto a família terminava o jantar.

À mesa, P.I. não falou muito sobre a viagem a Paracale. Estava mais interessado no que tinha acontecido em Manila depois que voltou. Ele não conseguira vir para casa direto da estação de trem. Fazer isso teria sido abrir mão de suas responsabilidades para com todos os seus empregados. Dividido, ele seguiu seu senso de dever e foi se certificar de que as aeronaves da PAL estavam seguras. Ou, pelo menos, tão seguras quanto podiam estar por enquanto. Quando chegou a Nielson, disse a sua equipe que puxasse os Beech 18 para fora do hangar principal e os dispersasse pelo aeroporto para protegê-los contra ataque aéreo.

O quartel-general da Força Aérea do Extremo Oriente estava a curta distância da sede da PAL, então ele dirigiu até lá para ver o que estava acontecendo. Como ele já servira nas Forças Armadas e era bem conhecido nos círculos de aviação nas Filipinas, o pessoal da Força Aérea do Exército falava livremente com ele.

Contaram-lhe do ataque ao Campo Clark, sede do 19º Grupo de Bombardeio, e sua frota de bombardeiros pesados B-17. Essas armas aéreas, nas quais o presidente Roosevelt depositara tanta esperança, tinham sido apanhadas no solo pelo ataque japonês na hora do almoço. O campo foi devastado, e a maioria dos grandes bombardeiros, reduzida a destroços queimados. Os poucos que haviam sobrevivido estavam em uma pista alternativa esculpida em uma plantação de abacaxi da Del Monte, em Mindanao.

Os japoneses praticamente destruíram o braço aéreo da ofensiva de MacArthur antes que ele pudesse ao menos entrar na luta. Já havia começado o processo de encontrar os responsáveis pelo desastre.[1]

Desanimado, P.I. voltou ao hangar da PAL para visitar a base aérea da Marinha dos Estados Unidos em Cavite. Embora estivesse fora do serviço desde 1938, ele permanecia na Reserva de Prontidão, o que significava que podia ser reconvocado para a ativa em uma crise. Ele disse à família que, quando chegou a Cavity, havia tanto caos que ele não conseguiu que ninguém com autoridade lhe dissesse qual era seu status.

P.I. sacudiu a cabeça, frustrado: "Havia muita bebida". Os aviadores tinham tomado uma surra fragorosa. Tinham visto coisas horríveis no solo em Clark;

observado amigos morrer ou sofrer ferimentos graves. Eles recorreram ao único consolo que conheciam, e no fim da tarde alguns começaram a beber.

Eles terminaram o jantar e ficaram olhando para P.I. à espera de ordens. Ele lhes disse que juntassem algumas colchas e cobertores dos quartos e estendessem alguns deles no canto do jardim. Se os japoneses viessem mesmo, eles iriam para lá e usariam como cobertura os muros grossos. Estes protegeriam a família de rajadas de metralhadora e estilhaços de bomba. Eles estariam seguros — a menos que uma bomba caísse bem no quintal.

Nesse meio-tempo, fariam um ninho familiar no quartinho, cobrindo as janelas com alguns dos cobertores para escurecer totalmente o aposento. O resto da casa ficaria a cargo da escuridão.

Enquanto os filhos subiam para pegar as colchas de Pensacola, P.I. disse a Polly que em todos os momentos durante a noite algum deles precisaria ficar acordado. Polly insistiu em fazer o primeiro turno. Ela via como ele estava exausto e não tinha nenhuma ideia de como ele conseguira voltar, dadas as condições e o pânico.

P.I. não aceitou. Ele faria o primeiro turno. Polly precisava dormir.

Os filhos reapareceram, os braços cheios de roupas de cama. P.I. e Polly cobriram as janelas enquanto todos se encolhiam no chão ou na mobília. Gradualmente, cada um deles caiu em um sono espasmódico enquanto P.I. os guardava.

Ele apagou as luzes e escutou os sons lá fora. Tiros soavam ao longe. Ocasionalmente, ele ouvia o som de um carro ou caminhão passando por Villamor Court. Enquanto ouvia, começou a planejar.

Primeiro, tinha de levar a família para longe do Campo Nichols. De manhã, precisava encontrar um lugar para eles na cidade. Eles precisariam de proteção de ataques aéreos, mas cavar um abrigo antibombas estava fora de questão. Enfie uma pá no solo em qualquer lugar em Manila e você vai bater na água em sessenta ou noventa centímetros. Não. Ele teria de encontrar alguma outra maneira de protegê-los.

Enquanto isso, os Beech 18 também precisavam de proteção. Eles seriam úteis nos dias seguintes, e eram a única maneira de ele conseguir tirar a família das Filipinas se isso se tornasse necessário. Tinham que ser preservados a todo custo. O fato de serem seu meio de fuga provavelmente nunca saiu da mente de P.I. naquele primeiro dia da guerra, e era parte do motivo pelo qual ele tinha ido a Nielson para garantir a segurança deles antes de ir para casa.

A despeito do fato de tê-los movido para localizações estratégicas na base aérea, seus aviões ainda estavam expostos em Nielson, que certamente estava na lista de alvos japoneses. Depois de destruir grande parte do Campo Clark, eles começariam a atingir sistematicamente as bases aéreas remanescentes, estava certo disso. A PAL precisaria se mudar para algum lugar que os japoneses não suspeitassem.

A PATCO — a velha e agora extinta Philippine Air Taxi Company — nunca, jamais, operava a partir de Nielson. Seus aviões usavam Grace Park, às vezes chamado Manila Norte pelo pessoal mais antigo. A pista se estendia ao lado da Autoestrada 54 e fazia limite com um cemitério chinês. Isso podia funcionar; ele estava abandonado havia anos e fora quase esquecido. P.I. resolveu verificá-lo de manhã.

Olhou seu relógio Buships. Quase duas horas. Eles logo chegariam. Lá fora, a lua estava alta no céu ocidental, banhando Manila com seu brilho prateado.

Como os britânicos chamavam noites como essa durante a Blitz?

Uma lua de bombardeiro.

Os minutos passavam. P.I. ouvia e observava, buscando algum sinal de que os japoneses estavam perto.

Às 2h30, a exaustão começou a tomar conta dele. Olhos pesados, o cérebro gritando por repouso, ele sabia que teria de acordar Polly e dormir um pouco.

Decidiu esperar mais trinta minutos.

Às três horas, Manila estava em silêncio. Os tiros aleatórios disparados por sentinelas assustados haviam parado, pelo menos por enquanto. A cidade dormia intermitentemente.

P.I. enfim se levantou e foi acordar Polly. Enquanto ela saía de debaixo da colcha e se punha de pé, P.I. ouviu algo. Parou para escutar. Ao longe, conseguiu distinguir a cadência surda de motores de avião. Muitos.

Para aviões, motores eram a versão em áudio de impressões digitais. Pilotos experientes podiam saber o tipo de avião que voava no céu sem nunca olhar para cima. Eles estavam sintonizados a esse ponto às nuances de todos os motores. Os P-40 e seus Allisons soavam leves e rosnantes. Os B-17 emitiam um zumbido baixo e regular na clave de fá. Os pilotos do Corpo Aéreo Filipino que P.I. treinara voavam em velhos P-26 Peashooters com cobertura de tecido. Estes soavam desconjuntados e desajeitados.

P.I. se esforçou para detectar quais eram os aviões. Talvez alguns dos B-17 sobreviventes estivessem voando de Mindanao para reabastecer-se e armar--se para um combate contra os japoneses em Formosa. Quando os motores ficaram mais próximos e mais barulhentos, P.I. soube que seu ouvido não os conhecia. Isso significava só uma coisa: os japoneses estavam chegando.

Eram 3h09 do dia 9 de dezembro de 1941. Pela primeira vez, os habitantes de Manila estariam sob bombardeio.

7. Cenas de cinema

Os filhos acordaram grogues enquanto os pais os puxavam para que levantassem. P.I. usou sua voz de suboficial para injetar urgência neles enquanto Polly os tranquilizava e ajudava a pegar suas colchas. Os motores agora soavam mais alto, como uma onda que se aproximava prestes a quebrar na praia.

Eles correram para o quintal dos fundos, seguidos por Dingo. Em sua casa de macaco, Chi-Chi começou a guinchar. Eles chegaram e todos ocuparam suas posições.

"Deitem de cabeça para baixo, fiquem juntos", ordenou P.I.

As meninas desabaram no chão, Polly ao lado delas. Os meninos se puseram do outro lado, enquanto Dingo se encaixava entre eles. P.I. se espremeu ao lado de Polly e Julie.

"Fiquem deitados de barriga", disse P.I., "e mantenham a boca aberta."

"Por que aberta?", uma das meninas perguntou.

"Para impedir que os tímpanos estourem com a onda de choque de uma bomba", respondeu P.I.

Eles ficaram apinhados no canto do jardim, protegidos pela junção de duas partes do muro externo. Com dois metros e meio de altura e quase um metro de espessura, a construção de alvenaria os protegeria de explosões de bomba e tiros.

Os japoneses vinham do oeste, sobre a baía de Manila. Cidadãos em toda a cidade em total escuridão tremiam ante sua aproximação. Sirenes soavam e holofotes se moviam no céu enluarado.

O cachorro, enervado pelos sons, se levantou. Palavras duras de P.I. o fizeram ficar no lugar: "Dingo, deitado!".

Nath estendeu a mão para acalmá-lo, e o grande animal fez o que lhe fora mandado. Os meninos faziam o possível para confortá-lo enquanto a cacofonia aumentava.

Alguma coisa brilhante lampejou no céu. Nath instintivamente tentou se virar e ver o que era, mas P.I. pôs gentilmente a mão nele. "Nath, deixe disso. Deite e se vire."

Ele fez o que o pai mandou, mas não antes de ter um relance de riscas vermelhas fazendo um arco em direção ao céu com uma beleza quase graciosa. A visão atiçou sua imaginação aventureira; tudo parecia muito excitante.

Os bombardeiros chegaram a Manila. Velhos canhões antiaéreos americanos da época da Primeira Guerra Mundial começaram a atirar. *Caramp! Caramp!* O chão começou a tremer embaixo deles. Dingo enfiou a cabeça em Paul. Chi-Chi começou a gritar. Pato Donald e Margarida saíram do ninho para investigar a pilha de colchas da família. Agora eles também começaram a grasnar.

Sob os sons surdos de canhões antiaéreos vinham os estalidos agudos de fuzis. Metralhadoras disparavam longas torrentes de balas. Uma a cada três era uma traçante vermelha brilhante — o que Nath tinha visto —, e logo elas encheram o céu.

Nath e Paul não podiam mais aguentar. Viraram-se e olharam para o céu noturno. Nesse momento, o próprio P.I. não pôde resistir e também se virou.

O luar prateado tinha dado lugar a um brilho vermelho-escuro, riscado por fachos de luz ondulante de holofotes que pareciam dedos tateantes prontos para apontar um alvo aos atiradores abaixo de seus feixes. Ao norte e a leste, fluxos constantes de clarões rasgavam a escuridão sobre o Forte McKinley e o Campo Nichols. Os agentes japoneses que os lançavam estavam trabalhando até tarde nesta noite.

"Lá estão eles!", disse Nath excitado. Acima deles, surgiu uma formação de três bombardeiros japoneses.

"Meu Deus!", P.I. exclamou quando viu os aviões de dois motores e dois lemes. "Estão vindo em formação escalonada. Olhem aquilo!"

Ele nunca vira bombardeiros como aqueles. Lembravam um pouco os Beech 18, mas com asas mais longas e mais elegantes e narizes mais esguios. Suas barrigas brancas pareciam brilhar no céu noturno rajado de balas traçantes.

A formação parecia incrivelmente compacta para um ataque noturno. P.I. sabia que isso exigia capacidade e disciplina. Ele estava olhando para algo que nenhum dos pilotos da Força Aérea americana nas Filipinas poderia ter feito.

"Escalonada", ele disse quase para si mesmo. "Vou ter que me lembrar disso."

O julgamento profissional de P.I. não o enganou. Os japoneses no céu pertenciam ao Primeiro Kōkūtai da Marinha Imperial, cujos pilotos tinham aterrorizado Chungking com bombas e participado de muitos ataques à China no ano anterior. Experientes, calejados em batalhas e liderados por um comandante de esquadrão excepcionalmente capaz, o tenente Yoshiro Kaneko, os bombardeiros japoneses seguiram a trilha de clarões e encontraram o Campo Nichols.

Os canhões antiaéreos despejaram seu fogo. P.I. disse: "Ei! Eles finalmente estão acordando e revidando".

Em um momento de suprema ironia, a sirene de ataque aéreo de Manila de repente emitiu o sinal de fim de alarme. Alguns segundos depois, os aviões no alto abriram as portas de seus compartimentos de bombas. Bombas incendiárias foram despejadas, e a família pela primeira vez ouviu o gemido, de dar frio na espinha, de explosivos caindo.

O som se apoderou dos sentidos de Polly. Ela se virou para olhar a batalha que se desenrolava acima deles e descobriu naquela visão uma estranha beleza. Então as bombas guinchantes a encheram de um terror tão intenso que ela começou a tremer. Desacostumada ao som, Polly pensou que eram pessoas gritando. Rezou com fervor por sua família e por aqueles presos no que ela depois chamou "o poder da força bruta".

Ainda assim, ela fez um esforço e se obrigou a não chorar nem demonstrar medo. Determinou-se a não fazer nada que pudesse tornar aquilo pior para os filhos. Tinha de ser forte para eles, e não ceder ao que sentia.

Ao lado de P.I., Julie e Connie choravam com medo. As lágrimas caíam, e Julie abraçou o pai com força quando a primeira bomba explodiu num laranjal avermelhado. O chão tremeu violentamente, e um momento depois a onda da explosão fez farfalhar as folhas das árvores.

Chi-Chi urrou de sua casinha na árvore.

Mais explosões se seguiram, e segundos depois um enorme gêiser de chamas se formou acima do Campo Nichols.

Bem ao norte, Don Bell estava em cima do prédio da NBC, perto do rio Pasig, reportando o ataque de microfone na mão. Ele e seu colega radialista

Bert Silan se alternavam, apresentando um relato detalhado do bombardeio, embora os dois não pudessem saber ao certo se ainda estavam transmitindo. Uma das primeiras bombas tinha caído perto da torre de transmissão de rádio da RCA, e eles não tinham certeza se ela havia sido desligada. Continuavam falando, especulando sobre como as chamas que subiam sobre Nichols podiam ter sido causadas por um choque direto num depósito de munição ou de combustível. Na realidade, de 9 mil pés os bombardeiros japoneses conseguiram atingir com precisão dois decrépitos bombardeiros B-18 Bolo abastecidos e armados para uma missão que nunca executariam. Seus tanques de combustível rompidos e suas bombas detonaram e criaram o incêndio que podia ser visto a quilômetros de distância naquela noite.

O primeiro trio de bombardeiros desapareceu no céu a leste, depois virou para o norte, na direção de seu campo em Formosa. O tiroteio diminuiu, mas só por um momento. O ataque ainda não tinha terminado.

Outra onda de três bombardeiros com cauda bifurcada passou no alto. Dessa vez, eles pareciam tão baixos para Julie que depois ela se recordaria de ver as silhuetas dos pilotos. Nath pôde ver a grande insígnia de sol nascente vermelho destacada nas asas cor de leite. Os motores enchiam o ar com um estrondo surdo cíclico enquanto eles viravam para o norte e deixavam cair uma sequência de bombas sobre o Forte McKinley. Mesmo com todo o chumbo lançado contra eles, nenhum dos aviões foi fortemente atingido.

P.I. se lembrou de todas as barracas montadas na área de exercícios quando estivera de manhã no Campo Nielson. Se os homens que viviam nelas não tivessem conseguido se abrigar, podia haver pesadas baixas. O ex-militar que P.I. tinha dentro de si queria entrar no Buick e correr para o norte para investigar e ajudar. Mas o pai e marido venceu e controlou esse impulso. Ele sentiu Polly e Julie tremendo e as segurou com toda a força que seus braços fortes podiam reunir.

Os canhões antiaéreos se empenhavam ao máximo. Descarregavam seu fogo contra os atacantes noturnos, os projéteis explosivos fazendo chover estilhaços quentíssimos sobre a cidade e seus arredores. Todos os soldados filipinos, e também muitos americanos, empunhavam fuzis, metralhadoras e mesmo pistolas e atiravam contra o céu. Eram inexperientes, destreinados e incapazes de atingir qualquer coisa.

Como se fizesse um comentário profissional para a família, P.I. observou as balas traçantes e julgou: "É, eles são muito imprecisos".

Ele estava certo. Naquela noite os japoneses não perderam nenhum avião.

O inferno em Nichols continuava ardendo, transformando a escuridão em um dia lúgubre no horizonte a leste deles. Polly olhava para aquela cena quando uma terceira onda de bombardeiros começou a atacar, e não pôde deixar de pensar no sofrimento dos que estavam presos sob as bombas. Tudo parecia muito estranho, quase irreal para ela. Durante anos, ela lera sobre esses bombardeios e os vira nos cinejornais. Guernica na Guerra Civil Espanhola, incontáveis cidades e aldeias na China. A destruição de Roterdã e a Blitz de Londres. Agora, essas cenas de cinema se tornavam a dura realidade de sua família. A fúria da guerra total tinha chegado à porta da casa da família Gunn.

P.I. olhou para as chamas enormes lá fora e disse gravemente: "Esses voos foram muito precisos". Buscando algo positivo para dizer, acrescentou: "Bom, talvez isso faça os idiotas em Nichols agir".

Ele sabia que eles precisavam fazer melhor que aquilo para que as Filipinas tivessem alguma chance. Os japoneses eram profissionais. Os americanos e filipinos — bem, ele os tinha visto voar e se exercitar por dois anos. A curva de aprendizado seria íngreme. E dolorosa. Não sobreviveriam muitos.

O ataque durou vinte minutos.

Os clarões pararam. Os canhões antiaéreos foram persuadidos a cessar fogo. Os sentinelas e atiradores de metralhadora ainda se assustavam periodicamente, e seus disparos ecoavam pela cidade.

A família ficou unida, emocionalmente esgotada. Chi-Chi enfim parou de guinchar, mas não conseguiram fazê-lo sair da casa na árvore. Quando P.I. se convenceu de que os japoneses não voltariam naquela noite, saiu do ninho da família e olhou por cima do muro na direção de Nichols.

"O que você vai fazer, pai?", perguntou uma das meninas.

Ele olhou para os familiares, estudando seus rostos. Polly, sua beleza em nada diminuída pela exaustão e pelo medo, parecia tranquila mas resoluta. Os meninos, com a excitação esgotada, pareciam prestes a cair dormindo. As meninas, ainda com medo e inseguras, olhavam para ele em busca de tranquilidade.

Ele nunca entendia realmente suas meninas, nem as mulheres em geral, embora nunca admitisse isso em voz alta. Sabia ser duro com os meninos, moldá-los como homens. As meninas? Ele não tinha pistas. Deixava-as a cargo de Polly e quase nunca castigava Julie ou Connie. Ao contrário, ele as mimava e as adorava, por vezes de maneiras que faziam Polly sacudir a cabeça. Em San Diego e no Havaí, ele às vezes as levava para comprar sapatos. Elas adoravam aquilo, porque P.I. se lembrava da dor de, quando criança, ter só um par de sapatos de segunda mão surrados que ele usava para ir à escola e à igreja. No resto do tempo, sua família era tão pobre que ele andava de pés descalços para preservar ao máximo o par que tinha. Ele nunca quis que as meninas sentissem essa humilhação, então ignorava o orçamento cuidadoso de Polly e esbanjava pelas filhas. Elas sempre voltavam para casa com sapatos bonitos e caros — dois pares para cada uma.

"Vocês estarão seguros aqui por enquanto. Mas nós vamos nos mudar de manhã", ele disse. "Embalem tudo, eu vou achar um lugar para nós na cidade, longe das bases."

Ele olhou de novo para Nichols. "Vou ver que tipo de dano eles causaram." McKinley ficava perto de Nielson o suficiente para que o aeroporto também tivesse sido atingido. Isso significava que os Beech 18 podiam ter sido danificados ou destruídos. Ele precisava verificar; aqueles aviões podiam significar a salvação de sua família.

Polly se pôs de pé e abraçou o marido. "Você está procurando encrenca."

Ele a beijou. "É assim que eu sou."

Ela o beijou de volta. Os filhos estavam constrangidos com a demonstração de afeto.

"Eu não trocaria você por uma dúzia de outros", ela disse por fim. E acrescentou: "Volte quando puder. Nós vamos nos virar".

P.I. caminhou para o Buick, então parou. Virando-se, disse: "Meninos, cuidem de sua mãe, o.k.?".

Eles assentiram com a cabeça, muito sérios. Então Nath sussurrou para Paul: "Por que ele nunca diz às meninas para tomarem conta da mamãe?".

Paul sussurrou de volta: "Porque elas sempre fazem isso de qualquer jeito".

P.I. se ausentou por algumas horas, voltando logo depois do nascer do sol. Quando cruzou a porta, a raiva da Força Aérea do Exército tinha passado. A derrota era tão vasta e avassaladora que a raiva parecia um desperdício de esforço.

A família se reuniu em torno de P.I. enquanto ele contava as novidades. Os aviões de passageiros vermelhos brilhantes tinham escapado sem danos.

"Vou transferi-los para Grace Park", ele disse. "Vamos escondê-los no cemitério chinês lá."

Isso surpreendeu a família. P.I. explicou que os japoneses eram supersticiosos, então ele imaginou que eles nunca bombardeariam um cemitério com tantos santuários budistas. Só por precaução, ele se certificaria de camuflar os Beech 18 e construir anteparos de proteção para eles.

"Nichols está muito ruim?", perguntou Polly, ainda pensando no sofrimento dos homens de lá.

"Bem, sobraram alguns P-40", disse P.I., "mas não o suficiente para resistir por muito tempo. Os bombardeiros foram quase todos destruídos. Se não conseguirmos apoio, vai ser uma guerra no solo. Se a Marinha tiver sido tão atingida quanto parece, estamos numa enrascada. Praticamente sozinhos."

"O que vamos fazer?", perguntou Nath.

"Ficar aqui, por enquanto. Arrumar as coisas e nos mudar antes da quarta-feira."

Ele viu o medo nos rostos deles e tentou tranquilizá-los. "Ei, nós ainda temos um baita Exército."

Dado o que o general Wainwright tinha dito às meninas algumas semanas antes, as palavras não pareceram muito confiáveis para nenhum deles.

8. Procurando encrenca

Terça-feira, 9 de dezembro de 1941

O Buick roncou pela Autoestrada 54, com P.I. no volante brigando com a exaustão. Provavelmente não dormira desde Paracale, mas agora, enquanto corria contra o relógio para chegar a Nichols antes dos japoneses, não havia tempo para descanso. Os principais ataques à luz do dia tinham atingido Luzon na hora do almoço do dia anterior. Se isso se repetisse, ele só dispunha de algumas horas para pôr os Beech 18 em segurança. Suas pernas latejavam e começaram a inchar, um sintoma de falta de sono e estresse quando ele trabalhava por longos períodos. Ele ignorou a dor elaborando uma lista mental de tudo o que precisava ser feito.

A lista parecia preocupante em face da bola de demolição que balançava na direção dele. Os japoneses tinham destruído a vida tranquila de sua família no dia anterior com um show de abertura no Campo Clark. Um prólogo. Não passava disso. P.I. não tinha ilusões: todo o peso do Exército japonês logo seria mobilizado contra Luzon.

Quando isso acontecesse, ele devia estar preparado, ou... Ele não queria nem imaginar as consequências.

Ele correu ao lado do Campo Nichols. O hangar número 4 ainda queimava em consequência do ataque do começo da manhã. Os japoneses tinham jogado uma série de bombas contra ele, matando e ferindo mais de doze homens. Pelo menos os P-40 tinham escapado da destruição. No início da noite anterior, a maioria deles tinha sido transferida para o Campo Clark. A Força Aérea do Exército sabia que os japoneses atingiriam a base de caças, e ponderou que os P-40 estariam mais seguros nas ruínas do Campo Clark, já que este provavelmente não seria atingido de novo tão cedo.

Na margem do Campo Nichols, ele viu os restos esqueléticos de um caminhão de combustível fumegando em um campo. Alguns guardas americanos e filipinos caminhavam nas proximidades. Um agente japonês havia dirigido o caminhão até o campo na noite anterior e ateado fogo nele antes de fugir. O sistema de navegação por rádio da Pan Am para seu serviço transpacífico de aviões clipper estava a menos de vinte metros do caminhão, e os bombardeiros japoneses o haviam reduzido a varetas quebradas. Crateras enegrecidas pontilhavam o solo em volta do prédio destroçado.

O espião realizara sua missão.

P.I. passou depressa pelo cenário de perfídia. Os rumores de quintas-colunas — os militares os chamavam de sakdalistas — deixavam os sentinelas ainda mais agitados e paranoicos. Eles atiravam nas próprias sombras e tentavam iluminar passantes e veículos em velocidade. Por um lado, a maioria deles não conseguia atingir um celeiro a quinze metros de distância, portanto ainda estava para acontecer uma tragédia de fogo amigo em Nielson. No entanto, mais cedo ou mais tarde, todos os disparos de pânico cobrariam um preço.

Nunca se saberá exatamente quantos espiões e quintas-colunas operavam nas Filipinas. Os registros japoneses — se é que existia algum — não sobreviveram à guerra. Certamente havia alguns fazendo ataques e vigilância, mas grande parte do que foi relatado naqueles primeiros dias da guerra era histeria e boato. A reação superou em muito o dano físico real que os espiões infligiram aos defensores. Deixou todos paranoicos, apreensivos e prontos para abrir fogo, o que tornava aproximar-se de qualquer posto de controle um jogo arriscado naquele dezembro.

Felizmente, P.I. passou pelos sentinelas sem nenhum incidente e estacionou o Roadmaster. Apressado, caminhou até depois dos barracões e prédios parcialmente construídos espalhados pelo complexo do QG da FAEO. Alguém tinha insolentemente começado a chamar aquela área de "Clagettville", em referência ao ex-comandante deles, o general de brigada Henry B. Clagett. O general não tinha ficado muito contente.

O caos do dia anterior acabara, substituído agora por intensa concentração. O pessoal da Força Aérea do Exército parecia sério e extenuado. Olhos avermelhados saudaram P.I. quando ele saiu do hangar da PAL para se reunir com seu pessoal. Os soldados estavam se esforçando para despertar para as realidades da guerra enquanto um adversário capaz se preparava para atacar de novo.

Sinais desse esforço podiam ser vistos em todo lugar. Em Nielson, o staff da FAEO lutava para obter comida e suprimentos básicos para suas unidades de caças, dispersas em diferentes campos. A maioria tinha passado um dia ou mais sem ração, e alguns dos homens estavam dormindo na selva sem sequer o mínimo necessário. Outros estavam sem sua turma de solo e se viam obrigados a servir e abastecer os próprios aviões. Sem instalações, isso significava bombear manualmente gasolina nos tanques a partir de tambores de 208 litros. Depois de um longo dia de voo, isso esgotava ainda mais os homens.

O sistema de radar em Iba tinha sido derrubado, e seu esquadrão de caças, quase totalmente destruído. O QG da FAEO ordenou que a base fosse evacuada, e agora o pessoal de Iba estava em algum lugar na primitiva rede de estradas seguindo para o sul.

Nenhum dos outros conjuntos de radar estava operando plenamente, o que significava que os observadores no solo agora serviam como a única linha de aviso do novo ataque do Japão. Stevenot e a equipe de radar em Paracale lutavam de todas as maneiras para fazer funcionar o 270, mas não tinham o equipamento e as linhas de suprimento para instalar as linhas telefônicas necessárias a uma comunicação eficaz com Nielson.

Os observadores no solo, assustados com os acontecimentos do dia anterior, inundavam o centro de plotagem com falsos contatos. Confundiam formações de nuvens ou bandos de pássaros com aviões — ou entravam em pânico e imaginavam coisas. Isso aconteceu por todo o país, e relatos de paraquedistas, frotas de invasão fantasmas e ataques aéreos inexistentes tornaram impossível deduzir a situação e as verdadeiras ameaças. No meio desse infortúnio, o Exército ordenou que todos os secretários e funcionários de escritório civis fossem evacuados do Campo Nielson. Como eram eles que manipulavam o tráfego de mensagens, sua ausência tornou as coisas ainda mais inadministráveis.

As patrulhas aéreas matinais também se tornaram um desastre. Um esquadrão de P-40 que decolou do Campo Clark perdeu dois aviões na pista empoeirada e cheia de crateras de bombas. Em uma tragédia suprema, um dos pilotos daqueles Curtiss perdeu o rumo na poeira e o avião adernou, atingindo em cheio um B-17. O piloto morreu instantaneamente na conflagração, enquanto os dois aviões eram consumidos pelo fogo. Na noite anterior, o Comando Interceptador despachou um grupo de P-40 para o Campo Del Carmen. Eles não apenas não encontraram os bombardeiros japoneses, como dois P-40 colidiram na pista, matando um piloto.

Sem sequer ver o inimigo, muito menos combatê-lo, a FAEO perdeu mais cinco preciosas aeronaves.

Ao chegar ao hangar da PAL, P.I. notou todos os apressados preparativos de defesa pelo campo. Alguém pintava as janelas no prédio da FAEO de preto para que eles pudessem continuar a trabalhar à noite sem sacrificar a disciplina com relação à luz. Soldados cavavam trincheiras estreitas em torno da área da FAEO, mas quem tinha escolhido sua localização as pusera perto demais dos prédios para que seu uso durante um ataque fosse seguro.

No dia anterior, quando o radar de Iba detectou o ataque iminente que atingira Clark, o Comando Interceptador pensou que os japoneses podiam estar se dirigindo para Nielson. A maior parte do pessoal do quartel-general evacuou os prédios — mas, em vez de mergulhar nas trincheiras estreitas, eles correram desordenadamente para os fossos de drenagem nos dois lados da Autoestrada 54. Agora, soldados suavam no sol da manhã enquanto cavavam novas trincheiras a uma distância mais segura do agrupamento de prédios do quartel-general.

Enquanto isso, outros soldados posicionavam canhões antiaéreos de 37 mm em volta do perímetro do aeroporto. Essas armas de fogo rápido forneceriam boa defesa contra bombardeios de média e baixa altitude, mas não poderiam atingir alvos acima de 10 mil pés.

Os ataques do dia anterior a Clark tinham vindo de 20 mil pés.

Para P.I., essas eram todas coisas que deviam ter sido feitas semanas antes, não um dia depois de o sangue ter sido derramado. Pelo menos a Força Aérea do Exército finalmente estava agindo com seriedade, mas isso parecia muito pouco e muito tarde. Ele não podia perder tempo no que eles estavam finalmente fazendo. No dia anterior, depois de ter retornado de Paracale, ele tentara aconselhar os oficiais da Força Aérea que conhecia, mas eles o ignoraram. Alguém chegou a lhe dizer: "Não precisamos de ajuda de um ex-piloto da Marinha".

A Força Aérea do Exército tinha o suficiente, e ele enfrentava uma série de problemas próprios que precisava atacar hoje antes que os japoneses voltassem. Seriam necessários esforço e organização consideráveis para fazer a mudança para Grace Park. P.I. também precisava encontrar um lugar para a família ficar, pelo menos por alguns dias, até poder alugar um apartamento em Manila.

Onde a família estaria mais segura? Ele considerava isso, percorrendo uma lista de alvos potenciais e mentalmente comparando suas localizações com a das casas de amigos na cidade. Deu alguns telefonemas e se decidiu por um lugar temporário. Um dos empregados de Andrés Soriano vivia bem no centro da parte residencial de Manila, muito afastada dos campos de aviação, tanques de armazenamento de óleo e docas que certamente estariam na lista de alvos japoneses. Ele concordou em abrigar a família por alguns dias. Seria um aperto; a família teria que dormir no chão da sala de estar, mas estaria muito mais segura do que estava agora.

No fim da manhã, P.I. saiu para verificar Grace Park. A pista tinha sido abandonada por tanto tempo que o cemitério crescera em torno dela. A antiga pista agora servia como uma das ruas entre a fileira de lápides e santuários. Alguns desses santuários teriam que ser derrubados para abrir espaço suficiente para a envergadura dos Beech 18. E mais, eles precisariam transportar com escavadeiras os anteparos para algum lugar distante da pista, a fim de manter os aviões protegidos no solo. Mesmo assim, esse poderia ser o lugar perfeito para operar e manter os aviões em segurança.

P.I. e sua equipe da PAL adquiriram uma escavadeira. Sem pedir permissão às autoridades da cidade nem aos proprietários do cemitério, eles puseram abaixo todos os altares e memoriais que corriam de ambos os lados da pista, depois transportaram os anteparos para os Beech 18 no cemitério. Eram tapumes de proteção em forma de U feitos de muros de terra altos, depois camuflados com tela para torná-los quase invisíveis de cima.

No fim da tarde, os aviões estavam no lugar. Os outros pilotos da PAL, entre eles os americanos Harold Slingsby e Louis Connelly, tinham se reunido a P.I. em Grace Park junto com a turma de solo. Os mecânicos arrastaram cargas de equipamentos para o novo campo. Esconderam peças sobressalentes, óleo, combustível, ferramentas e outros equipamentos pelo cemitério até terem criado de novo uma operação totalmente independente. Se os japoneses bombardeassem Nielson como haviam bombardeado Clark, a Philippine Airlines não deixaria de operar.

Quando estava de volta a Nielson, depois do almoço, P.I. parou de novo em Cavite e tentou encontrar alguém na Marinha que pudesse lhe informar seu status. Ele supunha que eles se lembrariam dele para o serviço ativo, mas até então não tinha havido nenhum pronunciamento oficial sobre isso. A certa altura, ele chegou a contornar toda a baía de carro até a instalação da Marinha que havia ali e tentou se realistar. Fosse como fosse, o início da guerra tinha deixado a Marinha tão desorganizada que ele não conseguiu obter uma resposta direta de ninguém. Continuava a ser um civil, pelo menos por enquanto, mas isso lhe pesava.[1]

P.I. Gunn se preocupava com duas coisas: sua família e seu país. Acima de tudo, ele era um patriota e um combatente. Sua vida até 1938 fora passada a serviço de sua nação. Esse era seu propósito, o trabalho de sua vida. Nath mais tarde diria que, se alguém acenasse a bandeira para seu pai, ele arremeteria sem nada perguntar. Para P.I., proteger a nação que ele amava significava proteger a família de que ele precisava. Ao reingressar nas Forças Armadas, ele sentia que seus familiares estariam mais seguros. A Marinha podia até conseguir tirá-los das Filipinas por navio ou submarino.

Os japoneses não retornaram no dia 9. Os P-40 patrulhavam céus vazios enquanto as forças de MacArthur corriam para se atualizar sobre as realidades da guerra. Relatos noticiosos anunciavam a convocação de todos os reservistas filipinos. O Exército estava se mobilizando; fazendeiros, camponeses e moradores de cidades se reportavam a seu centro de treinamento mais próximo. Havia abundância de homens, mas escassez de armas, suprimentos e oportunidades de treinamento.

Começou uma batalha burocrática sobre a quem cabia recolher os cadáveres deixados na esteira do bombardeio no Campo Clark. Muitos corpos estavam no sol quente naquele dia, e havia outras dezenas nos confins esqueléticos de aviões destruídos ou danificados. As tripulações dos B-17 tinham tentado usar seus aviões presos ao solo como posições antiaéreas, manejando as armas de suas torres para atirar em caças japoneses que os atacavam de baixa altitude. Eles morreram em suas posições e foram deixados lá enquanto o Corpo Médico e o Corpo de Intendência discutiam sobre quem devia ir pegá-los.

Havia algumas preciosas peças sobressalentes para os P-40, e absolutamente nenhuma para os B-17 sobreviventes, portanto foi dada aos mecânicos a ordem de salvar dos destroços toda peça de equipamento possível. Eles fizeram isso durante dias, despojando os aviões enquanto os corpos de seus camaradas apodreciam e inchavam. Passaria uma semana até que a guerra burocrática terminasse e os corpos fossem enterrados.

Em casa, Polly e os filhos encheram maletas de viagem e se prepararam para se mudar para a cidade sob orientação de P.I. Polly pagou os empregados e os mandou para casa com o gato Amos e o macaco Chi-Chi. Outros levaram os patos. Na correria da mudança, os garotos não tiveram tempo para se despedir de seus amados bichos de estimação.

Dingo permaneceu com eles, mas apenas por mais algumas horas. Ele foi adotado pelo pessoal da PAL em Grace Park, onde teve a liberdade de correr pelo campo de pouso secreto nas semanas seguintes.

Polly e os filhos deixaram a casa de Villamor Court em algum momento mais tarde naquele dia. Os garotos jamais voltariam a ela nem a veriam de novo. A casa e o bairro foram totalmente destruídos no final de dezembro.

Eles chegaram a sua moradia temporária antes de escurecer, e a família se instalou no chão da sala de estar de um minúsculo apartamento de um quarto. Ele serviria por enquanto.

P.I. ficou em Grace Park, trabalhando durante a noite para manter a PAL em atividade. Ao amanhecer, os aviões estavam bem protegidos e escondidos. Com todo o tráfego aéreo civil oficialmente suspenso, não haveria tão cedo qualquer viagem da Philippine Airlines para Baguio ou Legazpi, mas P.I. sabia que os aviões seriam de grande valor na tempestade que se avizinhava. O Exército ou a Marinha poderiam contratar a PAL para transportar VIPS ou carregar suprimentos. A expansão nas Filipinas naquele outono havia se concentrado em poder de combate, não em apoio logístico. A FAEO tinha bombardeiros e caças, mas nenhum esquadrão de transporte aéreo. Isso seguramente seria uma grande deficiência no combate, uma falha que os Beech 18 vermelhos brilhantes poderiam ajudar a resolver.

Embora os americanos não soubessem disso na época, o mau tempo sobre Formosa lhes dera a graça de um dia. Os japoneses tinham planejado uma série de ataques para 9 de dezembro, mas tiveram suas bases aéreas fechadas de novo por causa de uma forte neblina no solo. Quando a neblina não se dissipou, como havia acontecido no dia 8, seus esquadrões se mantiveram presos. A neblina tinha dado a P.I. o tempo de que necessitava para salvar seus preciosos aviões.

Amanheceu na quarta-feira, 10 de dezembro, e as tripulações aéreas japonesas em suas bases de Formosa olharam para o céu azul-claro. Subiram para os aviões que estavam à espera. Um a um, eles se enfileiraram nas pistas e dispararam pelos ares.

Enquanto aceleravam para o sul, 4 mil soldados japoneses desembarcavam no litoral de Vigan e Aparri, na costa oeste de Luzon, onde rapidamente estabeleceram campos de pouso avançados. As forças terrestres de MacArthur ofereceram pouca resistência.

Os grupos de ataque baseados em Formosa chegaram à área de Manila antes da hora do almoço. Os pilotos dos P-40 da FAEO se lançaram em um esforço desesperado para deter os japoneses. Em batalhas aéreas em redemoinho pela cidade, os corajosos americanos foram expulsos dos céus. Os habilidosos artilheiros a bordo dos bimotores Nell e Betty destruíram completamente a base em Cavite e infligiram danos catastróficos a alvos na baía de Manila.

No Campo Del Carmen, Zeros japoneses voando em baixa altitude destruíram metade de um esquadrão de caças americanos no solo quando estes eram reabastecidos, depois de terem atacado navios japoneses ao largo do norte de Luzon.

Enquanto Cavite queimava, os japoneses bombardearam as docas de Manila, incendiando com sua precisão mortal os navios atracados. Os bombardeiros seguiram para Nichols, onde fizeram 350 ataques diretos, demolindo hangares, tanques de combustível, alojamentos e até o posto de produtos e serviços.

No fim do dia, só 22 P-40 permaneciam operáveis. Em um único golpe, a força de combate da FAEO tinha sofrido uma derrota decisiva.

Não haveria mais interceptações. Manila estava à mercê do poderio aéreo japonês.

9. O recruta de meia-idade

11 de dezembro de 1941
Começo da manhã

O desastre de 10 de dezembro convenceu P.I. de que Manila não era segura para sua família. Com menos de duas dúzias de P-40 ainda em condições de voar, a FAEO não podia defender a cidade. O número irrisório de canhões antiaéreos disponíveis ao Exército não poderia sequer alcançar os bombardeiros. Se os japoneses decidissem aterrorizar a capital com bombardeios, como haviam feito na China, milhares pereceriam.

P.I. sentou e conversou sobre a situação com Dan Stickle, seu chefe de manutenção. Amigos havia quase oito anos, eles se conheceram em San Diego logo depois de Dan ingressar na Marinha, aos dezoito anos, direto do ensino médio. P.I. reconhecia grande potencial no jovem de Iowa e o pôs sob sua proteção. Mais tarde ele mexeu alguns pauzinhos para conseguir para Dan um lugar na escola de inspeção de motores em Pearl Harbor quando a unidade deles se mudou para o Havaí. Aquela escola de um ano iniciou para Dan uma longa série de cursos de engenharia que alimentou sua paixão pelos aspectos práticos da aviação. Quando ele deixou a Marinha, em 1939, P.I. o contratou em tempo integral na K-T Flying Service. E em 1940 ele ingressou na Philippine Airlines com o título oficial de superintendente de manutenção. Aos 24 anos, essa era a melhor oportunidade que ele poderia ter na vida.

Dan considerava P.I. mais do que apenas um empregador, pois era um amigo e mentor, um homem que ele via como determinado, inteligente e sério. Depois de anos a seu lado, inclusive alguns em áreas remotas e perigosas das Filipinas, ele também o descreveu em 1958 como "matador". P.I. faria o que fosse preciso para se proteger e proteger aqueles a quem amava.

Agora, eles dois enfrentavam o maior desafio de suas vidas. Os japoneses estavam na ilha, atacando o sul. Onde a mulher de Dan, Marie, e a família Gunn estariam mais seguras? Eles discutiram alternativas, de longo prazo e temporárias. Nenhuma delas parecia boa. Ficar na cidade apresentava muitos riscos. Levar os familiares para uma província afastada também podia ser preocupante, considerando os relatos de quintas-colunas, espiões e paraque-distas japoneses pousando em todos os lugares. Mesmo tentar transportar as famílias por avião para fora das Filipinas seria extremamente perigoso. Pelo menos um porta-aviões japonês espreitava em algum lugar perto das ilhas Southern, seus aviões bombardeando alvos nas proximidades de Davao. Voar para o sul significava que eles enfrentariam Zeros no começo da fuga, além de arriscar a sorte em Mindanao e esperar não ser atacados lá quando fossem reabastecer. De lá, eles poderiam seguir para as Índias Orientais Holandesas e a Austrália.

Esse seria seu absoluto último recurso. Decidiram que, se parecesse que Luzon seria devastada, eles não teriam escolha. Era melhor correr o risco de um voo pelo espaço aéreo controlado pelos japoneses do que a morte certa ou a captura no solo.

Nesse meio-tempo, Dan soube que a Cruz Vermelha havia acabado de montar um centro de evacuação em uma província ao sul de Manila. Se a situação na capital se deteriorasse, mandar as famílias para lá fazia sentido até que eles pudessem tirá-las do país.

Enquanto discutiam opções, em algum momento antes das oito horas chegou à PAL a notícia de que o general Brereton queria ver P.I. e seus outros pilotos. Ele e Dan suspenderam temporariamente a discussão para ir ver o general. Junto com Harold Slingsby e Louis Connelly, eles foram de carro até o Campo Nielson e se apresentaram ao QG da FAEO.

Lá, foram informados de que todos os aviões civis seriam assumidos ime-diatamente pela Força Aérea do Extremo Oriente. Eles seriam organizados em um serviço de traslado e transporte para MacArthur.

Isso incluía dois Beech 18 da PAL. Em outros lugares, equipes da Força Aérea do Exército saíam em busca de qualquer coisa com asas que pudesse voar. Isso significava que o Staggerwing seria trazido de Paracale e também recrutado para serviço militar.

Acabou a última opção de fuga deles.

Os pilotos da PAL tinham uma escolha. Os aviadores americanos da PAL podiam se voluntariar e servir com pilotos de traslado, caso em que receberiam patente de oficial da Força Aérea do Exército, ou podiam ficar na cidade como civis e se arranjarem, embora seu empregador não tivesse nenhum avião e nenhuma capacidade de funcionar. Os pilotos filipinos da PAL foram completamente excluídos; a FAEO não os queria. Seus dias de voo tinham terminado, pelo menos enquanto durasse a guerra.

Eles não tinham tempo para refletir sobre o assunto. A Força Aérea do Exército já planejava usar os Beech 18 antes do almoço.

Todos os três americanos se voluntariaram. Dan Stickle também acabou servindo de novo nas Forças Armadas, dessa vez como oficial de manutenção. Ele, Slingsby e Connelly receberam patente de primeiro-tenente. P.I. se tornou capitão. Dois meses depois de seu 42º aniversário, P.I. usaria o uniforme de sua nação pela segunda vez.

Só que não havia uniformes para usar. Eles precisariam passar dias, quem sabe semanas, sem fardamento oficial, o que significava que, se P.I. ou algum de seus aviadores da PAL caísse nas mãos dos inimigos, os japoneses os considerariam espiões e os tratariam como tais. Com uma bala ou uma baioneta.

Eles receberam sua primeira missão naquela manhã e a realizaram menos de uma hora e meia depois de terem prestado juramento para ingresso na Força Aérea do Exército. Com a base principal do 19º Grupo de Bombardeio no Campo Clark indefensável com tão poucos P-40 restando, os B-17 da companhia teriam que operar permanentemente a partir da fazenda de abacaxi de Del Monte. Lá havia poucas instalações, e a base primitiva carecia de pessoal de solo. A FAEO ordenou que P.I. levasse os dois Beech 18 para o Campo Clark, recolhesse uma lotação completa de mecânicos e outros técnicos de manutenção vitais e os transportasse até Del Monte.

Os japoneses poderiam voltar a qualquer momento, o que tornava a missão ainda mais urgente. E também significava que P.I. não tinha tempo para repintar os aviões vermelhos brilhantes da PAL. Além disso, onde eles encontrariam tinta? Eles podiam ser apanhados no solo em Clark, ou no ar quando o próximo ataque chegasse, com os pilotos de Zero de sua escolta ávidos por mais mortes aéreas. Um Beech 18 seria um alvo fácil. Sendo aviões de passageiros, eles não eram dotados de nenhum equipamento militar — não tinham blindagem com chapa, nenhuma arma defensiva nem tanque autovedante destinado a absorver golpes de bala sem explodir. De fato, quando recebeu os dois Beech 18, P.I. os modificou no hangar da PAL equipando-os com tanques de asa adicionais para aumentar sua autonomia. Os dois aviões eram pouco mais que células de combustível voadoras com oito assentos.

Pelo menos, ele, Slingsby e Connelly teriam controle das aeronaves. Melhor que ser despedidos, despojados de seus aviões e deixados ao destino que esperava todos os outros em Manila. Dispensados do QG da FAEO, eles partiram de Nielson para seu esconderijo no cemitério e foram imediatamente para as aeronaves para fazer a checagem pré-voo antes da missão.

P.I. não deliberou muito sobre quem pilotaria a segunda aeronave. Slingsby era o piloto mais experiente que ele tinha. Passara anos voando na Califórnia, trabalhando como fotógrafo aéreo, piloto de voos fretados para a elite de San Francisco e piloto socorrista, levando suprimentos para civis presos durante a temporada de inundações na região de Sacramento. Seu pai tinha começado uma das primeiras empresas de aviação comercial do estado.

Connelly tinha 32 anos e só recebera sua licença de transporte aéreo comercial em 1939. Antes disso, tinha ganhado a vida como agrimensor e fotógrafo aéreo no Texas antes de assumir um emprego como assistente de gerente de estação da Braniff Airways no Campo Stinson, em San Antonio. Sua gama de experiências o tornara um empregado versátil, mas para essa viagem P.I. precisava de seu melhor piloto.

Slingsby assumiu o outro Beech. Juntos, eles caminharam para os aviões. Eram aeronaves graciosas, elegantes, com aparência mais funcional que a do arrojado Staggerwing. Capazes de carregar seis passageiros, um comissário de bordo e dois pilotos, eles podiam transportar mais pessoas do que qualquer outra coisa nas Filipinas, afora os bombardeiros pesados da Força Aérea do Exército. Pelo menos um dos Beech 18 da PAL tinha um pequeno banheiro que era acessado por uma porta semelhante a uma escotilha na traseira da cabine. O banheiro parecia uma panela de sopa de aço inoxidável com uma tampa flip-top. Uma vez, quando voavam com o pai e alguns passageiros da

PAL, Nath e Paul se alternaram deixando cair garrafas de coca-cola nele. Ao dar a descarga, ele simplesmente abria um pequeno buraco na base da fuselagem e soltava seu conteúdo no céu abaixo. Quando uma garrafa caía através do buraco, guinchava assim que a corrente de ar a pegava. Os garotos achavam isso muito engraçado — até que os passageiros começaram a entrar em pânico com aqueles barulhos esquisitos vindos da traseira da aeronave. Quando P.I. descobriu o que eles estavam fazendo, chamou-os e deu uma bronca neles. "Vocês poderiam matar alguém no solo com uma dessas garrafas, meninos. Nunca mais façam isso."

Na cabine, P.I. executou a rotina de checagem pré-voo com rapidez experimentada. Os mecânicos da PAL já haviam girado manualmente dez vezes cada uma das hélices, uma tarefa árdua destinada a verificar o funcionamento da trava hidráulica. Eles estavam prontos para o voo. P.I. preparou-se para dar partida nos dois motores radiais abrigados em montes com carenagem lisa destacados em cada uma das asas. Aprontou os motores, o que exigiu sete acionamentos da bomba, depois abriu totalmente os dois manetes de potência, pôs a mistura de combustível em rica e as hélices em ajuste fino. Verificou os magnetos para ter certeza de que estavam ligados antes de acionar um interruptor no painel de instrumentos que dizia "RH Engine".

Primeira missão servindo na USAAF, a Força Aérea dos Estados Unidos. De um cemitério chinês.

Ele apertou o botão de partida. O motor direito chorou quando a hélice de duas pás girou. Na quinta revolução, o motor tossiu e engasgou. Cuspiu uma pluma de fumaça preta pela chaminé de escapamento. Um momento depois, começou a funcionar irregularmente. Esses motores eram famosos por isso quando frios, e eram necessários vários minutos para esquentarem e se estabilizarem. Enquanto isso, P.I. o manteve abaixo de mil RPM, para não forçá-lo demais.

Realizou o mesmo procedimento com o motor esquerdo até que este arrotou fumaça e, engasgando, começou a funcionar. Depois que o motor esquentou, P.I. soltou os freios nos pedais do leme e deixou o Beech avançar devagar pela pista de taxiamento improvisada através do cemitério. Virou para a pista de decolagem, executou a checagem final para testar os magnetos. Pronto para partir.

Ele recolheu a bequilha traseira e abriu totalmente o manete. Os motores berraram quando o repentino surto de combustível entrou nos carburadores.

A 112 quilômetros por hora, a cauda subiu. Imediatamente, o nariz do Beech derivou para a esquerda. O avião não tinha hélices contrarrotativas, o que significava que ambas as hélices giravam na mesma direção. Isso criava um efeito torque giroscópico que puxava o avião para a esquerda.

Pilotos menos experientes aplicariam o leme oposto para contrabalançar essa tendência. Outros poderiam tentar mudar as configurações do manete de potência em um dos motores para compensar, como Amelia Earhart tinha feito no Havaí em 1937 durante sua primeira tentativa de um voo ao redor do mundo, em um Lockheed Electra de dois motores (um avião semelhante ao Beech 18). De um jeito ou de outro, essas correções excessivas levariam a aeronave a dar um cavalo de pau.

P.I. sabia que não devia cometer esses erros. Com a mão direita no manche de controle, girou o pulso minimamente no sentido horário. Os ailerons se flexionaram e a asa esquerda subiu levemente. Isso forneceu o impulso diferencial necessário para compensar.

Ele passou em velocidade pelos destruídos memoriais e mausoléus de comerciantes chineses abastados, até que as rodas se soltaram de seus laços terrestres. Quase não havia ar embaixo delas quando P.I. recolheu o trem de pouso. As rodas se enfiaram em seus compartimentos embaixo das asas e o Beech rapidamente ganhou velocidade. Eram 10h05 da manhã. Fazia menos de uma hora e meia que P.I. era capitão.

O voo para o Campo Clark levou só alguns minutos. P.I. ficou o mais perto que pôde do topo das árvores, o outro Beech o acompanhando o tempo todo. Se eles iam voar em céus controlados pelos japoneses, fariam isso na menor altitude possível para minimizar a possibilidade de serem vistos. P.I. raciocinou que, quanto mais próximo do solo, menor a sombra que eles apresentariam para ser detectada por alguém acima deles.

Chegaram ao Campo Clark e viraram para entrar no padrão. Ainda havia fogueiras pela base. Aviões amassados e queimados estavam espalhados pela área, e o teto do hangar principal estava perfurado por múltiplos bombardeios. Eles podiam ver através dos buracos, e o chão de concreto no interior parecia esburacado e rachado. Mais cedo naquele dia, outro P-40 batera em cheio num B-17 quando tentava decolar. Milagrosamente, o piloto escapou, mas o acidente custou à FAEO mais dois aviões.

Os mortos ainda estavam onde haviam caído, decompondo-se entre os vivos.

Os Beech tocaram a pista empoeirada e cheia de crateras. P.I. pretendia passar o menor tempo possível no solo, portanto, é improvável que tenha sequer saído do cockpit. Se o fez, o olhar nos rostos daqueles ainda vivos em Clark certamente o perturbou. Eram homens atordoados e chocados, ainda traumatizados pelo ataque de 8 de dezembro. Alguns arrastavam os pés como zumbis, executando as tarefas que lhes eram atribuídas com base apenas em memórias musculares. O lugar tinha a aparência e a sensação de derrota.

Com os motores ligados, pés nos freios, os dois Beech esperaram que o pessoal vital subisse a bordo antes de acelerar de novo e correr para a relativa segurança do céu.

Del Monte estava mais de oitocentos quilômetros ao sul. Até onde os caças japoneses podiam voar a partir de Formosa? P.I. não sabia. Ninguém tinha ideia alguma de onde estava o porta-aviões japonês. Ele estaria voando para fora do alcance de um grupo de caças japoneses e para dentro de outro.

Os dois Beech 18 voaram pela tarde até o início do crepúsculo. Em grande altitude, os aviões eram fáceis de pilotar quando devidamente alinhados, embora no ar tropical úmido se comportassem de modo diferente de quando voavam nos Estados Unidos. A uma velocidade constante pouco abaixo de 240 quilômetros por hora, o voo para Del Monte levou cerca de três horas e meia.

Eles chegaram em segurança à tarde, passando sobre o clube de campo e a pista de golfe da Fazenda Del Monte antes de enxergar a base aérea a alguns quilômetros de distância, um pasto gigante marcado com um lençol branco em cada um dos cantos. O chão era de terra absorvente, pontilhada de raízes e coberta com grama que dois garotos ex-agricultores de uniforme mantinham aparada com um trator e um cortador de grama. Eles não deixavam nenhuma outra pessoa da Força Aérea do Exército fazer o serviço a menos que ela também tivesse sido criada numa fazenda. A base ficava em um vale cercado por montanhas cobertas de selva e era servida apenas por uma estrada muito precária.

De um lado do pasto ficava um conjunto de barracas. Elas pertenciam ao Esquadrão da Quinta Base Aérea, que chegara a Del Monte no começo de dezembro para estabelecer esse campo e transformá-lo em algo que os bombardeiros pesados pudessem usar. O coronel Ray T. Elsmore comandava a base e supervisionava seu desenvolvimento. Embora tivesse pouco equipamento, nenhuma instalação, peça de reserva ou mesmo ferramenta, ele obteve resultados muito bons com o que seus homens recolheram na área. O lugar tinha uma atmosfera totalmente diferente daquela do Campo Clark. Aqui, os homens trabalhavam dia e noite para construir a base, fazer a manutenção dos B-17 e mantê-los camuflados. Embora os japoneses tivessem bombardeado Davao em 8 de dezembro, até o momento ainda não haviam descoberto esse lugar. Os homens de Elsmore se empenhavam para garantir que ficariam escondidos. Os B-17 espalhados pela base eram cuidadosamente cobertos com folhas largas de coqueiro que os homens haviam obtido a cerca de oitenta quilômetros de distância, depois rebocado para a área de dispersão da estreita faixa de terra por uma estrada de montanha ziguezagueante. Foram precisos dez carregamentos de caminhão para cobrir cada B-17.

Embaixo da camuflagem de coqueiro, os poucos mecânicos que já estavam na base trabalhavam ao lado das tripulações de voo para revisar e reparar seus B-17. Algumas das Fortalezas pareciam escorredores de espaguete, com a fuselagem e as asas rasgadas e perfuradas por buracos de bala. P.I. viu os mecânicos de manutenção tapar aqueles buracos com qualquer alumínio que pudesse ser encontrado.

Os soldados de Elsmore cavaram abrigos antibomba de doze por doze reforçados com madeira e cobertos com camadas grossas de terra por todo o campo. Trincheiras estreitas e profundas e buracos de raposa rasos abundavam, assim como ninhos de metralhadoras antiaéreas calibre .50. Esses últimos seriam inúteis contra os Zeros, a não ser os que voassem baixo, mas nenhuma outra arma chegara à área antes de a guerra começar.

Os homens de Elsmore faziam questão de receber todas as tripulações aéreas que chegavam com comida e café. P.I. e Slingsby estavam famintos — tinham viajado sem parar desde as 8h30 —, portanto apreciaram a boia. O gesto era um nítido contraste com o caos no Campo Clark, onde, depois de 8 de dezembro, os pilotos de caça que chegavam tinham de procurar comida por conta própria. Poucas refeições quentes tinham sido comidas lá desde então.

Elsmore dirigia uma organização compacta e dedicada. Embora mal equipados e carecendo de pessoal para manter adequadamente os B-17 disponíveis, seus homens faziam pequenos milagres a cada dia. Basicamente, graças a eles, dezesseis bombardeiros estavam prontos para atingir os japoneses no amanhecer de 12 de dezembro.

Enquanto P.I. e Slingsby comiam, as turmas de solo reabasteciam dois Beech 18 a partir de tambores de 208 litros. Como os motores consumiam cerca de cinquenta litros de óleo por hora, outros homens também completavam esses reservatórios. Suprimentos de combustível de aviação e óleo chegaram logo depois do início da guerra. Sem esse carregamento, toda a operação teria sido em vão, e Elsmore teria sido abandonado no meio de uma ilha mais conhecida por caçadores de cabeça e levantes muçulmanos.

P.I. e Slingsby estavam de novo no ar antes do pôr do sol, seguindo para Grace Park. Dessa vez, navegariam sobre a água e as Filipinas Centrais, com parte da viagem provavelmente no escuro, embora P.I. conhecesse tão bem a área que não precisava de mapas. Ele simplesmente escolhia uma referência de proa e deslizava sobre os topos de onda por horas a fio. Quando chegaram a Cebu, sobrevoaram as árvores, ainda voando baixo ao passar sobre vilas e cidades totalmente sem luz. Todos temiam os japoneses, sem saber de onde nem quando viria o próximo ataque aéreo.

Chegaram a Luzon, margearam a costa e seguiram para o continente sobre o Campo Zablan antes de finalmente voltar a Grace Park tarde da noite. Depois que os aviões foram pousados no cemitério e escondidos com segurança em seus anteparos, P.I. disse à turma de solo da PAL que preparasse os dois aviões para outro voo no dia seguinte. Para surpresa de todos, os japoneses não apareceram sobre Luzon naquele dia nem à noite. Parecia que estava se tornando um padrão: um dia de ataques de esforço máximo seguido de um dia tranquilo. Se o padrão se mantivesse, os americanos podiam contar que seriam atacados na quinta-feira, dia 12, provavelmente por volta da hora do almoço.

Sem o conhecimento de P.I., o staff da FAEO havia decidido que nenhuma aeronave civil devia operar ao norte do Campo Batangas. A sudeste de Manila, ele servia como a principal base de caças e bombardeiros para o Corpo Aéreo do Exército Filipino. Aparentemente os oficiais do staff da FAEO planejavam basear sua pequena força de transporte em Batangas. Não se sabe exatamente por que eles fizeram essa exigência, mas pode ter sido uma tentativa de minimizar as possibilidades de outro incidente de fogo amigo como aqueles que afligiram a FAEO desde o início da guerra. A pista de Grace Park seria usada só até que Batangas estivesse pronto para recebê-los.

Exausto depois da viagem ininterrupta de 1600 quilômetros, P.I. não tinha energia para dirigir e ir ver a família. Além disso, o QG já os havia designado para missões matinais, e uma miríade de detalhes precisava de sua atenção.

Nessas circunstâncias, P.I. tirava sonecas de vinte ou trinta minutos de cada vez, depois voltava ao trabalho.

Isso não era "voluntariar-se" para serviço de traslado, como tinham dito a eles no QG da FAEO. Trasladar significava pilotar um avião de uma base a outra para deixar que outros entrassem em combate. Pilotos de traslado eram os aviadores da área de retaguarda final. O problema era que nas Filipinas não havia área de retaguarda.

Não. Não pilotos de traslado. Contrabandistas. Eles voariam furtivamente, muito perto do solo, durante o futuro previsível, carregando o que precisasse exatamente como contrabandistas aéreos. Nessas circunstâncias de um mundo de cabeça para baixo, o administrador sério e meticuloso que havia em P.I. só conseguiria ter homens mortos. Agir com segurança e dentro das regras estava excluído. Essa parte de P.I. Gunn começou a desaparecer naquela noite.

Sob o administrador cultivado nas Filipinas estava o suboficial da Marinha que ele fora um dia. Um pouco mais embaixo residia o fora da lei de Arkansas, o garoto que conseguia fugir do xerife local e enganá-lo para entregar o que precisasse ser entregue, sem fazer perguntas.

Nos dias seguintes, ele teria de fazer o que fosse necessário para ficar vivo. Faria uso de seu fora da lei interno havia muito adormecido, só que desta vez, em lugar de corridas à meia-noite entre condados do Arkansas, ele enfrentaria o difícil desafio de um arquipélago filipino dominado pelos japoneses.

10. Filho fora da lei de um homem da lei

Verão de 1918
Condado de Cleburne, Arkansas, contrafortes das montanhas Ozark

A lua brilhava pelo jardim e lançava sombras através do quintal enquanto P.I. seguia entre nogueiras-pecãs para o celeiro da família. Vestido de macacão e camisa simples, sapatos de trabalho e um boné de aba longa que usara por anos, alguém que o visse saberia que ele não ia a um evento social naquela noite.

Ele passou por uma fileira de tocos e nem olhou para eles. Fazê-lo só o teria enfurecido mais uma vez, e ele precisava estar equilibrado. Cinco anos antes, seu tio-avô John viera visitar a fazenda. Um velho lascivo e rabugento, ele logo esgotou as boas-vindas de P.I. com sua litania infindável de insultos em relação a ele e seu irmão Charley. Nada que eles pudessem fazer era certo, e a mãe de P.I. nunca o apoiava.

Um dia, ao chegar em casa, a família descobriu que tio John tinha cortado as cerejeiras. Enquanto eles permaneciam chocados em silêncio, ele explicou grosseiramente que as árvores estavam tirando umidade do resto do jardim. Não importava que a família vivesse em grande dificuldade e aquelas árvores produzissem comida para eles. Cerejas eram seus preciosos regalos no verão.

A mãe de P.I. preferiu não dizer nada, escondendo a mágoa e a indignação para poupar os sentimentos de seu tio. Charley e a irmã deles, Jewell, seguiram o exemplo da mãe e também ficaram de boca fechada. Mas não o mais jovem da família. P.I., com doze anos na época, começou a atacar tio John com pura fúria, gritando com ele e chamando-o de "bobo estúpido". A explosão forçou o velho esquisitão a ir embora. Ele embalou suas coisas em meio a uma torrente de insultos contra P.I. pessoalmente e os jovens em geral. Nunca voltou.

Já ia tarde.

P.I. chegou à lateral do celeiro, onde poucos anos antes ele começara a desenhar barcos, aviões e carros nas tábuas queimadas pelo sol. O duro clima de inverno ali nas Ozarks havia muito tempo apagara aquelas imagens, junto com as que ele esboçara nas cercas próximas, mas ele ainda gostava de desenhar à noite deitado na cama após longos dias de trabalho.

Ele virou no canto, onde encontrou abertas as portas do celeiro, dentro do qual estava seu bem mais precioso. Durante os últimos sete anos, ele trabalhara como ajudante da única oficina mecânica em Quitman. Começou ainda adolescente, entregando as chaves de fenda ao chefe enquanto espiava sobre seu ombro para aprender os mistérios dos motores de combustão interna. Aqueles dias na oficina liberaram seu gênio mecânico natural. Os motores falavam com ele em uma língua que poucos entendiam na rústica área rural em 1918. Agora que algumas concessionárias de automóveis operavam na sede do condado de Heber Springs, os comerciantes e fazendeiros mais prósperos do condado de Cleburne começaram a trocar suas velhas carruagens pelas alegrias da carruagem sem cavalos.

P.I. nunca pôde comprar um carro, mas tinha livre poder sobre os destroços arrastados das estradas de terra sulcadas pelas carroças em todo o campo e entregues à oficina do mecânico. Aqueles que não podiam ser reparados eram reunidos no que pode ter sido um dos primeiros ferros-velhos do nordeste do Arkansas.

Depois do expediente, P.I. fuçava os destroços, canibalizando-os para lentamente construir o próprio veículo. Então ele o remendava, modificando o motor com algumas ideias criativas que imaginava sozinho. O resultado foi o calhambeque mais rápido da cidade. P.I. era um ás da velocidade antes da era dos carros customizados *rat rods* e *T-buckets*.

Nessa noite, seu novo empregador contava com essa velocidade e sua habilidade na direção.

Ele ligou o carro e saiu rapidamente do celeiro para seguir em direção à cidade. Nesse período de sua vida, P.I. não era conhecido por suas iniciais.

Ninguém tampouco o chamava de Paul. Na família ele era Irvin, enquanto as pessoas na cidade o apelidaram de "Bill", graças à marca do boné que ele vestia. A mãe odiava isso e se recusava a permitir que apelidos fossem usados em sua presença.

Ele dirigiu através dos sopés escurecidos das Ozark ao longo de estradas rurais primitivas até chegar a Bee Branch Road. Virou para o sul, o calhambeque passando por pinheiros e fazendas ondulantes cujas casas caiadas eram fracamente iluminadas pelo luar. Vaga-lumes cabriolavam nos bosques, a luz amarelo-esverdeada irradiando-se como mil minúsculas lanternas. Vacas mugiam. Cavalos relinchavam. Grilos cantavam suas canções noturnas.

Ele odiava aquele lugar. Odiava-o com toda a sua força.

O calhambeque desceu uma colina suave até uma baixada antes de a estrada fazer uma longa e suave subida até uma crista que P.I. conhecia bem demais. Contra o céu de veludo, ele viu a torre da igreja metodista erguendo-se acima do topo da colina. O campanário ainda abrigava um sino, que o pastor tocava todos os domingos e na véspera do Ano-Novo. E também antes dos funerais.

Funerais. O sino tinha tocado naquele dia em que enterraram seu pai naquela colina no cemitério atrás da igrejinha caiada. Enquanto o carro subia, P.I. pôde ver o contorno do carvalho espanhol a cuja sombra seu pai tinha sido enterrado. Ele distinguiu sua lápide cortada grosseiramente bem nos limites do cemitério, a poucos metros da estrada.

Toda vez que ia para a cidade, passava por aquele lembrete de tragédia e perda.

O carro emparelhou com a lápide. P.I. tinha sete anos quando atiraram no pai e queimaram a loja da família. Quitman se orgulhava de ser a cidade mais erudita e voltada para a educação do nordeste do Arkansas, mas quão erudito podia ser um lugar quando o maior evento social do outono era a matança de porcos?

A verdade era que o espírito de fronteira ainda imbuía o lugar. Era uma cidade turbulenta, e aqueles que progrediam com frequência o faziam com punhos e armas prontos para usar. Quitman na verdade era apenas uma aldeia. Alguns quarteirões de lojas cercados por uma coroa de fazendas de solo pobre e algo mais. Os cofres da cidade não tinham condições de bancar uma força policial, então voluntários serviam como policiais para manter a paz. Vilas em todo o Arkansas funcionavam assim na virada do século, e havia muita gentalha que bebia muito e estava disposta a confrontar esses voluntários.

Anos depois, as recordações que Jewell Gunn tinha de Quitman evitavam falar de muitas coisas ruins e momentos trágicos. Do pai, só escreveu que ele morrera depois de uma longa doença. Os outros membros da família se tornaram os guardiões da verdade.

O pai deles era um faz-tudo: vaqueiro, agricultor, lojista. Um homem da lei. A cada estação, ele subia em seu cavalo e conduzia seu rebanho para Little Rock, para vendê-lo na feira. Se o preço da carne estivesse melhor em St. Louis, ele levava os animais para Compton, onde eram tangidos para vagões de carga da Missouri Pacific e embarcados para o norte por trem. Durante a estação da colheita, ele e o resto da família iam para os campos, trabalhando do amanhecer ao anoitecer para colher o que plantavam. Entre essas duas corridas, ele possuía uma pequena mercearia na cidade.

De algum modo, o caminho de Nathanial Hezakiah Gunn cruzou com o de uma gangue de assassinos frios. Em retaliação contra alguma coisa que transpirou entre eles, atearam fogo na loja da família Gunn e assassinaram Nathanial na rua.

Faltavam dois meses para P.I. completar sete anos quando veio a batida na porta da casa de fazenda.

O carro chegou à crista da colina. À direita dele estava a igreja de sua juventude. Ele quase podia ver o órgão vermelho lá dentro, as três fileiras de bancos arranjadas de modo a segregar os sexos. Os homens sentavam à esquerda, as mulheres, à direita. As famílias no meio. Eles até entravam de seus respectivos lados. À luz da lua, P.I. viu a porta que sua mãe usava todos os domingos junto com outras mulheres não casadas da comunidade.

Pouco tempo depois que seu pai morreu, disseram a ele que viesse para Jesus naquela igreja. O pregador prometeu salvar sua alma. Com menos de dez anos, ele procurava respostas. Salvo para quê? O que aquilo significava? Se sua alma foi salva, P.I. nunca o sentiu. A religião era um ritual dominical para ele por exigência, não por piedade.

Nos anos seguintes à promessa do pregador, ele só conheceu dificuldade, julgamento e dor. A vida havia tirado o Espírito Santo dele muito antes de ele se tornar um homem.

Ele passou pela igreja e a estrada desceu para o centro de Quitman. Chegou à interseção com a rua principal. Do outro lado da rua e alguns quarteirões adiante ficava o parque da aldeia, que dispunha de um coreto. Além do dia da matança de porcos, o piquenique de Quatro de Julho era o evento social do ano em Quitman, quando todos se reuniam no parque para ouvir música e beber limonada que os grupos de voluntários vendiam em barracas. Eles faziam jogos e disputas, corridas por prêmios e provas loucas de proezas masculinas.

P.I. adorava essas disputas, e um de seus melhores dias aconteceu lá, logo depois do coreto. Ele e a família foram ao piquenique tarde naquele ano, depois de passar o dia em seus campos. Quando as pessoas no parque viram P.I., começaram a entoar: "Bill! Bill! Bill!", enquanto apontavam para um poste ensebado que bamboleava de um andaime. Ele oscilava a cerca de um metro do chão, amarrado ao andaime por uma corda. No topo do poste, alguém pregara uma nota de cinco dólares. O dia inteiro, os agricultores e trabalhadores de moinhos de rolos olharam aquele dinheiro. Para os homens que trabalhavam moendo trigo em farinha no moinho, ele representava uma semana de salário. Para os agricultores, era uma soma ainda maior.

Embora muitos tentassem, ninguém conseguiu subir no poste e embolsar o dinheiro. Agora, na frente da maior parte do povo da cidade, P.I. fez uma tentativa. A mãe e a irmã, Jewell, olhavam completamente horrorizadas enquanto ele escalava o tronco e ficava coberto de sebo. Para elas, o espetáculo parecia nojento e aviltante. P.I. não desistia; sua família precisava daquele dinheiro mais do que ele precisava de sua dignidade. Ele escorregou e caiu repetidas vezes, mas a multidão o incentivava a continuar.

Aqueles cinco dólares eram mais do que ele ganhava em um mês engraxando sapatos na barbearia local, o emprego em que ele trabalhou antes de o mecânico abrir sua oficina na cidade. Exausto e imundo, ele se jogou no poste mais uma vez. A pura determinação o impulsionou rumo ao topo o suficiente para ele agarrar a nota de cinco dólares. Ele desceu do poste deslizando, sob vivas crescentes.

O feito o tornou o herói do piquenique. Para todos exceto a irmã e a mãe. Mais tarde naquela noite, quando eles voltaram para a fazenda, ele deu o dinheiro à mãe e pediu a ela que o usasse para comprar material de enlatamento, de forma que pudessem ter geleia de amora naquele inverno.

Sob o luar, enquanto P.I. olhava através do pequeno centro da cidade para o coreto, aquele dia parecia ter acontecido havia uma eternidade. Agora, se quisesse conseguir velocidade para escapar desse lugar sem futuro, ele sabia que teria de se arriscar.

Ele virou à esquerda e dirigiu pelo centro de Quitman. Depois do correio, a barbearia em que ele começara a trabalhar antes dos onze anos. Ele ganhava cinco centavos por engraxada na época, e em alguns sábados ia para casa com um dólar em moedas. Entregava quase todo o dinheiro à mãe para ajudar a sustentar a família.

Alguns quarteirões depois, ele passou pela igreja batista e virou para o campo, seguindo para o encontro. Homens esperavam no escuro, ansiosos para executar seu trabalho noturno.

Ele os encontrou sem muito problema, estacionou e desceu para ajudar a carregar o calhambeque. Uma figura sombria do submundo do condado de Cleburne conhecida só como sr. Miller controlava as destilarias clandestinas na região de Quitman. A venda de bebida ilegal existia havia décadas, muito antes de a Proibição praticamente torná-la uma profissão respeitável.

P.I. e os outros subordinados carregaram caixas de bebidas na traseira do carro. Por isso, ele ganhava trinta dólares por corrida. Os homens no moinho na estrada ganhavam 75 centavos por dia trabalhando desde as sete da manhã até o pôr do sol. Se ele arranjasse um emprego lá, nunca conseguiria deixar a mãe bem e sair da cidade.

Esse era o último esforço dele para ganhar o dinheiro de que precisava. Ele estava quase lá. Aquela seria sua 13ª corrida à meia-noite — e a última. Ele planejava embolsar aqueles últimos trinta dólares, entregar a maior parte do dinheiro que juntara à mãe e usar o resto como uma aposta em algum lugar bem longe das Ozarks.

Com a última caixa carregada, P.I. sentou no banco do motorista e dirigiu de volta à estrada principal. Uma virada à esquerda o levaria de volta a Quitman. Uma virada à direita o levaria para leste, na direção de Searcy, a sede do condado de White.

Nunca se saberá quem estava à espera dele em Searcy, mas há evidência de que ele trabalhava para seu cunhado, Haz Owen. Sua irmã de vinte anos, Jewell, casara-se recentemente com Haz e se mudara com ele para Searcy. Na superfície, Haz Owen era um respeitado homem de negócios e membro da comunidade. Ele negociava e vendia mulas, possuía celeiros de venda pelo estado, e era um marido dedicado para Jewell. Estimado e esperto, ele acabaria controlando um enorme império que despachava mulas para o mundo inteiro.

Também era secretamente dono do Hotel Magnolia, o mais bem-sucedido estabelecimento de bebida ilegal de Searcy. E bordel.

O Magnolia recebia sua bebida das destilarias na região de Quitman. Os suprimentos chegavam sub-repticiamente e quase sempre à noite. O hotel em si parecia bastante inocente, mas, para os viajantes e homens bem informados, seus quartos dos fundos abrigavam todos os tipos de pecado e diversão. Mantê--lo em funcionamento embora houvesse na cidade uma faculdade bíblica que dominava a política local era sempre um desafio para Haz, mas a chegada de Jewell a Searcy tornou tudo duas vezes mais difícil. Ela ingressou na congregação metodista local e logo reuniu as senhoras casadas em uma barulhenta campanha de temperança.

Não tinha ideia de que estava fazendo campanha contra o próprio marido.

Era provável que P.I. tivesse ido a Haz procurando trabalho no começo daquele ano. Ele já havia impressionado o sr. Miller e os outros fabricantes de bebida clandestina na área com suas habilidades mecânicas. Eles aprenderam a confiar no garoto magricela e ambicioso de olhos azuis penetrantes e com uma ética do trabalho sem igual. Ele se tornou o mecânico a que eles recorriam sempre que um de seus carros quebrava.

Agora, com os metodistas pressionando o xerife do condado de White, essas corridas à meia-noite estavam ficando cada vez mais perigosas. O calhambeque de P.I. podia andar mais rápido do que qualquer coisa na região. A velocidade, combinada a sua habilidade na direção, o tornava um acréscimo perfeito ao negócio clandestino de Haz.

P.I. pegou o trabalho porque precisava saber que sua mãe ficaria bem quando ele deixasse a cidade. Ele já tentara deixar Quitman duas vezes. Na primeira, ele e Charley foram para o Missouri depois de saberem que uma padaria estava procurando empregados. Ao chegarem, descobriram centenas de outros homens e meninos desesperados já na fila, esperando uma chance em algum daqueles empregos. Um tumulto começou perto de onde eles estavam. P.I. ficou na periferia da briga, mas Charley de algum modo foi sugado para a rixa. Logo ele estava em uma luta furiosa com outro homem enquanto P.I. observava, pronto para intervir se Charley precisasse de ajuda. Por enquanto seu senso de justiça interiorano o mantinha de lado.

Pelo menos até que o homem começasse a esmurrar Charley na barriga, e este se dobrasse agoniado e gritasse por ajuda. Quando P.I. correu para ajudar o irmão, viu uma mancha vermelha na camisa rasgada de Charley. O outro homem estava atracado com Charley, com uma faca ensanguentada na mão. Aqueles não tinham sido murros na barriga — o homem estava tentando matar seu irmão.

A visão produziu uma gélida fúria. P.I. investiu contra o homem, que tentou golpeá-lo também. P.I. se moveu muito rápido e não lhe deu trégua. Agitando os punhos, o homem recuou, tentando proteger o rosto. O adolescente de Arkansas não teve compaixão. Bateu no homem até que ele caiu inconsciente na rua.

Bons empregos eram tão raros que alguns homens matariam por eles. Foi uma lição dura para um jovem de quinze anos.

Depois de uma estada de Charley no hospital, eles voltaram a Quitman aquietados pela experiência além das Ozarks. Aquietados, mas não desencorajados. P.I. tentou sair de novo na primavera de 1917, seguindo ao sul para Little Rock com um amigo chamado George Hooten. Eles vagaram pela Louisiana Street em um dos bairros mais duros da capital, onde trabalharam em uma sorveteria. Depois de alguns meses, os dois conseguiram emprego em uma companhia de seguros.

Foi uma época louca. Os Estados Unidos declararam guerra à Alemanha em abril. Houve recrutamento militar, e George e P.I. queriam se alistar. Mas P.I. tinha só dezesseis anos e precisaria da permissão da mãe, a menos que esperasse até outubro de 1918, quando faria dezoito anos. George era mais velho e podia entrar no Exército, e deixou Arkansas naquele verão para ir treinar como músico. Depois de sua partida, P.I. voltou a Quitman e começou seu trabalho noturno, contando os dias até seu aniversário.

P.I. virou à direita e acelerou na noite, na direção de Searcy pela rodovia Rosebud. Sua mãe, exausta de preocupação e amortecida pelas dificuldades, nunca mais teria de temer a insolvência. Não se ele pudesse ajudar.

Ela e o pai de P.I. tinham se casado em 1896. Para ambos, eram segundas núpcias, e eles trouxeram juntos seis filhos para a união. Mais tarde, outros quatro nasceriam, embora o mais novo não sobrevivesse. P.I., nascido em 1900, era o caçula da família.

Com as luzes apagadas, P.I. se aproximou da primeira aldeia entre Quitman e Searcy. Era Rosebud, a apenas algumas cabanas na estrada, com sua própria órbita de fazendas. Tudo estava em silêncio e a estrada, vazia. Por enquanto tudo bem. Ele seguiu em frente; Searcy estava agora a menos de cinquenta quilômetros.

Seu pai foi assassinado em agosto de 1907. Na casa, só restaram Jewell, Charley e P.I.; os outros filhos já estavam crescidos e em suas próprias casas. Sem nenhuma maneira de sustentar os filhos, a mãe de P.I. alugou a fazenda e se mudou com todos para uma casa na cidade no fim daquele outono.

Numa noite fria e ventosa de março de 1908, quando P.I. estava no segundo ano, a casa que eles alugavam pegou fogo. A família acordou para o terror de chamas arrebatadoras e fumaça enchendo os quartos de dormir. Eles mal conseguiram escapar com vida. Todas as suas posses queimaram.

Sem casa, sem dinheiro e despojados de tudo, apenas com a roupa de dormir, foram resgatados por dois tios. Os tios Charles e Jim praticamente ordenaram que a mãe de P.I. fosse viver com eles nos arredores de Lonoke, uma pequena aldeia a sudeste de Little Rock. A família fez a viagem no ano de 1908 só para descobrir que tio Charles era tudo menos seu salvador.

Sempre vestido com um terno branco que o fazia parecer o coronel Sanders, ele falava com um sotaque sulista gentil afetado e olhava de cima para aqueles que ganhavam a vida com as mãos. Possuía uma fazenda e várias empresas comerciais com seu irmão Jim. Vivia confortavelmente para a época, mas de forma alguma era tão rico quanto pretendia ser.

Em vez de mudar os Gunn para sua casa, Charles alugou para eles uma fazenda de algodão próxima que lhe pertencia. Não demorou muito para a família perceber que esse arranjo os tornava parceiros de plantio de tio Charles. Ele os tratava com grosseria e com tal desdém que P.I. nutriu por ele um ódio de vida inteira.

Eles viviam em pobreza abjeta. Para ganhar alguns centavos extras, em todo inverno P.I. e Charley colhiam nozes pretas e iam à cidade vendê-las a agricultores que esperavam sua vez na descaroçadeira local com carroças cheias de algodão. Era um trabalho desesperado, que deixava seus dedos tingidos de preto durante semanas. Também manchava suas roupas, o que os estigmatizava como os mais pobres na escola.

P.I. afastou esses pensamentos e se concentrou na estrada à frente. O primeiro gargalo perigoso em sua rota apareceu. Se alguém estivesse tentando interceptá-lo, a ponte de ferro sobre o riacho Cadron seria um lugar excelente. Ele pisou de leve no freio quando as rodas do carro tocaram as pranchas de

113

madeira da ponte. Nenhum sinal de problema. Ele soltou o carro para o outro lado. Dali, teria de passar por mais algumas aldeias antes de a estrada serpear pelos contrafortes a noroeste de Searcy. Essas passagens estreitas nas colinas eram potencialmente mais perigosas.

P.I. faria qualquer coisa para poupar sua família da humilhação e da privação que eles enfrentavam em Lonoke. Ele se lembrava daqueles dias como pouco mais que servidão sob contrato ao tio Charles. A escola era uma provação. Entre as manchas de noz nas mãos e nas roupas e seus velhos sapatos de segunda mão com ponteira de latão e solas gastas, ele parecia um maltrapilho. E era como tal que as outras crianças o tratavam. Ele aprendeu a lutar em brigas no pátio da escola, mostrando-se igual e ganhando mais do que perdia. Aprendeu como receber um golpe, mas também a vencer. Agitando os punhos, com o espírito inconquistável, ele caía lutando, mas nunca mostrava fraqueza a seus inimigos. Nunca corria. Nunca se rendia. Aprendeu a lutar não só para se defender, mas para punir os inimigos. Descobriu que essa era a única maneira de o deixarem em paz.

Eles passaram três anos naquela fazenda de algodão arrendada, carpindo, plantando e colhendo sempre que os garotos não estavam na escola. Dar comida aos porcos, ordenhar a única vaca e uma miríade de outras tarefas de fazenda obrigaram P.I. e Charley a crescer depressa. P.I. jurava que ia avançar e brigar para sair dessa armadilha de pobreza. Cada menosprezo, cada humilhação, cada noite sem o suficiente para comer se tornava combustível no coração de P.I. para encontrar um jeito de contribuir e salvar sua mãe fatigada.

Charley, embora talentoso e inteligente, sofria tão completamente com a experiência que ela o destruiu. Amargurado mesmo antes de ter idade para votar, ele se voltou para a bebida e as mulheres enquanto se tornava adulto. Embora tivesse momentos brilhantes e sucesso profissional às vezes, aos vinte anos sua vida tomou forma como um lento mergulho em um abismo sórdido.

Ao amadurecer, P.I. viu como as regras não levavam a família a lugar algum. Com aquelas regras, tio Charley os transformava em virtuais escravos. A educação deveria ser o caminho de saída, mas naqueles dias manter cada filho na escola custava mais de um dólar por mês. A mãe dele lutava com empenho para conseguir dos outros o dinheiro, e os garotos faziam tarefas por centavos na cidade — um trabalho do qual os moradores zombavam dizendo que era tão baixo que "mesmo pretos" não se submetiam a ele. No fim, a pobreza forçou P.I. a deixar a escola depois de terminar o sexto ano.

Eles o chamavam de caipira. Lixo branco. P.I. cresceu fervendo de raiva do livro de regras destinado a manter pessoas como os Gunn fora da prosperidade.

Que se danem as regras.

Ele dirigiu por Joy, outro pequeno ajuntamento de construções de tábua e casas de madeira, e acelerou, sua criação canibalizada roncando com perfeição sedosa. Podia não parecer muita coisa, mas aquele motor não lhe faltaria. P.I. o conduzia com toda a sua habilidade até tirar o último cavalo de força de seu bloco.

Duas coisas boas aconteceram a P.I. naqueles anos em Lonoke. A primeira ocorreu num outono, quando ele e Charley voltavam a pé da cidade depois de venderem nozes. Era um dia quente e úmido e a estrada era pouco mais que uma fita de poeira. Eles chafurdaram por ela, suando os oito quilômetros até a fazenda arrendada.

De repente, um carro de turismo bonito e novo passou ao lado deles. Eles tinham visto veículos magníficos como aqueles na cidade e se maravilhado com eles. Agora, como um sonho tornado realidade, o cavalheiro atrás do volante perguntava a eles se queriam uma carona.

Ansiosos, os garotos entraram no carro. Logo estavam voando pela estrada, com poeira nos olhos e bocas quase esquecidas num momento de pura alegria. Quando chegaram à fazenda, Jewell viu P.I. rindo de orelha a orelha. Foi um momento notável; a irmã não conseguia se lembrar de ver P.I. irradiar tanta felicidade.

Enquanto P.I. ficava parado no quintal, ainda usando o guarda-pó que vestira cedo naquele dia, um chapéu de aba larga protegendo seu rosto do sol, o dono do carro de turismo virou e saiu em velocidade para a estrada princi- pal — e prontamente atropelou e matou um dos preciosos porcos da família. Embora aquilo tenha deslustrado o momento, o amor de P.I. por tudo que fosse mecânico nasceu naquele dia.

No verão seguinte, toda a família trabalhava em seus campos de algodão, arrancando ervas daninhas no calor do verão. Ao longe, eles ouviram um zunido. Erguendo a cabeça do solo para o céu, viram um biplano frágil res- folegando entre as nuvens esparsas. P.I., apoiado sobre a enxada, observava o avião com espanto e fascínio. Muito depois de o avião ter sumido de vista,

P.I. ficou parado no lugar, os olhos travados para cima como se rezando para que ele voltasse.

Nessa época ele era pequeno e magro, com olhos azuis muito grandes que se destacavam no rosto fino. Rápido, alerta, com uma massa de cabelo castanho claro sempre caída sobre a testa, ele parecia inadequado para uma vida no solo. O tio Charles podia ter um controle mortal sobre sua família, mas a visão do avião libertou sua imaginação.

"Um dia", ele disse em voz alta enquanto olhava o céu, "vou dirigir uma dessas coisas."

Das fileiras de pés de algodão, a família riu. P.I. minimizou com um gesto a provocação gentil e não falou de mais nada durante dias. Quando a família se cansou da conversa, ele se retirou para sua imaginação e, tarde da noite, desenhou seu sonho no papel. Para o resto da família, parecia uma fantasia absurda, como falar sobre férias na Lua. Para P.I., o sonho criou raízes e o sustentou nos piores momentos.

Ninguém tampouco achava que um Gunn jamais dirigiria um carro. Mas aqui estava ele, com seu próprio veículo, finalmente rasgando os contrafortes, dono do próprio destino. À frente estavam as margens íngremes e a ponte de madeira sobre o riacho West Hog Thief. Outro gargalo. Ele passou devagar sobre a ponte e acelerou, passando sobre o riacho East Hog Chief alguns minutos depois.

Quase lá. Nenhum sinal de problema. Mais vinte minutos e estaria descarregando no ponto de encontro em Searcy. Haz lhe passaria a grana, e de manhã ele daria à mãe a maior parte de quatrocentos dólares. Isso era quase 10 mil em moeda de 2016. Os Gunn nunca tinham visto esse tipo de dinheiro. A mãe nunca mais precisaria se preocupar.

Claro, se soubesse o que ele estava fazendo, ela ficaria furiosa. Metodistas tementes a Deus não contrabandeavam bebida. Ele não ligava; aquilo era a salvação de sua família, e seu bilhete de saída. Com a mãe estabelecida, ele poderia deixar Quitman e ingressar no Exército em outubro. O recrutamento estava em plena vigência, agora que os Estados Unidos tinham entrado na Grande Guerra na primavera anterior. Em alguns lugares na região do Arkansas, o recrutamento provocara levantes, e histórias de violência circulavam pelas aldeias nos arredores. Em outros lugares, parecia haver mais resistência que ansiedade para servir ao país, o que deixava P.I. perplexo.

Os pinheiros e carvalhos espanhóis que margeavam a estrada para Searcy se juntaram, até que pareceu que ele estava dirigindo através de um cânion estreito e serpeante cujas paredes eram feitas de folhas e galhos. Essa era a parte selvagem do condado. Colinas ondulantes, ângulos acentuados, terreno pantanoso aqui e ali, enquanto as fazendas se tornavam esparsas.

Ele fez uma curva, agora com os faróis apagados e se guiando só pela luz da lua. Duas formas enormes se materializaram na escuridão da meia-noite. O que era aquilo?

Caminhões. Eles tinham sido dispostos atravessando a estrada, e agora ele podia ver figuras correndo em torno deles, com espingarda na mão.

Estavam esperando por ele com um bloqueio de estrada improvisado nesse estreito trecho final antes de Searcy. Ele parou a uma distância do bloqueio e começou a fazer uma rápida reversão para fugir. Sabia que podia correr mais rápido que eles, e ao luar não haveria maneira de o identificarem.

Um xerife surgiu de detrás dele antes de ele completar a volta. Preso na armadilha no último minuto, P.I. ficou sentado em seu calhambeque enquanto a polícia surgia de todos os lados. Estava perdido. Com dezessete anos e tendo cursado apenas até o sexto ano, P.I. Gunn se viu escoltado para a cadeia do condado de White por um destacamento policial mandado para a noite pelo ativismo de sua própria tia.

Naquele momento, os sonhos de fuga nunca pareceram tão fora de seu alcance.

11. O nariz

12 de dezembro de 1941
Filipinas

A manhã de sexta-feira chegou às ruas vazias de Manila e revelou uma cidade sitiada. Por todo canto, civis construíram abrigos antiaéreos praticamente da noite para o dia. O presidente filipino, Manuel Quezon, circulou de carro pela cidade para verificar os que estavam dentro sempre que os japoneses apareciam no céu. Guardas permaneciam em todas as esquinas, prontos para disparar as armas contra aviões que passavam, ou qualquer pessoa apanhada violando as restrições de blecaute. Canhões antiaéreos agora dominavam alguns cruzamentos, ali colocados para proteger locais estratégicos como depósitos de óleo e combustível, as docas e os principais prédios do governo. Alguns desses canhões eram operados pela Guarda Nacional do Novo México, e os cidadãos de Manila a saudavam todas as manhãs com café quente e sanduíches.

Com o racionamento de gasolina, os carros quase sumiram das vias públicas. Ainda havia caleças trotando, mas em número muito menor, porque seus condutores partiram para o Exército ou fugiram para o campo.

Ao sul, os B-17 na fazenda de abacaxi de Del Monte decolaram para atacar navios de desembarque japoneses ao largo de Aparri e Vigan. Seis subiram; um sofreu uma falha de motor catastrófica durante a decolagem, perdendo dois de seus quatro motores ao mesmo tempo que seu sistema hidráulico falhou.

A repentina perda de potência de um lado levou o avião a dar um cavalo de pau. Ele girou e bateu direto em outro B-17, depois se partiu ao meio. Mais aeronaves preciosas perdidas, e mais um exemplo do que acontece quando aviões modernos são jogados em ambientes operacionais primitivos sem o suporte logístico necessário para cuidar adequadamente deles.

Mais tarde naquele dia, a máquina de relações públicas de MacArthur anunciou os ataques de B-17 como demonstrações exemplares de proeza e devoção. Atrás das palavras confiantes, a verdade era que aquelas bombas despejadas de 20 mil pés de altitude sobre navios em movimento não serviram a nenhum propósito além de matar peixes. Os ataques de fato representavam o melhor que as equipes de bombardeio americanas podiam fazer, mas para a tremenda força japonesa representavam no melhor dos casos amolações.

Com os campos de pouso tomados em Luzon, os japoneses transferiram seus bombardeiros e caças de menor alcance para aquelas pistas. A maioria pertencia à Força Aérea do Exército Imperial, e embora eles não fossem tão capazes quanto os modernos bombardeiros e caças Zero da Marinha, aumentavam significativamente o poder da aviação de combate sobre Luzon. Além disso, os campos agora podiam ser usados como parada para reabastecimento pelas aeronaves da Marinha Imperial para realizar ataques de surpresa às Filipinas Centrais.

Enquanto as forças de ataque matinal do Japão se reuniam sobre suas bases aéreas para voar para o sul, Dan e Marie Stickle corriam pelo distrito residencial de Manila no Roadmaster de P.I. Parando no apartamento temporário da família, Dan falou com Polly e expôs a situação.

Manila não era mais segura; eles precisavam sair e não havia tempo a perder. Dan tinha mais ou menos a altura de P.I., mas uma constituição mais larga e mais musculosa. Embora tivesse apenas 24 anos, podia ser imponente, persuasivo e dar orientações precisas. Polly concordou em ir com ele. Vestiu os filhos, pegou só sacolas para passar a noite, e eles correram para o Buick e se instalaram nele com Marie. Em minutos, Dan apontou o Buick para o sul, na direção das províncias.

A viagem se revelou surpreendentemente serena. O Buick percorreu aos trancos estradas rurais, passando por arrozais bem cuidados e pequenas aldeias com casas cobertas de sapê que pareciam totalmente intocadas pela guerra. Eles não viram sinal de pânico; nenhuma cena de refugiados fugindo. De fato, encontraram poucos veículos além de uma ocasional carroça de fazendeiro puxada por búfalos-asiáticos.

Enquanto dirigia, Dan explicou a situação. P.I. estava em algum lugar ao sul, voando em um dos Beech. Ele queria que a família saísse de Manila e a alcançaria quando voltasse. Dan os levaria de carro ao centro de evacuação da Cruz Vermelha, voltaria a Grace Park e informaria a P.I. onde eles estavam.

Nath e Paul perguntaram a Dan pelo cachorro deles. O grande jovem de Iowa pareceu incomodado com a pergunta, respondendo distraidamente que Dingo estava ótimo e tinha o cemitério para correr. Dan estava mais preocupado com a segurança deles; um cachorro parecia pouco importante, a não ser para crianças cujo coração estava com seu bicho de estimação.

Eles chegaram ao local do centro da Cruz Vermelha no começo da tarde. Em vez de uma instalação cheia de atividade construída em um prédio apropriado, não havia nenhum sinal dele. Dan fez perguntas e descobriu que o centro de evacuação tinha sido transferido para outro lugar.

Os locais lhe disseram que o rádio relatara o desembarque de tropas japonesas em Legazpi, no sul de Luzon. A cidade estava nas mãos dos inimigos, e agora eles marchavam em direção ao norte, para Manila.

Tropas no norte. Tropas no sul. Manila no meio. Dan não precisava de mapa para perceber que eles estavam diretamente no caminho dos japoneses. Em Manila, aeronaves japonesas desfilaram basicamente sem oposição. Atacaram e bombardearam o Campo Clark e Iba, afundaram a maioria dos aviões de patrulha PBY da Marinha enquanto estes voavam sobre as ondas na baía Subic. Uma enorme formação de mais de cinquenta bombardeiros sobrevoou impetuosamente a cidade para bombardear a principal base da Força Aérea filipina, em Batangas.

Contrariando ordens, o amigo e ex-aluno de P.I. Jesus "Jess" Villamor liderou seis Peashooters que decolaram para interceptar o ataque iminente. Em uma exibição de nervos de aço e habilidade bruta, ele mergulhou na direção dos bombardeiros atacantes, suas duas metralhadoras disparando até tirarem um deles da formação. O avião caiu em chamas, uma vitória moral no meio da catástrofe. O incidente solidificou Villamor como o proeminente herói de guerra aérea das Filipinas.

As bombas ainda caíam sobre Batangas, e em todos os outros lugares a derrota se impunha. Em Paracale, os soldados do alerta aéreo finalmente conseguiram pôr em funcionamento seu radar, só para descobrir que a maioria deles não sabia realmente como usá-lo. Plenamente operado, ele não conseguiu detectar um B-17 isolado, que explodiu diretamente sobre eles quando seguia para bombardear a força de invasão japonesa ao largo de Legazpi. Um P-40 também passou pela baía sem ser detectado. Pensando que uma embarcação amiga ao largo da costa era japonesa, o piloto a varejou com fogo de metralhadora até explodi-la, matando a maior parte da tripulação.

Pouco depois, tanto a unidade de alerta quanto Stevenot receberam ordem de voltar a Manila. Sem nenhuma tropa de combate na área, estavam praticamente indefesos. Os americanos explodiram o inestimável radar permanente SCR-271, mas tentaram levar o radar móvel para Manila. A estrada lamacenta tornou isso impossível, e os veículos ficaram atolados. O tenente Rogers deixou vários homens para trás para proteger os veículos enquanto liderava o resto do destacamento por terra a pé para buscar ajuda. No caminho, os homens, exaustos, jogaram fora grande parte do que restava do equipamento de radar ultrassecreto. Soldados japoneses depois chegaram aos veículos abandonados. Os homens deixados para trás os explodiram, então tentaram fugir sob fogo. Vários morreram; um deles escapou e se juntou a uma força de guerrilha.

Stevenot chegou a Manila em segurança e se reintegrou ao staff de MacArthur, passando a trabalhar sob o general Charles Willoughby.

Toda a aventura de domingo de P.I. para Paracale terminou num fracasso ignominioso. Pelo menos o Staggerwing foi reparado e levantou voo antes da chegada dos japoneses. Ele se juntaria a uma miscelânea crescente de aeronaves civis empregadas pela FAEO para todos os tipos de tarefa nos meses seguintes.

Enquanto tudo isso se desenrolava nas Filipinas, Dan enfrentava um dilema. P.I. queria a família fora da capital, mas essa decisão tinha sido superada pelos acontecimentos. Eles não podiam apenas ficar sentados esperando ser capturados pelos japoneses que avançavam. Não podiam ir para o norte; os japoneses estavam lá também.

Dan se deu conta de que a única opção era voltar a Manila, mas já era tão tarde que, se voltassem imediatamente, só chegariam depois do pôr do sol. Dirigir o Buick no escuro não o atraía. Em vez disso, ele preferiu levar a família a um complexo rural não muito distante que pertencia a um dos sócios de negócios de Andrés Soriano. Lá estariam seguros por enquanto.

Chegaram à propriedade antes de escurecer e tiveram uma recepção calorosa. A família Gunn recebeu a direção da propriedade, e os garotos foram prontamente para a bela piscina. Passaram o resto do dia nadando e relaxando, a guerra aparentemente a milhões de quilômetros de distância. Enquanto isso, os adultos conversavam e tentavam imaginar o que fazer.

As opções não eram boas, e eles não conseguiram ter uma ideia melhor. Apesar do perigo de ataque aéreo, pelo menos em Manila eles estariam perto de P.I. e dos aviões que podiam tirá-los daquela enrascada.

Passaram a noite em paz, cercados por opulência e conforto. Andrés Soriano tinha amigos em todo lugar (e não pouco inimigos), e suas ligações de negócios se espalhavam como tentáculos por todas as Filipinas. Os Gunn sabiam havia muito tempo que essas ligações abriam portas onde quer que eles estivessem nas ilhas. E nessa noite isso foi muito apreciado.

Polly não podia saber na época, mas a guerra afetava até o próprio bilionário. Mais ou menos no mesmo momento em que os empregados de sua PAL ingressaram na FAEO, Soriano se apresentou como voluntário ao Exército filipino e foi comissionado como capitão. Ele e P.I. agora tinham a mesma patente. As coisas estavam mudando, e essa última noite de tranquilidade colonial era no máximo um eco do que nunca mais existiria. Lugares como esse logo seriam ocupados por oficiais e administradores japoneses cujo domínio sobre os filipinos não pareceria nada com aquele benevolente e paternalista que eles tinham conhecido nos últimos quarenta anos.

Eles não se demoraram na manhã de domingo. Comeram depressa, agradeceram a seus anfitriões e puseram a bagagem no Buick para voltar a Manila. Enquanto as duas famílias voltavam para casa, os japoneses se reuniam para um ataque aéreo de máximo esforço. Embora as crianças provavelmente não soubessem, Dan Stickle sentiu: eles estavam levando os bombardeiros japoneses de volta a Manila.

Quando chegaram ao pequeno apartamento, encontraram P.I. à espera deles. Ele viu Polly e a abraçou. As crianças se jogaram em seu abraço, e mulher e filhos foram envolvidos por seus braços fortes. P.I. estava desarrumado. Cheirava muito mal e seus olhos pareciam ocos. A Nath ele pareceu mais velho, como se tivesse envelhecido anos nos últimos dias. A família continuou abraçada, Don e Marie observando, talvez um pouco sem jeito. O jovem casamento deles não tinha a profundidade do de P.I. e Polly.

Para P.I., ser o protetor da família dava força e uma sensação de poder. Para eles, ele tinha uma aura de grandeza, e ele amava o modo como eles o admiravam. Para a família ele era a rocha numa tempestade, aquele que os protegia contra todos os golpes. Polly — ela era a cuidadora e educadora que lhes dava a bússola espiritual e estabelecia as fronteiras de seus corações.

À primeira vista, Polly e P.I. pareciam um casal desarmônico. Ela era devota; ele era profano. Ele era aventureiro, ela parecia contente com a casa e a família. Ele vivia a todo vapor. Ela era industriosa, mas sabia como relaxar mesmo quando P.I. não conseguia parar de se preocupar. Mas essas diferenças faziam o casamento deles funcionar. Cada um deles dava o que faltava ao outro, e a corda emocional que os ligava garantia o equilíbrio de suas vidas. P.I. dava a Polly o gosto pela vida, aventuras e paixão. Polly dava a P.I. seu centro de gravidade. Em quase vinte anos de casamento, eles nunca pararam de crescer juntos, mesmo quando as circunstâncias os obrigavam a estar geograficamente separados.

Para Julie, o pai era infalível. Sempre correto, sempre rápido para protegê-la ou derrubar obstáculos por ela, para ela, ele era heroico — e isso duraria até ela chegar à idade adulta e ter uma vida própria. Connie sentia o mesmo; o pai lhe parecia grandioso, sempre capaz e pronto a enfrentar qualquer desafio. Ele garantia sua segurança e seu senso de família; ele a protegia e cuidava dela como homens da época dele nunca fariam. Eles tinham em comum um amor igual por sapatos, nascido dos dias em que ele só possuía um par e ganhava seu sustento mensal engraxando os sapatos de outros homens.

O sentimento terno que ele tinha por ambas as filhas nunca estava ausente.

Para Nath e Paul, o pai era a personificação da virilidade. Um guerreiro, um explorador, um pioneiro. Ele vivia com paixão uma vida que nunca era pequena nem limitada. Fazia o que era certo por aqueles que ele amava. Era verdadeiro com eles, e eles sabiam que ele nunca estava errado. Ensinava pelo exemplo, pela disciplina e por repreensões geradas pelas más ações deles. Eles o idolatravam.

Eles o abraçaram forte, e a tensão e a incerteza se desfizeram em seus braços. P.I. estava lá, e tudo ficaria bem. Uma olhada mais profunda no rosto preocupado dele poderia tê-los feito parar para pensar.

Finalmente, ele desfez o abraço dos familiares e lhes disse: "Encontrei um lugar na cidade para morarmos. Nossos móveis estão sendo levados para lá agora".

Eles não iam mais dormir no chão de um apartamento. Polly se sentiu aliviada. Ao menos por ora, a situação deles estava resolvida. A melhor notícia era que a casa deles em Villamor Court não tinha sido saqueada, e seus pertences estavam seguros. Se tudo desse certo, naquela noite ela dormiria com P.I. em sua cama de dossel.

A família foi de carro para a nova casa. De algum modo, em meio a todo o caos, P.I. encontrou para eles o andar de baixo de um duplex o mais longe possível de qualquer alvo militar em Manila. Quando eles chegaram, funcionários da PAL apareceram em caminhões cheios com as posses da família. Enquanto eles descarregavam os móveis e os levavam para dentro, P.I. abraçou a família mais uma vez e prometeu voltar mais tarde naquela noite.

A família entrou na nova casa para desembalar as coisas e tentar se instalar enquanto P.I. voltava de carro a Grace Park. Em Manila, os bombardeiros japoneses atingiram seus alvos. Rearranjaram os entulhos no Campo Clark, metralharam e bombardearam Del Carmen e atacaram Nielson e Nichols.

Pelo menos dessa vez, os canhões antiaéreos americanos exibiram melhor perícia ao danificar onze dos 54 bombardeiros que atacaram Nichols. Mas não havia como parar os japoneses. Eles atingiram o campo em três ondas — enquanto, nas proximidades, os empregados da PAL de P.I. corriam para embalar os últimos itens da casa da família Gunn em Villamor Court.

A primeira onda veio de oeste para leste, diretamente sobre o bairro. Talvez o pesado fogo antiaéreo tivesse afastado os bombardeiros naquele dia. Talvez eles simplesmente tivessem errado o cálculo. A primeira série de bombas caiu no *barrio* Baclaren, a alguns quarteirões de distância, matando e ferindo civis e pessoal do Exército. Vários pilotos americanos de P-40 que moravam na área correram para ajudar os feridos e moribundos. Um aviador encontrou uma mulher enterrada até os ombros nos destroços da casa dela. Ele a desenterrou — só para descobrir que a bomba lhe havia arrancado toda a parte inferior do tronco.

As duas ondas seguintes despejaram centenas de bombas no aeródromo e em seus arredores, abrindo crateras nas pistas, demolindo prédios no contorno e causando incêndios em todo o complexo. Os sobreviventes se levantaram e começaram a juntar seus camaradas mortos. Pelo menos um piloto de caça que tinha visto um amigo morrer a seu lado afogou as mágoas na bebida mais tarde naquela noite.

O bombardeio parou, mas não o ataque. Enquanto os aviões de alto nível seguiam para o norte, a caminho de casa, os Zeros que os escoltavam desceram para atacar Nichols e Nielson. Sem nenhum P-40 no ar para atrapalhá-los, seus canhões e metralhadoras devastaram as ruínas das duas instalações.

A despeito de todo o dano causado, os japoneses não encontraram os dois Beech 18 da PAL escondidos naquele campo secreto no cemitério La Loma, a uma pequena distância. As turmas de solo da PAL camuflaram a pista construindo nela cabanas e choupanas portáteis. Em vez de uma pista de pouso, a área parecia uma favela cercada por um cemitério.

Ao mesmo tempo que os japoneses atacavam violentamente as bases em volta deles, P.I. se preparava para sua missão naquele dia. Ele acordou antes de o sol raiar e fez uma curta viagem de reabastecimento de manhã, antes de ir de carro ao apartamento em Manila. Fora alguns cochilos, ele quase não dormiu. Mas se forçou a continuar, e não daria a tarefa da tarde a nenhum outro piloto. Ela era simplesmente perigosa demais para que ele pedisse a Connelly ou a Slingsby que o substituísse.

Para a missão ele escolheu o NPC-54, o primeiro Beech 18 da PAL. Ele fora finalizado na fábrica de Wichita, Kansas, em agosto de 1939, mas Soriano ordenou que ele fosse equipado com motores mais potentes e um tanque de combustível extra no nariz. Os Pratt & Whitney R-985 Wasp Juniors produziam cerca de 450 cavalos-vapor, muito melhores que os Jacobs L-6 padrão de 330 cavalos que os Beech 18 normalmente exibiam.

P.I. queria a potência extra para transportar cargas mais pesadas de combustível e passageiros. Agora, ele estava contente de ter aqueles duzentos cavalos extras para a velocidade adicional que ele podia tirar do Beech. Quanto menos tempo em céus hostis, melhor, e em um dia em que os aviões japoneses atacavam alvos por todas as Filipinas, ele precisava de qualquer vantagem possível para sobreviver.

A FAEO queria um voo que levasse oficiais de seu staff para Del Monte, junto com uma carga mista de vacinas e suprimentos médicos para os homens que viviam na margem das selvas primordiais de Mindanao. Não se sabe se os passageiros foram para Grace Park, ou se P.I. teve de pegá-los no Campo Clark. Se ele foi obrigado a adotar essa última opção, isso torna a sobrevivência dele nesse dia ainda mais milagrosa: o Campo Clark foi bombardeado e atacado o dia inteiro.

Como se os japoneses não fossem perigosos o bastante, várias frentes climáticas se deslocavam entre Luzon e Mindanao durante a manhã. Voando sem copiloto, P.I. margeou os ataques japoneses, voou abaixo ou em volta de nuvens de tempestade e conseguiu descer em segurança em Del Monte. Ficou só o tempo suficiente para desembarcar a carga e reabastecer. Por volta das cinco da tarde ele percorreu o pasto de grama em Del Monte e decolou, de novo com destino a Grace Park.

Ele não conseguiria voltar ao cemitério.

12. Barão Vermelho americano

Anoitecer, 13 de dezembro de 1941
Filipinas Centrais

Os Zeros acharam o Beech 18 pintado com tinta vermelho-teca Dulux, da Dupont, em algum lugar sobre o norte de Cebu.

Sozinho na cabine, P.I. subiu da altitude mínima para seiscentos pés sobre o litoral sul de Cebu a fim de sobrevoar algumas colinas. Seguiu voando a essa altitude, talvez um pouco descuidado devido ao cansaço.

Acima dele, um trio de Mitsubishis do veterano Terceiro Grupo Aéreo localizou seu avião enquanto escoltava o primeiro ataque de bombas japonês à cidade de Cebu. Eles mergulharam para atacar, descendo no quadrante traseiro direito de P.I. Desarmado e sem nenhuma visibilidade da traseira, ele não os viu chegar.

Um repentino clarão de balas traçantes encheu o ar em volta do Beech, como vaga-lumes do Arkansas. Uma fração de segundo depois, o Beech estremeceu com o impacto de balas na asa direita. O piloto líder japonês era um atirador competente.

Instintivamente, P.I. avançou contra os velozes caças japoneses que se aproximavam, as asas do Beech se deslocando perpendiculares ao solo enquanto ele enfiava o manche de controle no estômago e virava o máximo que o Beech de dois motores conseguia.

O movimento surpreendeu os pilotos japoneses, acostumados a ver presas tão fáceis se afastarem deles e tentarem fugir. A manobra repentina enganou os dois alas do líder, um dos quais nem sequer atirou. Os três caças ultrapassaram P.I. e ele viu um deles passar rapidamente por sua asa a bombordo.

Cheio de combustível em tanques desprotegidos, sem nenhuma arma para lutar, e sem a velocidade necessária para superar os velozes Zeros, P.I. sabia que só tinha uma chance: precisava voar melhor do que eles.

Ele mergulhou para as montanhas cobertas de selva abaixo, com a intenção de forçá-los a um "jogo do galinha" em baixa altitude com árvores e montanhas, mas em segundos os Zeros o atacaram de novo, os focinhos de seus canhões de 20 mm cuspindo fogo de suas asas. Mais traçantes passaram pelo Beech em fuga. O avião de passageiros tremeu quando balas estalaram na fuselagem, na asa e no motor direito, soando como marteladas em um teto de zinco.

Quando eles viraram para mais uma passada, P.I. desviou o avião em direção a um vale estreito, voando em zigue-zague rente ao solo visando escapar da mira deles. Não era topo de árvores. Era topo de grama.

Os Zeros não podiam fazer mergulhos muito acentuados para ultrapassar o Beech sem cair no solo. A altitude de cortador de grama de P.I. significava que eles simplesmente não conseguiriam subir a tempo depois da investida. Isso obrigou os japoneses a mergulhar atrás dele e tentar caçá-lo logo acima do solo. Era um jogo de coragem, e os japoneses mostraram que estavam apostando tudo.

Eles seguiram pelo vale, o Beech resfolegando abaixo de árvores e em torno de colinas enquanto P.I. usava o terreno como cobertura. A cada vez que os Zeros se aproximavam, o Beech escapava com um movimento rápido. P.I. inclinava e rolava o avião, margeando brevemente as encostas do vale e depois adernando para voltar a voar perto de seu chão. Pelo menos uma vez, ele sentiu o avião bater em galhos quando reduziu sua distância da terra a praticamente nada.

Naquele dia, seus anos como piloto de caça da Marinha lhe salvaram a vida. A memória muscular de incontáveis combates aéreos de curta distância simulados acionou aquela virada de último segundo contra seus atacantes. "Entre na linha de fogo", ele ouviu repetidas vezes, até que isso foi codificado no DNA de suas habilidades de voo. A idade e o trabalho relaxado na linha aérea não tinham embotado suas reações.

Cada vez que abriam fogo contra ele, P.I. virava na direção deles o melhor que conseguia. E a cada vez escapava da mira deles apenas o suficiente para ganhar mais alguns segundos de vida. Ele nunca voava reto, virando e se esquivando constantemente para se tornar o alvo mais difícil possível enquanto praticamente roçava o solo.

A caçada continuou por vários minutos, até que os pilotos japoneses finalmente desistiram. Ou provaram não ser tão ousados quanto o desesperado piloto do Arkansas, ou ficaram com pouco combustível, ou o perderam em todas as reviravoltas para as quais ele os arrastou no vale. Eles interromperam a busca, subiram para sobrevoar Cebu e seguiram para o norte de Luzon.

P.I. permaneceu próximo ao solo e correu para casa, sabendo que ainda não estava fora de perigo. Quando chegou ao litoral norte de Cebu, o motor direito começou a superaquecer. Ele o tratou com cuidado, mas podia ver marcas de tiros de canhão e metralhadora em sua carenagem. Quanto mais ele duraria? Ele não pensou muito tempo; precisava descer rapidamente.

Com o sol se pondo à sua esquerda, P.I. sobrevoou as cristas das ondas do mar das Visayas, conduzindo cuidadosamente seu avião alquebrado. O motor direito estava morrendo; ele podia perceber pelos gritos metálicos angustiados que ele emitia enquanto o forçava a continuar a produzir potência apenas um pouco mais.

Ele decidiu desviar para o Campo Zablan, a base do Corpo Aéreo do Exército filipino. Chegou à costa de Luzon quando escurecia. Seguindo para o norte, ainda no nível mais baixo em que se atrevia a voar, ele avançou com dificuldade na direção de Zablan e chamou a torre pelo rádio.

Nenhuma resposta.

Continuou a chamar sem usar codificação, a voz firme. Nada.

Na escuridão do crepúsculo, ele localizou o campo e se alinhou à pista, ainda anunciando sua aproximação pelo rádio. Sem que P.I. soubesse, o rádio estava cheio de balas japonesas depois de um ataque em 10 de dezembro. Os filipinos em Zablan não tinham ideia de que um dos seus estava chegando com um avião mutilado.

Em volta da pista, atiradores de metralhadora ouviram o Beech se aproximar do solo. P.I. tentou ligar as luzes de aterrissagem como um sinal de que era amigo, mas elas também tinham sido avariadas. Ele estava no escuro, enfrentando homens que tinham passado os últimos dias sendo metralhados e bombardeados impunemente.

As equipes atrás daquelas metralhadoras viram o avião que se aproximava velozmente e não hesitaram. Acionaram as armas em uma torrente de fogo, danificando o Beech do nariz à cauda. O motor direito foi mais atingido. Ele resfolegava e tossia, mas P.I. de algum jeito o manteve funcionando ao se desviar das saraivadas de balas "amigas". Ele escapou para a escuridão, mas o Beech estava ferido de morte.

O cheiro de gasolina de aviação encheu a cabine. Os atiradores filipinos tinham atingido um tanque de combustível, e agora ele estava vazando para dentro do avião. Que a bala que perfurou o tanque não tivesse causado uma explosão fatal era um pequeno milagre.

P.I. sabia que agora nunca conseguiria chegar a Grace Park. Soltou o nariz na direção de Nichols. Seria uma aposta — o campo lá estava esburacado com muitas crateras de bomba. Se o trem de pouso entrasse em um daqueles buracos, o NPC-54 daria um cavalo de pau e provavelmente explodiria.

Ele não queria correr esse risco, e não queria bloquear uma pista com seu desastre em chamas. Mas o que fazer? Ele não podia saltar do avião, não sem um paraquedas. Mesmo que tivesse um, não conseguiria chegar à porta antes de o Beech sair do voo nivelado, já que ele não tinha piloto automático.

Piloto e avião estavam amarrados; compartilhariam o mesmo destino. Ele teria de continuar pilotando.

A alguns minutos de Nichols, ele tentou baixar o trem de pouso. Nada aconteceu. Tentou a liberação manual. Também não funcionou. Por três vezes tentou soltar o trem, sacudindo o avião o máximo que ousava. As rodas permaneciam em seus compartimentos, enfiadas na carenagem do motor embaixo de cada asa danificada.

P.I. ativou os flaps. Nada. Tentou de novo, mas o sistema hidráulico também estava avariado. Sem os flaps, o Beech entraria em estol a uma velocidade muito maior. Um pouso de barriga no escuro já era suficientemente incerto. Agora ele também teria de descer em alta velocidade.

Ele se alinhou no meridiano de grama entre as pistas em Nichols. Ficando o mais baixo que conseguia, ele mal evitou a cerca do perímetro e bateu no chão. O Beech deslizou, fora de controle, a asa direita se partindo. Avançou oscilando pela base escurecida e parou sem que ninguém no solo o detectasse.

P.I. desceu da cabine, surpreso de não ver nenhuma equipe de desastre correndo em sua direção. Olhou para o avião acidentado, pôs um cigarro na boca e começou a andar, saltando pelas crateras de bomba na direção dos restos destroçados dos hangares da base, pretendendo se apresentar a alguém.

Mais tarde, os mecânicos da PAL contaram 130 buracos de bala na asa direita. A fuselagem, a cauda e a asa esquerda também tinham sido salpicadas de tiros. De alguma maneira, P.I. escapou sem nenhum arranhão.

Antes do amanhecer, P.I. voltou para a família. Andando furtivamente no novo duplex para não acordar ninguém, ele entrou no quarto dos garotos e parou. Desde que Connie nascera, tinha havido muitas noites de trabalho até tarde para P.I. Enquanto voava na Marinha, ele sempre mantinha empregos secundários para mandar dinheiro extra para sua mãe. Após a morte dela, no começo dos anos 1930, ele continuou a trabalhar depois do expediente para construir as reservas da família.

Chegava todas as noites, com os dedos pretos de graxa de motor, e visitava cada filho enquanto eles dormiam. A paz deles era seu conforto, e ele ficava com eles em silêncio por vários momentos antes de ir para a cama de colunas torneadas e a mulher que o esperava.

Desta vez, na escuridão antes do amanhecer, ele viu Paul e Nath enfiados em suas camas. O quarto era tão pequeno que sobrava pouco espaço entre eles. A família inteira ficaria apinhada nesse lugar, mas P.I. sabia que eles não permaneceriam ali por muito tempo. Ou o Exército venceria e expulsaria os japoneses, ou ele os transportaria de avião para a segurança em algum lugar longe do alcance da guerra.

Tentaria, de qualquer forma. Ele não havia nem recebido suas ordens oficiais pondo-o na ativa na Força Aérea do Exército e os japoneses já o tinham derrubado. Entre o fogo de solo amigo, o clima, os acidentes e os japoneses predadores, tentar evacuar a família por ar seria flertar com a morte para todos eles.

Mas que opção eu tenho?

Ele entrou no quarto e ficou ao lado de Paul, a mão no ombro do filho mais velho. Ele a manteve ali por um instante, então foi até Nath e fez o mesmo. O garoto se mexeu e abriu os olhos para ver o rosto tranquilizador do pai antes de cair de novo no sono.

Cheio de temor pelo futuro deles, amaldiçoando-se em silêncio por ter posto a família nessa situação, P.I. se virou exausto e saiu do quarto.

Naquela noite ele dormiria com a mulher. Quantas noites eles ainda tinham? Ela diria que isso estava nas mãos de Deus, mas ele faria qualquer coisa para manter essa vida intacta.

Depois de tomar banho e esfregar o corpo para tirar o pó, a lama e o suor, ele se deitou ao lado de Polly, que se mexeu e acordou. Ele contou a ela o que acontecera. Normalmente, preferia protegê-la desse tipo de notícia. Desta vez, não queria que ela soubesse de segunda mão, através da fábrica de boatos da PAL, que seu marido tinha escapado da morte por um triz.

A ligação deles transcendia todos os desafios que eles enfrentavam. Onde outros casamentos se desgastavam, o deles se tornava mais próximo. Na verdade, ele podia ser confuso e às vezes desatento, deixava Polly e os filhos esperando horas no carro enquanto enfiava a cabeça no hangar para ver como iam as coisas. Ele se perdia no trabalho, e para ele o mundo se resumia às questões de engenharia que ele enfrentava.

Outros dias contrabalançavam esse esquecimento. Havia as noites fora de casa, cheias de dança e risadas. Eles desenvolviam hobbies compartilhados e adoravam fazer filmes caseiros juntos. Esforçavam-se para gravar filmes que outros nunca poderiam obter. Quando moravam no Havaí, um vulcão entrou em erupção em uma das ilhas. P.I. levou a família para vê-lo, e Polly sentou ao lado dele com a filmadora da família. Ao circundar o vulcão, ele ficou tão animado que começou a gritar ordens para Polly sobre como melhor gravar a cena.

Em um casamento menos comprometido, isso poderia ter provocado uma briga feia, mas Polly nunca reagia com raiva. Ela conhecia o coração de P.I. e entendia que sua paixão por vezes consumia o melhor de sua civilidade. Então, em vez de revidar e lhe dizer para parar de ser estúpido, ela olhou para ele e disse: "Tudo bem, vamos fazer o seguinte: você faz os filmes. Eu vou pilotar o avião".

P.I. ficou paralisado, os olhos fixos na mulher, e a família inteira explodiu em risadas. Logo, ele não conseguiu deixar de rir também.

As melhores partes eram noites como essas. Polly era seu primeiro amor, e ele costumava dizer a quem ouvisse que nunca vira ninguém tão bonita quanto ela. Ali no escuro, abraçados, ele a viu como nenhum homem jamais veria. Sem maquiagem, o cabelo despenteado, os lábios sem cor. O eu natural dela, inacabado. Intimidade pura, compartilhada. Em noites como essa, ele a contemplava e conhecia uma beleza incomparável.

Com o tempo, o sono se apossou deles, um casal de meia-idade ainda apaixonado depois de duas décadas juntos. A união deles mantinha à distância um mundo que se tornara mau, pelo menos por alguns momentos.

13. Aliados refugiados

14 de dezembro de 1941

Eva Gurevich espiou pela janela de seu apartamento no segundo andar a cena que se desenrolava no pátio abaixo. Outro caminhão tinha acabado de chegar com mais móveis para o apartamento embaixo do seu. A família ali corria de um lado para o outro, descarregando caixas. Os homens do caminhão tiraram um piano da traseira.

Ela conhecia a condição de refugiado. Quando era menina, sua família fugira da Revolução Bolchevique, cruzando a Sibéria em uma odisseia digna de *Doutor Jivago*. Seu pai levou a família para Tientsin, na China, onde eles tentaram restabelecer a vida entre outros judeus russos deslocados.

Eles prosperaram na China por mais de vinte anos. Eva cresceu, conheceu e se casou com seu marido, Boria, e eles tiveram um filho. Mas, por melhor que fosse a vida, a China nunca foi realmente um lar.

Então os japoneses invadiram a China. Capturaram a cidade deles no verão de 1937, e os Gurevich se viram pela segunda vez no meio de uma guerra. Tentaram aguardar enquanto os japoneses prometiam respeitar a comunidade internacional em Tientsin, mas um lugar sob uma ocupação militar cada vez mais cruel não era adequado para eles criarem o filho.

Eles fugiram do caos com a esperança de uma vida melhor em Manila, onde Boria encontrou um emprego em uma serraria enquanto eles trabalhavam para conseguir mandar o filho, Leo, para os Estados Unidos. O nome dele estava na lista de espera da cota de imigração. Quem sabe um dia.

Agora, a família Gurevich se via mais uma vez no caminho de outro exército de conquista japonês. Eva observava, de coração partido, famílias serem de novo deslocadas por soldados e pela guerra. Ela e Boria acolheram outra família, os Rifkins, cujo bairro foi muito danificado pelos bombardeios japoneses. Embora apinhados no apartamento de três quartos, pelo menos ainda havia comida suficiente. Eles se virariam. O que mais havia? Eles todos sabiam que dessa vez não havia para onde correr.

Eva desceu a escada e bateu na porta dos fundos do apartamento de baixo. Um momento depois, Connie atendeu. Eva, pequena, com o cabelo grisalho e vestida de forma imaculada, sorriu afetuosamente para Connie e perguntou se sua família podia ajudar de algum jeito.

Polly apareceu atrás de Connie e se apresentou. A cordialidade e o carisma de Eva correspondiam aos de Polly, e enquanto conversavam, as duas mulheres sentiram uma afinidade instantânea. Julie as viu como espelho uma da outra. Logo, Eva, que fazia os próprios cosméticos, prometeu dividir seu estoque de produtos de beleza caseiros com as mulheres Gunn, que ficaram maravilhadas com a qualidade de suas preparações. Por baixo da alegria havia a mente de uma química formidável.

Eva sabia como era ser desalojada do próprio lar. Ela praticamente ordenou que a família Gunn fosse jantar em sua casa naquela noite. Polly tentou recusar, não querendo criar problema para sua nova vizinha, mas Eva não quis nem ouvir.

O piano dos Gunn cimentou a amizade delas. O apartamento do térreo revelou não ser grande o suficiente para absorver uma casa cheia de móveis, e o instrumento transformou a sala de estar em uma pista de obstáculos. Eva pediu ao filho, Leo, que descesse e tocasse alguma coisa. Logo o novo apartamento dos Gunn foi preenchido por uma bela melodia. Polly ficou tão impressionada com o talento de Leo que perguntou se os Gurevich queriam levar o piano para seu apartamento no andar de cima.

Leo Gurevich era pianista profissional. Aos 21 anos, ele tocara na maior parte de sua vida, e fazia muito tempo que isso tinha se tornado sua paixão permanente. Quando os Gurevich fugiram de Tientsin, tiveram de deixar para trás a maior parte de seus pertences, inclusive o piano. Agora, graças a Polly, eles teriam de novo um piano em casa. Os homens o transportaram para o andar de cima.

Naquela noite, depois de um enorme banquete em estilo russo entre três famílias, Leo se sentou ao piano e tocou algumas peças com paixão emocionante.

Ele deixou os convidados pasmos com seu talento. Connie e Julie haviam tido aulas de piano e eram pianistas aceitáveis. Em Honolulu, Polly fizera Nath e Paul aprender a tocar. Mas eles resistiam, odiando o instrumento e o professor. Quando se queixaram de que o instrutor agira de maneira imprópria com eles, P.I. deu fim às aulas — e quase deu fim ao instrutor.

Agora eles viam o que a mãe tinha desejado para eles. A habilidade de Leo cativou os ouvintes naquela noite. Das peças clássicas ele passou para algumas das canções mais recentes das big bands. A batida animada e leve fazia um nítido contraste com a tensão e a tristeza que todos experimentavam desde o começo da guerra. Ele então se soltou tocando um pouco de boogie woogie. P.I. e Polly não eram fãs de boogie woogie, mas Leo tocava com tanta alegria que a música conquistou todos, e eles escaparam do mundo que os cercava até tarde da noite.

A refeição e o concerto solo solidificaram a amizade entre as duas famílias. Esse relacionamento seria vital nos meses seguintes.

Enquanto Polly e os filhos se instalavam na nova casa, P.I. retornou ao ar repetidas vezes. O NPC-56, o outro Beech da PAL, permanecia intacto, e nos dias seguintes ele o pilotou sobrevoando todas as ilhas. Ocasionalmente, ele era localizado por membros desconcertados do Corpo de Observadores filipino, que relatavam ao QG de MacArthur a presença de um bombardeiro bimotor vermelho. Onde ele estava a cada momento era com frequência um palpite. Transportava dinheiro para pagar as guarnições americanas em ilhas mais distantes. Às vezes fazia duas viagens por dia até Del Monte, levando pessoal em cada uma das jornadas.

Com grande temeridade, ele se evadia dos Zeros que agora sobrevoavam impunemente as ilhas do norte. Ninguém voava em condições tão precárias quanto as de P.I. Gunn durante aqueles dias sombrios de dezembro. Em cada missão, ele pilotava seu avião vermelho sem armas através das fendas na terra, passando rápido por vales e dentro de cânions para evitar os caças itinerantes. Ia para casa com galhos presos na carenagem do motor, ou pendurados na parte de baixo da fuselagem do Beech. Seu secretário na PAL depois reclamou que pelo menos uma vez ele voltou com cordões de alga marinha pendendo das junções na parte inferior de alumínio do avião. Quando sobrevoava a água, ele voava tão baixo que suas hélices às vezes cortavam a crista das ondas, levantando água salgada, que formava uma camada na parte de baixo das asas. Todas as noites as turmas de solo da PAL passavam horas polindo o Beech 18 para evitar corrosão.

Bombardeiros japoneses atingiam a área de Manila com frequência assustadora. Todos os aeródromos de antes da guerra foram atacados inúmeras vezes, até que as bombas simplesmente passaram a reagrupar os destroços. Não havia pausa, e os caças sobreviventes das FAEO se dispersavam em campos improvisados em outros lugares em Luzon. Os japoneses os caçavam implacavelmente.

Como os japoneses garantiram que Batangas não fosse um lugar seguro, a operação da PAL permaneceu em Grace Park e continuou a funcionar como uma espécie de apêndice semiautônomo das operações gerais da FAEO. Graças à cuidadosa camuflagem realizada ali, os japoneses nunca descobriram a base secreta de P.I. entre os mortos.

Mas descobriram Del Monte. Logo, bombas começaram a cair lá também. O primeiro ataque veio do porta-aviões japonês *Ryujo*, que estava apoiando os desembarques em Davao e Legazpi.

Felizmente, os B-17 já não estavam lá quando os japoneses atacaram. No dia em que Eva e Polly se conheceram, três Fortalezas Voadoras decolaram de Del Monte para atacar embarcações japonesas ao largo de Legazpi. Só uma voltou.

Esse desastre convenceu os generais MacArthur e Brereton a enviar os bombardeiros pesados sobreviventes para o sul, em Darwin, Austrália, a cerca de 2500 quilômetros de Del Monte. As pistas em Mindanao seriam usadas como base intermediária para outras incursões de B-17, mas os bombardeiros não estariam mais estacionados nas Filipinas. Esperava-se que eles pudessem receber melhor manutenção na Austrália, bem longe do alcance de aviões japoneses predatórios.

Com a saída dos bombardeiros, a FAEO foi reduzida a pouco mais de doze caças, o PAL Beech 18, os aviões sobreviventes do Corpo Aéreo Filipino e uma coleção crescente, embora heterogênea, de estranhos aviões civis. Eles já estavam raspando o fundo do tacho, e a principal invasão anfíbia japonesa ainda nem tinha começado.

Entre os voos, P.I. verificava a situação do NPC-54, o Beech 18 no qual ele caíra em Nichols. Em circunstâncias normais, o avião teria sido vendido como sucata. A asa direita estava praticamente despedaçada. O bordo de ataque estava esmagado, as pás da hélice, torcidas como anzóis de pesca em volta da carenagem. Buracos de bala salpicavam a fuselagem e as asas. Aqui e ali, cartuchos de canhão tinham arrancado do revestimento de alumínio do avião nacos do tamanho de uma máquina de escrever. Os cabos de controle foram arrancados ou completamente destruídos. O sistema hidráulico era uma peneira. O trem de pouso estava avariado, os tanques de combustível, perfurados — a lista era longa e deprimente.

P.I. começou a trabalhar. Peças de reposição eram praticamente inexistentes, então o mecânico e engenheiro de quintal foi criativo.

A asa direita precisava ser reconstruída, mas não havia muitas folhas de alumínio disponíveis para uma proeza como essa. O que havia, ou fora recolhido de destroços, já estava destinado a manter os P-40 remendados e voando.

P.I. e os mecânicos da PAL foram para Manila, encontraram uma casa abandonada e arrancaram seu teto de zinco. Usaram o material para reconstruir o bordo de ataque e remendar os buracos de bala. Consertaram o tanque de combustível e trabalharam na miríade de outros problemas até que o avião ficou quase aproveitável — exceto pelo pequeno fato de que a asa direita ainda estava separada da fuselagem.

P.I. a reafixou com arame para enfardamento.

O NPC-54 ganhou uma nova perspectiva de vida. Foi reintegrado ao grupo no cemitério de La Loma, onde Slingsby, Connelly e P.I. se revezavam voando nele.

Todos os dias, P.I. e seus pilotos arriscavam a vida em voos de baixa altitude por céus controlados pelos japoneses, mas a FAEO estava tão obcecada com aviões de combate que dava pouca atenção e dedicava pouco tempo à seção de transporte em Grace Park. P.I. recebia do QG da FAEO as atribuições para o dia. Fazia os voos ou os designava a Slingsby e Connelly quando necessário. Como ele executaria as missões era problema dele. Entre elas, ninguém na FAEO parecia saber nem se preocupar com o que a turma da PAL estava fazendo.

Ao mesmo tempo que realizavam essas missões, o capitão William Bradford, ex-piloto da PATCO e oficial engenheiro em Nichols, recebeu a tarefa de organizar as outras aeronaves civis em uma frota de transporte utilizável. Enquanto buscava aviões, ele deparou com o velho Bellanca Skyrocket no qual voara antes para a PATCO. Ele tinha sido abandonado em um campo remoto em Luzon.

Bradford o pôs de volta em serviço e pintou enormes bandeiras americanas em cada um dos lados de sua fuselagem, esperando que os soldados no solo não atirassem nele. Os homens de Bradford também encontraram outros aviões, entre eles pelo menos outro Staggerwing e um velho biplano Waco.

Mais tarde apelidada de "Frota Bambu", essa miscelânea de aviões e pilotos ousados logo se tornou o aspecto mais vital da aviação da Força Aérea dos Estados Unidos (USAAF) nas Filipinas. Por ora, porém, a frota era a filha adotiva incômoda da FAEO. Bradford e P.I. foram deixados praticamente por conta própria, perdidos nas fendas de todo o caos que engolia as forças filipino-americanas em Luzon.

Durante metade do mês, as repetidas derrotas provocaram um êxodo de oficiais de campo graduados. Eles começaram a aparecer ao lado do Beech 18 de P.I. com ordens de viagem que os mandavam para Mindanao, ao sul — e fora da linha da marcha japonesa. A cena, repetida todos os dias em Grace Park e em Clark, fez com que o temperamento de P.I. fervesse lentamente. Ele comentava muitas vezes sobre todos os coronéis que levava para longe da luta, em vez de para as linhas de frente. Ele os considerava pouco mais que covardes, abandonando seus postos no momento em que suas habilidades eram mais necessárias.

Não está claro quanto havia de verdade na opinião de P.I. Muitos dos homens que fugiam para o sul recebiam ordens de sair de Luzon porque suas habilidades eram necessárias para tentar reconstituir a força aérea em outro lugar. Com o Japão controlando firmemente os mares e céus, não haveria nenhuma chance de isso acontecer em Luzon. Mas outros que pilotavam essas missões de transporte ecoavam os sentimentos de P.I., e alguns contavam histórias similares ao que tanto irritava o piloto do Arkansas.

P.I. tentava dar o exemplo para sua turma, fazendo tantos voos quantos conseguia a cada dia, e sempre escolhendo os mais difíceis ou perigosos. Várias vezes, ele voou para as linhas de frente do norte de Luzon para entregar suprimentos médicos críticos, aterrissando em pistas rústicas e inadequadas ao Beech 18. Em outros voos, ele ia para o sul, a Cebu ou Panay, ou fazia viagens para onde a Marinha tinha dispersado alguns de seus hidroaviões Catalina.

Uma vez, transportou doze perus congelados para os homens do coronel Elsmore, para que pudessem ter um banquete de Natal. Para os técnicos de manutenção lá, que viviam à base de rações de subsistência, os perus foram uma dádiva de Deus. Eles os devoraram tão depressa que P.I. depois brincou, queixando-se a Elsmore de que eles não tinham guardado nem um sanduíche de peru para ele.

Enquanto executava essas missões, ele procurava maneiras de tirar a família de Manila. Ao levantar novas rotas para a PAL antes da guerra, ele havia voado para dezenas de pequenas pistas de terra e grama por todas as ilhas. Em alguns lugares, onde planejava estabelecer uma estação da PAL, ele estocara combustível. Agora, eles lhe davam opções das quais os japoneses não sabiam. Nem o alto-comando americano.

Ele considerou Mindoro. Era um voo longo desde Manila, e ele tinha muito combustível armazenado naquela ilha. Podia pegar os familiares, sair depressa e deixá-los lá até que tivesse uma pausa nas operações que lhe permitisse levá-los mais para o sul. Pelo menos eles estariam longe de Manila.

Era uma operação arriscada. Todo dia chegavam notícias de forças-tarefa japonesas avistadas ao largo das ilhas em todas as Filipinas Centrais e em Luzon. E se ele os levasse para Mindanao só para ver os japoneses desembarcar e tomar a ilha? P.I. sabia que as forças filipino-americanas nas ilhas periféricas eram muito pequenas e muito mal equipadas para resistir por muito tempo. Elas não conseguiriam conter os atacantes. Nesse caso, ele poderia levar Polly e os filhos diretamente para outra invasão japonesa. Eles morreriam presos no combate ou cairiam nas mãos dos japoneses.

Ele não podia correr esse risco.

Decidiu esperar um pouco mais. Por tudo que ouvira, os japoneses estavam ainda muito longe de Manila. O avanço deles parecia lento; talvez as tropas de MacArthur estivessem fazendo uma resistência honrosa e a cidade afinal pudesse ser salva.

Enquanto isso, os bombardeiros japoneses atacavam Luzon todos os dias. Embora a precisão deles permanecesse incrivelmente boa, partes civis de Manila ainda eram danificadas por bombas extraviadas. Carlos Romulo, um dos oficiais de relações públicas de MacArthur, foi apanhado ao ar livre durante um ataque de surpresa ao meio-dia. Uma bomba explodiu a menos de cinquenta metros dele, jogando-o do outro lado da rua e deixando-o inconsciente. Ele acordou, ferido e grogue, e viu um homem desaparecer em uma segunda explosão de bomba. Quando Romulo se levantou, descobriu que estava encharcado com o sangue do homem.

Esses momentos se repetiam em Manila todos os dias. O temor de P.I. pela segurança de sua família gerou um pouco mais de engenharia de quintal.

Quando encontrou um grande tanque de aço cilíndrico — um tanque de água, ou um aquecedor industrial —, P.I. arrancou suas partes internas e construiu três níveis de prateleiras com madeira compensada e tela de arame. Então pediu que os empregados da PAL o entregassem no novo apartamento.

Nath estava fora de casa quando um caminhão-plataforma chegou com o tanque preso na carroceria. O motorista parou o caminhão na rua em frente ao duplex, depois desceu para ajudar os outros a descarregar o tanque. Usando um par de tábuas de duas por seis polegadas, eles construíram uma rampa da traseira da plataforma até o chão. Começaram a tirar as correias do tanque.

"Mãe, tem uns homens lá fora descarregando alguma coisa", Nath disse ao correr para dentro da casa.

Quando Polly perguntou o que estava acontecendo, um dos homens disse: "O capitão Gunn nos disse para trazermos o tanque para vocês. É um abrigo contra ataques aéreos".

Com três metros de comprimento e cerca de dois metros e meio de diâmetro, ele podia facilmente abrigar os quatro Gunn mais as famílias Gurevich e Rifkin. A mente engenheira caipira de P.I. tinha concebido uma solução elegante para o raso nível freático de Manila. Ele não podia cavar um abrigo para a família, então construiu um que pelo menos a protegeria de estilhaços e talvez de ondas de concussão.

Polly estudou o tanque por um bom tempo. "Vocês vão enterrá-lo na rua?"

"Não. O capitão Gunn nos disse para deixá-lo na rua em frente à casa. Há prateleiras, então vocês podem entrar nele."

Polly sacudiu a cabeça. "Tudo bem. Façam o que meu marido pediu a vocês."

Eles viraram o tanque de lado e o rolaram pela rampa improvisada, mas ele era tão pesado que continuou rolando quando bateu na rua. E só parou em frente ao quintal da casa vizinha.

"Bom, ele rolou exatamente como o capitão Gunn falou que aconteceria", disse o motorista.

"Sim, exatamente como ele falou", repetiu Polly, com um sorriso.

Então ela emudeceu, repetindo na mente o que o motorista acabara de dizer. Caminhou para mais perto dele e perguntou: "Por que você fica chamando meu marido de capitão Gunn?".

"Ele agora é capitão."

"Na Marinha?", perguntou Polly, incrédula. P.I. tinha se aposentado como primeiro-subtenente. Ele nunca tivera patente de oficial.

"Não, senhora. Na Força Aérea do Exército."

Nath e a mãe se entreolharam.

A Força Aérea?

Os empregados da PAL terminaram de instalar o abrigo improvisado e o firmaram bem, uma casa além de seu destino pretendido. Eles se despediram e deixaram os Gunn inspecionando seu novo lar durante os bombardeios de surpresa.

Naquela noite, P.I. chegou em casa cambaleando. Parecia ainda mais velho e mais exausto do que da última vez que eles o viram. Connie o encontrou na rua, e ele partilhou um curto momento com a filha mais velha.

"Pai, por que o abrigo está no vizinho?", ela perguntou. Ela e Julie tinham estado fora de casa obtendo o certificado em primeiros socorros para poderem trabalhar em um posto da Cruz Vermelha.

P.I. sorriu em meio à exaustão e respondeu: "Eu não queria aquele trambolho atravancando o pátio".

Eles bateram papo no crepúsculo do anoitecer, Connie olhando para P.I. com os olhos da mãe. Ela se parecia muito com Polly, e se comportava com muita graça e dignidade. Não admira que tantos rapazes fossem seus pretendentes.

Por fim, P.I. disse a ela: "Sabe, Connie, eu cometi um erro trazendo a família para as Filipinas".

"Papai?" Mesmo aos dezessete anos, ela ainda o chamava assim. O comentário dele a pegara desprevenida. Ouvi-lo admitir um erro? Era a primeira vez que isso acontecia.

"Esta guerra... não vai ser rápida."

Mais tarde naquela noite, ele reiterou esse pensamento e disse à família que não desse ouvidos à conversa que corria na cidade sobre aquela ser uma guerra curta. Pelo que ele podia ver, ia levar anos para que ela acabasse. Enquanto isso, ele e outros aviadores que permanecessem em Luzon fariam tudo o que pudessem para impedir que Manila caísse nas mãos dos japoneses.

Se ao menos o general MacArthur também se sentisse assim.

14. Rotina no caos

Meados de dezembro de 1941
Manila

Guyenne Sanchez era muitíssimo persistente, e não demorou a descobrir a nova casa da família Gunn. Nascido na aristocracia espanhola nas Filipinas, ele era um jovem atraente e elegante, vestido e penteado de forma impecável. Na primeira vez em que ele apareceu na casa querendo visitar Connie, Nath e Paul acharam que seu pai ia comê-lo vivo. P.I. preferia homens rudes e fortes, com mãos calejadas e caráter simples. A primeira impressão que a família teve de Guyenne foi exatamente o oposto disso — ele parecia um dândi.

Guyenne conheceu Connie no Campo Nielson no começo de 1941 e desde o início ficou caído por ela. Em vez de tentar chegar diretamente ao coração dela, ele realizou uma paciente campanha de corte. Primeiro, conquistou P.I. Charmoso, de riso fácil e possuindo uma ampla gama de conhecimentos, ele tinha um emprego bem pago nos negócios de tabaco de Andrés Soriano. P.I. viu de imediato que ele podia oferecer a Connie uma vida de conforto que ele próprio só recentemente conseguira ter com Polly.

Isso significava muito menos para P.I. do que a maioria teria pensado. Na visão de mundo de P.I., o dinheiro nunca superava o coração, e quando conheceu Guyenne, ele viu que debaixo das roupas fabulosas e dos sapatos engraxados havia um homem de grande caráter e valores que lhe lembravam uma época mais gentil.

A corte começou com as bênçãos de P.I. Polly gostava de Guyenne, e logo os garotos também foram conquistados. Em poucos meses, ele foi aceito como um membro da família ampliada.

Ele amava Connie com uma paixão profunda e permanente que ela, porém, nunca sentiu em relação a ele. Guyenne insistia, esperando que o coração de Connie pudesse um dia se abrir para ele. Visitava com frequência a casa em Villamor, levando pequenos presentes para a família e muitas vezes ficando para o jantar. Gradualmente, os Gunn foram atraídos para um círculo dos amigos espanhóis dele, na maioria pilotos como Guyenne ou funcionários de uma das empresas de Soriano.

Nos dias seguintes à mudança da família para o apartamento embaixo do dos Gurevich, Guyenne os visitou diariamente. Às vezes, chegava bem na hora do último ataque aéreo à cidade, e se espremia com os Gunn no abrigo anti-bombas improvisado na rua. Outras vezes, aparecia com seu círculo de amigos, entre eles os irmãos Garriz, Raleigh e Charles. Eles eram gêmeos idênticos, de vinte e poucos anos, que tentavam se distanciar de suas raízes espanholas americanizando os nomes. Mas ambos tinham combatido na Guerra Civil Espanhola. Eram joviais e despreocupados, mas por baixo de seu encanto batiam corações de guerreiros.

À noite, os gêmeos, Guyenne e os Gurevich costumavam se reunir, fazendo o melhor que podiam para ignorar a guerra e todas as notícias de derrotas dos aliados pelo globo que Don Bell relatava sombriamente a cada dia na Rádio Manila (a KZRH da NBC). Eles fugiam para canções, jogos e montes de risadas.

Isso se tornou parte da rotina naquela hora crepuscular do domínio americano. As frentes ao norte e ao sul pareciam ter se estabilizado, pelo menos por ora. Os comunicados de MacArthur elogiavam esforços defensivos heroicos e soldados valentes, e por enquanto pareciam críveis. A vida simplesmente seguia em frente com novos padrões para reagir aos efeitos da guerra. Racionamento de gás, blecautes e corridas diárias para o abrigo antibombas formavam a base de uma nova vida enquanto os antigos hábitos eram neles enxertados.

Sem seus empregados, Polly começou a cozinhar de novo. Essa era uma alegria simples que ela não experimentava desde Honolulu. Muitas vezes ela cozinhava ao lado de Eva, trocando segredos de culinária e partilhando receitas de família. O toque de piano constante de Leo formava a trilha sonora dessa parte da vida deles. Às vezes, os momentos felizes junto com velhos e novos amigos eram pontuados pela realidade que eles enfrentavam. Uma noite, os irmãos Garriz chegaram enraivecidos por causa de uma cena com que tinham deparado em Manila mais cedo naquele dia. Um destacamento antiaéreo filipino montou sua arma em um cruzamento, e quando aviões japoneses passaram no céu, os Garriz viram que eles não sabiam como dispará-la.

Eles correram até os soldados e lhes deram uma rápida aula, baseada nas experiências que tinham da Guerra Civil Espanhola. Os filipinos pareciam estressados e fora de seu elemento. E estavam mesmo, é claro. Até algumas semanas antes, tinham uma vida civil tranquila em aldeias por toda a Luzon. Agora, com pouco tempo para treinar, esperava-se que operassem e mantivessem armamentos complexos. Sem mais instrução e prática, isso estava simplesmente além de sua capacidade.

A notícia da falta de treinamento da equipe do canhão parecia um mau presságio. A vasta maioria dos soldados de MacArthur era de filipinos, e ele apostava a defesa das ilhas na capacidade deles de defendê-las.

E se outras unidades fossem treinadas da mesma forma...?

A questão foi reforçada para o resto da família pelo policial local. Ele ficava de guarda no fim do quarteirão deles e parecia muito bom. Mas, a cada vez que um avião japonês passava no alto, ele sacava seu revólver calibre .38, mirava cuidadosamente o céu e o esvaziava. A pistola de cano curto provavelmente tinha um alcance de precisão de menos de trinta metros, portanto, a única coisa que ele fazia era desperdiçar munição. Mas, ao agir assim, ele se sentia preservando a própria honra. Com o revólver vazio, ele seguia pela rua e se enfiava no abrigo antibombas com os Gunn.

Com o passar desses dias de ansiedade, Polly acabou fazendo algo totalmente fora do comum. Talvez pensando no futuro e no plano de fuga de P.I. para o caso de a família precisar sair de Manila, ela chamou Guyenne de lado e falou com ele sobre os itens mais preciosos na casa.

Havia muitas lembranças ligadas às coisas que preenchiam seu lar. A máquina de costura Singer foi um presente extraordinário que P.I. lhe dera um ano antes de eles se casarem. Ela adorava costurar e criar, e uma vez mencionou melancolicamente quanto mais poderia fazer com aquele modelo específico, sabendo que seu preço estava fora das possibilidades deles.

Mesmo assim, P.I. saiu e a comprou para ela. Nos anos seguintes, ela criou um guarda-roupas inteiro para cada um dos membros da família. Sobre o consolo da lareira havia uma foto dos meninos em Pearl Harbor, vestidos em réplicas imaculadas do uniforme da Marinha de P.I., inclusive com as listras de suboficial nos ombros que ela havia cerzido amorosamente para eles com a Singer.

Havia as colchas de Pensacola, e o toca-discos de corda Victrola que fora o elo de tantas reuniões depois do jantar de San Diego a Villamor Court. Havia o primeiro carro novo da família e o piano.

Mais que tudo, havia a cama de colunas torneadas. Lar era onde aquela cama estava, e sempre seria assim no mundo ordenado de Polly. Ela contou a Guyenne sobre ela, apesar de ser uma parte tão pessoal e íntima da família. Isso era um sinal de quanta confiança ela depositava no jovem aristocrata. A persistência dele podia não ter aberto o coração de Connie, mas ele tinha ganhado acesso ao coração da família.

Durante os dias, enquanto P.I. estava fora em voo, roçando os topos das árvores, Connie e Julie continuavam sua recertificação como ajudantes da Cruz Vermelha. As aulas duravam horas, e elas já as haviam frequentado antes. Mas na mudança apressada elas tinham perdido os cartões, e agora tinham de passar de novo por todo o treinamento enquanto os japoneses bombardeavam as docas de Manila, os navios no porto e as bases aéreas todos os dias.

P.I. vinha sempre que podia, mas por uma semana a família o viu pouco. Na maioria das noites ele dormia em Grace Park, quando dormia. De resto, cochilava entre os voos e a supervisão da manutenção das aeronaves da PAL.

Na noite de 20 de dezembro de 1941, os japoneses desembarcaram na cidade de Davao, em Mindanao. O ataque ao sul das Filipinas se destinava a isolar os militares filipino-americanos das Índias Orientais Holandesas e da Austrália. Na noite seguinte, oitenta navios de transporte japoneses avançaram no golfo de Lingayen, em Luzon, carregando quase 50 mil soldados de combate experimentados.

MacArthur pretendia defender as praias e impedir que os invasores avançassem, mas as ondas de ataque rapidamente ganharam cabeças de ponte e rechaçavam as destreinadas tropas filipinas toda vez que elas entravam em contato. Os japoneses logo exploraram a situação e seguiram para o sul ao largo das areias do golfo de Lingayen. Mais de uma divisão de infantaria filipina se desintegrou tentando impedir seu avanço.

MacArthur encarou a realidade: o Exército filipino não estava preparado para o confronto. Não conseguiria defender Luzon nem o resto das ilhas. A única coisa que restava fazer era tentar se proteger contra o ataque e esperar ajuda. Ele ativou o Plano de Guerra Orange 3, uma estratégia anterior à guerra que requeria que o Exército filipino-americano se retirasse para a península de Bataan, o polegar de terra que apontava para a baía de Manila. MacArthur originalmente rejeitou o plano por ser excessivamente derrotista, acreditando que podia defender a ilha inteira nas praias. Os japoneses provaram que ele estava errado. Uma vez dentro de Bataan, os soldados deveriam aguentar até que a Marinha trouxesse ajuda. É claro que o plano anterior à guerra supunha que haveria uma Marinha para resgatar as tropas.

Era incerto que os remanescentes da Frota do Pacífico conseguissem chegar às Filipinas no começo de 1942, e MacArthur sabia disso. Ele não tinha opção, a não ser a destruição. Mas, pelo menos, enquanto seus homens continuassem a resistir em Bataan, poderiam negar aos japoneses o uso da baía de Manila.

P.I. ficou sabendo da mudança de estratégia quando recebeu a ordem de levar carne de animais abatidos de Mindanao a uma pista de pouso tosca em Bataan. Ele carregou a comida para os intendentes, que estavam correndo para tentar levar o máximo de suprimentos recolhidos na ilha para Bataan, ao mesmo tempo que os soldados empreendiam uma série de ações de retardo na retaguarda.

P.I. viu o fim próximo. Com o Exército combatendo em retirada para Bataan, seria só uma questão de tempo até que Manila caísse. Havia chegado o momento de tirar de lá a família.

Em 23 de dezembro, ele ficou só o tempo suficiente para dizer a Polly que era hora de ir embora. Cada membro da família precisava encher uma única sacolinha. Ele voltaria para pegá-los assim que pudesse.

P.I. voltou a Grace Park para resolver os últimos detalhes da fuga. A situação no front no norte de Luzon piorava a cada minuto. Os intendentes não tinham os veículos necessários para salvar os soldados e os suprimentos que tinham posicionado antecipadamente quando MacArthur ordenara que as praias fossem defendidas. Mesmo quando havia transporte disponível, a política atrapalhava as tropas de suprimento. Em Cabanatuan, o Exército estocou armazéns com arroz suficiente para sustentar os soldados em Bataan por um ano, mas o presidente Manuel Quezon apelou a MacArthur para que o deixasse ali por medo de que os civis locais sofressem com sua perda. Foram dadas ordens aos soldados de não pegar comida de fazendas nem de empresas filipinas. Havia muitos comerciantes japoneses nas ilhas, alguns dos quais já tinham aparecido em uniforme do Exército Imperial, a crer nos boatos. Milhares de toneladas de comida estavam nas lojas deles de Manila a Baguio, mas de novo MacArthur atendeu aos pedidos do presidente Quezon e ordenou que o Exército também não mexesse nesses estoques.

Em Manila, o ritmo e o humor mudaram da noite para o dia. No dia 23, o Exército começou a empilhar suprimentos nas docas para embarcá-los para a ilha Corregidor e para Bataan usando os poucos navios remanescentes na baía. Quantidades enormes de material, de pacotes de Natal enviados de casa a grandes pianos, estavam depositadas nas docas, abandonadas por cargueiros civis em sua pressa para esvaziar seus porões e sair de debaixo das bombas japonesas. A bagunça e o caos nas docas, combinados aos ataques diários, desaceleraram todo o processo e garantiram que imensas quantidades de comida e suprimentos vitais ficassem abandonadas lá ou fossem destruídas.

Na confusão, o Corpo Aéreo do Exército filipino recebeu ordem de explodir as próprias aeronaves e se apresentar em Bataan para ser empregado como infantaria. Obedientemente, eles atearam fogo a sua amada, ainda que obsoleta, coleção de bombardeiros Martin B-10 e atracados Peashooters. Só depois que as chamas consumiram a maioria deles alguém enviou uma contraordem. Tarde demais. Alguns dos últimos aviões que restavam aos defensores das Filipinas foram desnecessariamente jogados fora.

Essas feridas autoinfligidas voltariam para assombrar os Aliados nas semanas seguintes.

Para aumentar a crise, o sistema de ferrovias de Luzon entrou em colapso no pior momento possível. Os intendentes americanos contavam com o uso dos trens que corriam pela planície central de Luzon para carregar grande parte do material para Bataan, ao sul. Eles planejavam, em várias estações, transferir os suprimentos para caminhões e levá-los de imediato aos depósitos de suprimentos construídos às pressas em Bataan.

Não funcionou assim. Os ferroviários filipinos, aterrorizados por tiros de metralhadora disparados por aviões japoneses, entraram em pânico e fugiram. Vagões e locomotivas foram abandonados numa correria desordenada, e uma disputa política sobre quem devia operá-los garantiu que ninguém o fizesse. Os intendentes e os soldados tentavam desesperadamente salvar o que pudessem, mas isso muitas vezes se reduzia a salvar soldados da linha de frente ou retirar comida e munição. Eles pegavam os homens; os japoneses frequentemente pegavam os suprimentos.

O golpe final veio nas primeiras horas da manhã da véspera do Natal de 1941. Um comboio anfíbio japonês apareceu na baía Lamon, a leste de Manila, seguindo para o norte pela costa, a partir de Paracale. Na escuridão, cerca de 9 mil soldados japoneses desembarcaram enfrentando uma oposição desprezível. No amanhecer, a FAEO lançou alguns de seus últimos caças contra a cabeça de ponte, e P-35 e P-40 remendados fizeram um esforço valoroso para interromper os desembarques. Seus tiros infligiram algumas baixas, mas não conseguiram parar os japoneses, que avançaram para o interior, abrindo caminho para oeste, até que, ao meio-dia, estavam a trinta quilômetros dos arredores de Manila.

No fim daquela manhã, MacArthur chamou o general Brereton a seu quartel-general para discutirem pessoalmente. Ele disse ao general do ar que as Forças do Exército dos Estados Unidos no Extremo Oriente (USAFFE) estavam transferindo seu QG para a ilha Corregidor, a fortaleza em forma de girino contígua à extremidade sul de Bataan. Ele pretendia continuar a dirigir a campanha a partir dos túneis escavados nas colinas rochosas da ilha. O presidente Quezon ia partir com MacArthur e seu staff mais tarde naquele dia.

Foi dada a ordem de destruir qualquer suprimento que não pudesse ser levado para Bataan. Os enormes tanques de combustível e depósitos de óleo em Manila seriam queimados. Instalações de armazenamento, armazéns cheios de equipamentos, arsenais de munição e cartuchos logo seriam queimados. Num ambiente assim, MacArthur não via nenhuma utilidade em um general do ar sem aviões. Ele ordenou que Brereton escapasse para a Austrália com um staff reduzido ao mínimo necessário. MacArthur lhe disse que, quando chegasse a Darwin, ele devia estabelecer um novo quartel-general e mandar toda a ajuda disponível para as Filipinas, ao norte. Um comboio de navios de transporte liderado pelo cruzador americano USS *Pensacola* estava navegando pelo Pacífico com aviões, munição, soldados e artilharia para as Filipinas. Ordens de Washington desviaram o comboio para a Austrália. MacArthur queria que Brereton providenciasse para que os aviões encaixotados que o cruzador transportava fossem montados e lançados na luta para defender Bataan.

Brereton mais tarde escreveu que não queria ir. Pediu a MacArthur que o deixasse ficar, prosseguir na luta ao seu lado. MacArthur recusou. Disse a

Brereton que ele podia fazer um bem maior às Filipinas organizando as coisas na Austrália. A verdade era mais nuançada; não apenas Brereton era um comandante de Força Aérea sem nenhuma Força Aérea, mas o desempenho da FAEO nos primeiros dias da guerra tinha levado MacArthur a perder a confiança nele. Mandá-lo para a Austrália foi a maneira que MacArthur encontrou de se livrar de um oficial sênior que ele já não achava que podia lhe servir.

Quando dispensado, Brereton voltou ao QG da FAEO, transferido do Campo Nielson para instalações subterrâneas no Forte McKinley. Ele redigiu uma pequena lista de oficiais de que precisava para estabelecer um quartel-general eficiente e assumir o controle do pessoal e dos equipamentos da Força Aérea do Exército na Austrália. Então ele e seus assistentes calcularam o número de aviões que precisariam para levar todos.

Quando terminaram de elaborar os detalhes, chamaram o capitão P.I. Gunn.

15. Véspera de Natal

24 de dezembro de 1941
Manila

Os bombardeiros vieram naquela manhã, uma ampla formação de G3M "Nells" com cauda bifurcada tripulados pelos atiradores de precisão do Primeiro Kōkūtai. Eles desfilaram sobre a baía de Manila, atacando os dois destróieres restantes da Marinha dos Estados Unidos, ainda ancorados perto de Cavite. Seguindo em frente, atingiram as docas e píeres com um verdadeiro tapete de bombas. Prédios à beira-mar desabaram, espalhando tantos entulhos nas ruas que elas ficaram intransitáveis. Outras bombas abriram crateras nas avenidas, e pelo menos uma explodiu ao lado de um bonde. A explosão o lançou como um brinquedo contra um prédio próximo, que desabou em cima dele.

O ataque causou dezenas de incêndios, deixou os trilhos das ferrovias retorcidos como canudos enrolados e enterrou homens, mulheres e crianças vivos sob pilhas de destroços. O ataque também aplainou a ilha Engenheiro, o bairro na boca do rio Pasig.

A família Gunn correu para seu abrigo antibombas e passou por esse que foi o pior ataque até então na segurança de seus confins de aço. Mais de uma vez, eles ouviram o *ting* de estilhaços de disparos antiaéreos batendo nas laterais do abrigo enquanto se encolhiam nas prateleiras de aramado. Antes do ataque, eles estavam se preparando para o Natal, e o clima na casa era de desânimo. A surra que aquela cidade amada tomou dos japoneses naquela manhã entremeava o moral sombrio com puro terror.

Depois que soou a sirene de fim do ataque, eles saíram do abrigo e voltaram ao apartamento para tentar encontrar alguma semelhança de normalidade em um pesadelo que só piorava.

Polly estava baqueada por dentro, sabendo que não haveria presentes para os filhos, a paz da Missa do Galo — nem sequer uma árvore de Natal. Mesmo que pudessem ter conseguido uma, não havia espaço no apartamento. Eles esperaram estáticos, prontos para partir assim que P.I. viesse buscá-los, enquanto a beira-mar queimava ao longe.

Onde estava P.I.? Quando ele os tiraria dali?

Nesse momento, P.I. estava de volta a Manila, correndo pela cidade no Buick verde com a mente repassando furiosamente as últimas ordens que recebera. Momentos antes, ele tinha aterrissado depois de um voo de suprimento para Del Monte. Os mecânicos da PAL foram de imediato trabalhar no Beech vermelho, o NPC-56, para prepará-lo para mais um voo.

No solo, ele soube que o QG da FAEO o queria para uma missão de extrema prioridade. Nunca se saberá exatamente o que aconteceu naquela manhã e naquela tarde confusas, mas é provável que, ao aterrissar, P.I. tenha sido informado do voo para a Austrália.

Os membros do staff de Brereton queriam seu piloto mais experiente para evacuá-los para a segurança. O QG da FAEO pediu que ele se apresentasse imediatamente ao general Brereton, mas é improvável que ele o tenha feito. Brereton foi informado de que P.I. ainda não tinha voltado de Del Monte. Alguém, provavelmente Dan Stickle, ganhou algum tempo para ele com essa mentira.

Mais tarde, Brereton recebeu a informação de que os aviões da PAL precisavam de 48 horas antes de estar em condição de voar de novo. Isso podia ser verdade para o NPC-54, mas não para o outro Beech 18. Mais cedo naquele mês, P.I. se apossara de dois outros aviões de transporte Beech que pertenciam ao Corpo Aéreo do Exército filipino. Eles tinham sobrevivido aos bombardeios no começo do mês, e trabalhando com seus contatos no PAAC, P.I. conseguiu salvá-los escondendo-os em Grace Park. Pelo menos um desses Beech recebera manutenção e estava pronto para voar.

Portanto, a equipe da PAL estava dando informação falsa à FAEO. Só havia uma razão para isso: P.I. precisava de tempo.

O staff de MacArthur tinha assegurado a P.I. durante dias que Manila seria defendida. Mas agora, com os japoneses desembarcando aparentemente em todos os lugares, a queda da cidade parecia iminente.

Ao mesmo tempo, a base aérea mais próxima na Austrália ficava a quase 3 mil quilômetros de Del Monte. P.I. teria de reabastecer ao longo do caminho em aeroportos nas Índias Orientais Holandesas, e não conhecia bem aquela área. Por quanto tempo ele se ausentaria?

Sua mente imaginava cenários, sua lealdade se dividia entre a família e o dever. Ele buscava maneiras de tirar a família dali. E se a levasse de avião a Mindoro agora? Depois corresse de volta e embarcasse o pessoal de Brereton?

Se fizesse isso, ele podia acabar entregando a família diretamente aos japoneses.

E que tal deixá-la em Del Monte?

Já havia soldados japoneses na ilha.

Onde mais? Sua mente voava. Panay? Cebu? A mesma situação. Os japoneses estavam desembarcando em todos os lugares. Quem sabia qual seria a próxima ilha?

P.I. nunca desobedecera a uma ordem direta em toda a sua carreira na Marinha. Agora, com duas semanas de carreira na Força Aérea do Exército, ele enfrentava a decisão mais importante de sua vida.

Tinha de encontrar um jeito de seguir as ordens *e também* salvar sua família.

Se a tropas de MacArthur resistissem, haveria pelo menos alguns dias antes da batalha pela capital. Isso podia lhe dar o tempo suficiente para ir à Austrália com o staff de Brereton e depois voar de volta para pegar os familiares. Se eles estivessem com a bagagem arrumada e prontos para ir, ele poderia pô-los a bordo em minutos e fazer um segundo voo para a Austrália com eles. Não estaria deixando a família entregue à própria sorte em qualquer ilha a que a levasse na correria. Ele a teria por perto e eles iriam embora juntos.

Ele podia correr o risco de fazer isso? Manila aguentaria tempo suficiente para que isso funcionasse? Os oficiais do staff de MacArthur haviam lhe prometido a semana toda que a capital seria mantida pelo máximo de tempo possível, ao mesmo tempo que a maior parte do Exército se retirava para Bataan.

Ele refletiu sobre isso enquanto parava na porta do duplex e estacionava ao lado do abrigo antibombas improvisado. Mesmo que os japoneses arrasassem Nielson e Nichols, ele ainda podia levar o Beech para Grace Park.

E se eles também arrasassem Grace Park? Ele podia aterrissar em uma das ruas mais largas da cidade — Dewey ou Quezon. Havia trechos de ambas que eram retos e longos o suficiente para ser usados por um Beech 18.

Essa parecia ser a única opção. Se ele desobedecesse à ordem, pegasse a família agora e a transportasse de avião, estaria abandonando o general comandante da Força Aérea do Exército e seu staff nas Filipinas depois de o general mais poderoso dos Estados Unidos ter emitido uma ordem direta para que eles fossem retirados da ilha. Ele seria declarado AWOL — ausente sem permissão —, provavelmente considerado um desertor e sujeito a todo o peso do sistema judicial militar. Não podia fazer isso. Não depois de uma carreira de vinte anos na Marinha que o tornara uma lenda entre aqueles homens que usavam as asas de ouro.

A única maneira de isso funcionar era ele voar e voltar o mais depressa possível. As 48 horas de demora que os empregados da PAL tinham passado à FAEO na verdade trabalhariam contra ele. Agora ele estava correndo contra o Exército japonês.

Ele entrou apressado no apartamento e encontrou todos os familiares à sua espera. Sua aparência os chocou de novo. Ele parecia esfarrapado e sujo, com o rosto mais enrugado de preocupação, as roupas tão fedidas que eles recuaram diante do mau cheiro. Durante dias, tinha voado em uma missão atrás da outra e não tivera tempo nem de lavar o rosto, muito menos de tomar banho. Também não fizera a barba, o que era mais um choque para a família, já que ele se orgulhava de estar sempre bem barbeado.

"P.I.", disse Polly, "tome um banho. Pegue algumas roupas."

"Não há tempo", ele protestou.

"Não", Polly interrompeu, "vá tomar um banho. Agora."

Ele não discutiu. Sabia que sua aparência era horrível e que estava realmente fedendo. Disparou para o banheiro, com os filhos atrás.

"Eu tenho de sair", disse ao entrar no banheiro.

Polly o seguiu enquanto ele abria a torneira e pegava o barbeador. Os dois conversaram furtivamente enquanto ele se limpava.

Um momento depois, ele saiu apressado pela porta do banheiro para o quarto. Agarrou uma bolsa de viagem e a jogou na cama.

"Recebi ordem de levar alguns VIPS", ele disse à família enquanto puxava dois pares de camisas e calças e os enfiava na bolsa.

"Tenho de ir à Austrália", continuou. Os filhos o encaravam, sem sair do lugar. *O papai vai embora?*

Ele parou e olhou para eles. "Não tenho escolha. Vou levar um dia para chegar lá."

Ele se virou, puxou algumas meias da penteadeira e as incluiu na bolsa.

"Um dia lá para fazer a manutenção do Beech."

Voltou ao banheiro, pegou o kit de barbear e saiu de novo.

"E um dia para voar de volta."

O kit foi para dentro da bolsa.

"Três dias? Entenderam?"

Todos assentiram com a cabeça.

"Três dias, nós vamos nos encontrar em Grace Park. Levem só uma bolsa. Nós vamos sair juntos."

Todos assentiram concordando com o plano. O alívio se misturava à sensação de pavor ao pensarem em P.I. a milhares de quilômetros de casa.

"Eu vou voltar para pegar vocês."

Ele fechou o zíper da bolsa e a pendurou no ombro. Pegou Polly nos braços e deu nela um beijo demorado. Então seguiu para a porta da frente.

"Três dias. Estejam prontos."

Ele parou. Os filhos o encaravam, com medo e incerteza nos olhos. Ele andou até Connie e a beijou de leve nos lábios. Um abraço, algumas palavras sussurradas, depois ele foi até Julie e fez a mesma coisa.

O gesto surpreendeu os garotos. Todos eles já tinham sido beijados pelo pai, mas ele nunca beijara as filhas na boca. Algo novo, fora do comportamento normal do pai, aumentou a sensação de intranquilidade. Tudo parecia errado enquanto eles observavam o pai se despedir das filhas.

P.I. foi até Paul e o beijou nos lábios. Ele nunca tinha feito isso. Nath olhava, esperando para ver como o pai se despediria dele.

O Gunn mais novo esperava muito do que o pai faria naquele exato instante, enquanto P.I. pegava sua cabeça e o beijava rapidamente nos lábios. Ele deu um abraço forte em Nath e sussurrou em seu ouvido: "Você vai tomar conta de sua mãe, aconteça o que acontecer. Tudo bem?".

"Eu vou", o filho respondeu solenemente.

Nath era o lutador. Herdara o coração de P.I., e o velho piloto sabia disso. Paul era estudioso, extremamente inteligente e estava sempre pensando. Nath era um homem de ação embrionário. Nesse momento, P.I. o sagrava o protetor da família até que ele voltasse.

Ele abriu a porta enquanto Polly vinha para o seu lado. Eles se abraçaram demoradamente e trocaram um último beijo apaixonado. Então P.I. entregou à mulher um rolo de dinheiro. Quando e onde ele o obteve ou mesmo como, a família nunca soube, mas o maço continha mais de 3500 dólares. "Use isto. Se alguma coisa acontecer, use isto."

Polly pegou o dinheiro.

Ele a abraçou pela última vez, depois entrou no Buick e foi embora. A família ficou reunida no vão da porta, vendo o carro sumir embaixo de um fundo de nuvens de fumaça e fogueiras que ardiam à distância.

"O papai me beijou nos lábios", disse Nath finalmente.

"Isso foi esquisito", acrescentou Paul.

Polly abraçou seus pequenos e tentou deixá-los à vontade. "Aquilo foi só a emoção do momento. Nada com que se preocupar."

Como essas palavras soaram ocas.

P.I. voltou a Grace Park e ao Beech 18 que o esperava, e lá a FAEO ordenou que ele providenciasse dois transportes. O NPC-54 ainda não estava totalmente reparado, então ele disse a Harold Slingsby que pegasse um dos Beech 18 do Corpo Aéreo do Exército Filipino.

No Forte McKinley, o QG da FAEO havia se tornado um verdadeiro caos. O bombardeio ocorrido naquele dia tinha enchido as passagens subterrâneas de poeira asfixiante. Nuvens negras de fumaça sufocante pairavam no ar, alimentadas pelos incêndios à beira-mar e na cidade propriamente dita. Oficiais queimavam documentos no chão de seus escritórios. Em outros lugares, a sala de operações estava deserta, assim como a do chefe do staff. Brereton e seu pequeno círculo de auxiliares estavam amontoados na sala dele, tentando imaginar o melhor jeito de escapar das Filipinas.

Brereton, enfurecido e aguardando notícias de P.I. Gunn, finalmente decidiu que não podia mais esperar. Quando soube que um hidroavião PBY da Marinha estava prestes a partir para as Índias Orientais Holandesas, ele requisitou alguns assentos nele para si e para alguns membros importantes de seu staff. Às quatro da tarde, eles deixaram o Forte McKinley de carro para encontrar o PBY.

Em todo canto havia sinais de desintegração. Ordens contraditórias eram emitidas. Algumas unidades não recebiam ordem alguma. Outras eram informadas simplesmente de que deviam chegar a Bataan por qualquer meio possível. Começou uma corrida louca para sair da cidade, enquanto alguns oficiais da FAEO deixados para trás por seu general comandante afundavam seu ressentimento no álcool no clube do Exército e da Marinha de McKinley.

O oficial comandante de P.I., coronel Lawrence Churchill, que era o encarregado geral do Comando de Serviço Aéreo da FAEO, provavelmente nem sabia que P.I. e Slingsby tinham recebido ordem de voar para fora das Filipinas. Poucos oficiais sabiam da partida de Brereton, e ainda menos sabiam para onde ele estava indo. Quando Churchill entrou no clube de oficiais, encontrou alguns rostos conhecidos melancolicamente tentando jantar. Muito perplexo com a cena, ele perguntou: "Onde diabos está todo o staff?".

Tinham ido embora. Aqueles em volta da mesa eram considerados não essenciais o bastante para ser salvos. Eles comiam como os condenados, sabendo que, se não chegasse ajuda, as defesas em Bataan não conseguiriam salvá-los das garras do Sol Nascente.

A fuga de Brereton, enquanto isso, era cheia de percalços. O grupo foi até Cavite e tomou um pequeno barco para atravessar a baía de Manila até a extremidade sul de Bataan, para embarcar no PBY. Finalmente chegaram, depois do anoitecer, mas, quando tentaram decolar, bateram num barco de pesca, o que danificou muito o avião de patrulha. O piloto cancelou a missão.

Eles voltaram a Cavite e seguiram de carro pela noite até outro PBY, escondido no litoral norte da Laguna de Bay. Brereton e seus homens passaram por postos de controle e colunas de soldados em pânico recuando para fugir dos japoneses. Em um ponto, um caminhão do Exército em fuga bateu de lado no sedã deles e amassou um de seus para-lamas. Eles tiveram de descer e arrancar o para-lama antes de poderem continuar.

Uma corrida de oitenta quilômetros até Los Banos se concluiu com uma furtiva marcha por terra à luz de uma lua minguante, com um filipino local guiando-os para o esconderijo do PBY. Pouco antes do amanhecer do dia de Natal, o grupo de Brereton finalmente foi transportado pelo ar, com destino a Java.

Em Grace Park, a turma da PAL não sabia o que estava acontecendo no QG da FAEO. Não se sabia sequer que Brereton deixara o Forte McKinley no começo da tarde. P.I. ainda supunha que estava sob a ordem de tirar o general das Filipinas. Durante horas, eles esperaram por Brereton, usando o tempo extra para trabalhar nos Beech 18.

Quando Brereton não apareceu, P.I. decidiu voar até Nielson e ver se o general estava lá esperando por ele. O voo levou só alguns minutos, mas foi inesquecível.

Ao sul, os homens no Campo Nichols começavam a demolir a base. Explosões sacudiam a área, e enormes bolas de fogo rolavam para o céu à medida que os tanques de combustível, munição e depósitos de óleo explodiam. Ao mesmo tempo, nove P-40 com destino às novas pistas em Bataan chegaram para aterrissar em Nielson. Um piloto bateu nas barricadas antiparaquedistas montadas em uma das pistas. Outro adernou na direção de um hangar e seu avião explodiu ao bater nele. De algum modo, o piloto escapou, mas, quando P.I. aterrissou, os restos em chamas das duas aeronaves enchiam a área de fumaça.

Ele pousou e encontrou um minúsculo grupo de homens ainda na pista. Quando foi falar com eles, estes estavam ocupados abastecendo os P-40 restantes. Ninguém sabia onde estava o general Brereton. Frustrado, P.I. levou o Beech de volta a Grace Park para tentar descobrir o que estava acontecendo.

Foi preciso toda a noite para pôr ordem na confusão. No fim, cinco oficiais apareceram em Grace Park com ordens de voar para a Austrália. O tenente-coronel Lester Maitland, ex-comandante do Campo Clark e no momento oficial executivo do Comando de Serviço Aéreo, era o de patente mais alta do grupo. Com ele estava o tenente-coronel Charles Caldwell, oficial de pessoal da FAEO. Qualquer esperança de restabelecer um QG na Austrália dependeria de suas capacidades e de seu conhecimento dos oficiais e homens disponíveis. Juntos com esses dois oficiais seniores havia três tenentes, todos ajudantes do general Brereton ou de outros oficiais de alta patente.

Eles embarcaram no NPC-56 de P.I., enquanto seis outros lotaram o Beech 18 do Corpo Aéreo das Filipinas de Slingsby.

Logo depois da meia-noite, eles deixaram Grace Park e seguiram para o sul. A viagem foi arriscada desde o início. Os últimos relatos que eles receberam faziam numerosas referências a ataques aéreos japoneses ao norte de Bornéu e a outros lugares nas Índias Orientais Holandesas. Por causa da confusão e da demora, eles fariam a parte mais perigosa da viagem à luz do dia.

Reabasteceram em Del Monte, depois voaram para sudoeste até Tarakan, em Bornéu. Quase ficaram sem combustível, mas conseguiram chegar à pista raspando o tacho. A viagem seguinte os levou para o sul até Makassar, um campo no canto sudoeste da ilha Celebes. Eles reabasteceram de novo, depois avançaram para Koepang, no Timor. P.I. pousou lá com menos de duzentos litros de gasolina no tanque.

Quase dois dias depois de eles partirem de Grace Park, P.I. pousou seu Beech 18 vermelho brilhante no Campo Batchelor, nos arredores de Darwin, Austrália. Ele estava esgotado, mas bem atrasado em relação ao cronograma e louco para voltar para o norte. Enquanto seu avião era reabastecido e preparado, ele saiu em uma busca desesperada por notícias das Filipinas.

O que descobriu o deixou atordoado. MacArthur declarara Manila uma cidade aberta logo depois que P.I. partira de Grace Park. MacArthur preferiu não defender de forma alguma a capital. Disse aos japoneses que ela não seria defendida, esperando com isso salvar a cidade e seus habitantes da destruição.

P.I. tentou processar a notícia. O staff de MacArthur, Brereton incluído, devia ter sabido o tempo todo que esse era o plano. Mentiram para ele, e esse engano tinha sido a base de sua decisão na véspera do Natal.

A raiva tomou o lugar do choque. Como eles podiam fazer isso com ele? Não sabiam o que isso significava? Ele trocara sua família por um par de oficiais de campo e seus lacaios tenentes. A mais de 3 mil quilômetros de casa, o protetor da família Gunn não podia fazer nada para salvar dos japoneses a mulher e os filhos.

16. A última transmissão

25 de dezembro de 1941
Manila

As crianças acordaram para um dia de Natal sem meias, sem iguarias preparadas com amor, sem presentes — e sem o pai.

P.I. sempre escolhia presentes para cada membro da família. Por mais que estivesse ocupado, ele sentia prazer em tirar tempo para encontrar exatamente o presente certo, e na manhã de Natal sentava ao lado de Polly, todo sorrisos enquanto suas lembranças eram desembrulhadas. Era em momentos como esse que os familiares o viam mais alegre e feliz. Mas eles também sabiam que no fundo de sua mente ele estava resolvendo algum problema de engenharia dos Beech ou do Staggerwing. Mesmo quando P.I. se encontrava mais relaxado, uma parte de seu cérebro estava trabalhando.

O apartamento apinhado ficava ainda mais triste devido à mortalha de fumaça que cobria a cidade naquela manhã. O Campo Nichols queimava a leste. A refinaria de petróleo tinha sido incendiada, e agora jorrava grandes nuvens de fumaça preta. Armazéns, instalações de estocagem, depósitos, tanques de gasolina — todos foram incendiados para negá-los aos japoneses.

Parada do lado de fora da casa naquela manhã, a família olhava totalmente atordoada para o cenário apocalíptico. O que aquilo significava? Até então, Don Bell e o pessoal da Rádio Manila não tinham feito nenhum anúncio de que os japoneses estavam prestes a entrar na cidade. Soldados filipinos e caminhões e carros americanos corriam pelas ruas, costurando para um lado e para outro aparentemente sem nenhum propósito ou padrão.

A igreja estava fora de questão. Era decididamente perigoso demais arriscar ir até lá. Além disso, aqueles lugares santos não eram nada seguros em um ataque aéreo. Apenas alguns dias antes, o mosteiro e a igreja de Santo Domingo tinham sido reduzidos a destroços por bombas que caíram lá.

Apanhados na confusão, a única coisa que eles podiam fazer era voltar a seu minúsculo apartamento e passar o tempo juntos. Polly, normalmente capaz de estar alegre e leve mesmo nos piores momentos, não conseguia nem se animar a sorrir. A refeição típica de Natal que eles tinham compartilhado nos últimos anos em Manila seria impossível de fazer. As muitas frutas, as batatas-doces, carnes, legumes e verduras simplesmente não estavam disponíveis. Além disso, eles não tinham tido nem tempo para desembalar totalmente seus pertences, e grande parte da louça e dos utensílios de cozinha permanecia nas caixas empilhadas pelo apartamento.

Polly decidiu fazer um frango assado. Durante a manhã, ela trabalhou para prepará-lo com a ajuda de Connie e Julie. Ao longe, explosões ribombavam pela cidade, chacoalhando os vidros das janelas do apartamento.

Ao meio-dia, vieram os bombardeiros japoneses. A família correu para o abrigo antibombas enquanto eles desfilavam impunemente no céu. Já não havia as valentes, apesar de inúteis, interceptações de gente como Jess Villamor. Os canhões antiaéreos também nem sequer tentavam derrubá-los.

A cidade estremecia no ritmo dos trovões do bombardeio. A família Gurevich se juntou aos Gunn no abrigo tosco de P.I. até que finalmente soou a sirene de fim de ataque.

Abalados, eles voltaram cambaleando ao duplex. Enquanto Polly terminava de preparar o jantar, o som do piano tocado por Leo encheu o apartamento do primeiro andar. Connie via que a família tinha chegado ao ponto de ruptura. Mesmo os meninos pareciam aterrorizados. Então ela decidiu assumir mais responsabilidade. Irradiava calma, ajudava a mãe o melhor que podia, e de poucos em poucos minutos olhava como estavam Nath e Paul. Naquele dia ela alcançou um novo nível de maturidade, suportando a carga enquanto sua mãe lutava para encontrar força.

À tarde, uma motocicleta apareceu em frente ao apartamento. Era Guyenne, com seu terno de linho branco coberto de fuligem cinza do incêndio da refinaria. Ele entrou e seu rosto, normalmente alegre, estava pálido e ansioso. Trazia más notícias. Os militares pareciam estar saindo da cidade em completa desordem. Navios tinham sido vistos chegando e partindo das docas nas últimas 24 horas e esforços frenéticos para descarregar suprimentos que eles transportavam haviam degenerado em caos. Agora, pilhas de comida, roupas e equipamentos médicos e pertences civis tinham sido abandonados nos píeres. Corria pela cidade a notícia desse butim desguarnecido, e milhares de filipinos pobres e desesperados assaltaram a região à beira-mar para remexer o entulho e saquear tudo o que conseguissem carregar. A situação se tornou um frenesi que as poucas autoridades que permaneciam na área jamais poderiam esperar conter.

Lá fora, no crepúsculo enfumaçado, chegaram os irmãos Garriz, também cobertos de cinzas e fuligem. Contaram mais histórias de caos, confusão e saques.

Antes do jantar, Don Bell surgiu no rádio para anunciar que Manila tinha sido declarada cidade aberta. Não seria mais defendida, e todo o pessoal militar estava deixando a capital. O blecaute não estaria mais em vigor, e pedia-se que os residentes voltassem a acender as luzes depois do pôr do sol para que os japoneses soubessem que a cidade não era mais um alvo militar.

A notícia confirmava tudo o que eles tinham visto e ouvido naquele dia. Quando seus amigos espanhóis se despediram, prometendo voltar para vê-los na manhã seguinte, a realidade do que aquilo significava ficou clara para cada membro da família.

Não haveria maneira de P.I. voltar para buscá-los. Não agora. O Campo Nielson estaria nas mãos dos japoneses a qualquer minuto. O encontro de 27 de dezembro nunca aconteceria.

Eles estavam presos em uma cidade moribunda e em pânico, seus estoques de comida sendo saqueados ou explodidos, a força policial impotente, o Exército filipino-americano os abandonando. O alto comissário americano das Filipinas, Francis Sayre, tentou tranquilizar todos, declarando que as Filipinas ainda seriam defendidas até o último homem. Mas, à luz da realidade vista nas ruas da capital, essas palavras soavam como bobagens.

Naquela noite, o horizonte tinha um brilho laranja-avermelhado, dos incêndios que circundavam a cidade. Uma noite antes, mesmo um fiapo de luz que escapasse de uma janela tendia a induzir um disparo de um guarda obcecado por atirar. Agora, os policiais filipinos espreitavam as ruas, ordenando que as famílias rasgassem suas cortinas de blecaute. Poucas pessoas tinham atendido à convocação do rádio, e mesmo os esforços zelosos da força policial não conseguiram manter as luzes acesas. Os cidadãos simplesmente temiam que os japoneses ignorassem a declaração e usassem as luzes como pontos de orientação para mais um ataque.

Na manhã seguinte, Eva e Polly se reuniram para discutir a situação. A família de Eva tinha sofrido a ocupação japonesa da China; ela sabia o que esperar.

"Não tente esconder nada", ela disse a Polly, "os soldados vão encontrar. Sempre encontram. E, se você tiver escondido alguma coisa que eles possam achar suspeita, eles vão matar você."

Polly olhou pelo apartamento. Havia fotos de P.I. em todos os cantos. Ou ele estava de uniforme ou parado ao lado de um avião. Os japoneses iam querer saber tudo sobre ele, disso não havia dúvida. Mas o que isso significaria para a família?

Eva também tinha notado as fotografias. "Deixe-as expostas. Não as guarde."

Polly olhou para ela com expressão de interrogação.

"Diga a eles que seu marido morreu no bombardeio de Cavite."

Ela balançou a cabeça.

"Certifique-se de que as crianças digam exatamente a mesma coisa."

Polly reuniu os filhos e repetiu isso a eles. Eles praticaram e ensaiaram até não haver nenhum erro. P.I. Gunn, da Marinha dos Estados Unidos, tinha morrido em 10 de dezembro de 1941, em Cavite.

A certa altura, a cidade recebeu um pequeno reforço moral. Trabalhando furiosamente, mecânicos da FAEO tinham conseguido montar três P-40. Naquela manhã, pilotos fatigados e famintos entraram neles e decolaram do Bulevar Quezon. A via era tão reta e ampla que servia como uma pista improvisada. Os sons de motores americanos trouxeram por uma vez uma mudança bem-vinda. Eles voaram baixo, adernaram rapidamente sobre a baía de Manila e seguiram para as novas pistas na selva em Bataan, entre os últimos aviões que restavam aos defensores das Filipinas.

Os dias seguintes ao Natal se tornaram para a família um jogo de espera cheio de tensão. Julie e Connie terminaram seu treinamento médico e passaram exatamente um dia no posto da Cruz Vermelha para o qual foram designadas.

Trataram de uma senhora idosa filipina e de um jovem soldado americano, J. C. Baxter, que ficou encantado com Julie. Ele tinha sido deixado para trás para explodir locais estratégicos pela cidade e foi ferido durante um deles. Depois que voltou a ficar de pé, ele se tornou um visitante regular do duplex.

Os rapazes espanhóis apareciam todos os dias, ajudando a manter elevado o moral da família e tentando encontrar maneiras de ajudar. A certa altura, eles vieram com a ideia de tornar as Gunn cidadãs espanholas. Se Guyenne se casasse com Connie, um dos irmãos Garriz se casasse com Julie e um dos velhos amigos espanhóis deles se casasse com Polly, elas estariam a salvo dos japoneses.

Mas Polly não admitia nada disso. Ninguém sabia o que os japoneses fariam com os civis americanos na cidade. Aliás, ninguém tinha ideia do que aconteceria com nenhum dos europeus brancos que viviam lá. Mas o destino deles pareceu ser prenunciado pelo repentino aparecimento de um dos funcionários de P.I. numa tarde.

O nome dele era Otto; era um alemão de nascença que fizera parte da turma de solo da PAL. Depois de Hitler ter declarado guerra aos Estados Unidos, as autoridades nas Filipinas prenderam e internaram todos os nacionais alemães junto com os japoneses que elas também detinham. Agora, com a iminência da queda de Manila, os americanos em retirada libertaram todos os seus internos.

Exasperado com o tratamento que sofrera, Otto procurou saber onde estava a família de P.I. Apareceu à porta, brandindo uma pistola para Polly e gritando que em pouco tempo ela e a família viveriam a experiência da vida na prisão. Polly manteve a compostura enquanto o homem brandia a pistola e gritava enraivecido. Talvez a calma dela o tenha abrandado, pois ele acabou indo embora sem causar mais problemas. Como se a situação já não fosse suficientemente assustadora, ser ameaçadas por um mecânico teutônico mal-humorado deixou Julie e Connie absolutamente aterrorizadas.

Enquanto isso, os bombardeios não apenas continuaram, na verdade pioraram. Os japoneses ou ignoravam ou não sabiam da declaração de cidade aberta. Atingiram alvos na cidade a semana inteira, infligindo mais danos à capital já desfigurada e coberta de fuligem. Os comunicados de MacArthur eram cheios de frases-padrão, como "Estamos resistindo em todas as frentes". Eram também tão ridiculamente otimistas que, se alguém os lesse e não lesse nada mais, pareceria que os americanos estavam ganhando a guerra.

Uma olhada nas ruas de Manila tiraria qualquer um dessa fantasia. No dia 30, os jornais de Manila começaram a desobedecer à censura dos militares e passaram a publicar artigos sobre o que fazer se tropas japonesas entrassem na cidade. Fiquem dentro de casa, fiquem calmos, não ofereçam resistência, aconselhavam esses artigos. Mas as rádios ainda falavam efusivamente sobre a bravura dos soldados e sobre como eles estavam resistindo apesar de serem desesperadamente superados em número.

Na véspera do Ano-Novo, os Gurevich e os Gunn tentaram comemorar juntos no apartamento do andar de cima. Guyenne apareceu, assim como os gêmeos Garriz e outros. Eles encheram o apartamento de comida e amizade, fazendo o melhor que podiam para celebrar a noite em face de tanta incerteza e morte.

Às 9h30, Don Bell surgiu na Rádio Manila, a voz entrecortada ao ler as notícias. Ao completar a transmissão, ele disse a seus ouvintes: "Animem-se, não desistam". A estação começou a tocar o hino patriótico americano "Three Cheers for the Red, White, and Blue", mas no meio dele o sinal de repente sumiu. A estática encheu a sala de estar dos Gurevich.

A Rádio Manila estava fora do ar.

Ao norte, um depósito de gasolina foi queimado. Chamas disparavam para o céu, iluminando a cidade com um brilho laranja infernal. Para Polly, parecia que o próprio paraíso estava em chamas. Enquanto o depósito queimava, Leo tocava piano. Os rapazes espanhóis tocavam acordeão, ou cantavam. Uma das colegas de Julie e Connie somava a eles sua voz.

Juntos, enquanto a cidade queimava, eles cantaram "Deus salve a América". Leo estava sentado ao piano, de olhos fechados, a cabeça jogada para trás, perdido na música e no momento. Eles cantavam com pungência, os americanos desesperadamente saudosos de casa. Ao se aproximar a meia-noite, Leo começou a tocar o hino nacional americano. Os judeus russos, cujos sonhos de ir para os Estados Unidos haviam sido destroçados pelo fracasso de seu Exército em protegê-los, somaram suas vozes às dos Gunn. Guyenne e os outros espanhóis se juntaram. Sabiam as palavras de cor. Para Polly, foi o momento em que ela se sentiu mais americana, e mais orgulhosa de ser americana, do que em qualquer outro de sua vida. Lágrimas caíam, e a reunião se tornou desavergonhadamente emocional. Eles sabiam que essa seria a última celebração que teriam por muito tempo. A canção terminou, as vozes se calaram, até que só restou o silêncio. Ele se manteve até que alguém quebrou o encanto olhando o relógio e começando a contagem regressiva. Eles saudaram o ano novo com o máximo de alegria que conseguiram. O silêncio voltou, mas o grupo não se separou. Ninguém queria ir dormir e ver o que o futuro lhe reservava. Em vez disso, agarraram-se ao momento, e um ao outro, enquanto explosões troavam por sua amada cidade e os píeres começavam a queimar. O rádio agora só emitia estática, com exceção da estação de Tóquio, mas ninguém queria ouvi-la. Ficaram no apartamento dos Gurevich, conversando em voz baixa, o humor do grupo resvalando para a melancolia. A reunião só se desfez depois das duas da madrugada.

Quatro manhãs depois, Nath estava a uma janela vigiando o jardim. O pai lhe dissera para cuidar da mãe, e ele pretendia fazer exatamente isso. Desde o Ano-Novo, ele ficava estacionado todos os dias ao lado da janela para poder inspecionar a rua e a estreita vista que sua posição permitia da vizinhança. Raramente se movimentava, e nunca pedia para ser substituído. Ficava de guarda de seu ponto de observação com uma paciência que desmentia sua juventude.

Naquela manhã ele se virou da janela. "Mãe!", gritou. "Mãe, venha depressa!"

Polly correu para o lado de Nath para ver o que ele tinha avistado.

Um soldado japonês, com uma perversa baioneta fixada no fuzil, estava parado no pátio da frente deles.

"O que nós vamos fazer, mãe?"

O soldado avançou para a porta e bateu forte nela.

"Deixe-o entrar", disse Polly, num quase sussurro.

Parte 2

A lenda de Pappy Gunn

17. Primeiras lendas

"Você soube do Pappy Gunn? Ele tomou uma base britânica inteira como refém para poder pôr seu avião em combate de novo. Brereton vai levá-lo a uma corte marcial por isso."

"Brereton foi embora. Foi para a Índia quando a situação em Java virou um inferno. Agora quem está no comando é o general Howard Brett."

"Está certo. Pappy consertou um DC-2, ou talvez um daqueles novos Lockheed que vieram no comboio do Pensacola. Trabalhou dezenove horas direto e desabou de fadiga. Mais uma vez."

"É, ouvi dizer que ele e Slingsby o levaram até o desastre de um B-17, pousaram no meio do nada e arrancaram a asa da maldita coisa. Prenderam-na embaixo do DC-2 e voaram de volta. Tinham cerca de três centímetros de distância até o solo. O Slingsby foi indicado para uma Cruz de Voo Distinto por isso."

"Você soube do Pappy Gunn?"

"Ele estava voltando para salvar a família. Ele e Cecil McFarland, cuja mulher vivia em Cebu. Mac ia encontrar um jeito de chegar a Cebu partindo de Del Monte. Pappy tinha arranjado tudo com antecedência para encontrar a mulher e os filhos em Bataan. Ele ficou sem combustível. Caiu na selva."

"É impossível matar esse cara."

"Tem ódio dos chefes militares tanto quanto dos japoneses. Não está nem aí para quem ele irrita."

"Me disse que o traíram, o enganaram para que ele abandonasse a família. Isso está acabando com ele."

"Um amigo me contou que o filho da mãe conseguiu só usando a lábia ingressar num esquadrão de caças australiano. Derrubou um bando de Zeros sobre Rabaul, mas eles também o pegaram. Passou três semanas na selva, comendo insetos e frutas silvestres que ele imaginou que fossem seguras, porque os pássaros também as comiam."

"É, eu ouvi dizer que, quando ele apareceu em Gasmata, estava com quinze quilos a menos e com o cabelo todo branco."

"Tentou atacar Zeros a curta distância em um Wirraway? O que é um Wirraway?"

"Sabe aqueles T-6 que eles nos ensinaram a pilotar no treinamento? É. Um deles com armas."

"Esse cara é indestrutível."

"Ele consegue pilotar qualquer coisa. Me disse que uma vez pousou numa baleia. Simplesmente rolou para cima das costas dela. A baleia nem pareceu ligar muito."

"Baleia prestativa."

No escuro, Pappy estava diante do sargento filipino, iluminado por trás pelo clarão de granadas de artilharia que explodiam a quilômetros de distância. Os japoneses estavam atacando de novo os rapazes em Bataan.

"Você tem certeza de que consegue tirá-los?", perguntou Pappy.

O filipino balançou a cabeça solenemente. Ele e seus homens iam usar barcos de pesca para se deslocar entre Bataan e a área de Manila, navegando à noite para evitar as patrulhas japonesas.

Pappy tirou sua aliança de casamento e a entregou ao sargento. "Dê isto a Polly. Assim ela vai saber que eu o enviei."

Então Pappy enfiou a mão no bolso e sacou um rolo de dinheiro. Três mil e quinhentos dólares de verdinhas e pesos filipinos. Ele o empurrou nas mãos do sargento. "Dez dias. Bulevar Quezon."

"Dez dias."

O velho aviador, com o rosto vincado de tensão e preocupação, se virou e caminhou para seu avião, enfiado debaixo das árvores na borda das pistas de pouso da selva de Bataan.

"Onde está Pappy Gunn atualmente?"

"Voou em quatro missões para Java, levando suprimentos, tirando pessoas de lá. Levou outro voo de P-40 para Darwin, aquele liderado pelo major Pell. Aqueles caras com certeza sabiam das coisas."

"Lá estava eu na sala de espera e, juro por Deus, entra o Pappy Gunn com uma porra de um lagarto no ombro."

"Ouvi dizer que eles vão mandá-lo para uma corte marcial. E ele merece. O filho da mãe não pode ficar apontando armas para as pessoas."

"Então ele cai na selva, certo? Todo mundo pensa que ele está morto."

"Bom, ele aparece em um campo em Mindanao, e lá está Connelly com um B-17 quebrado que ele não consegue ligar. Pappy vai até lá e começa a trabalhar — direto da selva. Faz aquele motor funcionar e pega uma carona de volta à Austrália."

"Vou te contar, eu nunca vi o cara dormir. Ele está sempre debaixo de um avião."

"E é o único de camisa. Mangas compridas, manchas enormes de suor. Parece até que ele tomou banho vestido."

"Eu ouvi dizer que ele voa nu. Embarca e tira tudo, fica só de tanga."

"Voei com ele uma vez. Perguntei a ele onde estavam seus mapas. Ele apontou para seu kit de voo, mas quando eu o abri não havia nada além de uma garrafa com o rótulo 'Mijo de Pantera'. Ele a agarrou, tomou um trago e me disse para eu não me preocupar com isso. Ele podia farejar o caminho. Acontece que havia uma vaca morta que ele tinha cheirado e visto no último voo que ele tinha feito para lá. Ele se orientava pelo fedor. Eu juro por Deus!"

"Então o MacArthur foi embora em um B-17, certo? Mas, depois que eles decolaram em Del Monte, os motores da esquerda começaram a ratear. Você sabe que uma Fortaleza pode voar com apenas dois motores. Mas você não pode perder os dois da mesma asa e ficar no ar. Nada além de água e tubarões lá embaixo, aquela Fortaleza começa a cair do céu quando o número dois para. Então vai também o número um, e o fim deles está próximo. De repente, lá está o Pappy Gunn naquele Twin Beech dele. Ele se alinha ao lado, acena todo gentil, depois desliza uma ponta de asa para baixo daquela Fortaleza e sustenta durante todo o trajeto de volta a Darwin. O general nem molhou os pés."

"E a família de Pappy? Alguma notícia?"

"Nada. Ouvi dizer que eles estavam prendendo todos os americanos. Pondo-os em um campo ou algo assim. Ele vai ficar louco com isso."

Pappy pousou no Bulevar Quezon dez dias depois de seu encontro com o sargento filipino. O batedor não o decepcionaria. Se ele pudesse trazer sua família, Pappy sabia que ele faria isso.

Manila não tinha mais blecaute, agora que estava nas mãos dos japoneses. Mesmo tão tarde da noite, luzes estavam acesas em toda a cidade. Pappy pôs os motores em marcha lenta, esperando ansiosamente que o encontro acontecesse.

Ninguém veio.

Os minutos passavam, Pappy ficava tenso. Onde eles estavam? Ele não podia ficar no solo por muito mais tempo.

Faróis.

Eram eles?

Um caminhão japonês.

Ele deu meia-volta e tocou nos manetes, correndo pelo Bulevar Quezon de volta ao céu de veludo. Deprimido, frustrado e desesperado, ele se perguntava se em algum lugar lá embaixo o sargento, Polly, Nath, Paul, Julie e Connie tinham se atrasado apenas um pouquinho.

18. A perigosa consequência do "está em falta"

Começo de janeiro de 1942
Brisbane, Austrália

"Em falta o cacete. Esses idiotas vão acabar nos fazendo perder essa maldita guerra."

P.I. se virou para os dois mecânicos que trouxera com ele. "Vocês estão prontos?"

Eles portavam submetralhadoras Thompson cruzadas no peito e, com sua curiosa mistura de partes de uniformes australianos e americanos e roupas civis, pareciam um bando maltrapilho de mercenários.

Os mecânicos assentiram com a cabeça. O cara mais velho vindo das Filipinas parecia estar no mínimo meio louco só de pensar em fazer algo assim. Mas ele conseguia que as coisas fossem feitas quando todos os outros corriam em círculos sem agir.

Eles estavam com ele, fossem quais fossem as consequências.

"Muito bem. Sigam-me."

P.I. caminhou para a entrada de um pequeno prédio térreo. Havia uma placa de empresa civil pendurada nele. Provavelmente um armazém atacadista de secos e molhados ou algo similar. Pelo menos era isso até poucos dias antes. Agora comandado pelos militares dos Estados Unidos, os intendentes do Exército o tinham enchido de suprimentos. A mentalidade pré-guerra os

levava a pensar que o objetivo era este — pôr coisas nas prateleiras e mantê-
-las lá para aumentar sua horda. As unidades recebiam exatamente o que os
manuais de suprimentos diziam que elas podiam ter, não aquilo de que de fato
precisavam. O mundo de acordo com as regras se chocava com a realidade
da emergência, e nesse conflito todos que queriam combater perdiam. Peças,
equipamentos e suprimentos ficavam nas prateleiras, guardados por camadas
de burocracia e tipos truculentos da retaguarda.

P.I. estava começando a odiá-los quase tanto quanto odiava o staff de
MacArthur. Ele deu mais uma olhada em seus confederados, depois abriu
violentamente a porta e avançou, e ao entrar sacou um par de pistolas auto-
máticas Colt .45 de seus coldres de ombro gêmeos.

Um bem-vestido escriturário de suprimentos da Força Aérea do Exército,
recém-chegado de San Francisco, ergueu os olhos e viu uma furiosa figura
espectral de meia-idade, com insígnias de capitão adornando o colarinho de
uma camisa civil, caminhando na direção dele. Rosto vermelho, armas saca-
das: o escriturário tremeu diante daquela visão. Ele estava sendo roubado?
Na Austrália?

P.I. cobriu o escriturário atônito e disse aos mecânicos que pegassem o que
necessitavam. Eles desapareceram no armazém, puxando equipamentos das
prateleiras e revirando caixotes de carga em busca de itens da lista de busca
daquela incursão.

Rapidamente, arrastaram seu butim para um caminhão. Foram necessárias
várias viagens, e o tempo todo P.I. ameaçou o escriturário com seu par de
Colts M1911.

Bem-vindo à Austrália. Traga munição.

No país por apenas algumas semanas, ele já estava cheio das bobagens e dos
desmiolados de uniforme. MacArthur e seu staff o haviam traído. Mentiram
e o enganaram levando-o a abandonar Polly e os filhos. Se ao menos tivessem
lhe dito que Manila ia ser declarada uma cidade aberta, ele poderia ter tirado
uma hora para levá-los de avião a Mindoro, depois voltado a Nielson e executado qualquer missão com que o alto escalão de MacArthur pudesse sonhar.

Não contaram a ele; ainda assim ele tinha de trabalhar para essas mesmas
pessoas. Todo dia o obrigava a engolir sua amargura e prestar continência
aos mesmos homens que o haviam feito perder a família. Agora, eles só o
atrapalhavam enquanto ele tentava fazer as coisas. Canais oficiais? Certo. As

requisições se perdiam ou eram negadas. As peças nunca chegavam. O caos reinava e "não" era a resposta-padrão do alto escalão.

Ele não devia nada a eles — nem lealdade, nem subserviência, nem gratidão por sua patente de oficial. A Força Aérea do Exército? Ora, ele era um homem da Marinha. Até agora, tudo o que ele via da FAE eram incompetência e mentiras. O serviço era um antro de idiotas tão alienados da realidade que estavam levando jovens a ser mortos todos os dias.

O que era isso comparado a uma corte marcial? Se eles decidissem persegui-lo — ótimo. Podiam tirar-lhe a patente; ele nunca a pedira. Podiam tentar trancá-lo, mas ele encontraria um jeito de escapar.

A única coisa que esses imbecis fazem é se enterrar em bobagens. Eles me pegaram uma vez, mas nunca mais vou jogar pelas regras deles.

Se ele fora um dia um administrador de linha aérea gentil e abastado, a guerra o estava transformando em outra pessoa. Desde a rendição de Manila, toda a pretensão de civilidade que havia em P.I. evaporou, substituída por fúria mal contida e pavio curto. Se alguém se intrometesse em seu caminho teria uma Colt .45 no nariz. Se ele tivesse de mentir, enganar, roubar ou atirar para conseguir voltar a Luzon, ele o faria. Fosse o que fosse necessário, ele voltaria para Polly e os filhos.

Eles acabaram de pegar coisas no armazém e seguiram para a porta. P.I. deu uma última olhada em volta, depois, com um floreio, guardou as pistolas nos coldres e foi para o caminhão. Com o veículo carregado, eles subiram e saíram em velocidade, com destino ao aeroporto civil de antes da guerra nos arredores da cidade chamado Archerfield. Lá, australianos e americanos trabalhavam lado a lado, tentando heroicamente montar uma frota de bombardeiros de mergulho que nenhum deles jamais vira e sobre os quais nada sabiam. Os aviões pertenciam ao 27º Grupo de Bombardeio e tinham sido encaixotados nos Estados Unidos antes de Pearl Harbor para ser enviados a Manila em um comboio escoltado pelo cruzador pesado americano *Pensacola*. O escalão de solo e os pilotos do 27º tinham chegado às Filipinas pouco antes de a guerra começar, enquanto suas aeronaves permaneciam nas docas da Costa Oeste. Agora eles se viam no meio de uma guerra sem aviões, armas ou equipamentos.

Com os japoneses controlando os mares e o ar do Pacífico ocidental, Washington mudou a rota do comboio do *Pensacola* para Brisbane. Ele chegou em 22 de dezembro de 1941, com 52 bombardeiros de mergulho A-24

Dauntless e dezoito P-40, junto com uma estonteante confusão de pessoal de manutenção de B-17, pilotos de Warhawk, um par de regimentos de artilharia do Exército e milhares de toneladas de equipamentos aleatórios. Tudo, de bombas a óleo de aviação, máscaras antigas, camas dobráveis, equipamento médico e munição calibre .50, tinha sido embarcado naqueles navios.

Não havia nenhum quartel-general, nem mesmo alguma força americana para recebê-los, portanto, como sobreviventes de naufrágios, os homens do comboio do *Pensacola* se organizaram em algo chamado Força-Tarefa do Pacífico. Era uma bagunça improvisada que alocava homens sem treinamento em tarefas que eles não sabiam como desempenhar. Não havia nenhum organograma, nenhuma hierarquia firme de comando. Ninguém sabia quem possuía autoridade real para fazer coisa alguma.

Portanto, quase nada era feito. Enquanto isso, os japoneses avançavam para ainda mais perto das praias da Austrália, impondo uma sensação de desespero àquelas equipes de combate que queriam e tentavam participar da luta. Elas se viam afundando em burocracia, normas protelatórias e uma falta de ajuda característica da parte de tipos no escalão de retaguarda que no mais das vezes não compartia seu senso de urgência.

O caminhão de P.I. Gunn parou ao lado dos bombardeiros de mergulho, onde seus mecânicos saltaram e chamaram outros para ajudá-los a descarregá-lo. Um momento depois, o coronel John "Big Jim" Davies abordou P.I. Comandando os poucos homens do 27º Grupo de Bombardeio que haviam escapado das Filipinas, ele estava encarregado de levar a cabo a construção dos P-40 e dos bombardeiros de mergulho.

Davies tinha 1,95 metro de altura e um corpo grande e musculoso. Na década de 1920 ele fora arremessador de dardos na Universidade da Califórnia em Berkeley antes de fazer carreira no Corpo Aéreo do Exército. Passou os anos da Depressão voando pelo país no nível do topo das árvores com esquadrões de ataque, amando cada minuto daquilo. Ele era duro e viril, com uma atitude "dá para fazer" e um ódio por burocracia comparável ao de P.I.

A situação o deixava tão enraivecido quanto a P.I. Ele extravasava com frequência em relatórios oficiais que mandava datilografar e enviar ao QG de MacArthur. Estava irritado e disposto a mandar para a corte marcial as pessoas que impediam que seus aviões fossem construídos.

P.I. via o alto e magro lançador de dardos como um espírito afim — e praticamente o único oficial superior que ele conseguia respeitar.

Davies observou P.I. descer da cabine do caminhão e foi até lá falar com ele. "Eu preciso saber como você conseguiu todas essas coisas?", ele perguntou.

"Não."

"Muito bem", disse Davies, depois acrescentou: "Consiga mais".

P.I. sorriu. "Com certeza."

Os dois tinham se conhecido pouco antes da guerra no Campo Nielson, onde descobriram que tinham temperamento semelhante. Quando depararam um com o outro em Brisbane, os dois se juntaram para trabalhar pelo mesmo objetivo. Davies sabia que a vasta experiência de P.I. seria útil na bagunça vigente, então conseguiu que ele fosse transferido para o 27º. P.I. revelou ser um dos poucos homens sob o comando dele com amplo conhecimento de engenharia e mecânica naquelas primeiras semanas de 1942. Quase nenhum de seus mecânicos tinha ido às Filipinas.

Davies voou para a Austrália em 18 de dezembro para reunir os bombardeiros de mergulho do 27º Grupo de Bombardeio, levando consigo vinte de seus pilotos mais confiáveis e experientes. Os aviões que partiram não tinham espaço suficiente para as turmas de solo de Davies. Aqueles homens terminaram passando fome nas selvas de Bataan, portando fuzis ao lado dos soldados cada vez mais emaciados que resistiam corajosamente aos repetidos ataques japoneses.

Aqueles homens eram os únicos mecânicos da Força Aérea no Pacífico que conheciam alguma coisa sobre esses bombardeiros de mergulho A-24 Dauntless.

Sem a expertise deles, Davies dependia do pessoal do comboio do *Pensacola*. Havia mecânicos de aviação a bordo daqueles navios, mas eram treinados só nas incríveis complexidades do Boeing B-17. Eles cooperavam intensamente, trabalhando ao lado dos pilotos para montar os A-24, mas eram aeronaves totalmente estranhas para eles. Os pilotos não ajudavam muito; poucos tinham algum conhecimento mecânico.

O A-24 era uma aberração na Força Aérea do Exército de 1942. Ao ver o sucesso do Stuka e de outros bombardeiros de mergulho, o alto escalão do Exército decidiu que precisava ter seu próprio modelo. Como um tapa-buracos até que um novo projeto pudesse ser desenvolvido, o Exército procurou a

Douglas Aircraft e pediu um lote de bombardeiros de mergulho da Marinha, que foram chamados de SBD* Dauntless. Depois que foram feitas nele pequenas modificações, a Força Aérea do Exército rebatizou o avião como A-24. Em um serviço construído para bombardeio estratégico de longa distância, o Dauntless de dois lugares foi um desajustado desde o início. Havia pouco conhecimento institucional dessas aeronaves ou de como melhor empregá-las. No fim, só alguns poucos esquadrões as usaram em combate.

Cada bombardeiro de mergulho levava uma tripulação de duas pessoas: um piloto e um artilheiro de cauda. O piloto tinha um par de metralhadoras fixas no nariz do avião, mais 450 quilos de explosivos para soltar sobre os japoneses, enquanto os artilheiros de cauda usavam metralhadoras gêmeas em um suporte flexível operada manualmente em uma cabine aberta, exatamente como em um avião da Primeira Guerra Mundial.

Quando os homens em Archerfield começaram a desencaixotar os A-24 desmontados, encontraram uma completa bagunça. A pressa para embalar aqueles aviões e enviá-los ao Pacífico significou que os mecânicos nos Estados Unidos os desmontaram praticamente direto da linha da área de serviço. Eles foram jogados a esmo nos caixotes com documentação mínima e sem material de acolchoamento suficiente para proteger as partes mais delicadas. Era como lidar com um quebra-cabeça gigantesco com milhares de peças e sem nenhuma imagem na caixa para ilustrar que aparência devia ter o produto acabado.

Eles encontraram peças incrustadas com barro de pistas de pouso usadas durante as Manobras da Louisiana de 1941. Outras peças foram quebradas no transporte. Coisas críticas como instrumentos de voo chegaram à Austrália em pedaços inúteis, o que teria sido um pequeno aborrecimento nos Estados Unidos. Na Austrália, foi o suficiente para interromper todo o processo. Não havia peças de reposição em nenhum lugar. Não havia sequer pneus extras para o trem de pouso, e aqueles que foram enviados dos Estados Unidos estavam gastos até quase perder os sulcos.

Aos tropeços, desencaixotando as partes de cada um dos bombardeiros de mergulho, os homens de Davies cometeram erros custosos. Os piores ocorreram quando eles destruíram acidentalmente os solenoides para as metralhadoras dianteiras. Eles haviam sido colados com fita dentro dos caixotes de transporte em pequenas caixas, que ninguém notou. Quando os caixotes

---

* Sigla de Scouter Bomber Douglas, ou Bombardeiro de Escolta Douglas. (N. T.)

foram abertos e esvaziados, os homens os arrastaram para fossos de incineração e atearam fogo neles junto com outros entulhos, sem saber que estavam inadvertidamente desarmando todos os 52 A-24.

Esses solenoides eram interruptores que permitiam que os pilotos disparassem as metralhadoras eletricamente de um gatilho montado em sua alavanca de controle. Sem eles, não podiam completar o circuito, o que tornava as armas inúteis. Uma busca revelou que o comboio não chegara com solenoides extras, o que significava que Davies teria de requisitá-los de depósitos nos Estados Unidos. Levaria meses.

Não que isso importasse no curto prazo. Descobriu-se que faltavam peças vitais, deixadas de algum modo em solo americano. Entre elas estavam os motores de disparo elétricos conectados aos solenoides. Mesmo que estes não tivessem sido queimados, as metralhadoras não podiam funcionar sem esses motores, e não havia nenhum motor sobressalente na Austrália naquele janeiro.

De qualquer forma, eles continuaram a trabalhar, esperando que de algum jeito as peças chegassem a eles. Então as coisas começaram a quebrar. Peças malfeitas falhavam quando testadas. Outras quebravam quando as equipes tentavam instalá-las. Na cabine aberta do artilheiro de cauda, um semiarco de metal funcionava como suporte para as metralhadoras gêmeas calibre .30 usadas para defender a traseira do bombardeiro de mergulho. Fabricada precariamente por um subempreiteiro da Douglas Aircraft, os suportes em aro se dobravam sob o peso das metralhadoras Browning. Isso deixava os poucos A-24 montados sem nenhuma arma funcional.

Então alguém descobriu que as bombas da Força Aérea não eram adequadas a esses bombardeiros de mergulho. A empresa de Douglas tinha construído os Dauntless de acordo com especificações da Marinha, e ninguém lhe dissera que o Exército usava sistemas de liberação de bombas diferentes. A Força Aérea do Exército recebeu a remessa inconsciente desse problema.

Os aviões por tanto tempo esperados do 27º Grupo de Bombardeio não possuíam nenhuma arma que funcionasse e não podiam carregar bombas. Isso foi suficiente para fazer com que os veteranos das Filipinas gritassem de raiva. Os A-24 estavam num estado tão ruim que o coronel Davies acabou perdendo as estribeiras e exigiu que aqueles que os haviam embalado nos Estados Unidos fossem processados por "negligência criminosa".

A situação não era melhor nas proximidades, no Campo Amberly. Base da Real Força Aérea Australiana (RFFA) nos arredores de Brisbane, foi para onde os P-40 tinham sido levados para ser montados. Demorou uma semana para o primeiro ser concluído, e enquanto trabalhavam nos outros, as equipes descobriram que ninguém se dera ao trabalho de enviar algum produto para arrefecimento do motor. Os motores dos P-40 usavam Prestone, semelhante ao anticongelante de um carro em seu radiador. Homens foram despachados para explorar a cidade em busca de arrefecedores. A busca tornou-se nacional, mas inicialmente eles só conseguiram encontrar o bastante para uma aeronave. À medida que os P-40 eram montados, precisavam ser testados. Para fazê-lo, as equipes tiveram de drenar o precioso Prestone de um P-40 para o seguinte.

No meio de toda essa insanidade, P.I. voou para Archerfield em seu Beech 18 vermelho brilhante em algum momento antes do Ano-Novo. Ele era um capitão sem comando, um gerente de linha aérea sem avião. Mas deu uma olhada naquele esforço para criar uma força aérea, arregaçou as mangas e se integrou a ele. Sem nenhuma ordem, ele simplesmente se juntou à turma de Davies e trabalhou ao lado dos pilotos e das turmas de solo com determinação incansável. Davies depois tornou a situação de P.I. oficial e providenciou a transferência dele para seu comando. P.I. rapidamente impressionou todos com sua habilidade mecânica e seus talentos de engenharia. E logo também mostrou outros traços úteis.

P.I. observou alguns dos jovens tenentes enquanto eles tentavam valorosamente seguir procedimentos e solicitar os suprimentos de que necessitavam. O oficial encarregado da base aérea de Brisbane, coronel Alexander Johnson, os comia vivos. Ele era extremamente rigoroso, famoso por repreender os veteranos das Filipinas por não terem uniformes decentes, ignorando o fato de eles terem escapado só com a vida e as roupas nas costas. Ele não tinha nenhuma tolerância com desleixo e era propenso a arengar contra qualquer um que ele pudesse intimidar. A um grupo de jovens pilotos que logo entrariam em combate, ele disse: "Segundos-tenentes são descartáveis".

Um dos pilotos respondeu: "Senhor, na guerra, todo mundo é descartável".

O coronel Johnson, seguro em Brisbane, pensava de outro modo.

O estilo de "liderança" dele engendrava uma tensão considerável e dava o tom na cidade. Quando os jovens tenentes de Davies buscavam peças e suprimentos eram bloqueados em todos os lugares. Como os soldados e o material americanos desembarcados inesperadamente em Brisbane, as coisas descarregadas de seus navios tinham sido guardadas desorganizadamente em depósitos temporários por toda a cidade. Onde quer que um prédio adequado fosse encontrado, ele era requisitado e enchido com cargas de equipamento aleatório. Havia, se tanto, poucos intendentes naquele primeiro comboio, e a bagunça logo dominou os homens alocados para resolvê-la.

Ninguém podia encontrar nada. Nem parecia querer ser incomodado. Em vez disso, queriam papelada que não existia de um QG que não tinha sido estabelecido. Se o caos nas Filipinas era ruim, a Austrália era um completo desastre. Mesmo o porto de Brisbane estava cheio de material não classificado que ficou em caixotes por semanas enquanto os carregadores de docas australianos tomavam chá e se aferravam ao horário de trabalho sindicalizado, indiferentes aos americanos que tentavam impeli-los a descarregar os navios.

Os inexperientes tenentes de Davies, na maioria servindo havia um ano ou menos, não conseguiam fazer nenhum progresso num ambiente como esse. P.I. os via voltar de missões de busca com pouco a mostrar, excessivamente frustrados. Eles precisavam de armas. Precisavam de paraquedas. Precisavam de uniformes e conveniências básicas para os homens, que tinham sido aquartelados em duas pistas de corridas na cidade.

P.I., o experiente suboficial da Marinha, decidiu entrar nesse pântano. Ele fora um filante na Marinha, conhecia as minúcias do sistema de suprimento. Suas primeiras viagens de busca levaram aos mesmos resultados. Os escriturários simplesmente lhe diziam: "Está em falta. Sinto muito".

Diziam-lhe que preenchesse formulários em triplicata e os enviasse cadeia de comando acima. Isso era uma piada. Que cadeia de comando? A Força-Tarefa do Sul do Pacífico tinha sido rebatizada como Forças dos Estados Unidos na Austrália. O escritório de pessoal ocupava a totalidade de vinte metros quadrados. Até maio, não haveria nenhuma divisão de engenharia ou de suprimentos oficialmente estabelecida.

Quando tudo o mais falhou, P.I. começou a roubar aquilo de que o 27º Grupo de Bombardeio precisava. Primeiro, ele simplesmente se apropriava daquilo que era abandonado em que ele podia pôr as mãos enquanto ninguém estava olhando. As coisas de que eles realmente precisavam estavam nos armazéns, e para isso ele concluiu que era necessária força. Reuniu uma equipe e virou um fora da lei militar.

Enquanto trabalhava nos aviões, conheceu um antigo primeiro-sargento chamado Jack Evans. Jack tinha sido chefe de tripulação no Havaí no 28º

Esquadrão de Bombardeio antes da guerra. Estava designado para os P-40 quando chegou a Brisbane. Os dois logo se tornaram inseparáveis, e junto com alguns outros soldados, praticaram roubos por toda a Brisbane.

As armas eram basicamente para exibir, mas P.I. não estava disposto a aturar tolos. Todo momento em que a burocracia e a confusão adiavam a construção dos aviões significava que a chance que ele tinha de salvar sua família diminuía. Ele conhecia os números; os homens que ainda lutavam nas Filipinas não podiam aguentar para sempre.

Ele usava as armas para romper a barreira da burocracia e da indiferença com demonstrações de força. O que não podia roubar, ele construía. Encontrou várias oficinas mecânicas em Brisbane e contratou-as para fazer o que não havia sido embarcado dos Estados Unidos. A Mars Machine Tool Company fabricou suportes inteiramente novos para as metralhadoras de cauda dos A-24 de acordo com especificações que P.I. desenhou no ato.

Ele deparou com mais um problema. Enquanto os artesãos australianos construíam o que eles precisavam, os recursos para esses projetos não podiam ser obtidos rapidamente. O oficial de compras era um tenente de baixa patente, e estava tão atolado em burocracia e confusão quanto todos os outros. P.I. não podia roubar o que a Mars fazia para ele, então pagava pelas peças do próprio bolso. Fez isso mais de uma vez, juntando mais de 16 mil dólares em recibos. Isso é quase 216 mil em dólares de 2016.

De um jeito ou de outro, ele ia voltar às Filipinas.

Em três turnos por dia, eles trabalharam sem parar para ter os aviões montados e funcionando. Finalmente, concluíram o primeiro par de A-24. Um jovem tenente levou um deles para um voo de teste, para assegurar-se de que estava funcionando plenamente. Estar de novo no ar revelou-se tão divertido que ele esqueceu o bom senso quando viu um resort numa praia que visitara recentemente quando estava de folga. Mergulhou para sobrevoá-lo, vindo da água. Quando alcançou a arrebentação, enfiou uma lâmina da hélice em uma onda, perdeu o controle e acabou caindo na praia.

Apesar de todo o esforço necessário para aprontar um avião, sua destruição por um voo alegre suscitou comentários que não podem ser publicados.

Na primeira parte de janeiro, outros comboios da Costa Oeste americana chegaram a Brisbane, trazendo mais equipamentos e pessoal. Os reforços eram desesperadamente necessários, mas a princípio o novo pessoal só exacerbou a bagunça existente. Oficialmente, o pessoal da Força Aérea do Exército devia viver em barracas montadas nas duas pistas de corrida, mas muitos dos oficiais simplesmente saíram a pé daqueles alojamentos e encontraram hotéis na cidade, causando a ira do coronel Johnson, que achava indecorosa a visão de tantos oficiais malvestidos no centro da cidade.

As festas noturnas eram frenéticas, e os bem pagos militares americanos traziam muito dinheiro. Alguns dos militares australianos passaram a se ressentir dos ianques, cujas carteiras gordas eles não conseguiam acompanhar. A tensão cresceu, e irromperam brigas por toda a cidade quase todas as noites. Os conflitos culminaram mais tarde naquele ano na Batalha de Brisbane, um levante selvagem e uma batalha armada envolvendo milhares de homens que matou um militar australiano e feriu centenas de homens de ambos os lados.

Gradativamente, do caos surgiu a ordem. As equipes concluíram a construção dos P-40 e os pilotos fizeram voos de teste em cada um deles. Finalmente se conseguiu da população civil australiana Prestone suficiente para pôr todos os caças em operação. Mesclando-se um lote de pilotos recém-chegados com veteranos de P-40 das Filipinas em um grupo chamado 17º Esquadrão de Caça Provisório, os homens e máquinas ficaram finalmente prontos para partir em meados de janeiro.

Eles teriam de viajar milhares de quilômetros da costa sudeste da Austrália pelo continente até Darwin. De lá, teriam de voar sobre a água e reabastecer nas ilhas nas Índias Orientais Holandesas antes de fazer o trajeto até as Filipinas e a fazenda Del Monte em Mindanao.

Nenhum dos pilotos tinha o tipo de experiência aeronáutica necessário para fazê-lo. Só P.I. Ele se voluntariou para levá-los às Filipinas enquanto Davies e o resto do 27º acabava de construir os A-24. Ele podia levar os P-40 para Bataan, descobrir onde estava sua família e tirá-la no Beech.

Às 8h30 de 16 de janeiro de 1942, P.I. decolou no Beech 18 para liderar a primeira metade do 17º Esquadrão de Caça Provisório rumo ao norte. Jack Evans e dois outros chefes de tripulação ficaram na traseira rodeados de caixas de ferramentas que provavelmente eram fruto das incursões de busca de equipamento de P.I. Elas eram as únicas disponíveis para fazer a manutenção dos P-40, pelo menos no futuro previsível.

P.I. deixou Brisbane como uma lenda emergente entre as turmas de solo e os pilotos que conheceu. Eles viam aquele capitão excêntrico trabalhar por mais horas, resolver mais problemas e ir a mais extremos temerários do que praticamente qualquer outro para colocá-los em ação. Histórias de suas façanhas surgiram e cresceram rapidamente ao ser recontadas, até que fato e ficção se tornaram quase indistinguíveis. O próprio P.I. adorava contar histórias fantasiosas ridiculamente enfeitadas de seus dias na Marinha, deleitando os jovens pilotos com sua habilidade de contador de histórias interiorano.

Alguns que o conheciam concluíam que ele era um mentiroso patológico. Outros queriam que ele fosse levado à corte marcial por seus roubos e sua insubordinação hierárquica. Farto das boas maneiras militares, ele apenas não dava bola para quem ofendia. Se o cara estava em seu caminho, P.I. o atropelava da maneira que conseguisse. Isso irritou muitas pessoas, mas o tornou um herói para aqueles que brigavam contra moinhos de vento burocráticos.

O fato de ele ter o dobro da idade daqueles ao lado de quem trabalhava não passava despercebido de ninguém. Eles não o chamavam "capitão". P.I. nunca fora um oficial, e a patente realmente significava pouco para ele, sobretudo porque ele não tinha comando nem posição oficial. Mas também não o chamavam de P.I. Alguns começaram a chamá-lo "Pops" [Pai] ou "Gramps" [Vô]. Então alguém tentou "Pappy" [Pápi], e o apelido pareceu adequado a ele. Foi escolhido e espalhou-se pela pequena população da Força Aérea do Exército na Austrália, até que passou a ser assim que todos o chamavam. O apelido se tornou uma linha divisória em sua vida, um novo nome para a pessoa que a guerra criara. Alguns o usavam de gozação, mas o apelido nasceu da estima, e alimentou sua lenda em ascensão.

Ele era reverenciado ou menosprezado, mas não havia meio-termo com P.I. "Pappy" Gunn. E, mais importante, ele não ligava para o que ninguém pensava. Estava travando duas guerras: uma contra os "idiotas" em uniformes amigos, a outra contra os japoneses.

A primeira perna da missão para as Filipinas terminou de modo terrível. Dois P-40 interromperam o voo com problemas mecânicos, e o comandante do esquadrão, major Bud Sprague, não conseguiu encontrar o Beech de P.I. depois que ele decolou. Ele decidiu abortar o voo, voltar ao Campo Amberly e reagrupar o esquadrão. Um a um, os P-40 pousaram, deixando P.I. a se perguntar para onde seus protegidos tinham ido.

Uma hora depois, Sprague tentou de novo. Dessa vez, eles voaram mais de quinhentos quilômetros para o norte, até Rockhampton, onde Pappy esperava por eles. Os pilotos desceram para reabastecer, mas um deles sofreu uma pane elétrica total e o piloto caiu ao aterrissar, eliminando o avião.

Um caça a menos para os defensores de Bataan em dificuldade. A visão deve ter deixado os homens nauseados. Felizmente, o piloto sobreviveu ileso.

Eles chegaram a Townsville, mais 580 quilômetros ao norte pela costa, naquela tarde. Mais uma vez, os pilotos inexperientes sofreram um infortúnio quando um dos veteranos filipinos bateu numa casa ao aterrissar e perdeu parte da ponta de uma asa de seu avião.

Eles passaram a noite no Hotel Queens, aproveitando um último pedaço da vida confortável antes de seguir para oeste pelo coração da Austrália na manhã seguinte.

Pappy tinha uma ligação com esses jovens pilotos de caça, cujo humor era o dele. Ora, eles tinham vinte anos e 17 mil horas de voo a menos, apenas com barras nos colarinhos em vez de listras nas mangas. Ele gostava deles, e faria tudo o que pudesse por eles. Sabia que as probabilidades e a falta de treinamento jogavam tão fortemente contra eles que a maioria não sobreviveria. Esse conhecimento pesava muito sobre ele enquanto os guiava para o norte até Bataan e o encontro com os japoneses. Eles precisariam de mais que um esquadrão desfalcado para conseguir causar algum dano real, mas pelo menos isso era alguma coisa.

O voo na manhã seguinte foi tumultuado. Um a um, os P-40 sofreram falhas mecânicas ou acidentes. Pneus estouraram, peças quebraram. Pappy seguiu os trilhos de linhas férreas, usando-os para navegar para o interior. Quando eles pararam para passar a noite, estavam reduzidos a apenas seis aviões voando em ala com o Beech 18.

Após uma noite de descanso, Pappy os liderou para Darwin, no litoral do extremo norte. O Campo Batchelor seria o trampolim deles para a rota de transporte através das Índias Orientais Holandesas, mas o major Sprague não ia partir até que conseguisse o máximo de aviões possível. Aos poucos, os extraviados foram pingando, até que quinze pilotos, três chefes de tripulação e Pappy Gunn formaram a ponta de lança do esforço de apoio da Força Aérea do Exército para as Filipinas.

Na segunda-feira, 19 de janeiro de 1942, os membros da pequena força se reuniram na área de manutenção e encontraram o general Brereton esperando por eles. Olhando atentamente para eles através de seus óculos de aro, o general os saudou com um sardônico "Estou muito contente de ver tantos voluntários".

Um murmúrio de riso tenso percorreu seu público.

Brereton esperou que ele se desfizesse e voltou a falar. Ele vinha a Darwin para dar más notícias, e não tinha temperamento para ser diplomático. A rota de transporte para as Filipinas não existia mais. Os japoneses tinham invadido as Índias Orientais Holandesas. Haviam tomado Tarakan, em Bornéu, e capturado aeródromos importantes em Celebes.

Enquanto os homens ainda sofriam o choque dessas notícias, Brereton soltou outro golpe. Ele ia enviá-los para o norte para defender as Índias Orientais Holandesas.

"Estaremos fortemente superados em número", ele disse, observando que eles podiam conseguir alguns Hurricanes britânicos de Singapura para ajudar, mas que agora a situação lá também parecia muito desanimadora.

As coisas estavam tão confusas no momento que Brereton não podia dar a eles um destino exato. Ele mencionou a ilha Ambon; Balikpapan, na costa leste de Bornéu; e o complexo do aeródromo holandês em Kendari, na ilha Celebes. Os pilotos se entreolhavam, tensos e inseguros. Ninguém, exceto Pappy, jamais ouvira falar desses lugares. Eles iam precisar de novos mapas.

Brereton explicou que eles agora pertenciam a uma nova organização conjunta dos Aliados chamada Comando Americano-Britânico-Holandês--Australiano, ou Comando ABDA. Mais uma camada de alta administração disfuncional tentando operar com recursos excessivamente escassos e agora com Aliados demais com excesso de metas nacionais divergentes.

Brereton não se preocupou em fingir que ele não ia ser um agrupamento. No fim de sua fala, disse que faria o melhor que pudesse para evacuá-los quando chegasse o momento. A reunião durou vinte minutos. O general Brereton lhes desejou boa sorte, subiu em um bombardeiro e partiu. Os homens se retiraram para discutir as novidades e deixar que o tempo desfizesse a tensão de seu choque.

Não se esperava que eles contra-atacassem; Brereton deixou claro que não havia nenhuma chance de vitória. Eles estavam sendo enviados para o norte como escudos humanos em aviões de caça para ganhar um pouco de tempo para os Aliados. Eles tinham partido de Amberly sentindo-se como a vanguarda de uma nova Força Aérea para o general MacArthur, como a ponta de uma lança, jogada de Brisbane para os sitiados de Bataan. Agora sentiam que estavam simplesmente sendo enviados ao norte para morrer.

A mudança de destino deixou Pappy ferido de culpa e raiva. Era muito tardia, e enquanto ele saía caminhando da linha da área de manutenção, sua mente reprisava todas as protelações e obstruções que tinham enfrentado em Archerfield. Se ao menos eles pudessem ter construído os P-40 mais depressa, poderiam ter sido mais rápidos que os japoneses e chegado às Filipinas antes que a rota de transporte fosse tomada.

Agora ele tinha de liderar os homens para uma nova campanha, longe de onde estavam sua família e seu coração.

No entanto, por mais desanimadora que a situação parecesse, ele se recusava a desistir da esperança. Com a rota de traslado nas mãos dos japoneses, ele não conseguiria chegar às Filipinas no Beech 18. Precisava de algo maior, com mais combustível e autonomia. Um B-17, talvez? Quando houvesse a chance, quem sabe ele pudesse se apossar de um. Se não, ele pensaria em outra coisa. Nesse meio-tempo, precisava levar os rapazes em segurança para o norte para fazer o que pudessem pelos holandeses.

19. Daniel Boone das Índias Orientais Holandesas

23 de janeiro de 1942
Darwin, Austrália

Os japoneses cobiçavam os campos de petróleo nas Índias Orientais Holandesas. Eles precisavam daqueles locais estratégicos para levar adiante a guerra na China, e agora a guerra no Pacífico. De fato, toda a ofensiva deles, de Pearl Harbor à invasão das Filipinas, se destinava a garantir o sucesso da campanha das Índias Orientais Holandesas mantendo a frota americana a distância.

Ela funcionara melhor do que os japoneses calculavam. Agora eles adiantavam seu cronograma de invasão e avançavam gradativamente nos flancos das Índias Orientais Holandesas com pequenos desembarques anfíbios, bem apoiados por aviões.

As belonaves britânicas, holandesas, australianas e americanas na área careciam de poder de fogo. Eram muito velhas e usadas; a maioria devia ter sido mandada para o ferro-velho anos antes. Eles não podiam resistir contra todo o poder da frota imperial japonesa, com seus modernos porta-aviões, encouraçados e cruzadores. A única esperança para defender as ilhas mais vitais — Sumatra, Java e Bornéu — era o poder aéreo.

A Depressão garantiu que os holandeses não tivessem recursos para construir uma Força Aérea grande. Em 1942, seus esquadrões no Extremo Oriente voavam em um arranjo variado de aviões de segunda classe, alguns deles comprados dos americanos e dos alemães. Os pilotos de caça podiam escolher entre aeronaves que já eram tão obsoletas que não tinham nenhuma chance contra o Zero, e aquelas que nunca foram nada, como o Curtiss-Wright CW-22 Demon, um avião tão ruim que ninguém mais o queria.

Mas o poder aéreo dava aos holandeses a melhor chance de salvar as Índias Orientais. Se os bombardeiros e caças americanos conseguissem correr para ajudá-los, eles podiam bombardear e afundar as forças-tarefa anfíbias japonesas no mar antes que pudessem desembarcar soldados. Eles precisavam dos P-40. Precisavam dos bombardeiros de mergulho A-24, que eram armas perfeitas para a precisão necessária para atingir navios no mar.

As disparidades eram grandes, mas a campanha pendia na balança. As tripulações aéreas dos Aliados teriam de abrir caminho entre os Zeros que com certeza estariam protegendo as forças-tarefa anfíbias. Para os inexperientes pilotos holandeses em seus bombardeiros obsoletos, isso seria uma sentença de morte, a menos que a Força Aérea do Exército pudesse levar os P-40 para as Índias Orientais para dar cobertura a eles.

Os P-40 também desempenhariam um papel defensivo. Os japoneses certamente lançariam ataques aéreos contra aeródromos, cidades e portos holandeses. Os homens de Sprague teriam de fazer trabalho dobrado, escoltando missões antinavios e ao mesmo tempo tentando interceptar ataques aéreos iminentes.

Enquanto a campanha tomava forma ao norte, Pappy e os outros pilotos esperavam em Darwin pela ordem de seguir para lá. Eles usaram a breve calmaria para treinar enquanto Pappy trabalhava com os três chefes de tripulação para montar um P-40. Cada avião era necessário para a luta a ser travada.

Eles trabalharam o dia todo em um calor causticante, tentando em vão afastar os cruéis mosquitos e as infames moscas pretas de Darwin. As moscas, em particular, eram uma parte insuportável da experiência de Darwin. Esses pequenos monstros estavam em todo canto, voando em grandes nuvens negras, que engolfavam tão completamente um homem que com frequência entravam debaixo de suas pálpebras.

Enquanto eles pingavam de suor em condições sufocantes, o Comando ABDA mudava o tempo todo o destino final deles, e os japoneses se mantinham um passo adiante dos Aliados. Era impossível chegar a Kendari. Assim como a Balikpapan. O reconhecimento dos Aliados descobriu duas forças de assalto anfíbias seguindo para essas duas localidades. Os holandeses não tinham tropas de solo necessárias para detê-las nas praias, o que significava que os aeródromos eram inevitavelmente tomados.

O Comando ABDA ordenou que os homens de Sprague fossem, então, para Java. A defesa das Índias Orientais Holandesas estava se agrupando em torno da resistência naquela ilha. Os P-40 eram decisivos para essa defesa. Se eles aguentassem o suficiente, o 27º Grupo de Bombardeio podia entrar em combate, junto com os B-17 e mais P-40. Era a única esperança que restava aos Aliados.

O amanhecer do dia 23 encontrou o intrépido grupo de aviadores fazendo os preparativos finais para seu voo. Eles teriam de cruzar 870 quilômetros de mar aberto, algo que nenhum deles, exceto Pappy Gunn, jamais fizera. Eles não tinham nenhum equipamento de sobrevivência, como coletes salva-vidas Mae West, repelente de tubarões e corantes de água. Não havia nenhuma força de resgate ar-mar de prontidão para salvá-los se caíssem na água. Todos sabiam o que isso significava: uma falha mecânica sobre a água era uma sentença de morte.

A primeira parada deles seria em um aeródromo holandês em Timor. Quando chegassem lá, pulariam de ilha em ilha até Java. A primeira perna seria a mais perigosa — e a mais longa.

Pappy Gunn seguiu à frente, decolando em algum momento antes das nove horas no NPC-56, o Beech 18 muito viajado da PAL. Atrás dele, catorze P-40 entraram em formação em uma fileira longa e espaçada. Eles seguiram para o norte, os pilotos de caça drenando os tanques na barriga dos aviões antes de mudar para o combustível interno.

A meio caminho de Timor, um dos P-40 perdeu altitude, saindo da formação. O piloto esquecera de mudar do combustível externo para o interno e o tanque da barriga do avião havia secado. Seu motor tossiu e rateou, depois parou de funcionar. Ele ficou para trás e cerca de mil pés abaixo do Beech de Pappy antes de finalmente conseguir dar de novo a partida em seu Allison. Todos soltaram um suspiro de alívio quando ele retomou seu lugar na formação.

O voo levou pouco menos de três horas. O mar se estendia de horizonte a horizonte, deixando os quinze aviões deles como uma minúscula bolha de humanidade mecanizada em um trecho do planeta de resto vazio e inabitável.

Na cabine, P.I. olhava para o vasto espaço abaixo através de um par de óculos escuros espelhados. O sol do meio-dia transformava a cabine em uma fornalha, mesmo com a janela lateral aberta. A corrente de ar era quente e pouco ajudava a resfriar o avião. Como um motorista de automóvel percorrendo uma longa autoestrada deserta, ele lutava contra a sonolência.

Ele executou sua rotina, esquadrinhando os instrumentos para ter certeza de que tudo estava no verde. O Beech ronronava, o voo era regular. Pappy olhou sobre o nariz do avião, para a água embaixo, as cristas brancas levantando borrifos à luz do sol. O cheiro do mar e o calor equatorial do vento assobiando através da janela lateral o levaram de volta a um voo muito tempo antes. Sua mente vagou; por um momento, ele se entregou à memória.

Dezenove anos antes, sua lua de mel começara com uma cena semelhante. O golfo do México brilhava ao sol de primavera enquanto Pappy e Polly planavam acima dele em um hidroavião excedente da Marinha que ele e um amigo tinham reconstruído.

A cabine era aberta, com apenas um minúsculo para-brisa de vidro para proteger o rosto deles de choques de insetos induzidos pela corrente de ar. Um par de assentos de vime estava montado lado a lado na cabine, e Polly se aconchegava ao novo marido enquanto ele segurava o manche de controle e os guiava para oeste em direção a New Orleans. O jornal de Pensacola tinha mandado um repórter para a despedida deles, já que era a primeira vez que alguém da cidade saía em lua de mel com o próprio avião.

Houve fotos e apertos de mãos enquanto eles colocavam capacetes e óculos de proteção para o voo.

Aquele dia permaneceu como uma das lembranças mais felizes de Pappy. A forma esguia de Polly estava aconchegada nele enquanto a corrente de ar assoviava em volta deles. Para Polly, uma aventura como aquela era impossível antes de esse exuberante jovem do Arkansas entrar inesperadamente em sua vida. Ela existia em uma bolha, uma garota católica de classe média protegida com uma rotina em nada diferente da de inúmeras outras. Igreja aos domingos, escola durante a semana. Sua vida social girava em torno da paróquia local. Então, num domingo, Pappy apareceu em um piquenique da igreja e tudo mudou. Ele a libertou da convenção, de uma vida em camisa de força que amarrava tantas outras jovens de sua geração. Agora, enquanto voavam para oeste, eles seguiam um curso que certamente seria cheio de momentos únicos e aventurosos.

Quando eles se aproximaram de Biloxi, no Mississippi, o motor do hidroavião começou a ratear. Pappy decidiu pousá-lo na baía Biloxi e dar uma mexida nele. Pousou na água, taxiou até o cais e começou a trabalhar enquanto Polly olhava por cima de seu ombro.

Quando ficou satisfeito, disse a ela que queria levar o avião para um rápido voo de teste, para ter certeza de que estava tudo bem. Deixou-a no cais, com seu macacão de voo folgado batido por uma brisa costeira.

Acima da baía, com o motor funcionando sem falhas, Pappy inclinou o avião sobre uma pequena ilha e pensou ter visto algo incomum em sua praia. Inclinou o nariz do avião e o fez descer para ter uma visão melhor. Havia uma pessoa morta deitada de cara para o chão sobre ervas daninhas. Pappy imaginou que a probabilidade de alguém na baía descobrir o corpo era muito baixa. Ele estava bem escondido, cercado por tifas e grama alta, e só era visível com facilidade do ar. Por mais que quisesse continuar sua viagem de lua de mel, seu senso de dever prevaleceu. Ele voltou ao cais, contou a Polly sua descoberta e saiu para encontrar a delegacia de polícia para poder informar sobre o corpo. O xerife local ouviu a história de Pappy com maldisfarçado ceticismo. Ainda assim, ele sabia que precisava ir verificar o corpo. Pegou dois de seus homens, encontrou um barco e saiu pela baía para recuperá-lo, ordenando que os recém-casados esperassem por ele no cais.

O tempo passou devagar. O casal se mexia impaciente, querendo prosseguir em sua lua de mel. O barco desapareceu em volta de uma das ilhas. Não voltou. Eles examinavam o horizonte, esperando ver o xerife, enquanto batiam papo e se sentiam um pouco sem jeito. Esse era o dia especial deles, quando começariam a ter relações sexuais. Pelo menos, naquela noite teriam, mas o hotel ainda estava a centenas de quilômetros de distância e eles estavam ficando com pouca luz do dia para chegar lá.

Parecia que a descoberta de Pappy estava desperdiçando o momento deles. Ninguém saberia se ele simplesmente tivesse ignorado o que vira, pousado na baía, recolhido Polly e continuado a viagem.

Mas Pappy saberia, e era isso que importava. Dever versus família sempre seriam as forças concorrentes no casamento deles, e desde o primeiro dia essa luta existiu. Informar sobre o corpo era a coisa certa a fazer. Polly reconhecia isso, e nunca teria perguntado mais nada a seu marido.

Quando o barco finalmente apareceu e se aproximou do cais, o humor do xerife se tornou violento. Eles tinham vasculhado a ilha do bote e não encontraram nenhum sinal do cadáver. Agora não acreditavam em Pappy, e o xerife o questionou mais um pouco, soando mais duvidoso dessa vez. Irritado, Pappy convidou o policial a ir com ele no Curtiss, que ele lhe mostraria o cadáver.

O xerife olhou nervoso para o hidroavião. Evidentemente ele nunca voara, mas, para não se desmoralizar diante de seus homens, concordou.

Os dois homens subiram no hidroavião. Pappy o taxiou para a baía e abriu os manetes. O Curtiss deslizou como uma pedra sobre a água até que finalmente se elevou. O xerife não conseguia esconder seu terror, o que Pappy desfrutou plenamente. Ele pilotou o avião em uma série abrupta de manobras — inclinando-o em viradas desnecessariamente fortes enquanto subia e mergulhava apenas para dar ao xerife uma boa sacudida em seu assento de cesta de vime.

À parte as palhaçadas, Pappy localizou o cadáver de novo. Voou em vários círculos estreitos sobre ele para ter certeza de que o xerife não apenas visse o corpo, mas ficasse verde de enjoo, da cor de uma floresta do Oregon. O policial finalmente se fartou. Apontou para o cais. Pappy assentiu com a cabeça e o levou de volta, fazendo um pouso particularmente tosco para assinalar seu desprazer com o modo como o xerife o tratara. Quando desceram do hidroavião para o cais, o xerife parecia prestes a vomitar.

Provavelmente, ele nunca mais voou.

No momento em que eles voltaram ao cais, era tarde demais para o casal continuar até New Orleans. O xerife os deixou em um dos melhores hotéis de Biloxi para passarem a noite.

Na manhã seguinte bem cedo, uma batida forte na porta do quarto de hotel de Pappy e Polly os acordou de um sono profundo. Enquanto estavam deitados na cama aninhados, tentando se recobrar, as batidas cessaram. Eles começaram a dormir de novo até que as batidas recomeçaram, dessa vez mais altas e mais insistentes.

Enfurecido por ser incomodado, Pappy berrou de debaixo das cobertas: "Se este maldito hotel não estiver em chamas, é melhor você começar a correr".

As batidas não pararam. Um momento depois, quando Pappy se levantava para realmente atacar quem estivesse usando o nó dos dedos contra sua porta, ele ouviu a voz do xerife. "Sr. Gunn, sr. Gunn, nós precisamos conversar."

Tentando se controlar, Pappy desceu da cama, puxou o macacão de brim azul desbotado com bainha e encontrou a camiseta. Polly foi ao banheiro enquanto Pappy abria a porta. O xerife estava lá parado parecendo seriamente preocupado.

"O que é?", disse Pappy, depois de um longo suspiro.

"Vocês são as pessoas que voaram de Pensacola ontem?", o xerife perguntou.

"É."

"Você disse que vocês estavam indo para New Orleans?"

"É, qual o problema disso?"

"Bem, quando vocês não apareceram em New Orleans ontem à noite, começaram a dizer que vocês tinham desaparecido."

Aparentemente, o jornal de Pensacola ligou para o *New Orleans Times-Picayune* e pediu a seus colegas que fotografassem os viajantes aéreos em lua de mel quando eles chegassem para pousar no lago Pontchartrain. Quando eles não chegaram, o *Times-Picayune* mandou um telegrama a Pensacola, levando a família de Polly ao pânico. Em toda a Costa Oeste, as linhas de telégrafo ferveram com mensagens frenéticas a órgãos policiais locais para que ficassem em alerta em relação ao casal e seu hidroavião Curtiss. Equipes de busca já estavam procurando por eles.

Pappy achou os sapatos e saiu com o xerife para cancelar o alerta e tranquilizar todos em casa de que eles estavam em segurança. Depois de dar boas risadas no café da manhã, Pappy reabasteceu o Curtiss, e ele e Polly partiram de novo sob o sol de primavera do sul.

A lembrança, ativada e reativada vezes sem conta em voos sem conta, saiu da mente de Pappy. Ele estava outra vez de volta ao Beech, perscrutando os instrumentos e verificando se todos os P-40 ainda voavam em ala com ele.

Desde o primeiro dia, Polly, nós vivemos em grande estilo.

Ele verificou seu ritmo, instrumentos de voo, medidores do motor, tudo no verde, olhou de novo para fora para ver se os caças estavam à sua volta. Aqueles pilotos eram tão jovens que ainda não tinham dominado a arte do voo em formação compacta. Ele notava isso, assim como notara a incrível habilidade dos atacantes noturnos japoneses que bombardearam o Campo Nichols na primeira noite da guerra.

Embora o lado profissional de Pappy nunca deixasse de operar, no fundo de sua mente vivia Polly. A dor que ele sentia por ela nunca o deixava; circulava no fundo a cada momento em que ele estava desperto, eclodindo à sua frente quando ele não estava totalmente ocupado.

De seu amor por ela e pelos filhos deles, a culpa se avolumava e queimava. Na mente de P.I., ele maldizia o alto escalão e como havia sido enganado. Abaixo disso estava seu senso de responsabilidade. Como ele podia tê-los deixado? Com ordens ou não? Não podia simplesmente ter arranjado tempo para levá-los a Mindoro antes de voar para fora do país?

Se ao menos lhe tivessem dito que Manila ia ser declarada uma cidade aberta. Claro, ele suspeitava que não haviam lhe contado de propósito. O administrador de linha aérea transformado em capitão seguramente teria reservado tempo para pôr a família em segurança, mas Brereton queria que seus homens fossem retirados imediatamente.

Brereton. Aquele filho da mãe mentiroso.

Ele reprisava repetidamente aquelas horas finais em Manila, buscando maneiras como poderia tê-los salvado. Dividido entre o dever para com a família e o dever para com seu país, maldizendo o engano que o levara a fazer a escolha errada.

Não. Eu fiz a escolha errada.

Não importava o que lhe dissessem, nenhum general deveria jamais ter tido prioridade sobre Polly. Ele nunca se perdoaria por isso. Pelo menos, não até que resgatasse a família.

A costa timorense apareceu, verde e branca no horizonte ao longe. Pappy tinha navegado mais uma vez com precisão exata. Ele, o major Sprague e seus pilotos pousaram em Koepang bem na hora do almoço. Na cabine de um P-40, um piloto lutava para se desprender. Sprague e os outros foram ver o que estava acontecendo e encontraram o homem queimando de febre. Eles o levaram e o mandaram ao hospital local, onde médicos o diagnosticaram com dengue.

Pappy deu uma olhada na base. Não havia muito a ser visto. Alguns oficiais e praças holandeses mantinham aquele pequeno posto avançado, constituído de pouco mais do que um par de hangares e prédios. Os holandeses não tinham estocado a base com gasolina de aviação suficiente para que ela funcionasse como ponto de reabastecimento entre Darwin e Java. Para tornar possível esse voo, a Marinha dos Estados Unidos enviou um destróier a Koepang para descarregar barris de gasolina para os P-40. Os pilotos, trabalhando com os holandeses, eram obrigados a reabastecer os aviões manualmente, mas isso era melhor do que ser abandonado no meio do nada.

Quando o major Sprague voltou do hospital, reuniu o esquadrão para anunciar uma mudança de plano. Ele não queria deixar nem um único P-40 para trás enquanto o piloto se recuperasse da dengue. Um caça solitário voando na esteira deles para Java não seria páreo para as formações japonesas que se dizia estarem à espreita nos céus pelas ilhas. Em vez disso, ele preferiu levar consigo metade dos pilotos remanescentes e seguir adiante. O resto dos homens ficaria em Koepang até que seu camarada adoecido se recuperasse o suficiente para voar.

Naquela tarde, Pappy liderou o grupo de Sprague por 380 quilômetros no rumo oeste sobre o mar de Suva e a ilha Soemba. Embora patrulhas aéreas japonesas fossem vistas na área, os americanos de alguma forma passaram pelo cordão de isolamento formado por elas e voaram por céus vazios naquele dia. Aterrissaram pouco antes do pôr do sol em uma pista primitiva na selva, onde um P-40, pilotado por um dos veteranos filipinos, teve um pneu estourado, ficando sem condição de voar até que o pneu fosse trocado. Não havia nenhum que se encaixasse no P-40 em Soemba, o que significava que alguém tinha de obter um e trazê-lo de volta. Parecia que eles nunca chegariam a Java. Pelo menos, não como um esquadrão completo. Tudo isso indicava quão escassos eram os recursos dotados pelos americanos para essa operação de emergência. Havia pouca preparação e poucos recursos logísticos para eles. Teriam de improvisar um jeito de concluir a tarefa.

Depois que escureceu, o major Sprague chamou Pappy de lado e pediu a ele que voltasse a Koepang, falasse por rádio com Darwin para pedir um pneu de reposição e esperasse até que alguém o levasse por avião até ele. Sprague esperava que, quando o pneu chegasse, o piloto doente estivesse bem o bastante para viajar, e Pappy poderia liderá-los até Soemba, substituir o pneu e depois levar todos, finalmente, a Java.

Sprague estava pedindo muito a Pappy e sabia disso. Pappy voaria sozinho por céus dominados pelos japoneses. Afora seu par de Colts .45 e uma submetralhadora, Pappy não tinha nenhuma maneira de se defender. Ele já experimentara em primeira mão Zeros e conhecia a capacidade mortal de seus canhões e metralhadoras. Dessa vez, se eles encontrassem e mutilassem seu Beech, ele muito provavelmente desapareceria no mar, perdido em ação para sempre. Sprague estava lhe pedindo para fazer o que não queria que seus próprios pilotos fizessem — e eles podiam revidar com suas metralhadoras .50.

Pappy podia ter pedido uma escolta de caças na volta a Koepang. Apenas dois P-40 lhe dando cobertura de voo teriam aumentado enormemente suas chances de sobrevivência. Poderia ter se recusado a ir, embora isso tivesse significado deixar para trás mais um P-40. Em vez disso, ele concordou em executar a missão. Sabia do desespero no momento. O esquadrão precisava de cada avião e piloto em Java, e ele tinha os contatos em Darwin para garantir que eles pudessem conseguir que um pneu fosse enviado o mais depressa possível. Prometeu voltar de novo a Koepang, conseguir o pneu e liderar o resto do esquadrão de volta assim que pudesse.

Ele passou o resto da noite em sono espasmódico, cercado pelos sons da selva enquanto sua mente considerava as probabilidades de sua sobrevivência e como maximizar suas chances. Foi uma noite longa entre jovens cuja bravura ele respeitava, mas cujo futuro parecia quase tão sombrio quanto o seu.

Na manhã seguinte, dia 24, Sprague e o resto dos pilotos dos P-40 decolaram e rumaram para oeste, com o sol da manhã em suas costas. Sozinho, Pappy fez uma última verificação no Beech antes de se alinhar na pista para seu próprio voo no sol.

Já no alto, ele descobriu uma tempestade se deslocando sobre o mar de Suva. Decidiu ficar o mais baixo possível para minimizar sua sombra na água, apresentando um alvo difícil para quem tentasse atingi-lo com um ataque de mergulho. Ele sabia como isso era difícil, de seus dias no VF-2, onde vira mais de um piloto de caça se fixar em seu alvo e não conseguir sair do mergulho a tempo de evitar bater na água.

O tempo fechou — enormes nuvens de chuva passaram no alto e o açoitaram com aguaceiros repentinos. Depois ele chegou a céus claros, só para deparar com outra ampla frente de tempestade.

Enquanto seguia em velocidade, as hélices praticamente açoitando as cristas de onda, dois pontos cinza-claros se materializaram sob nuvens escuras e agourentas. Pappy os estudou atentamente, esperando ver uma figura americana tomar forma quando eles reduzissem a distância até ele.

Passou-se um minuto cheio de ansiedade. Os pontos pareciam grandes demais para serem Zeros. Com certeza, ele logo detectou quatro motores em cada avião. Mas eles não se pareciam com B-17. Os holandeses tinham algo com quatro motores? Ele não sabia e não queria arriscar. Alterou o curso e começou a correr. O Beech não era potente, e os dois espectros passaram a caçá-lo. Eles desceram em um mergulho suave, trocando altitude por mais velocidade.

Pappy olhava para eles, ansioso. Estavam se aproximando, mas lentamente. Talvez tivessem uma vantagem de quinze ou 25 quilômetros por hora de velocidade. Ele seria mais manobrável, mas, se aqueles aviões grandes portassem almôndegas japonesas nas asas, sem dúvida estariam lotados de armas.

Eles acabaram revelando ser hidroaviões de asa alta chamados Kawanishi H6k, armados com quatro metralhadoras e um canhão de 20 mm. Embora o Beech possuísse uma velocidade máxima um pouco maior no papel, o NPC--56 de Pappy estava voando com motores desgastados pela guerra que não conseguiam mais produzir a potência necessária para levar o Beech a mais de 320 quilômetros por hora.

Eles ainda tinham alguma altitude para queimar antes de chegar a ele. Podiam descer abaixo dele, quase tocando a água, e permitir que seus artilheiros de nariz disparassem. Se isso falhasse, eles podiam cercá-lo, subir em cada um de seus flancos e permitir que os outros artilheiros do hidroavião tentassem atingi-lo.

Pappy podia ver isso acontecendo em sua mente, executado como se ele estivesse atrás dos controles de um daqueles grandes hidroaviões. Ele tinha voado nesse tipo de avião durante seus anos na Marinha. Conhecia seus pontos fortes e os fracos. Era isso que faria para derrubar um avião de passageiros solitário.

Ele procurou uma maneira de escapar da armadilha tática antes de cair nela. Em uma emergência, ele poderia sempre manobrar melhor do que os H6k. Essa seria a única vantagem do Beech. Se eles chegassem à distância de alcance de tiro, ele podia virar, fintar e se livrar dos artilheiros. Mas seria inteiramente reativo, quase à mercê deles, até que eles o atingissem ou ficassem sem combustível e desistissem da caçada.

Ele suspeitava que aquelas enormes fuselagens e asas continham mais combustível do que o Beech, o que significava que eles provavelmente não desistiriam nem iriam embora antes que seus medidores entrassem no vermelho.

Olhou para a tempestade. Adiante, a sólida frente dava lugar a volumosas rajadas de vento com pequenas interrupções de céu claro entre elas. Se conseguisse ser mais veloz que eles, talvez pudesse se esconder ali e tentar fugir para Koepang.

Era sua melhor chance. Puxou o manche de controle contra o estômago. O Beech deu uma guinada para cima, afastando-se das cristas de onda, e disparou para as nuvens. Os pilotos dos hidroaviões perceberam a manobra, mas não conseguiram reagir a tempo para interceptá-lo. Pappy entrou na nuvem mais próxima e desapareceu em suas profundezas escuras.

Dentro da nuvem, voltou a seu curso rumo a Koepang, observando os instrumentos com um olho, enquanto se certificava de ficar fora de vista para os hidroaviões que o espreitavam embaixo. Isso funcionou até que ele saiu da nuvem e irrompeu em céu aberto. Os dois H6K o localizaram no ato e começaram a caçá-lo. Mais uma vez, ele correu para a próxima tempestade, extraindo cada tantinho de velocidade do Beech cansado.

Conseguiu, mas durante o resto do voo brincou de gato e rato através das nuvens com aquelas duas tripulações japonesas incansáveis. Finalmente, a cerca de vinte minutos de Koepang, ele se livrou deles e conseguiu se evadir.

Muito ciente de que eles poderiam voltar a qualquer momento, Pappy não perdeu tempo no solo em Koepang. Depois de desligar os interruptores e descer do Beech, correu para contar aos holandeses que havia aviões japoneses na área. O oficial encarregado da base o recebeu com um misto de ceticismo e apatia que o deixou perplexo. Ele instou o holandês a tirar todas as aeronaves do campo. Aqueles hidroaviões provavelmente portavam bombas leves. Mesmo que as tivessem descartado na perseguição a seu Beech, podiam passar um rádio para suas bases informando que Koepang tinha alvos aeronáuticos interessantes que precisavam ser bombardeados. Podia ser uma questão de minutos, podia ser uma questão de horas. Fosse como fosse, Pappy sentia que os japoneses viriam.

O holandês não pareceu se importar. Frustrado, Pappy correu para tentar imaginar o que fazer a seguir. Espalhados pelo campo, havia doze bombardeiros de patrulha Lockheed Hudson de um esquadrão australiano. Koepang não tinha anteparos de proteção, o que significava que esses aviões vitais estavam vulneráveis a danos causados por explosões e estilhaços. Pappy encontrou os líderes australianos — eles eram do Esquadrão Número 2, da Real Força Aérea Australiana — e insistiu para que eles tirassem seus aviões do campo o mais depressa possível.

Enquanto os holandeses o ignoraram, os australianos o ouviram. Decidiram levar os Hudson para um pequeno campo auxiliar a cerca de cinquenta quilômetros de distância, no rio Mina. Eles podiam ser escondidos lá na selva, e as probabilidades de que os japoneses nem sequer soubessem da existência do campo eram muito baixas. O problema era que o campo não era nada mais do que uma estreita pista de pouso; não tinha nenhum tipo de instalação, e os holandeses não haviam estocado combustível nele. Os Hudson precisariam de gasolina de aviação.

Pappy decolou no Beech pouco depois e guiou os australianos até o campo. Quando viu que os Hudson estavam pousados em segurança, voltou a Koepang. Trabalhando furiosamente enquanto os holandeses reabasteciam o Beech, ele passou um rádio para Darwin requisitando o pneu de que os homens de Sprague precisavam. Então, fez contato com o USS *Peary*, o destróier da Marinha dos Estados Unidos que entregava a gasolina de aviação em Koepang. Depois de duas décadas na Marinha, ele ainda tinha muitos amigos em serviço, e conseguiu que o destróier levasse combustível para os Hudson no rio Mina. O destróier perdeu dois de seus botes nas ondas durante a entrega e teve de fugir da área quando chegou a notícia de um ataque aéreo japonês iminente. Na pressa para partir, deixaram um bote e sua tripulação para trás. Mas os Hudson australianos receberam a gasolina de que precisavam para continuar a voar.

Mais tarde naquele dia, Louis Connelly, ex-funcionário de Pappy na PAL, levou de avião o pneu até Koepang, no Timor, enquanto seguia para Makassar com uma delegação de oficiais americanos para contratar navios de transporte e executar o bloqueio a Bataan. Pappy carregou o pneu no Beech, mas era tarde demais para seguir para Soemba. Preocupado com a possibilidade de a qualquer minuto o campo ser atingido, ele estacionou o Beech o mais distante que conseguiu de qualquer alvo provável, depois foi verificar os pilotos do 17º Provisório. O piloto com dengue estava ainda pior do que no dia anterior. Ele não tinha a mínima condição de voar, mas o resto dos pilotos precisava voltar para Sprague. Pappy decidiu que os lideraria até Java de manhã. O homem hospitalizado teria de se virar sozinho por algum tempo.

A noite se passou em silêncio tenso. Pappy e os outros americanos tinham alguma expectativa de ouvir o ronco distante de motores japoneses telegrafando a chegada de um ataque noturno. Ao amanhecer, ele estava de pé e preparando o Beech. Teria ele se equivocado, afinal? Os japoneses estavam tão ocupados em outros lugares que não tinham os recursos necessários para bombardear Timor? Pappy não achava isso. A situação ainda era muito perigosa, e ele pretendia sair dali depressa, agora que havia luz suficiente.

Junto com sete P-40, Pappy decolou para Soemba. Eles permaneceram em baixa altitude para evitar qualquer patrulha japonesa que vagasse no trajeto e chegaram a seu destino sem incidentes. Substituíram o pneu no P-40 danificado, reabasteceram os aviões manualmente de tambores de 208 litros de gasolina de aviação e continuaram a viagem para Java.

O esquadrão unido do major Sprague se estabeleceu em Surabaya. Ele representava a força de interceptação e de escolta mais capaz que os Aliados possuíam nas Índias Orientais Holandesas, mas isso não queria dizer muito, dadas as terríveis aeronaves de que as outras unidades de combate dispunham. Os P-40 do 17º foram visões bem-vindas para os moradores locais, que não tinham nenhuma ilusão sobre as dificuldades que enfrentavam. Os holandeses precisavam de centenas de P-40 e mais centenas de bombardeiros. Os americanos entregaram pouco mais de uma dúzia.

Mesmo essa pequena contribuição foi um feito incrível. O que tinha começado como um esforço de alívio para Bataan tornou-se a mais longa utilização de aviões de combate na história americana até aquele momento. Aviões montados por homens não qualificados e pilotados por pilotos com pouco tempo de voo e pouco treinamento em navegação tinham conseguido percorrer quase 6500 quilômetros sem uma única fatalidade. Tudo considerado, era uma façanha notável — que chamou a atenção de um correspondente de guerra chamado George Weller.

De 1939 a 1941, Weller cobriu a guerra na Europa e depois se deslocou para o leste, terminando em Singapura. Ele depois conheceu e entrevistou muitos dos pilotos do major Sprague, tanto em Java como na Austrália. Também conheceu Pappy Gunn e ficou admirado com o que outros diziam sobre ele. Mais tarde ele descreveu Pappy como "um piloto americano de rosto rígido que pilota um bimotor Beechcraft e permaneceu anônimo enquanto realizava alguns dos mais incríveis voos de escolta da Guerra do Pacífico [...] como um Daniel Boone do arquipélago indonésio".

Java por certo logo se tornaria um lugar muito perigoso, e Pappy sabia que seu Beech tinha pouca chance de sobreviver no meio de uma guerra aérea total. Ele precisava voltar à Austrália imediatamente para ajudar a pôr em combate o contingente seguinte de aviões americanos. Consequentemente, ficou em Surabaya apenas o suficiente para reabastecer e enviar um telegrama a Darwin que dizia: "Um único Beechcraft, um tonto a caminho".

Pappy e o Beech estavam em algum lugar entre Java e Timor quando os japoneses atacaram Koepang no dia seguinte. Sem nenhum sistema de alerta aéreo, seis Zeros, roçando os topos de árvores, sobrevoaram o campo descarregando suas armas e pegaram os holandeses completamente de surpresa. Derrubaram dois aviões de passageiros desarmados no padrão, matando todos a bordo (inclusive uma mulher que era piloto civil) antes de voltar sua atenção para os aviões no solo. Em pouco tempo, seus disparos destruíram o P-40 deixado para trás para o piloto com dengue e incendiaram os hangares e os outros poucos prédios que havia ali.

Era o desastre que Pappy temia que acontecesse. Felizmente, o Esquadrão Número 2 da Real Força Aérea Australiana e seus preciosos Hudson evitaram ser detectados no rio Mina e foram salvos. Depois, Pappy foi recomendado para a Cruz de Serviço Distinto, a segunda mais importante condecoração americana por bravura, parte da narrativa da condecoração o creditando por salvar aqueles aviões australianos com seu raciocínio rápido no solo em Koepang.

Naquele dia, os japoneses atacaram alvos em todas as Índias Orientais Holandesas. Bandos de Zeros voando a esmo atingiram vários outros aviões de passageiros desarmados e os derrubaram. Perto de Soemba, dois A6M Zeros descobriram um DC-2 australiano que acabara de entregar um grupo de mecânicos de manutenção a Sprague em Surabaya e agora estava tentando voltar a Darwin, exatamente como Pappy fazia. Os Zeros investiram contra o avião indefeso e o vararam com disparos de canhão. O avião mutilado mergulhou no estreito de Soemba, onde os quatro tripulantes de alguma forma saíram da aeronave que afundava. Eles passaram as trinta horas seguintes na água, um dos homens inconsciente e sendo segurado pelo copiloto, enquanto o comandante do avião cedeu seu colete salva-vidas a outro membro da tripulação que não sabia nadar. Eles repeliram repetidos ataques de tubarão antes de chegar a Soemba, onde indonésios os resgataram e os entregaram a autoridades australianas.

O pior cenário imaginado por Pappy — voar através de céus hostis em um avião de passageiros desarmado — tornou-se realidade. Em um dia, Zeros derrubaram três em chamas, matando quase doze pessoas. No entanto, apesar de toda a destruição que seus caças causaram naquele dia, os japoneses de algum modo não viram um Beech 18 solitário que quase tocava as cristas de onda enquanto seu piloto de meia-idade se expunha friamente a eles em sua volta a Darwin.

20. Regras da Oitava Avenida

2 de janeiro de 1942
Manila, Filipinas

Ouviu-se de novo a batida. Ninguém se mexeu. Nath parecia enraizado ao lado da janela, olhando fixo para a mãe e Connie enquanto elas olhavam para a porta. A máscara caiu. Mãe e filha pareciam aterrorizadas.

Nath. Sua mãe é uma pessoa especial. Você tem que tomar conta dela.

Do outro lado do pátio, Nath via mais soldados japoneses se deslocando na rua. Alguns saíam de uma casa no quarteirão deles.

Você vai tomar conta de sua mãe, não importa o que aconteça.

Essas eram as últimas palavras que o pai dissera a ele na véspera do Ano--Novo. Mas como ele ia proteger a mãe disso?

Ele tinha oito anos quando o valentão o derrubara. Com o joelho esfolado e um fio de sangue escorrendo pela canela, ele tinha mancado até a casa com a ajuda de Paul. Para ele, o valentão era enorme, um desses garotos com uma glândula pituitária em chamas. E era também alguns anos mais velho do que ele.

A família tinha se mudado recentemente da ilha Ford para uma casinha na Oitava Avenida, em Honolulu. Os garotos da vizinhança faziam parte de uma gangue chamada Ratos Brancos. Nath e Paul eram os novos garotos, e vinham sofrendo por isso.

Lágrimas marcavam as bochechas de Nath quando eles chegaram em casa. P.I. tinha olhado para ele e perguntado: "O que aconteceu com você?".

Paul contou ao pai o que tinha acontecido.

Não houve nenhum abraço. Nem palavras de solidariedade. Polly ficou olhando, mas não disse nada. Ela sabia que aquele era um momento para os homens da vida dela.

"Tudo bem", disse P.I. "Vamos resolver isso."

Ele foi até a cozinha e voltou com uma vassoura. Nath tinha parado de chorar, mas ainda sentia o ardor no joelho, e o latejar quente do sangue na perna.

P.I. quebrou o cabo da vassoura em dois. Deu a ponta a Nath e disse: "Agora, você vai fazer o seguinte. Quero que você aja como se estivesse brincando de cavalinho, o.k.?".

Os garotos adoravam cavalgar em galhos, fingindo que eram cavalos. Eles assentiram com a cabeça obedientemente, sem saber por que o pai queria que brincassem depois daquilo.

"Escute, vocês vão cavalgar, brincando e se divertindo. Chegue bem perto do garoto que o derrubou, e eu quero que você use esse cabo de vassoura para bater na cabeça dele."

"Sim, papai", disse Nath. Os garotos se entreolharam.

"Vão lá, façam isso."

Eles correram para fora e sumiram na Oitava Avenida.

Alguns minutos depois, voltaram correndo, Paul na frente.

"Papai! Papai!"

P.I. tinha ficado esperando por eles. Ele desceu para a pequena varanda, de dois por três metros, que dava para o pequeno pátio na frente da casa e perguntou o que tinha acontecido.

"O Nath bateu naquele garoto como você disse!", relatou Paul. "Bateu nele bem na cabeça. Saiu um monte de sangue!"

"Muito bem", disse P.I. "Agora vocês dois... para dentro. Deixem a porta da frente aberta. Vou chamar vocês em um minuto."

Quando fizeram o que o pai pediu, eles viram P.I. sentar na varanda, com as pernas caídas sobre a lateral, o Camel preso nos lábios do lado direito da boca.

Ele não precisou esperar muito. O pai do outro garoto logo apareceu, o filho atrás com uma grande bandagem em volta da cabeça. O sangue estava começando a vazar.

Pappy o examinou. Como disse depois a Nath, naquele momento ele pensou: *O Nath fez mesmo um bom trabalho no bastardinho.*

O homem virou na calçada e entrou no pátio, com o rosto vermelho e cheio de indignação. Era pelo menos uma cabeça mais alto que P.I., troncudo e com uma grande barriga para combinar. Nath pensou que ele parecia um valentão.

P.I. disse, com a voz baixa: "Posso ajudá-lo?".

O homem apontou para o filho e exclamou: "O maldito do seu filho bateu no meu com um porrete!".

P.I. parecia indiferente, mas estava encolhido como uma cobra pronta para dar o bote. O homem começou a gritar com ele. Quando ele parou para tomar fôlego, P.I. gritou para Nath e Paul saírem.

Encabulados, os garotos apareceram na varanda atrás do pai. P.I. disse a Nath: "É esse o garoto que derrubou você?".

"Sim, pai."

"Bom, Nath, vá ficar ao lado dele. Vamos dar uma olhada em vocês dois."

Nath andou até o gramado e se aproximou do outro garoto, que era pelo menos meia cabeça mais alto que ele.

"Bem", disse P.I. ao pai do outro garoto, "com certeza me parece que seu filho é mais alto."

Isso não foi bem recebido pelo pai do brigão. "Ele bateu nele com um maldito porrete! Na cabeça!"

"É. Eu disse a ele para fazer isso."

"Você o quê?", esbravejou o homem, avançando sobre P.I.

Como um raio, P.I. desceu da varanda, pura fúria em movimento. Com os punhos, acertou o homem no queixo, na mandíbula e no lado da cabeça. Tudo terminou quase antes de começar. O homem caiu no gramado, inconsciente, aos pés do filho.

Atônito, o valentão se ajoelhou, chamando o nome do pai. Ele não se mexeu. Então P.I. tocou no ombro do garoto e disse: "Escute, filho, da próxima vez que você resolver escolher alguém menor que você, quero que você se lembre de uma coisa. Um garoto com um porrete na mão é tão grande quanto qualquer outro homem".

O valentão olhou para P.I., com os olhos cheios de lágrimas.

"Agora, filho, ajude seu pai a ir para casa."

Aquele dia tinha sido um momento de virada na vida de Nath, o dia em que o pai mostrara a ele como não ser vítima. Se você quisesse respeito na rua, tinha de ser duro. Tinha de estar disposto a brigar por si. E, quando estivesse em grande desvantagem, você nunca brigaria limpo.

O valentão nunca mais o incomodou, e os garotos da gangue Ratos Brancos receberam Nath e Paul em suas fileiras como iguais.

O soldado japonês bateu de novo.

"Nath, por favor, atenda a porta", Polly disse a ele gentilmente.

Ele andou até a porta e estendeu a mão para a maçaneta.

"Lembrem-se do que nós conversamos", disse Polly a eles, "e sejam respeitosos."

Nath tinha ouvido as histórias. Sabia o que estava acontecendo na China. Virou a maçaneta.

Ele faria qualquer coisa para proteger a mãe e as irmãs. Nada de regras, nada de luta justa. O que precisasse. Regras da Oitava Avenida o tempo todo. Com onze anos, ele estava disposto a morrer por elas.

Ele abriu a porta, pronto para o pior — e ficou cara a cara com um adolescente de aspecto dócil em uniforme de soldado raso.

O soldado japonês devia ter 1,60 metro de altura. Seu fuzil com baioneta era mais alto que ele, o que o fazia parecer um pouco vulnerável. Seus olhos estavam cheios de medo, mas, quando ele viu Nath parado no vão da porta, o medo se transformou em surpresa.

Soldado e filho se encararam, imóveis por um longo momento. Por fim, Nath deu um pequeno passo do vão da porta para trás e fez um gesto para que o jovem uniformizado entrasse.

O soldado se adiantou com cuidado. Parou quando viu Polly, Julie, Connie e Paul na sala, todos olhando para ele. Polly se inclinou respeitosamente. Seguindo o exemplo dela, os filhos fizeram a mesma coisa. O soldado deu um risinho nervoso. Também se curvou e disse algo em japonês.

"Você fala inglês?", perguntou Polly.

O sorriso do soldado se abriu e ele sacudiu levemente a cabeça.

Polly apontou para uma cadeira e perguntou a ele se gostaria de se sentar. O japonês deu uma olhada pela sala. Cinco americanos. Ele provavelmente nunca tinha visto uma pessoa branca. As garotas eram mais altas que ele; Nath era quase da altura dele. O soldado parecia intimidado. Sacudiu a cabeça de novo e se inclinou. Não se sentaria.

Por um momento, ninguém soube o que fazer. Então o soldado disse algo e apontou através da janela para a casa do outro lado da rua. Os Gunn entenderam; ele era um dos japoneses que tinham acabado de se mudar para lá, na noite anterior.

Connie e Julie ficaram quietas, deixando a mãe tomar a iniciativa. Paul também não disse nada. Depois de cerca de trinta minutos de tentativas desajeitadas de se comunicar, o soldado andou para a porta. Nath o seguiu e se despediu dele.

Esse primeiro encontro com o inimigo não foi em nada parecido com o que os Gunn pensavam que seria. Durante dias, eles tinham ficado alertas, com a mente cheia dos piores cenários e das histórias dos japoneses na China. Calmamente, eles esperavam pelo melhor, mas se sentiam todos sitiados pelo medo. Um encontro com um adolescente de uniforme, tão nervoso e temeroso quanto eles, nunca lhes passara pela cabeça. A família relaxou — só um pouco — e esperou o próximo acontecimento.

Eles não precisaram esperar muito. O soldado voltou horas depois com dois oficiais japoneses, um dos quais falava mal inglês. Nath os fez entrar no apartamento, e a cena se repetiu. Dessa vez, os oficiais viram as fotos dispostas pela sala. Olharam para elas demoradamente, depois perguntaram: "Onde está marido?", apontando para os retratos de P.I. com uniforme da Marinha.

"Meu marido está morto", respondeu Polly.

"Onde? Quando?", eles perguntaram.

"Vocês o mataram em Cavite durante o bombardeio."

Isso os silenciou por um momento. Começaram a folhear os álbuns de fotografias da família, admirando-se com os lugares visitados pelos Gunn. As fotos da ilha Ford e do avião da Marinha de P.I. atraíram particularmente a atenção deles.

Começaram a fazer perguntas. De início, Polly respondeu a tudo. Então eles se voltaram para os filhos e fizeram a eles as mesmas perguntas.

"Onde está seu pai?"

"Ele morreu quando Cavite foi bombardeada."

Eles encontraram a foto dos meninos vestidos em seus uniformes de suboficial-chefe que Polly costurara para eles. Então examinaram as fotos de

Paul e Nath em uniforme de escoteiro. Eles eram jovens demais para o serviço militar — tanto nas fotos quanto no momento —, mas mesmo assim os oficiais japoneses perguntaram sobre isso. Polly teve de explicar que ela mesma fizera aqueles uniformes.

Eles começaram a vasculhar o apartamento, revistando armários de roupas, abrindo gavetas e examinando os pertences pessoais da família. Em um armário do quarto, encontraram uma tela de projeção de filmes. Estava em um tubo de alumínio, e quando eles a puxaram para fora e perceberam o que era, pediram para ver os filmes que a família tinha feito.

Polly e os meninos montaram o projetor de 16 mm na sala de estar. Os oficiais e o soldado solitário que originalmente os visitara tomaram seus lugares enquanto o primeiro filme começava a passar. Em minutos, as cenas na tela os cativaram. Assistiram ao filme que Polly gravara do vulcão em erupção no Havaí em algum momento da metade da década de 1930 e pediram para vê-lo de novo. E outra vez. E mais uma.

Por fim, eles quiseram ver os outros carretéis. Alguns tinham sido gravados na ilha Ford mostrando os hidroaviões e o Battleship Row, o ancoradouro dos encouraçados em Pearl Harbor, por volta de 1935. Outras cenas incluíam os porta-aviões *Saratoga* e *Lexington* chegando e saindo de Pearl Harbor. Os oficiais viram isso como uma incrível descoberta de informação secreta, a despeito do fato de os filmes terem sido gravados em meados da década de 1930 e de a configuração desses navios ter mudado desde então.

Eles educadamente partiram naquela tarde em meio a reverências e sorrisos, mas nas semanas seguintes voltaram, às vezes fazendo duas visitas por dia. A cada vez, repetiam as mesmas perguntas várias vezes. Queriam ver de novo os filmes. Vasculhavam a casa, perguntavam sobre P.I., atormentando Polly e também os filhos. Mais tarde, outros oficiais seniores apareceram com um intérprete. As perguntas foram todas refeitas. A família nunca se sentia ameaçada, mas o constante bombardeio de perguntas repetitivas se tornava cansativo e irritante. Mas Polly e Eva tinham preparado bem todos, dizendo a eles que sempre permanecessem respeitosos independentemente do que os japoneses fizessem. No fim, eles confiscaram o filme, e os Gunn perderam suas gravações caseiras para sempre.

Um capitão vinha quase com a mesma frequência do soldado adolescente. Falava com Polly e dizia a ela que permanecesse no apartamento. Eva e sua família, já que eram cidadãos russos, estavam livres para se deslocar pela cidade, portanto faziam as compras para os Gunn.

Numa manhã, Polly estava ouvindo o rádio com alguns dos outros membros da família quando o anunciante controlado pelos japoneses leu um boletim instruindo todos os civis Aliados a se apresentar na Universidade de Santo Tomas. Os japoneses tinham transformado a escola em uma prisão que seria usada como o centro de internação para todos os estrangeiros cujos países estavam em guerra com o Japão. O anunciante concluiu o boletim com uma advertência velada mas agourenta de que as autoridades japonesas agiriam duramente contra qualquer pessoa que não se apresentasse imediatamente.

O boletim se tornou um elemento importante de qualquer transmissão de notícias. Polly ouviu todas elas naquele dia, sem saber como agir. O capitão japonês da casa vizinha insistia em dizer a ela que permanecesse no apartamento, mas os boletins de rádio ficavam cada vez mais estridentes. Ela finalmente visitou o consulado japonês em Manila para descobrir o que devia fazer. O funcionário do consulado com quem ela falou disse que ela e os filhos tinham de se apresentar em Santo Tomas, mas, se um oficial do Exército Imperial tinha ordenado que ela permanecesse onde estava, ela tinha que obedecer a essa ordem.

Parecia que de um jeito ou de outro, ela e os filhos podiam ser castigados. A situação a fazia sentir-se cada vez mais inquieta. Insegura sobre o que fazer, passou muitas horas discutindo opções com Eva, mas permaneceu em casa.

Um dia, no começo de fevereiro, o soldado raso apareceu de novo na escada da frente do apartamento. Dessa vez estava sozinho, o que raramente tinha acontecido desde o primeiro dia em que ele batera na porta deles. Os Gunn o deixaram entrar. Ele parecia infeliz e com medo de novo. Foi cercado pela família e mostrou uma garrafa de coca-cola. Sorriu forçado, depois fez uma mímica de beber a coca. Polly foi pegar copos e deu um a cada membro da família. O soldado pôs a garrafa na boca e arrancou a tampa com os dentes. Nath nunca tinha visto ninguém fazer aquilo; ficou impressionado.

Com a tampa ainda entre os lábios, o soldado pôs um pouco de coca em cada um dos copos. Depois de pegar a tampa com a mão, ele ergueu a garrafa e fez um brinde aos Gunn. Eles o acompanharam, levantando os copos, e juntos, o soldado-garoto inimigo e a família de um guerreiro feroz compartilharam uma última bebida. Foi um momento de humanidade, tingido de tensão e tristeza.

O capitão depois explicou que o garoto estava sendo enviado a Bataan, onde não só o Exército filipino-americano estava arruinado por doenças e passando fome, mas as tropas japonesas também.

Os oficiais partiram no dia seguinte; só o capitão permaneceu. Polly, com medo de que, se ele também fosse embora, eles fossem punidos por não se apresentarem em Santo Tomas, decidiu que precisava agir. Fez com que os filhos se sentassem e expôs seu plano. Ela iria a Santo Tomas sozinha, explicar a situação às autoridades lá e registrar a família. Então ou ela voltaria para esperar pelas próximas ordens do capitão, ou reuniria os filhos e os levaria para Santo Tomas.

Naquela noite, ela arrumou pequenas bolsas para os filhos; cada uma tinha algumas mudas de roupa, um pouco de pasta de dente, sabonete e um pouco de comida. Disse a eles que, se alguma coisa lhe acontecesse e ela não conseguisse voltar depois de um dia, Leo os levaria a Santo Tomas e os deixaria no portão.

Na manhã seguinte, Polly ficou parada diante da cama de colunas tornea-das uma última vez, com lembranças dos muitos lugares onde ela estivera lhe passando pela cabeça. Ela era a única constante no casamento deles, a única peça de herança que eles tinham. Sentiu calafrios ao pensar no que podia acontecer com ela.

Então foi abraçar as crianças. Nath nunca sentira tanto medo — não conseguia nem se lembrar de uma vez em que a mãe não estivesse por perto cuidando dele e de Paul. Ela desceu a escada para o pátio da frente e partiu para Santo Tomas.

Eles esperaram o dia inteiro numa expectativa tensa. As horas se arrastavam. Julie e Connie fizeram o almoço, depois o jantar para todos, enquanto Eva e sua família ficavam por perto. A noite caiu e a cidade, que tinha estado viva com o som de comboios militares japoneses, parecia silenciosa e tranquila. Nath fazia turnos à janela periodicamente, esperando e observando se a mãe aparecia na rua. Mas Polly não voltou.

21. Pappy e o Miss EMF

26 de janeiro de 1942
Darwin, Austrália

Pappy Gunn estava parado na área de manutenção no Campo Batchelor, calculando toda a mortandade que poderia causar com sua nova aeronave, número 40-2072.

"Nova" era um termo relativo, claro. O Boeing e as carenagens de seus quatro motores estavam raiados e manchados de óleo e fuligem. Poças de fluido — óleo? hidráulico? — se acumulavam na grande sombra do avião. Um homem deu uma olhada nele e brincou que foi "montado juntando-se buracos". Isso não era impreciso. Buracos de canhão do tamanho de blocos de concreto, riscos de estilhaços e rasgos de balas tinham perfurado o revestimento de alumínio da aeronave em missões de combate anteriores, o fogo japonês tinha ferido três homens a bordo. O sangue deles ainda salpicava a fuselagem em alguns lugares, embora as turmas de solo nas Filipinas tivessem feito o melhor possível para limpá-la. Essa era uma tarefa da qual ninguém queria se lembrar.

Aqueles motores tinham cruzado o Pacífico, voado centenas, se não milhares, de horas com manutenção mínima. Agora eles resfolegavam e soltavam fumaça, bebiam óleo e às vezes funcionavam.

Agora a aeronave era de Pappy, e ele não via seus buracos, seus motores sobrecarregados, seus vazamentos e seu revestimento cheio de retalhos. Via alcance. Poder de fogo. Carga de bombas. Armas. Sim. Montes de armas e bombas.

Pappy Gunn tinha acabado de ganhar um B-17.

O Boeing B-17 Fortaleza Voadora (ou "Forte"), a razão de ser da Força Aérea antes da guerra e a expressão final do poder aéreo americano. Era o avião projetado para destruir economias, encurtar guerras e demolir frotas inimigas. Quando começou a haver problemas no Pacífico, Franklin Delano Roosevelt não perguntou onde estavam os porta-aviões, perguntou onde estavam os B-17. Eles eram considerados o instrumento mais danoso de projeção do poder dos Estados Unidos no arsenal pré-guerra.

É. Ele vai dar conta.

No dia 26, quando Pappy voltou a Darwin no Beech da PAL, o coronel Johnson o nomeou como encarregado do Comando de Transporte Aéreo, uma unidade que ele acabara de criar apropriando-se de todas as aeronaves rejeitadas que havia na Austrália, tão antigas ou danificadas que não podiam ser usadas em combate.

Então ele as passou a Pappy. Com esse comando de aviões desajustados veio um punhado de pilotos. O capitão Pappy Gunn agora tinha um propósito e uma unidade para dirigir. Certo, esse comando totalizava apenas catorze oficiais e dezenove soldados, mas Harold Slingsby estava entre eles. Assim como Cecil McFarland, um dos oficiais do staff da FAEO, que Pappy conhecera nas Filipinas no começo da guerra. O lado negativo era que ele tinha de trabalhar com um capitão de grupo australiano que fora nomeado encarregado geral das operações de transporte no continente.

Os "Aliados" irritavam muito Pappy.

Ele achava que eles eram obstáculos para fazer qualquer coisa, e eram muito úteis apenas para absorver todo o peso de sua ira.

Graças ao mandachuva em Brisbane, cujos depósitos de suprimentos ele roubara, Pappy Gunn se apossava de cada pedaço de refugo quebrado que claudicava de volta à Austrália. Isso incluía os três velhos Douglas B-18 Bolo que os rapazes do 27º Grupo de Bombardeio tinham usado para fugir das Filipinas, o Beech 18 da PAL, dois Beechcraft do Corpo Aéreo Filipino, três bombardeiros quadrimotores B-24A Liberator e seis Lockheed Lodestar que Pappy tinha encomendado para a PAL pouco antes da guerra. A Força Aérea do Exército tinha requisitado esses aviões do comboio do *Pensacola*, e eles representavam as únicas aeronaves novas na Austrália para transportar coisas do ponto A ao ponto B.

E então havia o Miss EMF.

Para Pappy, foi amor à primeira vista, mas, para qualquer outro com meio cérebro e bom senso, a visão daquela fera danificada, cheia de cicatrizes e suja servindo como avião de combate o teria feito sair correndo em busca de algo mais seguro.

Pappy subiu e sentou na cabine do piloto do Miss EMF. Ele nunca estivera em um B-17. Esse era um modelo C, do qual a fábrica da Boeing em Seattle tinha produzido poucos. A maioria dos C acabou sendo derrubada por pilotos da Royal Air Force na Inglaterra, como ofertas do programa Lend-Lease — pelo qual o governo americano cedia armamentos a países cuja defesa ele considerava essencial para a defesa dos Estados Unidos —, mas alguns chegaram através do Pacífico. O Miss EMF era um daqueles que fizeram o longo voo do Campo Hamilton, na Califórnia, a Manila em outubro de 1941.

A aeronave não tinha torres de tiro giratórias. Em modelos posteriores do B-17, dois artilheiros operavam metralhadoras calibre .50 montadas em janelas abertas na fuselagem. Elas eram chamadas de metralhadoras móveis laterais. O Miss EMF tinha torres abauladas de aspecto esquisito, semelhantes a gaiolas, nas laterais, fazendo parecer que haviam surgido furúnculos na fuselagem. Modelos posteriores vinham com uma torre esférica na barriga portando duas metralhadoras. Normalmente, o artilheiro mais baixo na tripulação ficava socado naquela coisa e passava as missões embaixo de seu avião, girando em círculos em busca de ataques de caça vindos de baixo.

Isso era alta tecnologia em comparação com o que Seattle fizera com o Miss EMF. Nenhuma torre na barriga, apenas um apêndice comprido em forma de caixão pendurado sob o avião. O infeliz soldado que pegasse aquele trabalho tinha de deitar nele, de frente para a traseira do avião, e passar horas de cada vez de barriga para baixo, espiando ao longo da parte de baixo da cauda do Miss EMF por cima do cano de sua metralhadora. Chamavam aquilo de "banheira".

O Miss EMF foi despedaçado pela primeira vez durante um ataque de surpresa aos japoneses em Davao no dia de Natal. Dez Zeros o interceptaram e a seu companheiro de voo, e vararam os dois aviões com fogo de canhão e metralhadora. Os ataques feriram três homens dentro do Miss EMF, e depois que ele voltou coxeando para a Austrália, as turmas de solo contaram mais de cem buracos na fuselagem e nas asas. O 19º Grupo de Bombardeio — que estava desesperado por aviões — deu uma olhada em todos os danos e o descartou como imprestável para combate. Isso em um momento em que eles faziam esforços heroicos para pôr qualquer B-17 de volta na luta. O Miss EMF era rejeitado até pelos mais necessitados.

Desde então, o avião tinha sido empregado em voos de transporte na Austrália, sofrendo tantas falhas mecânicas que algum membro de tripulação insolente tinha pintado em seu nariz "Miss EMF". A sigla significava "Every Mornin' Fixin'", o conserto de toda manhã.

Pappy não ligava. Ele podia consertar qualquer coisa. Aquele hidroavião em que ele voara em sua lua de mel? A Marinha o tinha declarado sem possibilidade de reparo. Ele e seu melhor amigo na época, Pat Barnes, o tinham reconstruído com esforço, apropriando-se de peças em incursões à meia-noite por Pensacola.

Ele não sabia pilotar na época, mas cobiçava a chance de voar. Depois de consertarem o Curtiss, Pat lhe ensinou como pilotar nos fins de semana e durante as horas de folga. Dois anos depois, ele tinha deixado de ser mecânico da aviação naval e fora aceito no prestigioso programa de aprendizes de aspirantes a piloto. Tinha aprendido como consertar aquilo em que voaria, depois aprendeu a pilotar com pilotos civis no aeroporto de Pensacola antes de a Marinha torná-lo um aviador.

Isso tinha preparado o terreno para uma carreira cheia de voos e consertos em diferentes aeronaves. Ele pilotara caças, bombardeiros, hidroaviões de casco e de flutuadores e aviões de patrulha de longo alcance de todos os formatos e tamanhos. Sua carreira tinha percorrido a Era de Ouro do Voo e o alvorecer do monoplano moderno. Biplanos, torpedeiros-bombardeiros baseados em porta-aviões, hidroaviões de casco, hidroaviões de flutuadores — fizera uma carreira aprendendo as características e as peculiaridades de cada um deles. Ele os pilotara decolando de pistas inclinadas de porta-aviões, catapultado do convés de cruzadores e encouraçados. E os pousara em mares agitados e primitivas pistas de barro. Nesse meio-tempo, passara a maior parte de sua vida cotidiana entre as nuvens.

Ainda assim, em todos aqueles anos, ele nunca, nem uma vez, pilotara um bombardeiro quadrimotor.

Quão difícil isso poderia ser? Era apenas mais um par de controles de manete, certo?

Ele examinou o enorme painel de instrumentos preto. Lembrava algo saído de um episódio de Buck Rogers, com dials, medidores e interruptores em todo canto. Não admirava que os pilotos nos Estados Unidos precisassem de dezenas de horas de treinamento de transição para se habilitarem a lidar com essa complexa máquina de guerra.

Pappy tirou um minuto para descobrir como dar a partida no avião. Então decolou para Brisbane. Essa foi a soma total de seu treinamento de transição.

Agora ele era o comandante de transporte aéreo da USAAF na Austrália, mas não tinha nenhuma intenção de continuar a carregar membros insignificantes do staff para lá e para cá, se pudesse evitar. Nem queria ficar sentado atrás de uma mesa e liderar do solo. No que lhe dizia respeito, o comando só significava uma coisa: a Força Aérea do Exército tinha acabado de lhe dar seu bombardeiro estratégico pessoal. Ele pretendia fazer bom uso dele.

22. Invalidando a autorização

29 de janeiro ao começo de fevereiro de 1942
Charleville, Austrália

Ficar preso na Austrália era a única maneira segura de garantir que a família de Pappy permaneceria nas Filipinas. Com o alcance de um B-17, ele podia ignorar todas as paradas de reabastecimento através das Índias Orientais Holandesas e voar direto de Darwin para Mindanao. Ele se planejou para agarrar qualquer oportunidade de fazer isso. Primeiro, precisava levar mais caças à força sitiada do major Sprague em Java. Pappy encontrou duas dúzias de pilotos novatos e seus recém-montados P-40 nos arredores de Brisbane na tarde de 29 de janeiro. Eles eram jovens e arrogantes, ávidos por entrar em combate, que viam como uma chance de mostrar que eram bons. Nenhum deles jamais vira um Zero nem sentira o terror que o avião japonês inspirava com seu desempenho e poder de manobra. Na verdade, as poucas histórias que tinham ouvido sobre os Mitsubishi Zero eram menosprezadas por alguns dos pilotos como puro boato fantasioso.

Eles tinham desembarcado havia pouco de um comboio vindo da Califórnia, que também trouxera mais 55 P-40 encaixotados. A chegada recente assegurava que eles não tivessem tido uma chance de treinar, e poucos desses novos pilotos falavam com os veteranos das Filipinas para pegar dicas de combate.

Foi preciso a tarde inteira e a maior parte da noite para reabastecer os P-40 com bombeamento manual de tambores de 208 litros. Quando eles acabaram, era quase meia-noite. Os pilotos se retiraram para um hotelzinho na cidade que se tornara um ímã para as australianas locais. O lugar ficava lotado de pilotos animados mas esgotados e suas companheiras, bebendo e celebrando. A maioria terminava arrastando a cama para o lado de fora e dormindo de forma comunitária debaixo de mosquiteiros na varanda do hotel para vencer o calor.

Na manhã seguinte, Pappy e um dos B-24 de seu comando lideraram as duas dúzias de caças rumo aos confins rurais da Austrália. Quando eles começaram a voar, não demorou muito para que a inexperiência dos pilotos se mostrasse. Eles seguiam o velho e resfolegante B-17 em formação de bando de gansos em V gigante. Mas era um V irregular, que até um dos pilotos de P-40 chamou de "desorganizado". O voo em formação precisa é a marca de um piloto excelente — quem já assistiu a uma apresentação dos Blue Angels pode entender isso. Esses jovens eram cheios de entusiasmo, mas simplesmente não tinham tido tempo de desenvolver as habilidades.

Logo depois da hora do almoço, eles chegaram ao campo de pouso em Cloncurry e aterrissaram depois de muita confusão no padrão. O avião de um dos pilotos sofreu falha hidráulica e seu trem de pouso não se expandiu totalmente. Ele caiu e pegou fogo no campo, mas de algum modo o piloto saiu do avião caminhando enquanto a preciosa munição calibre .50 nas asas detonava nas chamas.

O termômetro marcava mais de 37°, e eles trabalharam para aprontar e reabastecer os caças remanescentes para a próxima etapa na rota de traslado. O processo durou uma eternidade — não havia nenhuma bomba de gasolina para usar. Mais uma vez, eles tiveram de carregar os exasperantes tambores de 208 litros para cada avião e derramar manualmente a gasolina em cada um dos tanques.

Quando terminaram, era tarde demais para continuar, então todos desabaram de novo no hotel local. Na manhã do dia 25, Pappy e o Miss EMF lideraram os neófitos sozinhos. Os B-24 partiram para outras tarefas.

Pappy voou sem copiloto nem navegador. De fato, ele provavelmente nem tinha tripulação nesse estágio, o que era incomum para um avião gigante como um B-17, que normalmente exigia dez homens para voar. Em volta dele, os jovens se espalhavam em mais um V irregular. Frentes de tempestade e rajadas enchiam o céu em torno deles, e Pappy se desviava do pior delas.

Depois de mais uma parada para reabastecer, na qual um dos P-40 perdeu o freio e bateu em uma cerca, eles continuaram para Darwin. Embora não soubessem, estavam correndo na direção de outra monção enorme.

Chegaram a Darwin antes dela, mas apenas por pouco. Uma sólida parede de nuvens negras enchia o horizonte, e os homens podiam ver lençóis de chuva caindo dela. Adiante da tempestade principal havia outras, menores, que Jim Morehead (um dos pilotos de P-40) mais tarde chamou de "nuvens tubulares".

Esse era um tempo diante do qual mesmo um piloto veterano tremia. Enquanto servia com os Flying Chiefs no porta-aviões *Lexington*, Pappy tinha saído com o esquadrão à noite para praticar pousos no porta-aviões. Quando eles terminaram, seguiram para San Diego. No escuro, Pappy entrou em uma neblina tão espessa que ficou desorientado. Seu caça estolou e entrou em parafuso. Foi só no último segundo que ele conseguiu endireitar o avião e puxá-lo de cima das cristas de onda.

Ele aprendera a confiar em seus instrumentos, não no que seu corpo lhe dizia nesses momentos. As sensações que o ato de ser jogado de um lado para outro em uma nuvem turbulenta pode infligir ao corpo humano são desorientadoras e enganosas. A violência dentro dessas tempestades pode fazer um avião virar de cabeça para baixo e o piloto nem ser capaz de notar — a menos que esteja fielmente examinando seus instrumentos.

Jovens pilotos têm dificuldade para confiar em medidores em detrimento de seu corpo. O tempo que afligia Darwin naquela noite podia acabar causando baixas.

Pappy não perdeu tempo. Deslocou-se para o Campo Batchelor em uma última arrancada para a pista. Quando eles entraram no padrão, ele não teve escolha senão descer para as nuvens tubulares, dando aos pilotos dos caças um momento de teste de coragem enquanto eles tentavam furiosamente permanecer em formação e não colidir. Um jovem irritado achou isso louco, e mais tarde confidenciou em seu diário que quisera derrubar o avião de Pappy.

Em vez disso, Pappy os liderou através da nuvem e da escuridão crescente sem uma única baixa nem acidente de pouso. E também bem a tempo. Enquanto eles taxiavam para a rampa de estacionamento em Batchelor, a tempestade principal explodiu acima deles. Gotas de chuva do tamanho de frutas golpearam seus aviões e os encharcaram até os ossos no minuto em que eles desceram das cabines. O vento açoitou a área, e nas 24 horas seguintes a tempestade despejou quinze centímetros de água em Darwin.

Os pilotos dos caças ficariam em Darwin, dormindo no chão do Batchelor Field O Club até a tempestade ir embora.

Enquanto isso, Pappy Gun passou a agir por conta própria.

Tudo provavelmente começou com uma missão prioritária que o afastou de Darwin e da perna seguinte do traslado para Timor para os pilotos dos caças. Um contingente de oficiais de staff britânicos do QG do general Archibald Wavell que tinham vindo consultar o comando ABDA em Java precisava de uma carona de volta à sitiada Singapura. Pappy voou direto para Java atravessando o pior da tempestade, sem copiloto nem navegador. Ele reuniu uma tripulação de soldados, ou em Darwin ou em Java, quando chegou. Singapura ficava a 3400 quilômetros do Campo Batchelor, e a maior parte desse pedaço de céu era agora dominada pelas Forças Aéreas japonesas.[1]

Ele conseguiu chegar a Singapura e deixou os oficiais de staff britânicos. Naquele momento, O Miss EMF tinha estado no ar quase ininterruptamente desde o dia 29. Pappy tinha voado de Brisbane para o extremo sul da Malásia com o mínimo de manutenção em um B-17 gasto e danificado cujos motores Wright Cyclone R-1820 exigiam inspeções e trabalho constantes.

Ele não ficou muito tempo em Singapura, levando o Miss EMF para leste, até a ilha Ambon. Exatamente por que ele cruzou toda a extensão das Índias Orientais Holandesas no momento preciso em que os japoneses estavam ocupados em invadir as principais ilhas é algo que ficou perdido na história. Ele pode ter recebido ordem de ajudar na evacuação de pessoal da aviação e civis dos Aliados em Ambon, que vinha acontecendo desde 16 de janeiro. Como ela já estava basicamente concluída no fim de janeiro, parece que Pappy provavelmente possuía um motivo adicional: ir furtivamente às Filipinas para resgatar sua família.

Com o B-17, ele poderia ter reabastecido em Ambon e voado para a fazenda Del Monte. Seu velho amigo Bill Bradford ainda estava voando no Beech Staggerwing da PAL para Bataan e as ilhas Visayas. Junto com o Bellanca e outros aviões leves no que ficou conhecido como a Frota Bambu.

Pappy pode ter planejado voltar e encontrar sua família, deixando o bombardeiro em Del Monte em troca de algum avião pequeno em que ele pudesse chegar e sair de uma pequena área de pouso perto de Manila.

Ele chegou a Ambon em 3 de fevereiro de 1942, no mesmo momento em que os japoneses chapinhavam na praia saindo de navios anfíbios nas proximidades. Pappy viu as embarcações inimigas, viu os soldados, e sentiu sede de vingança. O Miss EMF não carregava nenhuma bomba, então ele saiu em busca de algumas. Não se sabe se Pappy aterrissou em Ambon. Se o fez, ele foi provavelmente o último piloto dos Aliados a usar o campo de pouso. Os soldados holandeses e australianos que defendiam a área se renderam mais tarde naquele dia — e foram massacrados pelos japoneses, que estavam irritados porque um de seus navios havia sido afundado por uma mina marítima.

Pappy apareceu algumas horas depois com o Miss EMF em Koepang, no Timor. Quando ele chegou, os nervosos artilheiros holandeses abriram fogo contra seu B-17, fazendo seu motor direito externo parar de funcionar.

A essa altura, fazia cinco dias que Pappy estava voando quase sem parar. O B-17 não tinha controles de propulsão hidráulica — os ailerons e elevadores se movimentavam só por cabo e força muscular. Sem um copiloto para rendê-lo, seu corpo de meia-idade lhe faltou. O rosto e as pernas incharam, e quando ele aterrissou em Timor estava tão debilitado fisicamente que talvez nem tenha conseguido andar até que a circulação retornasse às pernas.

É provável que, lá no solo em Koepang, com o motor de seu B-17 ainda fumegando devido aos golpes de fogo amigo, outro pedaço da lenda de Pappy Gunn tenha se formado. Mais uma vez, nunca se saberá exatamente o que aconteceu.

Dizia a história que Pappy taxiou até os hangares destruídos pelo fogo em Koepang, só para encontrar os mecânicos holandeses lá se preparando para parar de trabalhar naquele dia. Eram apenas quatro da tarde e Pappy queria bombas, gasolina e seu motor consertado, mas os holandeses lhe disseram que fariam isso de manhã.

Não é bom o bastante.

Ele começou a discutir com os holandeses, de quem não gostava nada porque (1) tinham inutilizado seu motor e (2) ele odiava o jeito como eles tratavam os javaneses. E também os achava frios, antiquados e aferrados a regras. Tudo isso, além do fato de eles serem "filhos da mãe racistas", levou Pappy a chamá-los "esses malditos cabeças quadradas".

Um comodoro da Força Aérea holandesa apareceu e exigiu saber o que Pappy achava que estava fazendo. Pappy explicou do que precisava e o motivo da urgência. O comodoro disse a ele que seus homens não trabalhariam fora do horário normal.

É. Não.

Pappy claudicou de volta ao Miss EMF, subiu para dentro da fuselagem e saiu com uma submetralhadora. Ele a brandiu na direção dos locais e descarregou uma rajada pouco acima da cabeça do oficial holandês.

Lançou um olhar malévolo para o comodoro e disse, com um risinho: "Sente-se naquele tambor ali. Você está desobrigado do comando".

O comodoro fez o que lhe foi dito. Seus mecânicos começaram a trabalhar no motor danificado do Miss EMF.

Pappy não confiava nesses "Aliados". Em vez de começar a trabalhar para ajudar, como fazia normalmente, ele ficou vigiando os mecânicos, com a submetralhadora apontando ora para o ex-comandante deles, ora para eles.

Passadas várias horas nesse impasse, apareceu um oficial americano sênior. Em várias recontagens do episódio por um coronel da USAAF e um general brigadeiro, o oficial era ninguém menos do que o próprio general Brereton, mas isso parece improvável, pois Brereton devia estar em Java nesse dia.

Quem quer que fosse encontrou Pappy com aspecto deplorável, o rosto inchado, o cabelo retorcido e espumando de uma gélida fúria.

"O que está acontecendo, Pappy?", ele perguntou.

O piloto do Arkansas contou a ele, e depois pediu que o comodoro fosse denunciado por retardar o esforço de guerra.

O americano considerou isso por um momento e decidiu usar esse pedido para resolver o impasse. Concordou em denunciar o comodoro, mas em troca Pappy tinha de entregar sua submetralhadora.

Pappy gostava daquela arma. Realmente não queria abrir mão dela. Afinal, sua equipe de ladrões tinha conseguido muitos suprimentos com a ajuda dela. No fim, ele concordou. Entregou a arma ao americano. O comodoro holandês foi liberado, mas os mecânicos terminaram o trabalho no Miss EMF e puseram o motor para funcionar. A essa altura, era tarde demais para ir bombardear a força-tarefa ao largo de Ambon.

Quando Pappy se preparava para partir, o oficial americano o puxou de lado e expôs sua armadilha. Se ele tivesse de denunciar o comodoro, Pappy também seria denunciado por tomar Aliados como reféns. Isso era uma transgressão sujeita a corte marcial.

Dane-se.

Ele estivera fazendo todos os tipos de coisa que podiam levá-lo a uma corte marcial. Muito mais dolorosa foi a ordem direta que ele recebeu de voltar a Java. Isso abortou sua missão clandestina de voltar às Filipinas. Abatido, com raiva dos holandeses e frustrado por não poder atacar os navios japoneses em Ambon, ele subiu de novo no Miss EMF e o apontou para oeste, levando-o para longe de sua família.

Se o incidente de fato aconteceu, ninguém sabe ao certo. Em uma das versões, o oficial era britânico, não holandês. Se fosse esse o caso, ele poderia ter ocorrido em Singapura. Ou poderia ser mais uma narrativa louca que surgiu da guerra solitária de Pappy naquele mês de fevereiro. Seja qual for o caso, ele dá uma grande narrativa, mesmo que não uma grande história.

Quando Pappy aterrissou em Java, soube que aviões de reconhecimento dos Aliados tinham descoberto recentemente uma força-tarefa japonesa seguindo para o sul através do estreito de Makassar. Uma força reunida às pressas de navios de guerra holandeses, britânicos e americanos tinha sido mandada para o norte para interceptar a frota japonesa, por medo de que ela estivesse vindo desembarcar na própria Java.

Toda a defesa do Comando ABDA das Índias Orientais Holandesas girava em torno da manutenção de Singapura e Java. Em 4 de fevereiro Singapura parecia uma causa perdida, mas os holandeses estavam determinados a defender Java até os últimos avião e navio.

Pappy sabia que, se os japoneses alcançassem a ilha e desembarcassem tropas, os holandeses careciam dos homens e da disposição de luta necessários para contê-los por muito tempo. Isso significava que qualquer um que não conseguisse sair seria capturado ou morto. Inclusive os homens do major Sprague.

A situação parecia crítica no momento, e poucas semanas depois o pior cenário imaginado por Pappy se desenrolou em Java. Dessa vez, o alerta se mostrou um alarme falso. A força-tarefa japonesa estava de fato se dirigindo ao porto de Makassar, na extremidade sudeste da ilha Celebes.

Naquela manhã, os navios dos Aliados enviados para interceptar a força japonesa sofreram um grave ataque aéreo. Sem cobertura de caças, eles eram altamente vulneráveis aos habilidosos e veteranos pilotos de bombardeiro japoneses. Os bombardeiros inimigos causaram sérios estragos a um cruzador holandês e dois americanos, um dos quais sofreu danos tão graves que foi retirado da campanha. A força-tarefa deu meia-volta sem sequer alcançar o grupo anfíbio japonês.

Em Surabaya, Pappy ordenou que o Miss EMF fosse carregado com bombas. Bastava de continuar voando e sendo atingido — dessa vez ele ia assumir a ofensiva. Os navios estavam a cerca de novecentos quilômetros de Java, o que tornava o voo até lá longo e perigoso. Ao longo dessa distância, o Miss EMF carregaria cerca de duas toneladas de bombas.

Com seu grupo improvisado de artilheiros, um dos quais Pappy designou bombardeiro do Miss EMF, o antigo veterano da Marinha decolou e seguiu para a batalha. Suas habilidades de navegação os levaram à força-tarefa japonesa. Zeros que faziam cobertura atacaram o B-17 enquanto o bombardeiro improvisado de Pappy tentava acertar o primeiro alvo deles.

A incursão em alta altitude não conseguiu nenhum acerto. Esse era um tipo de bombardeio que Pappy nunca praticara na Marinha. Ele conhecia os detalhes dos bombardeios em mergulho e de torpedo, mas o Miss EMF não era capaz de fazer nenhum deles. Um ataque de bombardeio de mergulho requeria uma descida de setenta graus, algo que teria arrancado as asas do grande Boeing deles. E eles tampouco tinham um compartimento de bombas projetado para carregar um torpedo. O bombardeio nivelado teria de funcionar.

Depois que a primeira incursão fracassou, ele deu meia-volta no bombardeiro no meio de fogo antiaéreo cada vez mais pesado. Os navios abaixo carregavam uma mescla de metralhadoras pesadas e canhões de 25 mm em suportes triplos. Os marinheiros japoneses enchiam o céu com granadas explosivas, mas o Miss EMF parecia enfeitiçado e atravessou a tempestade enquanto o artilheiro lançava bombas em outro navio.

Segunda incursão, nenhum acerto.

Pappy baixou o nariz do avião e atravessou de novo o vespeiro. Caças passaram raspando pelo Miss EMF, os artilheiros do Boeing tentando furiosamente afastá-los com disparos desesperados de suas calibre .50.

Nenhum acerto. Irritado e frustrado, Pappy se recusava a desistir. Dispondo ainda de algumas bombas, ele mergulhou cada vez mais baixo para fazer passagens sucessivas. Seu artilheiro inexperiente não tinha nenhuma chance de atingir um navio em movimento de 20 mil pés de altitude — isso ficara muito claro. A 10 mil pés, ele errou de novo, então Pappy continuou a descer.

Eles fizeram sete ataques através de cortinas de fogo de artilharia com Zeros em seus calcanhares. O último Pappy fez bem perto das cristas de onda, como se fosse lançar um torpedo. Em vez disso, eles tentaram jogar a bomba que restava na lateral de um navio japonês. Deve ter sido uma visão aterrorizante para o azarado artilheiro deitado de barriga na banheira do Miss EMF, seu queixo praticamente tocando na espuma das ondas. A bomba errou o alvo, mas Pappy se sentiu muito mais à vontade ali embaixo do que desfilando 1500 metros acima da força-tarefa. Era como naqueles dias com o avião torpedeiro VT-3 durante o primeiro ano dele depois da escola de voo.

Eles não acertaram nada, mas pelo menos tinham entrado na guerra e desferido alguns golpes contra os japoneses. Para Pappy, isso foi uma mudança muito bem-vinda em relação a estar sempre do lado que recebia os ataques.

E também lhe deu algumas ideias. Elas ficaram impregnadas no fundo de sua mente enquanto ele voltou a Java, reabasteceu e retornou a Brisbane nos dias seguintes. O Miss EMF precisava de muito trabalho. Voar a extensão das Índias Orientais Holandesas com manutenção mínima, sofrendo danos de combate e abusando dos já exaustos Wright Cyclones certamente tinha eliminado a garantia da empresa para aquele bombardeiro de 200 mil dólares. Se um representante técnico da Boeing ou da Wright tivesse descoberto o que Pappy fizera, certamente teria ficado enlouquecido. Nenhuma Fortaleza Voadora devia jamais ter sido tão exigida com tão pouca manutenção. Apenas os motores requeriam substituição total do óleo a cada cerca de cem horas, junto com inspeções diárias e outras mais completas a cada 25 horas de voo, e isso para voo normal, não de combate. Somando-se a isso os danos de combate acumulados, era hora de dar ao Miss EMF um pouco de cuidado.

Em Brisbane, Pappy estava tão esgotado que não conseguiu continuar. Lee Coats, um piloto de B-17 do 19º Grupo de Bombardeio, levou o Miss EMF ao sul, para Melbourne, a uma instalação de revisão dos Aliados que havia lá.

Enquanto isso, o coronel Johnson tinha se intrometido com a unidade de Pappy. Ele tornou o Comando de Transporte Aéreo a organização guarda-chuva geral para um novo grupo de esquadrões que receberiam a mistura confusa de aviões dada a Pappy algumas semanas antes. Agora um coronel comandaria o CTA, e o capitão Gunn recebeu o recém-formado 21º Esquadrão de Transporte Aéreo.

Na realidade, pouco mudou no início, exceto acrescentar mais uma camada de burocracia à vida cotidiana de Pappy. A verdade era que ele não ligava para comandos nem títulos. Não ligava para promoções nem medalhas. Queria a família de volta e os japoneses derrotados. Nessa ordem.

Com o Miss EMF, ele voara mais de 35 mil quilômetros. Em um período de seis dias, ele o pilotara sozinho em 120 de um total de 150 horas. Mas todo esse esforço não o levara de volta a Luzon.

Ele não tinha nenhuma notícia da família desde dezembro. Não sabia o que estava acontecendo com os civis americanos em Manila, e não sabia se Polly e os filhos tinham conseguido escapar para Bataan. Dan Stickle tinha conseguido fazer algo por eles? Ninguém soubera de Dan desde que o QG da FAEO partira às pressas, na véspera do Natal.

Ele não sabia, e, no desconhecimento, os piores medos habitavam sua mente capaz e imaginativa. Nesses momentos, ter a incrível imaginação que ele possuía deve ter sido uma tortura. E pode ter sido em parte o motivo de ele trabalhar até cair. Com trabalho, ele podia ocupar pelo menos parte de sua mente e afastar os medos demoníacos.

23. Onde os fracos são as presas

Fevereiro de 1942
Manila

A manhã chegou; Polly não. Os filhos estavam sentados juntos na sala de estar, praticamente tremendo de medo e preocupação. Perder o pai tinha sido bastante duro, mas eles tinham crescido acostumados à ausência dele por períodos durante sua carreira na Marinha. Polly fora a constante na vida deles. Sempre lá, sempre com eles, cuidando, considerando cada uma de suas necessidades. Até o fim de semana em que a guerra começou, as meninas nunca tinham passado mais de uma noite longe da mãe.

Agora, tinham de encarar a horrível possibilidade de não voltar a vê-la.

A incerteza abria buracos neles enquanto esperavam e rezavam por sua volta. Finalmente, Leo desceu com Eva, que gentilmente os lembrou do plano da mãe.

Era hora de ir para Santo Tomas. Paul e Nath pegaram suas bolsas de lona. As meninas tinham maletas de vime. Houve um alvoroço de atividade enquanto eles se preparavam para partir.

A sala, mesmo apinhada, tinha sido um lugar de conforto. Aquelas eram as posses deles; cada uma tinha uma história. A Victrola estava numa mesa, com a pilha de discos ao lado. Quantas vezes as crianças tinham dado corda nela para que os pais pudessem dançar ao som de Bing Crosby e Tommy Dorsey? Quantas vezes eles tinham visto os pais na sala de estar de Villamor Court, balançando-se e rindo enquanto P.I conduzia a esposa em uma rumba? P.I. gostava de terminar uma canção com um floreio, e muitas vezes inclinava Polly enquanto as notas finais saíam do megafone antigo da Victrola.

As fileiras de fotografias dispostas no consolo e nos tampos de mesa contavam a história da família. Fotos de casamento, cenas do voo da lua de mel. Connie bebê; os primeiros retratos da família quando Nath chegou para completar o pequeno clã deles. P.I. cheio de vitalidade em seu uniforme, postado garbosamente na frente de um avião.

O apartamento nunca fora um lar. Mas essas coisas eram.

"Prontos?", perguntou Leo num inglês com sotaque russo.

Connie estava naturalmente no comando agora. Ela assentiu com a cabeça e as crianças saíram do apartamento. Imaginavam se algum dia o veriam de novo.

Eva tinha chamado uma caleça para eles, e eles a encontraram esperando na rua, sua carruagem de um colorido brilhante parecendo fora de lugar em uma manhã escura e pavorosa. As crianças subiram na traseira e Leo se apertou com eles. Quase não havia espaço para todos, então eles levaram a bagagem no colo.

Eva fez um aceno de adeus, com o rosto tenso de preocupação enquanto a caleça trotava pela rua. Em sua velocidade, a corrida até Santo Tomas seria longa.

As crianças não viam a cidade desde que os japoneses a haviam capturado. Agora, espiavam da carruagem sentindo-se amortecidas de desespero. Em vez de policiais filipinos guardando os cruzamentos, soldados japoneses tomavam o lugar deles. Seus fuzis com baionetas de trinta centímetros pareciam muito mais ameaçadores nas mãos desses soldados do que com o praça adolescente que eles tinham encontrado primeiro. Vê-los parados nos cruzamentos pelos quais eles passavam antes sem nenhum pensamento os fez estremecer.

Não eram só as crianças que se sentiam assim. Aqui e ali, filipinos andavam pelas calçadas. Já não havia o alvoroço e a vivacidade de antes da guerra na Pérola dos Mares Orientais. Em seu lugar estava o movimento sombrio e cuidadoso de um povo conquistado e inseguro do que esperar de seus novos senhores. Olhos desviados, eles corriam para seus afazeres com rostos sérios. A cidade inteira parecia estar sob uma mortalha.

Levou duas horas para chegarem a Santo Tomas. A universidade católica, a faculdade mais antiga em território americano, tinha sido fundada em 1611 e aberta oito anos depois. Seu prédio principal, de três andares, continuava a ser um dos mais belos símbolos arquitetônicos nas Filipinas. Ao longo dos séculos, ele aguentara incontáveis inundações e terremotos, tempestades e exércitos de conquista, e o tempo todo seu clero educara os cidadãos de Manila.

O campus possuía um ar majestoso, graças àquele edifício principal e sua fachada ornamentada, com a torre do relógio central e suas janelas arqueadas. As salas de aula eram construídas com janelas altas e pesadas para ajudar a refrescar o lugar no calor do meio-dia. Aquelas fileiras de janelas aumentavam o lustro do prédio à noite, quando as luzes interiores se derramavam por elas e enchiam o hall inteiro com um belo brilho alaranjado.

Em volta do edifício principal havia algumas construções mais modernas, erguidas à medida que o campus crescera ao longo dos séculos. O prédio retangular de três andares de educação ficava do outro lado de um pequeno gramado, margeado por palmeiras. Suas passagens ao ar livre entre as salas de aula no primeiro andar lhe davam uma aparência colonial característica. Do outro lado do campus ficavam o seminário e a capela, ambos inacessíveis aos prisioneiros. Um ginásio mais dois grandes campos de esporte divididos por um pequeno grupo de árvores dominavam o terço traseiro do campus. Na extremidade desses campos, uma cerca de ferro forjado corria ao longo do limite leste-oeste do campus, ligando-se aos velhos muros de pedra que corriam no sentido norte-sul. No conjunto, a universidade formava um quadrado no coração de Manila, com cerca de 450 metros de lado. Como sua localização era tão central, os alunos iam de transporte para a aula todos os dias de suas casas pela cidade. Não havia dormitórios nem instalações para passar a noite para ninguém além dos padres jesuítas no seminário.

Não que isso importasse; a escola agora estava fechada, e não haveria período de primavera em 1942. Em vez disso, o campus abrigava uns 3500 prisioneiros civis, que superlotavam as salas de aulas e os laboratórios com itens de cama e pessoais. Em volta dos prédios, os internos construíam chuveiros e improvisavam tanques de lavar roupa. Os acréscimos *ad hoc* abafavam a grandiosidade do campus. Agora ele parecia um cruzamento de uma favela dos tempos da Depressão com um campo de refugiados jogado no meio de um tesouro arquitetônico.

Quando a caleça se aproximou dos portões da frente, de alvenaria e ferro forjado, os Gunn puderam ver filas de filipinos amontoados em volta da entrada. Outros estavam alinhados nos muros de pedra norte-sul de três metros de altura, jogando pacotes por cima deles para as pessoas dentro do campus.

A caleça parou. O motorista não podia avançar mais na multidão. As crianças se despediram de Leo e desceram para a rua. Havia gente em todo canto, gritando e empurrando. Nath segurou a bolsa bem apertada contra o peito, sentindo um calafrio de terror enquanto eles avançavam naquele mar de rostos estranhos.

Nos portões propriamente ditos, havia guardas japoneses, com fuzis levantados, as baionetas refletindo o sol da manhã. Eles pareciam irritados e sobrecarregados, o que os tornava agressivos. Empurravam, gritavam e faziam gestos enquanto as pessoas se aglomeravam em volta deles.

Connie tomou a frente, seu rosto cheio de determinação, liderando os outros através do caos. Eles se puseram em fila na entrada principal, com pessoas dando cotoveladas e empurrões em sua volta enquanto eles procuravam a mãe. Ela prometera encontrá-los no portão se não conseguisse sair. Finalmente a viram, usando as mesmas blusa branca e calça comprida cáqui e os mesmos sapatos oxford marrons que usara no dia anterior, quando partira para o campo. Nath a viu sorrir para ele, e nesse momento seu medo desapareceu. Calorosa e carinhosa, ela abriu um sorriso largo para os filhos, aparentemente esquecida da confusão e do barulho que os cercava. Nath olhou para o sorriso da mãe e soube que, acontecesse o que acontecesse, desde que estivessem juntos, eles estariam bem.

Com Connie ainda à frente, eles abriram caminho até ela, esquecidos da multidão em volta. O abraço de família deles quebrou a tensão, e eles se demoraram nele um bom tempo, como pedras em um riacho, enquanto a corrente de pessoas fluía em torno deles.

Uma vez dentro do campus, Polly saiu para completar a papelada de ingresso, depois voltou e os levou para o prédio principal. As salas de aula eram agora dormitórios, e o lugar já estava superlotado. O campo havia sido aberto no mês anterior; eles eram retardatários e teriam de se instalar no que estivesse disponível. Na noite anterior, Polly soubera que, logo depois da formação do campo, os prisioneiros tinham criado sua própria liderança interna, o comitê de internos, que tratava da logística do dia a dia que todos eles enfrentavam. Ela foi falar com eles para explicar sua situação. O comitê não se impressionou. Não havia permissão na organização do campo para manter irmãos e irmãs juntos com a mãe. Todos eram segregados por gênero.

Polly deu as más notícias da forma mais gentil que pôde. As meninas ficariam com ela em um quarto cheio de mulheres, mas o mais perto que ela pudera conseguir para os garotos era um quarto a seis portas de distância pelo corredor no segundo andar.

Nath e Paul olharam para Polly, sem saber a princípio o que isso significava. Então entenderam: eles não poderiam viver com o resto da família. A notícia os chocou. Como poderiam cuidar da mãe e das meninas estando separados delas?

Todo o campo tinha sido montado daquele jeito, segregado rigorosamente por gênero, vivendo comunitariamente. Nath e Paul estariam longe da mãe em um quarto lotado com uns quarenta homens.

Eles foram levados a seus novos aposentos, uma antiga sala de aula agora apinhada de camas separadas por pouco mais de meio metro. Os colchões eram baratos e finos; não havia nenhuma privacidade. Os garotos se sentaram em suas camas e empurraram as bolsas para baixo delas. Não eram sequer vizinhos um do outro, o que os fez sentir-se ainda mais isolados. A cama atribuída a Paul ficava ao lado de uma parede; a de Nath, no meio do quarto.

Os homens em volta deles, usando short e sandália, pareciam desinteressados em sua chegada. Ninguém os cumprimentou, e poucos olharam para eles. O clima no quarto era taciturno e até um pouco hostil. Paul cumprimentou um dos homens perto de sua cama. O homem o ignorou. Os garotos tinham passado a vida em torno dos amigos da Marinha do pai. Por mais que estes fossem incultos, sempre cuidavam dos meninos Gunn. Eles tinham acreditado que adultos sempre seriam assim. Mas lá estavam eles, praticamente as únicas crianças em uma sala com dezenas de camas, e os homens ali os faziam se sentir completos intrusos.

E eles eram americanos. Por que se comportavam daquele jeito?

Eles decidiram sair do quarto para explorar o lugar. Juntos, andaram pelo prédio, espiando os banheiros. Cada andar tinha dois deles, que sempre pareciam cheios. Logo descobriram que as portas tinham sido arrancadas dos boxes, portanto não havia absolutamente nenhuma privacidade. No momento em que tentaram usar um deles, os outros homens na fila rosnaram: "Ei, garoto, não leve o dia inteiro".

Eles encontraram os chuveiros — ou o que fazia as vezes de chuveiro. Em um dos banheiros, quatro deles tinham sido montados sobre um dreno no chão. Os homens se aglomeravam ali, de dez a doze por vez, para se alternarem debaixo dos chuveiros.

Naquela noite, Nath hesitou ao chegar à frente da fila do chuveiro. Todos aqueles homens em volta e nenhum deles estava sendo gentil. Se o notavam, era para dar bronca nele por algo que tinha feito errado. Agora, ele não conseguia se convencer a ficar nu na frente deles.

Os homens não tiveram nenhuma compreensão. "Ei, garoto! Se apresse! Se apresse!"

Por fim, decidiu-se, tirando a roupa e entrando debaixo da água. Tinha acabado de se molhar quando um dos adultos ordenou que saísse. Ele correu para se vestir e escovar os dentes com Paul.

Naquela noite, em uma sala cheia de estranhos roncando, Nath ficou deitado na cama, apertando bem os olhos enquanto se imaginava em qualquer lugar que não fosse ali. Os sons eram todos estranhos a ele, e no meio do quarto, separado de Paul mas cercado por outros a trinta centímetros de cada lado, ele se sentia claustrofóbico.

Teve uma noite longa e difícil. De manhã, enquanto os homens saíam para tomar o café da manhã, Paul acenou para que Nath fosse a seu beliche. "Olhe isso", disse ao irmão menor.

Ele abriu o zíper de sua bolsa de lona. Tudo, com exceção das roupas, tinha sido roubado. A comida, o sabonete que a mãe tinha embrulhado, pasta de dente, escova, meias — tudo sumira. Nath voltou a sua cama e agarrou a própria bolsa.

A mesma coisa. Tudo, com exceção das roupas, tinha sido saqueado pelos homens no quarto.

Adultos roubando crianças? Isso estava tão fora da esfera da experiência deles que os garotos realmente nem sabiam o que pensar. Terminaram fazendo o que qualquer criança faria — contaram à mãe.

Polly ficou furiosa. Cada dormitório improvisado era supervisionado por um interno monitor de quarto. Eles deviam resolver disputas e assegurar que todos se arranjassem seguindo as regras que os japoneses lhes impunham. Polly marchou direto para o monitor do quarto de Paul e Nath e informou o roubo enquanto os garotos olhavam.

"Senhora, nós não vamos cuidar desses garotos", disparou o homem. "Se eles não conseguem cuidar de suas coisas, a culpa é deles. Não nossa."

Para eles, autoridade sempre significara proteção. Agora estavam sendo vitimados por ela. Ficar lá vendo a mãe receber um sermão da pessoa que mais controlava a existência diária deles os deixou profundamente abalados. O monitor do quarto não os manteria em segurança, e deixou claro que tudo de que os homens no quarto conseguissem se safar seria culpa deles por não estarem mais bem preparados para aquilo.

Nath não tinha nenhuma ideia de como reagir a essa nova realidade. Eles tinham sido ensinados pela Igreja e pelos pais a acreditar na bondade fundamental das pessoas. Agora, tinham visto pela primeira vez o lado escuro da natureza humana. Desiludido e confuso, Nath procurou em sua mente pelas lições que P.I. instilara nele, mas elas pareciam não ter nenhuma relevância naquele novo mundo. Ele não tinha ideia de quem pegara seus pertences, e mesmo que tivesse, como brigaria com um adulto? As regras da Oitava Avenida pareciam inaplicáveis; certamente eles não podiam brigar com o quarto inteiro.

Paul se virou para Nath e disse: "Parece que nós somos coelhos em uma toca de linces".

Polly enfrentou o comitê de internos com raiva justificada e relatou o que os outros prisioneiros tinham feito aos seus filhos. Os membros do comitê não mostraram muita solidariedade. A situação para garotos sem pai era ruim. Felizmente, um administrador de escola americano chamado Bertram Godfrey Leake admitiu o problema. Leake via os homens pilhar os garotos fracos e jovens sem pai e sabia que a situação precisava mudar. Ele tinha conseguido assegurar um andar do prédio de educação para meninos pré-adolescentes e adolescentes que eram jovens demais para ser abarrotados em quartos cheios de homens agressivos e egoístas.

O comitê deu a Polly a opção de mudar os garotos para lá. Polly enfrentou uma escolha terrível para qualquer mãe. Ela podia manter os filhos perto, mas os homens no quarto sem dúvida continuariam a explorá-los. Ou podia pô-los em outro prédio no campus bastante longe.

Ela sabia o que era certo fazer, por mais difícil que fosse admitir isso. Eles ficariam mais seguros longe dela. Com o coração pesado, ela foi encontrar Bertram Leake e mais tarde naquele dia os garotos carregaram o que sobrara de seus pertences para o primeiro andar do Prédio de Educação.

Os garotos descobriram que Leake era um adulto que eles entendiam. Era sincero e preocupado com o bem-estar deles. Ele lhes explicou que havia muitos adultos que eles precisariam vigiar durante os dias em que estivessem fora no meio da população principal de prisioneiros. Estariam seguros no Prédio da Educação, mas qualquer adulto podia ser um predador. Eles tinham de ficar de guarda, e ao contrário da vida do lado de fora, não necessariamente precisavam seguir as orientações de todos os adultos. Era cada homem — e garoto — por si.

O novo espaço se revelou muito mais adequado a eles. Os garotos fizeram amigos rapidamente, e encontraram alguns personagens interessantes no meio deles. Um garoto britânico no quarto era obcecado por Napoleão. Falava dele sem parar e às vezes o imitava. Os outros garotos o chamavam de Nappy, e seu comportamento errático fazia parecer que ele estava à beira de um colapso nervoso. Alguns dos outros garotos eles reconheciam da escola, ou de seu círculo social em Manila.

Gradativamente, o número de garotos aumentou, de modo que a operação de Leake se espalhou para três quartos. Um dos amigos mais próximos dos Gurevich chegou pouco tempo depois dos irmãos Gunn. Abraham Zelekofsky era da idade de Nath, uma criança prodígio ao piano com braços finos e cor de fantasma. Ele nunca fizera nada além de tocar piano e aprender teoria musical. Era delgado e seu corpo, subdesenvolvido. No mundo de *O senhor das moscas* atrás dos muros de Santo Tomas, uma criança tão talentosa não era nada mais que um alvo.

O fato de ele não ter um pai para protegê-lo piorava as coisas. Como outros refugiados russos, a família dele fugira da Revolução para se instalar na China. No fim da década de 1930, o pai dele conseguira documentos e passaportes britânicos para que eles pudessem escapar para Manila. Aqueles documentos saíam-do-continente-asiático voltavam agora para assombrá-los. Embora fossem russos e oficialmente neutros, os japoneses só viram a papelada e jogaram a família atrás das grades. No entanto, consideraram o trabalho do pai de Abraham em Manila vital para o funcionamento da cidade e não o internaram. Deram a ele um passe para que permanecesse fora dos muros.

Quando ele chegou ao campo, sua mãe ficou aliviada de ver um rosto amigo e pediu a Nath que cuidasse de seu garoto, embora ele fosse ficar a duas portas de distância, em um quarto para garotos mais novos. Nath levou a sério a missão e disse que faria o melhor possível para protegê-lo.

Os dias passaram; a família se acostumou gradativamente à rotina. Nas manhãs, os garotos entravam na fila para o café com o bilhete de refeição da mãe e levavam a comida deles para o prédio principal para comerem em família. Então o comitê de internos alocou Connie no hospital do campo, e depois disso ela raramente tomava o café da manhã com eles. Tentavam almoçar e jantar juntos sempre que possível, mas Paul acabou trabalhando na equipe da cozinha. Logo ele também não pôde mais fazer todas as refeições com a família. Polly se empenhava ao máximo para mantê-los todos juntos no meio da luta contra tantas forças que os separavam. Os filhos retribuíam, fazendo o melhor que podiam para cuidar da mãe.

Embora sempre animada e capaz, Polly nunca operava sem um guarda-chuva de apoio. Quando criança, ela vivia com a proteção do pai sempre presente. Saíra direto de casa dele para aquela que ela e P.I. estabeleceram depois de se casarem. Embora Pappy passasse longos períodos no mar e ela tivesse aprendido a funcionar sem ele, Polly sempre sabia que, se acontecesse uma emergência, ela podia entrar em contato com a Marinha e ele voltaria para casa. Ela sempre administrara bem a casa na ausência dele, mas as grandes decisões de família eram tomadas por P.I. ou pelos dois em conjunto.

Agora ela não tinha essa rede de segurança, e a simples percepção de quão verdadeiramente sozinha estava abalou Polly até a base. Não havia dia médio em Santo Tomas; cada dia exigia decisões no nível da sobrevivência que ela precisava tomar em seu benefício e no de seus filhos. Não havia nenhum guarda-chuva de proteção sobre ela, nem esperando para ser usado se ela se visse numa situação difícil. Agora, totalmente pressionada, ela era o guarda--chuva para os filhos. Como protegê-los em uma prisão, quando tão poucos aspectos da vida estavam sob seu controle direto, impunha a ela um desafio quase insuperável. Isso a desgastava psicologicamente, ao mesmo tempo que as exigências físicas da vida no campo também cobravam seu preço.

Com a mãe nem sempre disponível para eles, os garotos perceberam que precisavam se virar sozinhos. Aprenderam a não confiar em adultos a menos que eles primeiro provassem ser confiáveis. Muitos queriam usar as crianças para fazer trabalho extra ou tarefas no campo, ou buscavam explorá-las de outras maneiras. A princípio, a ameaça de ataque sexual pesava na mente da família. Como a falta de comida extraía a força de todos, essa se tornou uma preocupação menor.

Outras coisas se tornaram muito mais perigosas para os garotos, inclusive espiões. Uma mulher passava os dias sentada em uma cadeira, observando tudo o que acontecia ao seu redor. Ela informava toda infração de regras, de demonstração pública de afeto ao contrabando de produtos. Sobrevivia de trair seus companheiros internos.

E não estava sozinha. Por comida extra e vantagens, outros também se tornavam informantes. Alguns ajudavam os japoneses a desentocar os homens no campo que tinham escondido sua identidade militar. J. C. Baxter, amigo de Julie, era um dos que tinham escondido seu uniforme quando os japoneses chegaram a Manila, esperando sair da guerra no campo de internamento em vez de em um complexo de prisioneiros de guerra. Aos poucos, os japoneses conseguiam pegar esses homens. Quando descobertos, os soldados os levavam para o vizinho Forte Santiago, que se tornara o quartel-general da polícia secreta japonesa, ou Kempeitai, e os torturavam para obter informações. Se eles sobrevivessem, eram jogados nos complexos de prisioneiros de guerra espalhados por Luzon.

Certa manhã, Nath e Paul estavam andando para os chuveiros quando viram Dan Stickle. Na última vez em que o tinham visto ele era tenente da Força Aérea do Exército. Para ficar com a mulher, Marie, ele tinha jogado fora seu uniforme, escondido seu passado militar das autoridades de ocupação japonesas e se apresentado junto com a mulher em Santo Tomas.

Ele tinha sido amigo íntimo da família por muitos anos. Vê-lo levantou o ânimo dos garotos. Ali estava um adulto em quem eles podiam confiar, que cuidaria deles. Mas Dan passou por eles sem nem um aceno de cabeça ou um contato visual. Quando eles contaram o incidente a Polly, ela sussurrou para eles que havia ouvidos em todo canto. Dan estava arriscando a vida para estar no campo com Marie, portanto eles precisavam aceitar o comportamento dele e protegê-lo. Isso foi outra mudança para os garotos, um lembrete de que seu mundo tinha sido virado de cabeça para baixo. Em vez de Dan Stickle, o homem que tentara tirá-los de Manila para a segurança, olhar por eles, os garotos teriam que ser os protetores silenciosos dele, guardando seu segredo mortal.

A labuta diária de sobrevivência entre os internos era ocasionalmente pontuada pela intromissão de soldados japoneses. Em 1942, o campo era administrado por autoridades civis japonesas com apenas uma pequena estrutura de soldados para vigiar os internos. Eles ocupavam as posições de observação ao longo dos muros. Executavam inspeções nos espaços de moradia, procurando itens contrabandeados, dos quais o mais cobiçado era dinheiro. Cada interno tinha permissão de trazer apenas mil pesos, e não podia ter mais enviado de fora. O dinheiro podia ser usado para comprar comida nos quiosques mantidos por filipinos no portão da frente, mas, quando ele acabava, os internos ficavam totalmente dependentes da comida fornecida pelas cozinhas. Mesmo no começo, esta não era suficiente.

As inspeções causavam terror na família. Os soldados podiam ser brutais se encontrassem algo de que não gostassem, e Polly escondia um contrabando considerável. Ela tinha começado a manter um diário da experiência da família, e esse tipo de escrita era estritamente proibido. Ela escondia suas páginas dentro das roupas e nunca deixava ninguém além dos filhos saber que as tinha.

Polly também mantinha o rolo de dinheiro que P.I. havia lhe dado na véspera do Natal antes de partir para a Austrália. Ele dissera a eles que a guerra não seria curta, e ela levava isso a sério. O dinheiro era o salva-vidas deles. Podia suplementar as escassas rações do campo com frutas e verduras compradas dos quiosques no portão da frente. O dinheiro assegurava que eles pudessem pagar por produtos essenciais com que outros internos simplesmente não podiam arcar. Mas ser apanhado com ele poderia ter resultado na punição mais severa.

Para proteger o dinheiro, Polly usou suas habilidades de costura. Descosturou seu colchão e escondeu dentro dele o dinheiro. Certificou-se de que ele ficasse escondido de tal maneira que, quando os soldados viessem e apalpassem a cama deles, não detectariam nenhuma saliência incriminadora nem ouviriam o estalido do dinheiro quando suas mãos apertassem o colchão. Enquanto os soldados faziam a busca, os internos tinham que ficar de prontidão fora de seus quartos em fileiras de três por quatro, esperando tensos para ver se algo seria encontrado. Os soldados eram conhecidos pela brutalidade, mesmo com os seus iguais.

Certa manhã, Paul e Nath acordaram e viram as unidades militares do campo se exercitando em um trecho aberto nas proximidades. Um dos jovens praças errava o tempo todo, o que fez os garotos começar a rir. O homem não tinha nenhuma habilidade de soldado em seu DNA; era desajeitado e ficava sempre um pouco atrás do resto da formação. Finalmente, um dos suboficiais ficou farto daquilo. Caminhou até o soldado e ficou gritando para ele durante o exercício seguinte. Quando ele errou de novo, o suboficial desferiu socos e chutes contra o azarado sujeito. Atônitos diante de tanta brutalidade, os garotos cochicharam sobre aquilo durante vários dias. Se eles podiam infligir tanto dano a seus próprios homens, como reagiriam a um prisioneiro que fizesse algo muito errado?

Eles não tiveram de esperar muito para descobrir.

Em 14 de fevereiro de 1942, três homens fugiram de Santo Tomas depois da chamada da noite. Eles pularam a cerca e sua falta só foi notada na manhã seguinte. Os japoneses em Manila os pegaram poucas horas depois e os devolveram ao campo.

Naquela manhã, os três foram amarrados a estacas do lado de fora do prédio principal. Correu a notícia de que os japoneses queriam que toda a população de internos se reunisse com eles lá fora. Lentamente, os internos saíram para o ar livre, sob o sol quente da manhã. Nath estava no Prédio de Educação quando a ordem chegou, e saiu para se juntar à multidão perguntando-se o que estava acontecendo. Em algum lugar, sua mãe, Paul, Julie e Connie também deviam estar na aglomeração, mas, com mais de 3 mil pessoas naquela área aberta, ele tinha pouca esperança de encontrá-los.

Então ele viu os três prisioneiros amarrados e presos às estacas, desamparados, nus da cintura para cima e com os olhos vendados. Vários soldados japoneses estavam ao lado, e, quando um oficial deu a ordem, começaram a açoitar os três homens com mangueiras de borracha cheias de areia. A multidão assistia àquilo completamente chocada. Os soldados maldosamente batiam com toda a força que conseguiam reunir. Os golpes rachavam a pele. O sangue pingava na grama, e os sons de ossos quebrando ecoavam pelo campus. Os três homens urravam em agonia. Seus gritos não trouxeram alívio; não haveria clemência.

Os internos assistiam a tudo retraídos. Alguns viravam o rosto. Outros fugiam. Ninguém esqueceu aquela visão, nem a mensagem que os japoneses passaram com ela. Fugir era tolice, e as consequências, daninhas.

Depois os japoneses tiraram os fugitivos de Santo Tomas, os enfileiraram na frente de covas abertas e atiraram neles a curta distância com pistola. Eles caíram nas covas, ainda vivos. Trabalhadores filipinos foram obrigados a enterrá-los, enquanto eles ainda gemiam e gritavam.

Ninguém tentou fugir de Santo Tomas depois daquele dia.

Nath saiu daquela cena mudado para sempre. Seus dias de infância tinham acabado. Agora ele entendia isso sem nenhuma dúvida. Correr na praia, observar a frota chegar e ir embora enquanto seu macaco de estimação dava cambalhotas preso na coleira. Fazer serenata para garotas ruivas. Brincar de soldado na segurança do quintal. Isso não era mais a vida, e naquele momento ele reconheceu que ela acabara de vez.

A sobrevivência era importante. Ele não podia ser delicado; não podia depender de outros. Aqueles americanos de uniforme com quem ele passara a vida inteira não voltariam tão cedo para salvá-lo. Agora, aqueles que usavam uniforme deviam ser odiados, temidos e evitados. Nath sabia que ele e a família não sobreviveriam se jogassem pelas velhas regras de antes da guerra. O jogo tinha mudado, e ele se deu conta de que também teria de endurecer e mudar. Precisaria de um novo manual. Precisaria ser furtivo, frio e ousado. Senão, ele e seus familiares simplesmente se tornariam vítimas daquele lugar infernal.

Nathan Gunn caminhou para o Prédio da Educação sem conseguir tirar da cabeça a imagem daqueles homens torturados. *O que for preciso*, ele dizia em silêncio. *O que for preciso.*

24. Wainwright para MacArthur: Onde está o capitão Gunn?

20 de março de 1942
Darwin, Austrália

Singapura tinha caído. Sumatra, Bali, Timor — todos nas mãos dos japoneses. Aqueles pilotos jovens e saudáveis que Pappy trouxera para Darwin? Os poucos que conseguiram voltar o fizeram com o rosto austero, envelhecidos além de sua idade, com uma vida de lembranças horríveis guardadas no fundo deles. A maioria não escapou — inclusive o major Sprague, morto em combate. Apesar de todo o massacre, os pilotos dos P-40 só infligiram um punhado de mortes aos japoneses.

Nas Filipinas, o general Jonathan Wainwright ainda resistia em Corregidor e Bataan, mas MacArthur tinha fugido para a Austrália por ordem de Franklin Delano Roosevelt. O fim estava próximo em Luzon, e as outras ilhas certamente cairiam quando o Exército que havia nelas depusesse as armas.

Os homens em Bataan se agarravam desesperadamente a suas últimas linhas defensivas, com uniformes apodrecendo no corpo. Afligidos por doenças, reduzidos a rações de um quarto, eles tinham sido forçados a matar e comer seus cavalos apenas para permanecerem vivos mais alguns dias.

Wainwright estava esperando no antigo quartel-general de MacArthur em Corregidor, implorando por suprimentos, apoio — qualquer coisa para seus homens. Quantidades absurdas de dinheiro tinham sido oferecidas a capitães de navio para que enfrentassem o bloqueio japonês, mas, depois que as Índias Orientais Holandesas caíram, poucos queriam arriscar o navio em uma viagem para a baía de Manila.

Não que não restassem muitos deles. Muitos navios tentaram fugir de Singapura nos dias anteriores a sua queda, só para serem destruídos em alto-mar por navios de guerra ou aviões de patrulha japoneses. Poucos sobreviveram a esses encontros trágicos.

Enquanto as Índias caíam, outro êxodo em massa se desenvolvia. Os japoneses varriam os mares ao sul de Java com porta-aviões, cruzadores e destróieres. Seus aviões vasculhavam a área em voos de reconhecimento, explodindo qualquer coisa que encontrassem fora na água. Milhares morreram no massacre entre Java e a Austrália naqueles últimos dias frenéticos antes de os japoneses reinarem supremos.

Desapareceram muitos dos navios que Pappy conhecera na juventude. Por vezes incontáveis, na década de 1920, ele tinha pousado no convés de voo curto e largo do primeiro porta-aviões dos Estados Unidos, o USS *Langley*. Orgulhoso de seu serviço a bordo daquela velha "Carroça Coberta" da aviação naval, ele se acostumara a falar dela com muito carinho.

Os japoneses o afundaram ao sul de Java enquanto ele tentava levar um carregamento de P-40 para os americanos ali acossados. A maioria de sua tripulação morreu no desastre.

O cruzador *Houston* foi afundado em algum lugar ao largo de Java; ninguém sabia onde. Ele desapareceu com um cruzador australiano enquanto tentava escapar através do estreito de Sunda. Pappy tinha passado parte de sua carreira na aviação naval como piloto de reconhecimento em hidroaviões baseados em cruzadores. Ele sentiu muito intensamente a perda dele. Aqueles marinheiros eram homens de sua espécie; os mais antigos a bordo do *Houston* eram homens com quem ele passara alguns dos melhores momentos de sua juventude.

Agora não sobrara nada da Frota Asiática, aqueles gloriosos navios que os filhos de Pappy viam do muro de sustentação até a rua na casa em Villamor Court quando seguiam orgulhosamente para a ponta Sangley depois de uma semana de manobras — tudo acabado. Alguns simplesmente desapareceram no mar sem nem um SOS. Outros dispararam frenéticos informes de detecção do inimigo antes de silenciar para sempre.

Tantos navios. Tantos velhos companheiros da Marinha perdidos a bordo desses navios. A devastação deixou Pappy enlutado, irritado e ainda mais determinado a fazer alguma coisa — qualquer coisa — para parar a matança.

Agora a própria Austrália estava sob ataque. Aviões da mesma força-tarefa que tinha devastado Pearl Harbor assolaram Darwin na metade de fevereiro, deixando o porto arrasado. Os hangares do Campo Batchelor eram pouco mais que galhos quebrados, e a cidade foi praticamente abandonada.

Quando os porta-aviões saíram em busca de outros alvos, vieram os bombardeiros baseados em terra. Nesse momento, só restava um punhado de pilotos de P-40 com aviões desgastados e remendados para desafiar os japoneses. Eles decolaram, desviando-se de crateras de bomba, para combater enfrentando desvantagens crescentes, a última linha de defesa antes de a própria Austrália ser dominada pelo Sol Nascente.

Eles estavam vindo. Ninguém duvidava disso. Não era mais uma questão de tentar salvar as Filipinas. Agora, os altos escalões americanos e australianos discutiam se deviam defender a costa norte ou abrir mão dela e retirar tudo para o sul.

Pappy suportou esses dias caóticos e dolorosos jogando-se no trabalho. Labutando até cair, ele voava, consertava e ajudava a formar o nascente serviço de transporte na Austrália. Quando essa orgia terminava e ele desabava, às vezes o sono não vinha, a despeito da exaustão. Sua mente faiscava de raiva, culpa e frustração. Ele acordava atormentado e se jogava de novo numa cabine, com destino aonde quer que fosse.

Por mais errada que fosse a decisão, ele ainda estava preso àquele senso de dever, mesmo que as pessoas que davam as ordens no quartel-general também fossem suas inimigas. Havia um trabalho a fazer; ele era necessário nessa crise. Não podia simplesmente roubar um B-17 e voar para Del Monte, em Mindanao, e depois encontrar um jeito de chegar a Luzon. Eles o declarariam um desertor e o prenderiam. Seu acesso a aviões seria vetado e ele poderia acabar na prisão, com a família ainda nas mãos dos japoneses. Mesmo que ele escapasse, não haveria maneira de voltar às ilhas. A FAEO e a RAAF tinham se apropriado de todos os aviões civis que restavam na Austrália. Por mais que ele odiasse o alto escalão do Exército, precisava dos aviões deles. Precisava se conter, ao menos o bastante para não dar a eles uma desculpa para trancafiá-lo.

Se ele pudesse combinar seu dever com uma operação de resgate, poderia conseguir tirar a família de lá. O problema era que o tempo estava contra ele. Era certo que os japoneses conquistariam as Filipinas em questão de semanas, talvez até antes disso. Se ele não imaginasse um motivo militar para retornar logo para lá, nunca voltaria. Com o Miss EMF indisponível, as chances de uma missão como essa pareciam cada vez mais remotas.

A oportunidade finalmente apareceu em meados de março, pouco depois de MacArthur chegar à Austrália. O general Wainwright enviou a ele um apelo desesperado por quinino, um remédio contra malária. Milhares de seus homens em Bataan estavam febris em hospitais de campo superlotados, sofrendo de malária. Se ao menos alguém pudesse chegar até lá com um suprimento de quinino, esses homens poderiam voltar à luta. Os defensores poderiam conseguir resistir um pouco mais até que mais ajuda chegasse.

Wainwright pedia 3 milhões de comprimidos. Como virtualmente nenhum capitão queria enfrentar o bloqueio, e uma missão com submarino demoraria demais, o esforço de reabastecimento teria de ser feito pela Força Aérea do Exército. Os comprimidos eram leves e fáceis de armazenar a bordo de um avião; não seria um desafio transportar esse tipo de carga. O desafio seria levar o avião até onde Wainwright precisava dele. Um B-17 podia fazer a viagem de Darwin a Del Monte, na ilha de Mindanao, mas não havia como pousar um deles em Bataan. Os campos lá eram todos muito curtos, primitivas pistas para caças abertas na selva. Embora alguns aviões da Frota Bambu ainda permanecessem em atividade nas Filipinas, eles voavam esporadicamente e sob ameaça constante. Tentar descarregar o quinino em Del Monte, depois contrabandeá-lo para Bataan nos ofegantes aviões da Frota Bambu parecia a única maneira viável de levar os suprimentos a Wainwright. Essa era, na melhor das hipóteses, uma alternativa precária, porque exigiria muitas viagens e muito risco para os poucos pilotos que restavam nas ilhas.

A situação deu uma ideia a Pappy. Ele se apresentou como voluntário para a missão e se ofereceu para fazê-la não em um B-17, mas no NPC-56. Sabia que podia entrar e sair de Bataan com o venerável Beech partindo de Mindanao e entregar o quinino em um único voo. Isso pouparia o passo extra de ter que reunir os aviões que a Frota Bambu pudesse pôr em funcionamento para a missão. Além disso, na mente de Pappy, ele sabia que podia usar o Beech para

242

encontrar uma maneira de voltar a sua família. Esse era o equilíbrio nuançado entre dever e sua própria agenda pessoal de que ele necessitava.

Só havia um problema: o único avião que tinha o combustível necessário para ir de Darwin a Del Monte, no sul das Filipinas, era o B-17. O Beech precisava de paradas para reabastecimento ao longo do caminho, assim como os P-40. Com a rota de traslado havia muito tempo nas mãos dos japoneses, parecia não haver maneira de levar o avião de passageiros da PAL de volta às ilhas.

Pappy pensou com cuidado em tudo e fez alguns cálculos. Avaliou que, se aliviasse o peso do avião e aumentasse sua capacidade de combustível, ele poderia por pouco chegar a Del Monte. A velha aeronave — ainda sem metralhadoras nem blindagem — poderia ser reabastecida em Mindanao para a viagem final a Bataan. Uma vez em Luzon, ele poderia usar seus contatos no solo para encontrar os familiares e trazê-los de volta. O Beech seria a tábua de salvação deles para ir para a Austrália.

Pappy se pôs a trabalhar tirando tudo o que conseguia do NPC-56 para aliviar o peso. Tudo que podia ser retirado, arrancado ou cortado, ele removeu. Cada grama de peso contava. Os assentos de passageiro saíram. O banheiro através do qual seus filhos deixavam cair garrafas de coca-cola saiu. Equipamento de rádio extra, equipamento de sobrevivência — descartados. Pappy passou dias à mesa, depois imaginou um jeito de enfiar cinco tambores de combustível de 360 litros na área de passageiros. Quase 2 mil litros de gasolina extras atochados lá atrás dele. Se uma bala perfurasse a fuselagem, ele seria um isqueiro voador.

Não se sabe se o vermelho brilhante do avião, de antes da guerra, foi repintado. Provavelmente, por essa época, alguém tinha borrifado uma camada de verde-oliva sem graça nas asas e na fuselagem lustrosas. Pelo menos isso dava a ele uma pequena chance extra de atravessar o cordão japonês sem ser detectado.

Os 1300 quilos extras sobrecarregaram seriamente o Beech. Com os tanques internos cheios, a capacidade de carga padrão do 18 era só de 115 quilos. Pappy só conseguira tirar aquele tanto de coisas do avião e ele ainda estava com uma sobrecarga de 815 quilos. A maioria dos pilotos jamais tentaria decolar nessas condições. Os dois Pratt & Whitney simplesmente não tinham os cavalos necessários para fazê-lo.

Carregar o combustível extra não era suficiente. Ele precisava encontrar uma maneira de levar a gasolina na cabine de passageiros para os tanques internos. Enquanto modificava o avião, ele construiu um sistema Rube Goldberg afixado a um dos tambores no qual poderia usar uma mangueira de borracha e bombear manualmente para levar a gasolina ao sistema interno principal.

Ele não poderia simultaneamente pilotar o avião e bombear gasolina quando estivesse quase roçando as cristas de onda para evitar ser detectado. Talvez em altitude ele pudesse equilibrar o avião, sair da cabine e bombear, voltando periodicamente para se certificar de que a aeronave permanecia em voo nivelado. Fazer isso aumentaria a probabilidade de ser detectado, portanto não funcionaria. Ele concluiu que precisaria de um copiloto, pelo menos para chegar a Del Monte.

Não apenas um copiloto, mas um coconspirador. Levar o quinino a Bataan era importante, mas era apenas um bilhete oficial para voltar às Filipinas. Essa missão médica de compaixão seria sua cobertura para outra tentativa de salvamento. Quem tripulasse o avião com ele teria que concordar com isso.

Ele encontrou seu coconspirador no major Cecil McFarland, cuja mulher e cujo filho por nascer tinham ficado na cidade de Cebu. Ele servira como oficial de óleo e combustível na FAEO no começo da guerra. Nos sombrios dias depois que os japoneses desembarcaram em Luzon, ele tentara heroicamente salvar o máximo de combustível que pudesse do Exército Imperial, que se aproximava. Em certo momento, até encontrou uma fileira de vagões-tanque em uma ferrovia ao norte de Manila — e tentou separá-los de vagões de carga cheios de munição de artilharia enquanto aviões japoneses metralhavam e bombardeavam a área.

McFarland possuía muito da coragem de alguém nascido em Oklahoma. Em fevereiro, o coronel Johnson o encarregou de um dos novos esquadrões do Comando de Transporte Aéreo. Ele e Pappy se conheceram e descobriram que ambos tinham abandonado a família. Os dois começaram a tramar juntos e elaborar como poderiam resgatar todos.

A primeira perna entre Darwin e Mindanao seria a mais complicada. Pappy pilotaria enquanto McFarland bombearia gasolina através do sistema improvisado na cabine principal. Eles decidiram voar à noite para minimizar a possibilidade de ser detectados e tentar chegar a Del Monte logo depois do amanhecer. De lá, Pappy pretendia levar McFarland a Cebu e então continuar para Bataan, entregar o quinino e tirar de lá sua família.[1]

Foi por esse motivo que ele escolheu o Beech para a missão. O Miss EMF não conseguiria pousar no Bulevar Quezon, nem em nenhuma das pequenas pistas de terra em Bataan. Essa missão requeria algo suficientemente pequeno e ágil para entrar e sair de espaços pequenos, mas grande o bastante para abrigar a família inteira. O NPC-56 era a única coisa disponível que poderia fazer isso.

Ao menos, ele achava que poderia. Com McFarland a bordo, o avião ficava pelo menos novecentos quilos acima de sua capacidade máxima de carga de fábrica.

Às seis da tarde de 20 de março de 1942, Pappy e McFarland terminaram os preparativos finais e subiram no Beech modificado. Com o quinino a bordo e todos os tambores de gasolina lotados, eles taxiaram até o fim da pista no Campo Batchelor. Pappy, como era usual, testou os magnetos e ligou cada um dos motores. Como todos os outros refugiados filipinos naquela primavera, o NPC-56 continuava a voar com apenas o mínimo de manutenção. Os motores estavam tão desgastados e pouco confiáveis que nenhuma empresa de transporte aéreo de passageiros teria deixado aquele avião sair do solo. Ele já não precisava apenas de uma simples revisão. Estava em condições tão ruins que uma revisão seria só um Band-Aid. O NPC-56 necessitava de novos motores e de uma miríade de peças novas.

Aos ouvidos mecânicos de Pappy, os motores soaram toscos e usados em excesso. Ele tinha feito tudo o que podia por eles com o que tinha à mão. Agora, só lhe restava confiar que eles aguentariam e os tirariam do solo. Mas eles o preocupavam.

Ele devia abortar o voo? Gastar mais algum tempo para encontrar motores novos ou um avião melhor?

Ele ouviu os motores lhe contarem sua história, as opções lhe passando pela cabeça.

Não havia nenhum motor novo para o Beech na Austrália. Nem outra opção de aeronave. Isso era sabido havia muito tempo em sua mente, e ele logo afastou esses pensamentos. Olhou para a pista adiante. Essa operação poderia matá-lo. Sobrecarregados, cheios de combustível, se eles não pudessem pôr o Beech no ar, certamente morreriam em uma bola de fogo no fim da pista.

Se ele morresse, sua família seria lançada nas mãos do destino. A salvação dela dependia dele; ele não podia se dar ao luxo de correr riscos impensados.

Pappy olhou para o painel de instrumentos. Tudo estava no verde. Ele podia dar meia-volta e imaginar um plano melhor.

Qual plano melhor? Ele não tinha opções. Tinha de ser esse. E, se ele não tentasse, sabia que a culpa o devoraria tão completamente que seria como se ele estivesse morto.

Ele empurrou lentamente os manetes. Nada forte nem abusivo. A pista era comprida e larga; eles tinham muito espaço para decolar.

O sobrecarregado Beech avançou, bamboleante, ganhando velocidade com tanta lentidão que um piloto menos desesperado provavelmente teria desligado os manetes antes do ponto sem retorno e taxiado o avião de volta para a rampa. Considerando os riscos que havia nessa missão, Pappy empurrou os manetes para a potência máxima.

Agora a meio caminho da pista, o Beech continuava a se esforçar, então Pappy aplicou mais potência até que os dois manetes ficaram totalmente abertos e os motores ganiram. O indicador de velocidade do ar passou de sessenta milhas. A cauda não subiu. A faixa de concreto no nariz do avião se esgotava rapidamente.

Eles passaram do ponto sem retorno. Agora não havia nenhuma chance de desligar os manetes e fazer o avião parar; não restava pista suficiente para isso. Eles decolariam, ou morreriam em um acidente causticante quando batessem na borda da pista. Com todo o combustível extra a bordo, não havia como sobreviver a um desastre.

A cauda subiu. O Beech tentou virar para a esquerda, puxado pelo torque do motor, mas Pappy fez a correção com o leme com precisão rápida. O indicador de velocidade do ar passou de cem milhas. Pesadamente, quase com relutância, as rodas perderam contato com o solo. Pappy puxou a coluna de controle para trás, só um pouco. O nariz subiu e o Beech se pôs no ar. No minuto em que ele saiu do solo, Pappy recolheu o trem de pouso para reduzir o arrasto. O indicador de velocidade do ar deu um pulo, e o avião subiu um pouco mais depressa.

Eles decolaram. Agora, só precisavam viajar através de 2400 quilômetros de território controlado pelos japoneses. Dois mil e quatrocentos quilômetros, mais de doze horas de voo. Os tanques de combustível atrás deles os impediam de fumar. Quando Pappy não podia acender um Camel, costumava pendurar na boca uma ponta de charuto meio mastigada. Mas nenhuma nicotina por meio dia? Ele estaria pronto para matar alguém quando eles chegassem a Del Monte.

Eles voaram para o norte, o sol se pondo no lado de sua asa a bombordo. McFarland bombeava gasolina; Pappy navegava e mantinha o Beech em baixa altitude. Quando escureceu, eles fizeram desvios em volta de pequenas ilhas a leste de Timor.

Entraram no mar de Banda e voaram direto para um tufão. O tempo ficou tão ruim que levou Pappy a voar quase roçando a água. A turbulência os jogava para um lado e para outro e frustrava os esforços de McFarland para reabastecer durante o voo. Logo eles estavam presos em um mundo de pretos e cinzas, o para-brisa açoitado por chuva e vento, o avião surrado por correntes de ar descendentes que forçavam Pappy a ficar nos controles manuais sem descanso hora após hora. Como o Miss EMF, o Beech não tinha propulsores hidráulicos para seus ailerons nem elevadores. Combater as forças da natureza exigia força muscular, e muita. A resistência física que isso requeria era estonteante, o equivalente ao levantamento de peso em absoluta escuridão por dez horas ininterruptas, onde um erro podia ser fatal.

O tempo todo, ele olhava os instrumentos e tentava calcular quanto o vento uivante os estava desviando do curso. Queria chegar a Mindanao no golfo de Moro, depois seguir sobre a terra perto de Cotabato City, um dos principais pontos de navegação na costa oeste da ilha. Fazer isso agora, no meio de uma tempestade, parecia uma possibilidade remota. Eles não podiam ver as estrelas; não podiam navegar orientados por referências abaixo deles. Pappy só podia ficar de olho na bússola e garantir que o nariz permanecesse apontado na direção certa. O resto ele tinha de deixar a cargo das sensações e do destino.

Por volta de quatro da manhã, o motor esquerdo do Beech começou a ratear. Pappy o tratou com cuidado e, para compensar, injetou mais potência na hélice restante. Não podia forçá-la demais; sabia que os motores estavam em péssimas condições.

Isso não ajudou muito. O motor esquerdo gradualmente falhou até que parou por completo. Através da tempestade, Pappy viu sua hélice girando inutilmente e mudou seu passo até que as lâminas girassem de modo livre com a corrente de ar — um processo conhecido como embandeiramento. Dessa maneira, as lâminas não criavam arrasto.

Um Beech podia voar com apenas um motor — desde que estivesse em boas condições e conseguisse produzir força. O piloto precisava equilibrar o avião e compensar com os controles, podia ser feito por um piloto hábil. Mas em uma tempestade, com motores desgastados, sobrecarregado, era outra história.

Eles começaram uma descida lenta, Pappy trocando altitude por velocidade do ar, tentando manter a situação sob controle o máximo que pudesse. A 6 mil pés, ele saiu da base do tufão e viu o amanhecer sobre montanhas distantes a leste.

Bastou uma olhada para ele saber que estava sobre o golfo de Moro. Ele podia ver a ponta da península de Zamboanga à frente, para a esquerda. Em algum lugar à direita abaixo do sol nascente estaria Cotabato. A navegação noturna de Pappy era mais uma vez quase perfeita.

Quando eles começaram a sobrevoar a praia oriental do golfo, uma forma se materializou na água à frente deles. Através do para-brisa riscado de chuva, os dois americanos se deram conta de que era um navio. Poucas embarcações dos Aliados permaneciam na área, portanto eles supuseram que era um navio japonês.

Eles viraram para evitá-lo, avançando com dificuldade para a costa, os tambores de combustível na cabine de passageiros agora vazios. Pappy podia manter o avião voando com apenas um motor por mais algum tempo, mas eles não tinham condições de travar um combate.

A bordo do navio, provavelmente o porta-hidroaviões *Mizuho*, marinheiros japoneses viram o solitário avião americano com um motor parado, e os pilotos de escolta do navio quiseram tentar abater um alvo fácil.

Quatro atarracados biplanos de dois lugares partiram dos trilhos da catapulta do *Mizuho*, inclinando-se lateralmente na direção de Pappy e Cecil McFarland.

Pappy não podia combater. Não conseguiria manobrar muito com apenas um motor. Não conseguiria fugir. Os americanos só tinham uma chance: esconder-se nas nuvens e escapar devagar e com cuidado.

Quando os hidroaviões avançaram na direção deles, Pappy empurrou o manete para a posição *stop* e seguiu com dificuldade em busca de cobertura.

Paul Irvin Gunn (P.I.) e Polly Gunn no dia de seu casamento, no início dos anos 1920. Eles se conheceram em um piquenique da igreja, e a atração imediata que sentiram os arrastou para esse épico e eterno caso de amor que resultou em tantas aventuras pelo mundo.

No dia de seu casamento, P.I. e Polly se preparam para partir para a lua de mel no hidroavião de P.I. O voo para New Orleans se tornou a primeira de muitas aventuras que eles viveram como casal, e uma das histórias que a família mais gosta de repetir.

Uma foto de família tirada durante os últimos anos da carreira de P.I. na Marinha. A família se mudou com frequência na época em que P.I. estava de serviço: primeiro para San Diego, depois para o Havaí, onde moraram inicialmente em Ford Island, antes de encontrarem uma casa em Honolulu.

Gunn posando com uma das aeronaves da K-T Flying Service no aeroporto de Honolulu, pouco antes de receber a oferta de emprego para se tornar o gerente fundador da Philippine Airlines.

NPC-54, o primeiro Beech 18 da Philippine Airlines. Pappy foi baleado e pousou esta aeronave no Campo Nichols durante a primeira semana da Guerra do Pacífico. Mais tarde, ela foi reconstruída — uma asa foi reafixada com arame — e pilotada até as Índias Orientais Holandesas, onde foi destruída em um bombardeio japonês.

NPC-56, o lendário Beech 18 da Philippine Airlines que viu tanto em serviço nos primeiros meses da Guerra do Pacífico. Pappy mandou pintar todos os aviões da empresa no tom de vermelho favorito de Polly.

Uma foto no interior de um Beech 18 da Philippine Air Lines, que mostra o ambiente confortável, porém apertado, na cabine principal de passageiros.

Mecânicos e profissionais de manutenção do Terceiro Grupo de Ataque posam em frente a um A-20 Havoc que os homens estavam montando no campo. O Terceiro Grupo superou, de um jeito engenhoso e inovador, suas instalações primitivas e sua escassez crítica de ferramentas e peças de reposição.

O *Pappy's Folly* foi o primeiro B-25 que Pappy e Jack Fox começaram a modificar. Os primeiros esforços para amontoar metralhadoras de calibre .50 no nariz da aeronave causaram sérios problemas de peso e equilíbrio, mas, por tentativa e erro, Pappy e Jack Fox resolveram as questões. Eles consideraram esse trabalho uma cutucada em todos os muitos opositores que pensavam que a sua ideia era imprudente ou até mesmo uma destruição criminosa de propriedades vitais do governo.

As regras básicas do Campo de Internação de Santo Tomas, exibidas ao longo do portão principal. O não cumprimento dessas regras podia resultar em severas punições e espancamentos.

Guardas japoneses se dirigem a um grupo de internas do Santo Tomas. Originalmente, o campo era administrado por civis japoneses e tinha uma presença militar mínima. Mas conforme a situação da guerra piorava para os japoneses, o campo caía cada vez mais no temido e brutal controle do Exército Imperial.

O chuveiro improvisado e as áreas de limpeza, construídas pelos internos do Santo Tomas, permitiam pouca privacidade. Os meninos Gunn temiam essas áreas, pois com frequência havia roubos de itens de primeira necessidade.

O *Miss Mary Lynn*, um veterano de ataques em missões de combate, foi modificado de acordo com as especificações de Pappy e Jack Fox. Não serviu com a Quinta Força Aérea, mas com o 19º Grupo de Bombardeio da 13ª Força Aérea nas ilhas Salomão, uma prova da rapidez com que os *strafers* se propagaram pelo Teatro do Pacífico.

Pappy na cabine de pilotagem de um dos primeiros B-25, ao que parece um que fora construído originalmente para os militares holandeses. Jack Evans, o chefe da sua tripulação, servia junto com Pappy aonde quer que ele fosse, depois que o conheceu na caótica campanha das Índias Orientais Holandesas. Mais tarde, Jack morreu em um treinamento nos Estados Unidos enquanto pilotava um T-6 Texan.

As carcaças destruídas dos caças Bell P-39 Airacobra, empilhadas no pátio de estocagem da Quinta Força Aérea em Eagle Farm. Pappy ajudou a organizar, reconstruir e fazer com que centenas de caças e bombardeiros jogados ali estivessem prontos para uso em combate durante o outono de 1942. Essa foi sua primeira de muitas tarefas especiais recebida pelo general Kenney.

Homens do Terceiro Grupo de Ataque posam junto com Pappy na frente do B-25. John "Joch" Henebry está na extrema esquerda, enquanto Pappy é o segundo da direita, com dr. Gilmore do seu lado direito.

O B-25 da Quinta Força Aérea bombardeia um navio de guerra japonês perto da costa da Nova Bretanha. Depois da Batalha do Mar de Bismarck, nenhum navio japonês que estivesse ao alcance da Quinta Força Aérea de Kenney estava seguro.

O Air Apaches do 345º Grupo de Bombardeio destruindo a fragata japonesa ao sobrevoar atirando no Mar da China Meridional durante os estágios finais da Guerra do Pacífico. As táticas e modificações nas aeronaves que Pappy e seu grupo de amigos desenvolveram no final de 1942 se provaram tão fortemente efetivas que os japoneses nunca encontraram uma forma de combatê-las com sucesso.

O B-25 Mitchell do 345º Grupo de Bombardeio sobrevoa atirando, trazendo morte e caos para as Forças Armadas japonesas atingidas no solo de Wewak no verão de 1943. Os atiradores de Pappy, junto com as bombas de fragmentação, tornaram-se as maiores armas contra esses alvos e assumiram um papel essencial na tomada do controle aéreo dos japoneses no Sudeste do Pacífico.

Março de 1945: as ruínas de Manila vistas de um avião de ligação das Forças Armadas americanas.

O coronel Paul Irving Gunn, da Força Aérea americana, uniformizado em uma de suas únicas fotos formais.

Depois de três longos anos, a família finalmente reuniu-se em Brisbane, em março de 1945. Pappy estava tão fraco por causa dos ferimentos que mal conseguia se levantar, e Polly e as crianças ainda estavam sofrendo os efeitos da fome prolongada e do tratamento brutal do Campo de Internação de Santo Tomas.

Pappy e Polly depois de se reencontrarem na Austrália, posando com o chefe da aviação norte-americana, James "Dutch" Kindelberger. Na sua visita, Dutch deixou claro que tinha muita gratidão a Pappy. Antes das modificações no B-25, Dutch contou para Gunn que tinha medo de que o B-25 Mitchell deixasse de ser produzido para que fizessem o B-26 Marauder e o A-26 Invader.

25. A sorte invencível de Pappy Gunn

21 de março de 1942
Sobre o golfo de Moro, Mindanao

O Beechcraft alcançou a camada de nuvem com poucos segundos de vantagem. Os pequenos e atarracados hidroaviões biplanos com um único flutuador seguiram atrás dele, mas as nuvens reduziam a visibilidade a apenas alguns metros. Eles vagaram enquanto Pappy olhava seus instrumentos e tentava com todo o cuidado conduzir o NPC-56 na direção de Cotabato. O motor direito mantinha a potência, mas seus pistões abusados e gastos rosnavam e estouravam em protesto.

Salvo por enquanto, Pappy sabia que eles não podiam ficar na escuridão para sempre. Com pouco combustível, agora no ar por doze horas, eles precisavam pousar. Del Monte estava a poucas centenas de milhas a nordeste — ao alcance deles, mas por pouco.

Pappy desceu da camada de nuvem para ter uma visão da linha da costa e se orientar. O Beech irrompeu na manhã cinzenta a 6 mil pés — e bem no caminho de um dos hidroaviões que os caçava. Os dois aviões se inclinaram na direção um do outro enquanto o piloto japonês abria fogo com suas duas submetralhadoras montadas na carenagem. Traçantes vermelhas iluminaram o céu em volta do NPC-56. Balas o atingiram.[1] O Beech estremeceu, mas Pappy manteve o controle. Desceu o nariz, mas outra torrente de chumbo atravessou a asa e a fuselagem. Ele sentiu o Beech ficar ainda mais lento. Ele estava ferido — gravemente ferido.

Em um átimo, o biplano passou veloz pelo Beech mutilado. O motor direito começou a perder potência ao mesmo tempo que o hidroavião começava a virar para outra passagem.

Eles não conseguiriam chegar a Mindanao.

Logo à frente do nariz do 18 estava uma ilha parcialmente encoberta pela escuridão chuvosa da manhã. Estava apenas a uma pequena distância, mas mesmo ela parecia demasiada. Ainda assim, ele tentou; a outra opção era cair no golfo e nadar até ela.

O Beech desceu cambaleando, Pappy o tempo todo lutando com os controles, enquanto, ao lado dele, Cecil começava a murmurar uma prece. A ilha apareceu diante deles enquanto Pappy tentava extrair um pouco mais de tempo de voo de seu avião moribundo. Eles bateram na arrebentação na praia da ilha, as hélices borrifando água na esteira deles. Em seus segundos finais, o NPC-56 os carregou a menos de um metro acima da areia até que finalmente seu motor velho e cansado parou. Pappy puxou o nariz para cima bem no momento em que o fundo da fuselagem bateu na praia, deixando as hélices torcidas para trás, como flores desabrochando. Ele deu um salto no ar em um último suspiro de morte, depois caiu em uma plantação de taro. Eles deslizaram, completamente fora de controle, Pappy e Cecil observando desamparados enquanto o Beech se desviava para um coqueiral na borda da fazenda.

Eles mergulharam no coqueiral. A asa direita colidiu com um coqueiro e se partiu, mas o avião não parou. Um segundo depois, a asa esquerda bateu em outro coqueiro e se desgarrou da fuselagem. Sem asas, o corpo do Beech finalmente parou no fundo do coqueiral. No alto, o hidroavião zumbia, sem que sua tripulação soubesse o destino do Beechcraft.

McFarland olhou para Pappy, ainda com a ponta de charuto entre os dentes. Os dois estavam machucados e ficariam doloridos durante dias, mas de algum modo tinham escapado de ferimentos sérios. Era um milagre o avião deles não ter explodido.

Em silêncio, Pappy estendeu o braço e pegou sua sacola de voo.

"Você sabe que foi minha prece que nos salvou", disse McFarland, virando-se para Pappy.

"O que você quer dizer?", perguntou Pappy enquanto fuçava a sacola em busca de algo.

"Bom, você só ficava dizendo 'Que merda! Que merda! Que merda!' enquanto eu prometia a Deus que passaria a me comportar bem se ele nos tirasse dessa enrascada."

Pappy tirou uma garrafa de bourbon da sacola de voo enquanto McFarland continuava falando. Ele o interrompeu passando a ele a bebida. "Tome", disse, "você primeiro."

McFarland sacou a rolha e tomou um longo trago da garrafa.

"Ei, não beba tudo!"

Eles ouviram alguma coisa lá fora, no coqueiral. Pappy ficou rígido. Num átimo, ele sacou seus Colts .45 e espiou os coqueiros através do para-brisa.

Virou-se para McFarland. "Está vindo alguém. Finja-se de morto, Mac, até nós sabermos quem é."

"O.k."

Um momento depois, alguém chegou ao lado da fuselagem. Pappy e McFarland estavam imóveis em seus assentos, os Colts de Pappy em seu colo, as mãos sobre eles.

Se fosse uma patrulha japonesa lá fora, eles teriam de lutar. Pappy e Cecil sabiam que destino os japoneses reservavam a tripulações aéreas derrubadas. Histórias que circulavam na Austrália contavam de baionetadas, tortura e até jogos mortais. No melhor dos casos, eles podiam esperar viver em um campo de prisioneiros.

Pappy se recusava a sair assim. Se aquela fosse sua última chance, que fosse. Ele tentaria pegá-los desprevenidos e levar consigo tantos quantos conseguisse. Segurou firmemente os .45 e se preparou para um tiroteio. Quem estava lá fora começou a se deslocar ao longo da lateral da fuselagem, na direção da janela de Pappy. Ele ouvia os passos esmagando as folhas. Mais perto. Mais perto.

Agora a menos de um metro.

Não reze, isso seria hipócrita.

Algo arranhou a lateral da fuselagem, logo atrás da janela de Pappy.

Polly...

"Olá, senhor", veio uma voz em inglês com sotaque.

Pappy abriu os olhos e se viu encarando um jovem agricultor filipino. A tensão se rompeu, substituída por alívio.

"Olá, você", respondeu Pappy com casualidade afetada.

Deixando um .45 no colo, ele pegou a garrafa de bourbon e a ofereceu ao filipino. O homem recusou educadamente, então Pappy deu um gole.

"Eita, esse troço é bom demais."

Ele passou a garrafa a McFarland, então guardou os .45 nos coldres. Um momento depois, eles estavam fora do desastre conversando com o filipino.

"Tem visto algum japonês por aqui?"

O filipino sacudiu a cabeça. "Não, senhor. Só vemos os navios deles quando passam."

Enquanto eles conversavam, chegou um carro e o dono da fazenda desceu dele. Caminhou por seu campo de taro arruinado, inspecionando o desastre.

Pappy começou a se apresentar, mas o proprietário o cortou. "Eu sei quem o senhor é, sr. Gunn. O senhor é Philippine Airlines. Eu voei com o senhor de Cotabato para Manila muitas vezes."

O reconhecimento surgiu no rosto de Pappy. "Ah, sim. Eu o reconheço agora." Só Pappy Gunn para cair na fazenda de um conhecido de negócios.

Pappy olhou para os restos do NPC-56. Aquele era oficialmente o último voo da Philippine Airlines. Sua carreira pós-Marinha tinha sido finalizada tentando mantê-la em atividade. Ele fora um pioneiro no Pacífico Ocidental. Agora estava tudo acabado. Pelo menos até depois da guerra.

A perda de seu trabalho da meia-idade o atingia fortemente. Com tristeza, ele disse ao proprietário da fazenda: "Não existe mais linha aérea". Apontou para a fuselagem entre os coqueiros e acrescentou: "Esse era meu último avião".

A exultação momentânea por sobreviver ao acidente logo deu lugar a um desespero profundo. Como ele chegaria a Polly agora? Com o Beech acabado, não haveria jeito de chegar a Manila, a menos que ele pudesse se apossar do velho Staggerwing de Soriano. Quem sabia se ele ainda estava sequer voando? Além disso, supondo que ele conseguisse tirar a família de Luzon, não havia modificações capazes de fazer o Staggerwing chegar à Austrália. Isso estava além até de sua capacidade de engenharia.

Ele estava preso. Poderia conseguir encontrar e resgatar Polly e os filhos — ou eles podiam estar esperando por ele em Bataan. Agora essa parecia ser a parte fácil. Uma vez em Del Monte, porém, os poucos PBY e B-17 que ainda voavam para a Austrália estavam lotados com pessoal de alta prioridade.

Era quase impossível conseguir um lugar em um daqueles aviões sem a forte influência de um oficial sênior.

Eles não estariam seguros em Del Monte. Não por muito tempo, de qualquer maneira. Ele não tinha se esforçado tanto apenas para deixá-los de novo em risco. Precisaria pensar em tudo com muito cuidado. Enquanto isso, eles verificaram os destroços da fuselagem e encontraram a carga de quinino intacta. A necessidade dela em Bataan provavelmente era maior do que nunca, portanto eles não podiam simplesmente abandoná-la. Teriam de levá-la através das montanhas a Del Monte e esperar que a Frota Bambu pudesse transportá-la pelo resto do caminho aos homens de Wainwright.

Eles conversaram sobre a situação com o proprietário da fazenda. Ele concordou em ajudá-los como pudesse. Primeiro, expôs a eles a situação na ilha.

Em dezembro, os japoneses tinham desembarcado em Davao, que ficava no litoral sul. Depois de tomarem o porto, eles pareciam contentes em ficar lá e usá-lo como uma base de escala para outras operações nas Índias Orientais Holandesas. Em 2 de março de 1942, uma pequena força japonesa desembarcou na península de Zamboanga para estabelecer uma base para hidroaviões. As forças filipinas na área se retiraram ao primeiro contato, depois se dispersaram para realizar ataques de guerrilha contra os japoneses.

Pelo menos por enquanto, o resto da ilha permanecia nas mãos dos filipinos. Se eles conseguissem atravessar a baía sem ser detectados pelos navios e aviões japoneses na área, tinham uma boa chance de chegar a Del Monte em segurança.

O proprietário da fazenda os ajudou no primeiro passo da jornada. Deu a eles um barco com tripulação, que ajudou a carregar o quinino para bordo e os levou clandestinamente ao litoral de Cotabato. Lá, eles seguiram primeiro para a cidade, depois para Del Monte, ao norte. Uma divisão de infantaria filipina defendia a cidade de Cotabato, e é bem possível que eles tenham deparado com suas linhas e conseguido por meio dela uma carona para Del Monte.

Quando chegaram à base americana, eles a encontraram totalmente transformada. Não havia mais aviões estacionados ao ar livre; o industrioso grupo do coronel Elsmore tinha cavado túneis fundos nas montanhas vizinhas que eram suficientemente grandes para esconder cinco ou mais P-40. Depois que os japoneses tinham descoberto o campo de pouso principal, os americanos construíram furiosamente por toda a área muitas pistas auxiliares que eles camuflaram com maestria e depois estocaram com combustível e óleo.

A partir desses campos, os americanos tentavam enganar os bombardeiros japoneses, mudando de lugar o número reduzido de P-40 e transportes para evitar sua destruição no solo. Os remanescentes da Frota Bambu de Bill Bradford ainda entravam e saíam da área, mas os aviões que restavam aos pilotos estavam em condições tão terríveis que era um milagre que ainda conseguissem voar.

Jess Villamor também permanecia na área, correndo entre Bataan e as ilhas do sul em um antigo biplano de treinamento que mal conseguia chegar a 140 quilômetros por hora em voo nivelado. Ele fazia parte de um grupo corajoso e predestinado de aviadores que faziam tudo que podiam para evitar que os homens em Bataan morressem de fome ou doença.

Pappy e McFarland chegaram a esse cenário e se apresentaram a Elsmore. Os dois ainda queriam ir para o norte, mas Elsmore informou por rádio a Austrália que os dois aviadores perdidos tinham aparecido. O QG da FAEO respondeu que Pappy devia voltar a Brisbane o mais rápido possível.

McFarland seria deixado para trás.

O presidente filipino, Manuel Quezon, chegou a Mindanao mais ou menos naquele momento com um pequeno entourage. Com o iminente colapso das defesas de seu país, ele iria para a Austrália. Um B-17 voou para Del Monte para recolhê-los, e Pappy pegou uma carona nele.[2]

Pappy chegou a Darwin em segurança, então pegou outra carona para o Campo Amberly. Ele queria levar um voo de bombardeiros para Del Monte e causar alguns danos aos japoneses, mas os grupos de B-17 tinham sido brutalmente atacados no combate por Java. Os bombardeiros de mergulho que o 27º havia reunido não tinham autonomia para chegar lá, e não havia mais nada disponível. Mas ele queria encontrar o coronel Davies e expor a ele a ideia.

Enquanto isso, Wainwright ainda precisava do quinino, e a FAEO queria que Pappy fizesse mais uma tentativa com um dos Lodestars. Ele voaria de novo em um avião pequeno e desarmado que precisaria ser modificado para carregar combustível extra para conseguir completar o voo.

Afinal, ele poderia ter mais uma chance de resgatar a família.

Se Pappy estava ansioso para desembarcar, conseguir um Lodestar e prepará-lo para o voo, Wainwright estava igualmente impaciente. Nos dias seguintes, ele enviou repetidas mensagens de rádio ao general MacArthur perguntando: "Onde está o capitão Gunn?".

O capitão Gunn chegou a Brisbane no fim de março. Quando pousou em Archerfield, uma nova vista o saudou. Alinhados na rampa, havia mais de uma dúzia de bombardeiros bimotores belamente proporcionados de um tipo que ele nunca vira. Nariz de vidro engaiolado, grandes carenagens abrigando potentes motores radiais e cauda bifurcada, exatamente como o Beech 18. Na frente dessa cauda dupla, cada bombardeiro exibia uma torre defensiva de Plexiglass transparente ostentando um par de metralhadoras .50. Mais armas se destacavam em seu nariz e nas laterais da fuselagem, e sob a barriga espreitava outra torre, retrátil.

Eles eram camuflados em verde e marrom e pareciam aves de rapina mortais em repouso, esperando que homens lhes dessem vida e as soltassem no céu.

Pappy desceu de sua carona e vagou entre eles, maravilhado com seu projeto e sua construção. Incrível. Depois de meses lidando com refugos gastos e máquinas que não podiam combater, aqui estava por fim uma verdadeira ajuda das fábricas americanas.

Davies e seu bando de veteranos das Filipinas e de Java finalmente teriam aeronaves à altura de sua coragem e ousadia. Eles precisariam de mais homens, disso não havia dúvida. Os bombardeiros de mergulho do 27º carregavam só dois, um piloto e um artilheiro. Esses novos aviões pareciam levar cinco ou seis, no mínimo. Alguém precisaria ensinar aos garotos como usar as miras de bombardeio naquelas coisas. Os A-24 portavam o que parecia um telescópio projetando-se através de seu para-brisa blindado. Quando estivesse em um mergulho de setenta graus, o piloto espiaria através dele e ajustaria a mira em seu alvo.

Esses novos aviões eram próprios para bombardeio nivelado, exatamente como os B-17, que eram maiores. Provavelmente usavam a mesma mira Norden Bomb montada nas Fortalezas. Talvez os artilheiros do 19º Grupo de Bombardeio pudessem ajudar nisso e ensinar ao 27º o funcionamento desse sistema muito complexo.

Não importava. Davies poderia resolver tudo. Pappy queria falar com ele sobre levar aqueles aviões a Del Monte para ajudar Elsmore. Talvez alguém no alto escalão ouvisse Davies.

Enquanto caminhava pela área de serviço, Pappy deparou com um sargento e começou a papear com ele. Os novos aviões, construídos pela North American

Aviation, eram chamados B-25 Billy Mitchell — em homenagem ao lendário general do Corpo Aéreo que provou o poder do bombardeiro ao afundar vários navios de guerra durante exercícios na década de 1920. Mitchell era incontrolável, destemido em seu esforço para promover a aviação e puxar os generais e almirantes ultraconservadores, intelectualmente reprimidos, para fora do século XIX. Ele fizera inimigos em todo o establishment. Inevitavelmente, tinha sido levado à corte marcial e expulso do Exército.

Pappy amadureceu como aviador em uma época em que Billy Mitchell era o maior defensor individual do poder aéreo militar. Ele fora o pioneiro, o homem que defendia a visão de como o avião dominaria as guerras futuras.

Poucos ouviam. Mas Pappy e o pequeno grupo de pilotos militares certamente o faziam. Eles bebiam cada palavra e acreditavam no evangelho como nenhum outro. Depois de sua corte marcial, Mitchell se tornou para eles um herói trágico. É claro que quase tudo o que ele profetizava se tornou verdade nos primeiros meses da Segunda Guerra Mundial.

Davies e sua equipe de refugiados filipinos ladrões de depósitos de suprimentos entrariam em combate em um avião batizado em homenagem a um gênio renegado. É quase certo que Pappy amava essa ligação casual feliz.

Enquanto ele falava com o sargento, o sujeito soltou uma bomba nele. Aqueles aviões americanos não pertenciam aos americanos na Austrália.

"Que diabos você quer dizer?", perguntou Pappy.

"Eles são para os holandeses, capitão."

Chocado, a única coisa que Pappy conseguiu fazer a princípio foi encarar o sargento enquanto sua mente processava aquela insanidade.

"Os malditos cabeças quadradas?", ele finalmente conseguiu dizer.

"Sim, senhor."

Como o pessoal do alto escalão fazia isso com seus próprios homens depois de todo o sofrimento por que tinham passado? Pensar nisso deixou Pappy totalmente furioso.

E era pior. O sargento mencionou que os aviões estavam parados ali na área de serviço havia dias, sem ser reivindicados. As tripulações aéreas holandesas sobreviventes que tinham escapado de Java estavam tentando se organizar em uma força do tamanho de um esquadrão e ainda precisavam recebê-los. A maioria dos pilotos holandeses não tinha sequer visto um B-25, muito menos pilotado um deles. As tripulações deles voavam em antigos bombardeiros

Martin 139 construídos uma década antes; Pappy sabia que não havia meio de eles se prepararem para algo tão avançado sem muito treinamento.

Pappy insultava os holandeses, considerava-os quase covardes. Isso era injusto — a Força Aérea holandesa nas Índias combatera heroicamente até quase ser extinta. Não importava; a experiência pessoal de Pappy com eles tinha marcado permanentemente sua opinião sobre a disposição deles de lutar.

Ele concluiu que aqueles magníficos aviões seriam desperdiçados com os holandeses. Eles ficariam atarantados sem saber o que fazer, talvez começassem um treinamento, mas não poriam os aviões em ação tão cedo.

Pappy se afastou, a raiva o comendo por dentro.

Meu Deus, o que os homens de Davies poderiam fazer com esses aviões — poderiam finalmente entrar em combate com algo que podia realmente causar danos aos japoneses.

A Força Aérea do Exército carecia de tudo na Austrália. E foi informada de que não devia esperar muito mais; os Estados Unidos estavam comprometidos em derrotar os nazistas primeiro, e o Pacífico ficaria com as sobras. Eles aceitavam isso com descontente resignação. Agora, até as sobras iam para outros. O que Washington estava pensando?

26. Os Comandos Camberra e os inúmeros problemas que se seguiram

Começo de abril de 1942
Austrália

Naquela primavera, os holandeses eram os filhos adotivos bastardos da causa dos Aliados no Pacífico. Nos primeiros dias do Comando ABDA, muitos oficiais holandeses tratavam os americanos oficiosamente ou com frieza. Depois de lidarem com sucesso com todos os perigos necessários apenas para chegar a Java, os americanos achavam esse tratamento insultante. A partir daí, a relação entre os Aliados só se deteriorou, pois os americanos prontamente passaram a desconsiderar a convenção e a ordem, o que causou nos holandeses um ressentimento sem fim.

Em combate, os holandeses às vezes lutavam ferozmente, em especial sua Marinha. Mas a Força Aérea deles causava muitas críticas dos americanos pela falta de agressividade percebida. Alguns oficiais americanos mais tarde alegaram que os bombardeiros holandeses faziam incursões curtas contra uma força-tarefa anfíbia japonesa só para lançar suas bombas e voltar à base para relatar heroísmos fictícios.

O general Enis Whitehead, que ascenderia nas patentes para se tornar um dos principais oficiais aéreos de MacArthur, não media palavras ao falar dos holandeses. Em uma entrevista em 1945, ele os chamou de "uma vergonha para a raça branca". E acrescentou: "Ninguém jamais ouviu falar de um holandês com coragem".

A caracterização era profundamente injusta, mas partilhada por Pappy e muitos dos americanos na Austrália que combateram na Campanha das Índias Orientais Holandesas. Com a derrota final em Java vieram mais recriminações e desprezo de ambos os lados.

No total, cerca de novecentos militares holandeses escaparam para a Austrália. O comandante supremo deles fugiu para o Ceilão, onde estabeleceu um novo quartel-general enquanto punha o major general L. H. van Oyen a cargo dos refugiados na Austrália.

O Comando ABDA se dissolveu no fim da Campanha das Índias Orientais Holandesas, no começo de março. Isso deixou o relacionamento entre os holandeses na Austrália, MacArthur e os australianos muito instável e complicado. MacArthur parecia partilhar boa parte do sentimento predominante sobre os holandeses, e quando Washington tentou levá-lo a integrar as unidades deles com pessoal de solo americano, MacArthur não aceitou. Ele objetou repetidas vezes, até que o assunto morreu.

Os holandeses na Austrália acabaram sendo negligenciados pelo quartel-general. Eles mantinham a lealdade a sua própria cadeia de comando, mas agora seu QG estava do outro lado do oceano Índico sem infraestrutura — sem sequer um país, já que a pátria deles se rendera aos alemães na primavera de 1940. Isso deixou as autoridades coloniais holandesas encarregadas da situação no Extremo Oriente. Com sua colônia nas mãos dos japoneses, agora eles eram guerreiros sem lar.

Os tripulantes aéreos holandeses acabaram como tenentes em bases da RAAF sem nenhum avião de treinamento, com poucos instrutores, nenhum sistema logístico para obter peças, munição, uniformes ou mesmo sapatos. De fato, eles se tornaram tutelados do governo australiano.

Eles tinham aviões de combate, e isso lhes dava influência nessa relação de resto totalmente desigual. Antes do colapso de Java, os holandeses tinham pago em dinheiro por praticamente uma nova Força Aérea inteira de aviões de combate americanos. Eles estavam sendo embarcados às centenas através do Pacífico: B-25 e P-40, bombardeiros de ataque leves e transportes. A última entrega estava programada para chegar em dezembro de 1942. Nesse momento, os holandeses teriam mais de 450 aviões novos — mais do que

MacArthur tinha em abril de 1942. Isso punha a Força Aérea holandesa na posição singular de ter mais aviões que pilotos para pilotá-los.

Quando as primeiras entregas de aeronaves chegaram a Brisbane, os holandeses formaram um único esquadrão de bombardeio em uma base fora de Camberra. Chamado de Esquadrão Número 18, ele teve seus poucos pilotos e tripulantes aumentados com pessoal australiano e foi posto sob o comando da RAAF. Para os americanos, os holandeses não tinham nenhum senso de urgência, preferindo ficar nos bares locais a montar um esquadrão capaz de combater. O escárnio ficou tão sério que alguns americanos começaram a chamar os holandeses de "Comandos Camberra".

Os holandeses tinham o próprio ponto de vista. Os sobreviventes na Austrália haviam suportado uma agressão que lhes custara casa, família e a maioria de seus irmãos de armas. Eles queriam lutar, mas estavam presos na zona cinzenta entre comandos, órfãos sem pátria, não submetidos à dominação do Sol Nascente nem à dos nazistas. A cadeia de comando americana ainda estava num caótico estágio de formação, enquanto os australianos estavam chocados com a perda de tantos de seus jovens em Singapura e no Norte da África combatendo os alemães. Os holandeses eram o apêndice preso a esse corpo de derrota e miséria. Eles não possuíam nenhuma influência, nenhuma autoridade, e permaneciam à mercê de seus anfitriões desorganizados. Não admira que não conseguissem voltar ao combate de imediato.

Os B-25 que Pappy viu na linha da frente em Brisbane chegaram no começo de março como parte do primeiro lote de aviões que os holandeses compraram. O general Brett queria que eles fossem transferidos imediatamente para a USAAF, de modo que pudessem prontamente entrar em combate. Em uma conferência em 20 de março, ele e o general Van Oyen elaboraram um acordo que transferiria os aviões aos americanos em troca de substitutos que seriam entregues mais tarde na primavera. Isso daria aos holandeses mais tempo para se reorganizarem e permitiria que as unidades da USAAF se juntassem ao combate na Nova Guiné.

Não funcionou assim. Aparentemente, o general Van Oyen teve dificuldade de obter aprovação de seu quartel-general no Ceilão para o acordo, ou houve algum tipo de atraso de comunicação. Independentemente do que tenha acontecido, os aviões não foram transferidos, a Força Aérea holandesa não sabia nada sobre o acordo e os B-25 acabaram ficando na Austrália sem uso e presos no limbo administrativo.

No fim de março, Pappy Gunn inadvertidamente mergulhou de cabeça nesse pântano internacional.

Pouco depois que viu os B-25, ele voou para Charters Towers, nos arredores de Townsville, no nordeste da Austrália, em busca de seu amigo Big Jim Davies. Era difícil não notar Davies naqueles dias. Além de ser um dos oficiais de maior estatura ali, ele perambulava pelo local usando botas de voo da RAAF e short do Exército australiano próprio para o deserto, e às vezes era visto com um papagaio albino no ombro. O coronel Johnson teria ficado louco se visse Davies, mas, como seu grupo tinha sido tirado de Java, Davies e seus homens foram enviados à remota base a oeste de Townsville.

Em Charters Towers, Pappy desceu de seu avião e caminhou pela área de serviço vestido com uma jaqueta de voo de couro amarrotada e o quepe de oficial inclinado para o lado. O quepe estava em mau estado depois de ter ficado meses na cabeça de Pappy passando por todo tipo de aventura, e agora parecia que alguém tinha sentado em cima dele. Ele andava curvado para a frente, como se encarasse um tufão. Era um jeito de andar que outros observaram em anos posteriores. Seu rosto, rígido e queimado da cor de bronze por incontáveis horas de trabalho no sol, era sulcado e cheio de linhas devido à desidratação e à tensão. Alguns meses antes, ele tinha o rosto de um homem com metade de sua idade. Agora, parecia enrugado e envelhecido além de seus anos.

Ele encontrou Davies e soube que não existia mais o 27º Grupo de Bombardeio. Os sobreviventes que antes levavam A-24 para a batalha em Java foram reunidos aos recém-chegados Grim Reapers [Anjos da Morte] do Terceiro Grupo de Ataque. Davies agora comandava esse amálgama.

Mais uma vez, ele era um líder de aviadores que não possuía praticamente nenhum avião. Restavam alguns A-24, o suficiente para equipar um esquadrão. Os outros dois esquadrões do Terceiro Grupo estavam no solo até que alguém conseguisse mais aviões para eles.

Pappy era esse alguém. Ele contou a Davies o que vira em Brisbane. Eles dois acreditavam que os holandeses não usariam aqueles aviões tão cedo. Nenhum deles sabia nada sobre o acordo feito entre o general Brett e o general Van Oyen, mas, mesmo que eles soubessem, paciência não era seu forte. Aqueles novos aviões precisavam entrar em combate, e o Terceiro Grupo podia colocá-los em ação em questão de dias.

Juntos, eles conspiraram para ir se apossar dos B-25 e trazê-los para Charters Towers.[1]

O que exatamente aconteceu em seguida foi muito obscurecido por décadas de histórias de bar, exageros e documentos oficiais propositadamente vagos. Em um dos últimos registros do diário de guerra do 27º Grupo de Bombardeio, o historiador da unidade escreveu que "Seguiram-se inúmeros problemas" quando eles foram pegar os B-25 dos holandeses. Dos problemas que se seguiram, eis o que se conhece.

Davies mais tarde disse em uma entrevista oficial que tinha recebido ordem de pegar os aviões. Pode ter sido esse o caso, já que o general Brett pode ter dito a seu comandante de grupo mais agressivo e com mais ódio de burocracia que acabasse com o impasse em Brisbane e simplesmente pegasse os aviões. Se essa ordem foi dada, não existe registro dela.

Davies e Pappy foram a Townsville para se encontrar com o coronel William Eubank, o ex-comandante do 19º Grupo de Bombardeio. Ele estava no QG do Escalão Avançado da FAEO, mas prestes a deixar o teatro de operações para se juntar a Brereton na Índia como oficial de operações na 10ª Força Aérea. Sua partida iminente pode tê-lo deixado mais receptivo à trama que aqueles dois velhacos bolaram.

Eles queriam que o coronel Eubank emitisse para eles uma ordem autorizando o Terceiro Grupo a tomar posse imediata dos aviões. Eubank teria relutado a princípio, mas os dois o convenceram ao falarem sobre quão rapidamente conseguiriam pôr os aviões em combate.

Com a autorização em mãos, eles voltaram a Charters Towers, reuniram um grupo de pilotos e praças e no dia seguinte pularam a bordo de um antigo avião de correio Douglas DC-2. Seguiram para o sul, num jogo de amarelinha de uma base a outra, enquanto o avião de correio executava a rota que lhe fora designada, até que finalmente chegaram a Brisbane, no fim do dia 1º de abril de 1942.

No dia seguinte, Davies mostrou a autorização aos holandeses em Brisbane. Eles não sabiam nada sobre aquilo e não ficaram nada entusiasmados com a ideia de entregar seus aviões a um bando de americanos malvestidos. Eles se calaram e tentaram ganhar tempo enquanto verificavam aquilo através dos próprios canais. Pappy e Davies persistiram até que os holandeses concordaram em deixar os americanos verificar seus B-25. De um jeito ou de outro, o

Terceiro Grupo ia conseguir os B-25; fazia sentido para os holandeses deixar que eles se familiarizassem com o bombardeiro.

Grande erro. Os americanos subiram aos B-25, checaram os controles e saíram para pequenos voos de teste. Os homens, acostumados a voar pela zona rural em pesados A-24, descobriram que os Mitchell eram "bolas de fogo". Eram rápidos, capazes de carregar bem mais que o dobro da carga de bombas do A-24; foi amor à primeira vista para todos eles.

No dia seguinte, os americanos saíram para a área de serviço, abriram as escotilhas da tripulação nos B-25 e se instalaram em suas cabines. Para os que estavam no campo, parecia uma repetição dos voos de teste do dia anterior. Só que dessa vez, quando decolaram, os americanos não voltaram.

Eles voaram para Charters Towers, a toca dos Grim Reapers.

Enquanto Pappy pousava seu B-25 "roubado" e taxiava para a rampa, um civil de meia-idade, de baixa estatura, com cabelo castanho e olhos inquisitivos, o observava. Pappy desligou os motores, depois ele e Jack Evans saíram da traseira do bombardeiro. Evans era um dos poucos da turma de solo a escapar de Java a bordo de um dos últimos B-17 durante a frenética evacuação ocorrida antes naquele mês. A Fortaleza estava tão apinhada com americanos desesperados que ele se ofereceu para permanecer, aparentemente o único a fazer isso. A tripulação se certificou de que um homem tão corajoso não fosse perdido; puxaram-no para bordo e o trouxeram para a Austrália. Ele e Pappy se ligaram outra vez, e desde o momento em que pisaram na pista em Charters Towers naquela tarde de primavera, tornaram-se inseparáveis.

O civil reconheceu o B-25 como um dos aviões entregues aos holandeses e se perguntou o que ele estava fazendo em Charters Towers. Apenas dois homens o tripulando parecia estranho, especialmente porque um deles era um primeiro sargento. Onde estava o copiloto do avião?

Ele se aproximou de Pappy e perguntou, friamente: "Capitão, onde você obteve seu tempo em B-25?".

Pappy parou e olhou pasmo para o homem.

Quem é esse cara?

O civil o pressionou: "Alguém o autorizou a decolar com esse avião em Archerfield, em Brisbane?".

Isso deixou Pappy irritado. Por que um civil o estava importunando com perguntas estúpidas? "Quem precisa de autorização?", ele disparou de volta.

"Além disso, essa porra tem um manete e uma alavanca, não tem? É só disso que eu preciso."

A réplica deixou o civil atônito. Ele tentou se refazer: "Bem, imagino que ela só precisa de um manete e uma alavanca".

Isso soou capenga mesmo para o civil quando suas palavras lhe saíram da boca. Para Pappy, significou que ele estava farto daquele tampinha.

"Neste momento, eu só preciso dar uma mijada, então saia do meu caminho. Podemos conversar depois."

Pappy passou pelo homem roçando nele, na direção da latrina mais próxima. Então aconteceu algo engraçado. Pappy possuía tal magnetismo, mesmo quando irritado, que as pessoas tendiam a ser puxadas para sua órbita. O civil foi atrás dele até a latrina, apresentando-se como Jack Fox, o representante técnico da North American Aviation enviado com o primeiro carregamento de B-25 holandeses. Era por isso que ele tinha reconhecido o avião.

Pappy estendeu a mão para a latrina e disse: "Eu não consegui encontrar a droga do tubo mictório naquele filho da mãe quente e quase perdi o controle".

Fox ficou lá, mudo. Ninguém falava como aquele velho piloto, especialmente não ele. Antes de ele poder dizer qualquer coisa, Pappy o golpeou de novo.

Abrindo o zíper, ele virou a cabeça, olhou para Jack Fox e gracejou: "Bom, me pergunte o que quiser e eu lhe digo a verdade, porque um homem com o pau na mão não pode mentir para você".

Fox se recuperou o suficiente para perguntar onde ele tinha pegado aquele B-25.

"Dos malditos cabeças quadradas. De onde mais?"

"Cabeças quadradas?"

"Cabeças quadradas... holandeses."[2]

Pappy contou a ele como caminhou até a área de serviço em Archerfield, subiu ao B-25, examinou os controles e partiu. Enquanto deleitava o representante técnico com a travessura, sem saber que Fox tinha vindo para resolver os problemas dos Mitchell para os holandeses, Pappy brincou sobre como os "cabeças quadradas" da Força Aérea deviam ter ficado estarrecidos ao ver seus aviões partir.

Fox tinha todo o direito de ficar furioso. Ele considerava aqueles B-25 seus filhos, o trabalho de sua vida. Tinha vindo para a Austrália a fim de garantir que funcionassem de acordo com o anunciado a seus compradores, a força aérea holandesa. Agora, um capitão de meia-idade tinha acabado de admitir que roubara um deles.

Era tudo tão ultrajante que Jack Fox explodiu numa risada. Qualquer ideia de censura ou de denunciar a travessura de Pappy às autoridades no quartel-general desapareceu. A parte profana de Pappy podia tê-lo deixado de queixo caído a princípio, mas por baixo disso os dois logo descobriram que partilhavam um amor semelhante por engenharia e tudo ligado à aviação. Os dois rapidamente se tornaram amigos. Nos meses seguintes, a parceria deles provaria ser capaz de promover mudanças importantes — e devastadoras para os japoneses.

Enquanto isso, Jack Fox deve ter ficado bastante chocado de ver não apenas um de seus B-25 na área de serviço mais tarde naquele dia, mas *todos* eles. Algo naquela visão acendeu uma parte dele que fazia muito tempo estava subornada em sua carreira como administrador na North American. Ele olhou e sentiu aquilo crescer dentro dele. Sempre fora um homem do tipo "dá para fazer", alguém que podia quebrar a cabeça para resolver um problema e não ficar amarrado às convenções. Agora, estava cercado por um grupo de pessoas que decidiram agir por conta própria, e tudo que ele queria era ser um rebelde junto com elas.

A North American o enviara à Austrália para ajudar a pôr os B-25 em combate. O Terceiro Grupo de Ataque tinha os aviões dele; agora era hora de ajudá-los a entrar na guerra.

Só que os holandeses tinham tirado a maior parte das miras de bombardeio dos aviões. As poucas que estavam instaladas aparentemente eram mais antigas e menos precisas do que as miras Norden que eles deveriam ter. Os holandeses também guardaram as peças sobressalentes para os B-25 em um armazém em Brisbane. Para que o Terceiro Grupo se tornasse operacional, precisava das peças sobressalentes e das miras de bombardeio.

Os Mitchell chegaram à Austrália por uma nova rota de traslado que se estendia dos Estados Unidos à América do Sul, atravessava o Atlântico e a África e seguia para leste até a Austrália. Metade dos compartimentos de bombas deles era ocupada por tanques adicionais gigantes que aumentavam sua autonomia de voo. O Terceiro Grupo queria essa gasolina extra, mas alguns dos B-25 com que eles haviam se evadido não os tinham mais instalados. Portanto, o Terceiro Grupo voou de volta a Brisbane para pegar esses tanques e muito possivelmente as miras de bombardeio ao mesmo tempo.

Pappy achava que eles estavam armazenados em Melbourne ou em Brisbane sob o controle dos holandeses. Eles saíram para tentar descobrir exatamente onde seus antigos aliados escondiam todo esse material. Quando Pappy descobriu, entrou no armazém e entregou ao funcionário uma requisição das miras de bombardeio. Os holandeses, furiosos com o desaparecimento de seu esquadrão de B-25, se recusaram a dar aos americanos qualquer outra coisa. Pappy os convenceu a ser mais generosos sacando seus .45 e ameaçando atirar no principal oficial holandês presente.

Depois disso, os holandeses ajudaram a carregar as miras de bombardeio no B-25 de Pappy.

A essa altura, tinha surgido uma confusão administrativa por causa do que o Terceiro Grupo estava fazendo. A liderança dos holandeses na Austrália protestou vigorosamente ao QG da FAEO, que pode ter emitido uma espécie de mensagem urgente a todos na área para que os aviões fossem detidos e devolvidos aos holandeses.

Em Brisbane, os homens instalaram os tanques de longo alcance e estavam prontos para partir. Mas, antes que eles pudessem voltar ao ar e desaparecer em seu cantinho em Charters Towers, um major apareceu e tentou se apossar dos aviões.

Seguiu-se uma discussão entre o major, de um lado, e Davies e Pappy, do outro. O major tinha ordens orais, provavelmente emitidas em um telefonema apressado. Davies apresentou a ordem de autorização do coronel Eubank e disse: "Major... uma ordem assinada suplanta uma ordem oral".[3]

Pappy ameaçou o major com corte marcial se ele não os deixasse partir. E também acrescentou que os aviões estariam atingindo alvos japoneses em alguns dias.

O major finalmente cedeu, dizendo: "Eu imagino que uma ordem escrita de fato substitui uma ordem oral".

O Terceiro Grupo pôs seus B-25 no ar antes que alguém pudesse mudar de ideia. Eles voltaram a Charters Towers, e as turmas de solo começaram imediatamente a trabalhar preparando-os para suas primeiras missões de combate. A Nova Guiné era o novo local de combate mais violento, e eles logo seriam mandados ao norte para voar e combater sobre uma região de selva primordial tão remota que poucos americanos nem sequer sabiam que ela existia.

Com a queda das Índias Orientais Holandesas, os japoneses se moveram para isolar a Austrália avançando pela costa norte da Nova Guiné com a intenção de capturar a principal base dos Aliados na ilha, em Port Moresby. Para apoiar essas operações, os japoneses capturaram Rabaul, no lado nordeste da Nova Bretanha, para usá-la como porto, base de escala e complexo de aeródromo contra Port Moresby. E também tomaram Gasmata, outro aeródromo na Nova Bretanha.

Enquanto o QG da FAEO pressionava o Terceiro Grupo com inúmeras exigências de que os B-25 fossem devolvidos, os pilotos de ataque conduziram seis deles para Port Moresby, reabasteceram e bombardearam Gasmata. Eles informaram ter destruído trinta aviões japoneses no solo sem perder um único B-25 (holandês).

O Terceiro Grupo imaginava que a FAEO não podia tirar bombardeiros de homens dispostos a lutar. Os holandeses continuavam incomodados com a história toda, mas receberam novos bombardeiros em maio. O Esquadrão Número 18 entrou em ação em janeiro de 1943, realizando missões excepcionalmente corajosas contra os japoneses nas Índias Orientais Holandesas. Em dois anos de combate pesado, a unidade perdeu 102 homens mortos em ação.

Na tarde de 7 de abril de 1942, Davies retornou a Charters Towers à frente da formação que tinha bombardeado Gasmata no dia anterior. Uma celebração espontânea irrompeu quando eles chegaram — o Terceiro Grupo de Ataque estava em ação, e finalmente os americanos possuíam uma arma que podia arrasar os japoneses.

A celebração não durou muito, pelo menos não para os conspiradores. Naquele anoitecer chegaram ordens exigindo que Davies e Pappy se apresentassem ao QG da FAEO em Melbourne. Imediatamente. Havia algo grande no ar. Enquanto se amontoavam em um avião, eles esperavam em silêncio que não fosse sua prisão e corte marcial.

27. Matando Von Gronau

7 de abril de 1942
Quartel-general da FAEO, *Melbourne, Austrália*

Pappy, Jim Davies e um veterano filipino do 27º Grupo de Bombardeio chamado Jim McAfee entraram no quartel-general da FAEO naquela noite parecendo um bando de assassinos. Calças fora do regulamento, botas pegadas dos australianos, o chapéu de Pappy parecendo ter sido atropelado por um jipe. Eles estavam empoeirados, cheirando mal e sem dormir. Mas também vacilando entre animação e medo. Estavam prestes a receber sua punição pelos Mitchell surrupiados? Ou, para variar, os rumores eram relevantes, e o Terceiro Grupo estava prestes a receber uma nova atribuição?

Eles foram levados a uma sala de reuniões com o piloto de B-17 Frank Bostrom, o homem que tirara MacArthur de Mindanao. Ao lado dele estava um general calvo em seus cinquenta anos chamado Ralph Royce. Nascido em Michigan, Royce era um oficial graduado em West Point, da classe de 1941. Ele servira na Frente Ocidental em aviões de observação durante a Primeira Guerra Mundial, passando de segundo-tenente a tenente-coronel em quatro anos.

O general Royce tinha chegado em janeiro à Austrália, onde se tornara chefe do staff aéreo das Forças dos Estados Unidos na Austrália. Durante os três meses anteriores ele pilotara em silêncio uma escrivaninha em Melbourne. Não mais. O general Brett pediu a ele que se voluntariasse para uma nova e difícil missão. Ele se deu conta de que era mais uma ordem do que uma oportunidade para se voluntariar. Iria para o campo, e, por todas as aparências, não estava animado com a ideia.

Royce disse ao improvável trio que o general Wainwright estava pedindo ajuda. Ele queria que bombardeiros voassem para Del Monte e surpreendessem os navios japoneses que executavam um bloqueio, causando o máximo de problemas possível para eles enquanto alguns navios de reabastecimento poderiam se deslocar para o norte e chegar a Bataan. A Comissão Robenson, à qual MacArthur atribuíra a tarefa de encontrar capitães mercantes dispostos a furar o bloqueio, na verdade conseguira que alguns navios fossem para as ilhas Visayas. Os japoneses tinham afundado vários no caminho, mas três chegaram a Mindanao e Cebu. De lá, as tripulações tinham se recusado a seguir pelo resto do caminho até Bataan. O plano era transportar a carga para o norte em embarcações menores, que faziam o trajeto entre as ilhas. Dois navios de quinhentas toneladas já estavam carregados e prontos para partir para Cebu.

Uma mostra de força era necessária para romper o bloqueio por tempo suficiente para que esses navios pudessem chegar a Bataan e descarregar milhares de toneladas de comida e suprimentos para os desesperados homens que gastavam suas últimas reservas de força.

Cebu era o gargalo. Havia chegado àquela ilha comida suficiente para sustentar a guarnição de Bataan por seis meses, mais as tropas nas outras ilhas por um ano inteiro. Mas passar pelos navios do bloqueio se mostrara praticamente impossível. Os vapores que tentaram fazer isso foram na maioria apanhados, capturados ou afundados pelos japoneses. Só cerca de mil toneladas de suprimentos chegaram a seu destino.

Com bombardeiros abrindo o caminho, essa podia ser a chance para dar um novo fôlego aos defensores de Bataan. Agora eles estavam reduzidos a menos de um quarto da ração normal, e os homens estavam tão magros e doentes que mal podiam operar, que dirá combater. Sem os suprimentos, seu colapso era uma questão de dias.

Para o general Brett, e provavelmente também para Royce, a missão parecia inútil. Muito pouco, tarde demais, sem a infraestrutura nem os aviões necessários para fazer o trabalho direito. Brett insistia em se opor ao plano, mas MacArthur não cedia. A Força Aérea do Exército ajudaria aqueles homens, fosse qual fosse o custo.

Quando a ideia foi aventada pela primeira vez, em março, quase não havia B-17 em condição de voo na Austrália. Talvez alguns pudessem ser reunidos, mas o que eles poderiam fazer contra a poderosa Marinha Imperial Japonesa? As Fortalezas, embora tripuladas por homens excepcionalmente corajosos que prontamente entravam em combate enfrentando todas as desvantagens, não se distinguiam como destruidoras de navios. Um cálculo feito na primavera concluiu que apenas um punhado deles tinha sido afundado durante centenas de ataques de bombardeio nivelado em grande altitude. O escore real era ainda mais baixo, como registros japoneses que sobreviveram mostraram depois da guerra. Os B-17 eram uma grande plataforma para destruir indústrias e bairros quando usados em massa, mas bombardear um navio de oito quilômetros acima dele não fazia nada além de matar peixes.

MacArthur enfrentava um dilema terrível: querer urgentemente ajudar Wainwright, mas sem as armas e os meios necessários para fazê-lo.

Então o Terceiro Grupo de Ataque jogou as duas coisas no colo de Mac-Arthur. Os B-25 podiam chegar a Del Monte. Podiam voar pelas Filipinas para atingir navios enquanto operavam de algumas das pistas secretas, mais primitivas, nas ilhas. Pappy Gunn, mais que qualquer outra pessoa na Austrália na época, conhecia as ilhas. Conhecia as pistas auxiliares — chegara até a supervisionar a construção de algumas delas para a PAL antes da guerra.

O Terceiro Grupo levaria os B-25 para as Filipinas com Davies liderando--os. Bostrom tinha reunido três B-17, todos que podiam ser consertados para o ataque. Royce estaria no comando geral. Eles deveriam preparar os aviões e partir o mais cedo possível. A situação era crítica.

Enquanto isso, Wainwright continuava a pressionar MacArthur em relação à estimada chegada de Pappy com o Lodestar cheio de quinino. Não se sabe o que aconteceu com o carregamento original que Pappy levou a Mindanao. Talvez uma parte dele tenha ficado em Del Monte, ou se perdido na rota para Bataan. Fosse qual fosse o caso, os homens que defendiam a península continuavam a ser assolados por surtos de malária.

O QG de MacArthur ou não sabia que Pappy agora fazia parte da missão de Royce ou preferiu não ser franco com Wainwright, que foi informado de que Pappy partiria em 48 horas.

Bostrom voltou a seu esquadrão para aprontar os B-17. Davies liderou sua tripulação de volta a Charters Towers, onde se encontraram com Jack Fox e bombardearam o surpreso representante técnico com perguntas sobre o sistema de combustível do B-25. Para chegar a Del Monte, eles precisavam dos tanques de compartimento de bombas de longo alcance. Estes seriam removidos quando eles chegassem a Mindanao, o que permitiria que fosse carregada uma carga completa de bombas.

Pappy se jogou na tarefa de aprontar os B-25 para essa missão. Ele mantinha um pé na cabine e uma mão na caixa de ferramentas o tempo inteiro. Evans raramente saía do lado dele, e os membros da turma de solo do Terceiro Grupo, alguns dos quais tinham testemunhado Pappy em ação construindo os bombardeiros de mergulho do 27º no começo do ano, trabalhavam furiosamente junto com ele. O trabalho requeria viagens a Brisbane, onde os homens carregavam seus bombardeiros com peças sobressalentes, rações, cigarros, bebidas alcoólicas, remédios e qualquer outra coisa que conseguissem carregar que poderia ser útil para os homens famintos de Bataan.

Pappy voltaria com estilo, não em um avião de transporte desarmado e com pouca chance de sobreviver mesmo contra a oposição aérea mais fraca.

No momento em que acabaram seus frenéticos preparativos, os japoneses empreenderam uma poderosa ofensiva contra os homens em Bataan. Debilitadas por meses de vida na selva e pouca comida, as linhas de frente caíram. Em 9 de abril de 1942, os defensores sobreviventes de Bataan depuseram as armas em rendição.

O Terceiro Grupo estava atrasado demais.

A notícia ressoou como um golpe de martelo no quartel-general de MacArthur. MacArthur tinha ordenado que eles resistissem até o último homem, ou avançassem em um glorioso contra-ataque. Que absurdo — os homens mal conseguiam andar, e esses pronunciamentos mostravam quanto o quartel-general de MacArthur se tornara divorciado da situação.

Mais de 70 mil filipinos e americanos caíram nas mãos dos japoneses naquele dia sombrio. Wainwright logo se comunicou por rádio com MacArthur para contar a ele que não tinha autorizado a rendição. De fato, o general King, no comando em Bataan, autorizou a rendição com esperança de evitar um massacre de suas débeis tropas.

Agora, só restava a ilha Corregidor nas mãos dos americanos no norte das Filipinas. Certamente a "Rocha", como os americanos a chamavam, não podia resistir por muito tempo. A catastrófica notícia chegou a Pappy quando ele trabalhava sem descanso para terminar de preparar os B-25. E o deixou devastado. Com a perda de Bataan, sua última chance realista de encontrar e resgatar os familiares tinha evaporado.

Depois de tudo que tinha acontecido nas duas semanas anteriores, ele pensava que de algum modo conseguiria usar seu novo B-25 para resgatá-los. No fundo da mente, ele sabia que essa era no melhor dos casos uma esperança tênue. Sem ninguém para contatar no solo, sem saber exatamente onde Polly e os filhos estavam e sem um lugar para pousar o bombardeiro médio, aquela pequena janela de esperança se fechou.

Talvez os planos dele de resgatar a família fossem o tempo todo pouco mais que tentativas desesperadas, e ele tivesse estado em negação. Enquanto ele trabalhava no calor australiano, a realidade finalmente o pegou.

Ele não podia escapar da culpa com um ato de redenção agora. Teria de algum jeito que viver com ela e continuar operando.

Ele sufocou a tristeza com trabalho, recusando-se a dormir até que caiu de novo. Seu foco se tornou a missão e nada mais. Se ele relaxasse mesmo um pouco, sabia que sua mente voltaria para Polly e os filhos.

Pappy Gunn não era homem de desistir da esperança. Em toda a sua vida, ele buscou a oportunidade onde não parecia haver nenhuma. Fazia as coisas acontecer, ousava e executava quando outros desanimavam. Se MacArthur não cancelasse a missão deles, logo ele estaria de volta às Filipinas. Isso significava que estaria a menos de 1600 quilômetros da família. Se ao menos conseguisse encontrar a localização dela, talvez mais uma vez conseguisse tirar um coelho da cartola.

Ele se concentrou nesse fino fio de esperança e saiu da cama para torná-la realidade.

Embora o motivo para a missão de Royce já não existisse, MacArthur ordenou que os aviões seguissem para o norte de qualquer maneira. Talvez eles não conseguissem levar suprimentos através da baía de Manila, mas podiam mostrar aos defensores remanescentes das Filipinas que eles não tinham sido esquecidos. Catorze bombardeiros pareciam um reforço moral irrisório em comparação com a rendição de 70 mil soldados, mas teria que ser suficiente.

De salvadores a símbolo. Não importava para os pilotos e as tripulações. Eles só queriam ajudar aqueles homens em combate deixados para trás e cercados pelo inimigo.

À uma da madrugada de 11 de abril de 1942, os aviões partiram para Darwin, onde foram reabastecidos e voaram para o norte, num total de dez B-25 e três B-17. Não era uma grande força de ataque em comparação com o que veio mais tarde na guerra, mas era o melhor que eles podiam fazer nas circunstâncias. Quando foram pedidos voluntários para tripular os B-25, quase todos os membros do 27º Grupo de Bombardeio imploraram para ir. Foi o que fez Jack Fox, que tentou tudo para conseguir um assento para o norte em um de "seus" belos North Americans. Não conseguir ir foi para ele uma decepção pelo resto da vida.

Eles perderam um B-25 em Darwin por causa de um pneu avariado; o resto dos aviões foi reabastecido e decolou para Mindanao às 10h30. A missão era tão urgente que, para executá-la, eles decidiram arriscar voar à luz do dia através de 1600 quilômetros de território controlado pelos japoneses.

Os B-17 seguiam na frente, com duas formações de B-25 em sua vanguarda. O tempo, que começara bom, logo se transformou num pesadelo. Eles entraram de cabeça em uma imensa tempestade, com nuvens cúmulos-nimbos que chegavam a 6 mil metros. As formações se dispersaram, as tripulações navegavam por conta própria. O B-25 de Pappy era o único que não tinha navegador, mas ele encontrou o caminho para Mindanao sem nenhum problema.

O avião de Pappy foi reabastecido em Del Monte, depois voou para uma pista auxiliar onde a tripulação foi de imediato trabalhar para aprontar o B-25 para as missões do dia seguinte. Havia tanto a fazer e tão pouco tempo disponível que Pappy mal pôde tirar um momento para festejar o fato de que, contra todas as probabilidades, ele tinha voltado às ilhas. Uma olhada na situação de Del Monte o convenceu de que essa seria sua última chance de levar embora sua família. A atmosfera ali era de desespero, tristeza e resignação. O moral estava baixo, e Pappy viu muitas pessoas no campo esperando pegar um dos poucos voos remanescentes para sair das Filipinas antes que os japoneses chegassem.

Agora que tinha voltado, ele precisava que duas coisas acontecessem. Primeiro, precisava saber onde estava sua família. Quando estabelecesse a localização dela, ele daria um jeito de entrar em contato com pessoas que conhecia na PAL e encontraria uma maneira de chegar a Polly e aos filhos.

Desde o primeiro momento em que eles aterrissaram em Mindanao, no entanto, as demandas sobre as tripulações as sobrecarregaram até o limite. Os B-25 precisaram de manutenção básica depois dos longos voos, e embora houvesse turmas de solo nas ilhas, nenhuma delas estava familiarizada com aqueles aviões. Pappy e os outros pilotos tiveram que cooperar para ajudar a aprontá-los para voar de novo. Isso se mostrou uma tarefa árdua, dada a natureza primitiva da pista auxiliar.

Enquanto Pappy e os outros que chegaram primeiro à ilha trabalhavam sob seu avião, o resto dos pilotos se extraviou, até chegar a Del Monte no fim da tarde. Alguns dos B-25 só chegaram ao pôr do sol, e o último só pousou depois que localizou Cagayan através de um buraco na cobertura de nuvens.

Naquela noite, Royce e os pilotos se reuniram com o general William Sharp e seu pessoal de inteligência para discutir os últimos desenvolvimentos na ilha, escolher alvos e planejar os ataques da manhã seguinte.

As notícias eram ruins. Cebu tinha caído. Em 10 de abril, os japoneses haviam capturado a cidade de Cebu, onde se apossaram de grande parte dos suprimentos destinados a Bataan e Corregidor. O oficial de inteligência de Sharp relatou que a força-tarefa anfíbia dos japoneses permanecia no porto de Cebu, e o general selecionou aqueles navios como o alvo prioritário do Royce Raid [Ataque de Surpresa de Royce] na manhã seguinte. O porto em Davao também seria atingido, enquanto os B-17 atacariam alvos em Luzon.

Então aconteceu algo curioso. Durante meses, o coronel Elsmore e o general Sharp tinham se empenhado em preparar pistas de pouso em todo o norte de Mindanao. Uma base secreta em Maramag, a oitenta quilômetros de Del Monte, tinha sido construída para os B-17. Turmas de solo do 19º Grupo de Bombardeio guarneciam essa base, e tinham acabado de construir anteparos bem camuflados largos o suficiente para proteger os grandes bombardeiros. Sharp e Elsmore planejavam mandar o trio de B-17 de Royce para lá assim que eles chegassem.

Por razões que só ele conhecia, Royce se recusou a dispersar os B-17, preferindo deixá-los em Del Monte. Um dos três tinha claudicado até Mindanao com apenas três motores funcionando, e exigiria um trabalho considerável para ser posto de novo no ar. Isso pode ter influenciado a decisão de Royce.

Os B-25 eram outra história. Royce ordenou que Pappy e cerca de metade das tripulações levassem seus bombardeiros para outra pista secreta, em Valencia, enquanto os cinco restantes ficaram em Del Monte junto com o trio de B-17, um dos quais foi considerado inadequado para voar depois que uma falha mecânica inutilizou um dos motores no voo a partir de Darwin.

Em Valencia, Pappy e os outros tripulantes voltaram a trabalhar preparando os aviões para as missões da manhã. Encontraram problemas sérios. Os tanques de compartimento de bombas não saíam com facilidade, e passaram-se horas naquela noite enquanto eles lutavam para tirar aquelas coisas complicadas dos compartimentos. Quando finalmente estes foram esvaziados, eles descobriram que os mecanismos de liberação de vários B-25 não funcionavam mais, o que tornava impossível carregar o arsenal.

Pappy era o mecânico mais preparado do Royce Raid, e suas habilidades eram necessárias em todos os lugares ao mesmo tempo. Junto com os outros homens, ele trabalhou a noite inteira para resolver cada problema que surgiu.

Pappy trabalhava ao lado tanto de equipes americanas quanto de filipinos. Embaixo dos B-25, Pappy começou a perguntar sobre o destino de civis Aliados em Manila. Ele provavelmente soubera antes que os japoneses os estavam mantendo presos em Santo Tomas, mas, se já não sabia disso, naquela noite ele descobriu. A mulher e os filhos estavam em Santo Tomas? Ninguém podia lhe dizer com certeza.

Onde eles estão? Será que Polly ficou em Manila depois que eu não apareci? Ou ela conseguiu fugir para o campo? Está escondida com as crianças em algum lugar? Ou estão em Santo Tomas?

Pappy esperava encontrar rostos conhecidos entre os homens em terra em Mindanao. Sem dúvida ele conhecia alguns deles, mas eles também não sabiam do destino de sua família.

Ao amanhecer, a maioria dos B-25 estava pronta para partir. Ninguém das tripulações conseguiu dormir muito. Alguns ficaram acordados desde que saíram da Austrália e só podiam estar completamente exaustos. Outros cochilavam alguns minutos entrecortados em volta ou dentro dos aviões, brigando com mosquitos e com o tinido barulhento de mecânicos trabalhando pesado naquelas máquinas incrivelmente complexas.

Pappy não dormiu nada. Quando o sol nasceu, ele parou de falar da família, pelo menos por enquanto. A hora da vingança estava próxima, e as tripulações estavam ansiosas para infligir aos japoneses todo o dano que pudessem. Pegaram todas as rações que conseguiram encontrar, engoliram-nas com um pouco de café e seguiram para os aviões que os esperavam.

Primeiro, as duas Fortalezas decolaram com destino a Luzon. No caminho, elas encontraram uma embarcação que as tripulações identificaram como um navio-tanque. Um dos B-17 o atacou, gastando sua carga de bombas e declarando-o afundado. Frank Bostrom conduziu o outro B-17 para o Campo Nichols, onde surpreendeu completamente os japoneses. Eles estavam usando a antiga base americana para missões contra Corregidor, e um B-17 predador era a última coisa que esperavam. Sem se incomodar com o fogo antiaéreo nem com os caças, Bostrom fez um ataque modelar a Nichols. Suas bombas atingiram um hangar e explodiram na área de operações, causando incêndios que a tripulação pôde ver enquanto se afastava da área-alvo. Na volta, sobre a baía de Manila, Bostrom fez uma única passagem sobre Corregidor, mergulhando as asas como uma última saudação de despedida aos homens e mulheres presos naquela ilha, agora cercados por todo o poderio do império japonês. A Fortaleza gradualmente desapareceu de vista rumo ao sul, deixando a Rocha entregue a seu destino inevitável.

Durante o voo dos B-17 para o norte, as tripulações dos B-25 entraram em seus aviões e ligaram os motores. Em Valencia, o Mitchell de Pappy sofreu uma falha mecânica. Fervendo de frustração, ele tentou resolver o problema, mas o avião estava fatigado pela missão matinal contra Cebu. A tripulação, desanimada e irritada, esperava poder consertá-lo a tempo de fazer o ataque da tarde.

Enquanto Pappy, Jack Evans e o resto de seus homens reparavam furiosamente seu B-25, uma falha mecânica tirou também o coronel Davies de sua primeira missão. Igualmente frustrado, o comandante do Terceiro Grupo de Ataque ficou parado na área de serviço vendo os outros Mitchell decolar. Tinha sido um momento doloroso para ele chegar até ali só para perder a oportunidade de liderá-los em combate.

Os bombardeiros que decolaram de Del Monte e Valencia se encontraram sobre o norte de Mindanao antes de estabelecerem um curso para Cebu. Oito B-25 — cinco em uma esquadrilha, três na outra — chegaram ao porto e pegaram os japoneses de surpresa. Havia navios ancorados ao largo enquanto vários outros estavam amarrados a docas onde marinheiros descarregavam suprimentos.

Os oito Mitchell passaram velozes sobre a cena tranquila e a varejaram de bombas. Três navios foram atingidos em cheio, e nuvens de fumaça subiram de seus conveses danificados. Parte do grupo de ataque alvejou os armazéns adjacentes às docas, explodindo vários deles. Esses armazéns provavelmente ainda estavam cheios de suprimentos americanos destinados a Bataan.

Os japoneses fizeram uma tentativa tardia de interceptar os atacantes com hidroaviões. Os artilheiros do Terceiro Grupo declararam ter derrubado três deles. Todos os B-25 voltaram em segurança para Mindanao, onde turmas de solo rapidamente os dispersaram e camuflaram, depois começaram a reabastecê-los manualmente.

Os dois B-17 voltaram a Del Monte, suas tripulações implorando a Royce que as deixasse mudá-los para uma área mais segura. Royce recusou. Elas ainda estavam trabalhando na Fortaleza com defeito, e enquanto o motor era reparado, um avião de reconhecimento japonês passou no céu, pouco depois do almoço. A visão deixou pouca dúvida na mente de qualquer americano de que eles logo seriam atacados.

Enquanto esse fato agourento ocorria, a equipe de Pappy finalmente resolveu os problemas mecânicos de seu B-25, assim como a equipe do coronel Davies. E bem a tempo, porque o resto do Terceiro Grupo de Ataque estava pronto para a segunda missão do dia. Eles decolaram de suas pistas na selva e seguiram em velocidade mais uma vez para o norte, esperando desferir um duplo golpe contra os japoneses em Cebu.

A 4 mil pés, os homens de Davies dispararam para o porto, em formação compacta, os artilheiros escrutinando o céu em busca de sinais de interceptadores japoneses. Quando eles se aproximaram do alvo, hidroaviões japoneses mergulharam para atacá-los. Os artilheiros anunciaram seus alvos e dispararam rajadas contra os aviões que se aproximavam.

Jim McAfee, que tinha sido companheiro de barraca de Pappy na Austrália, viu os aviões japoneses fazer seus ataques enquanto mantinha seu B-25 em formação compacta para a incursão final contra o alvo. De repente, um hidroavião japonês desceu para atacar o líder da formação de McAfee. Ignorando as traçantes que enchiam o céu em volta de seu frágil avião, o piloto manteve o curso até que percebeu que estava prestes a ultrapassar o Mitchell líder. Ele inverteu o curso e conseguiu sair do mergulho em um notável meio loop, descendo direto contra o B-25 de McAfee, com as metralhadoras flamejando.

A tripulação de McAfee revidou furiosamente com todas as metralhadoras disponíveis, mas o piloto japonês se recusou a desistir. Ele voou através da formação americana e saiu mergulhando do outro lado. Uma vez livre do fogo defensivo, ele subiu em um ângulo íngreme. Os artilheiros de McAfee o notaram completamente atônitos. Ali estava um piloto japonês voando em um hidroavião biplano de aparência esquisita, levantando seu nariz em uma manobra clássica da Primeira Guerra Mundial conhecida como Immelman. Em segundos, o avião estava atrás e acima dos B-25, seu piloto em voo invertido e voltando para mais uma passada. Enquanto se aproximava com velocidade dos americanos, ele deu uma meia guinada para a direita — diretamente na cauda de McAfee.

Foi uma extraordinária exibição de agilidade e acrobacia aérea de um piloto cujo avião era projetado para tarefas prosaicas como localização de artilharia e reconhecimento de curta distância. Felizmente, a despeito de todo aquele voo maravilhoso, o piloto japonês não conseguiu infligir nenhum dano, mas foi um claro lembrete aos americanos de que eles enfrentavam aviadores de excelente qualidade.

Escapando dos hidroaviões japoneses, os B-25 do Terceiro Grupo de Ataque chegaram ao porto, onde a fumaça ainda pairava sobre os navios atingidos naquele dia. Dessa vez, os americanos tentaram atingir as docas, soltando uma fieira de bombas que danificaram outro navio japonês.

No meio do bombardeio, Pappy Gunn de repente saiu da formação e voou na direção de um dos navios no porto. Mergulhando até as cristas de onda, ele seguiu no encalço de seu alvo com os manetes totalmente abertos e seu artilheiro no nariz atacando o navio com a única metralhadora. Pappy estava usando sua experiência dos primeiros dias na Marinha, quando aprendera a fazer incursões de lançamento de torpedo em biplanos atarracados e lentos. Só que ele não tinha um torpedo. Em vez disso, sua tripulação esperava até o último momento possível antes de soltar suas bombas contra o navio enquanto passava a menos de um metro acima dele.

Em Mindanao, o coronel Davies procurou Pappy e criticou de maneira furiosa seu amigo por sair da formação.[1] A resposta de Pappy não foi registrada, mas ele provavelmente não se arrependeu. Sua experiência nas Índias Orientais Holandesas o convenceu de que o bombardeio em nível de navios, mesmo de apenas quatrocentos pés de altitude, nunca poderia ser eficaz. Os quatro navios atingidos em Cebu representavam um total melhor que o de praticamente qualquer ataque antinavio lançado pela FAEO até então, mas esses alvos eram estacionários e presas fáceis. Pappy acreditava que o futuro estava em ataques em crista de onda.

Nenhuma outra fonte descreve esse incidente, e o veterano talvez não estivesse de fato na missão naquele dia, mas ele soa verdadeiro. Pappy considerava o bombardeio em nível quase inútil contra navios enquanto pilotava o Miss EMF nas Índias Orientais Holandesas. Seus últimos ataques com esse avião tinham sido no nível da água. Evidentemente sua cabeça estava impregnada de ideias sobre como aumentar a eficácia desses ataques antinavio. Nos dias seguintes ele teria várias outras oportunidades de testar essas ideias.

A cena em Del Monte pode ter contribuído para o humor do coronel Davies. Quando eles voltaram naquele fim de tarde para reabastecer e se dispersar, encontraram um desastre. O avião de reconhecimento japonês voltou para sua pista, onde a tripulação informou ter visto aviões em Del Monte. A Força Aérea do Exército japonês lançou prontamente uma força de ataque contra o campo.

A recusa do general Royce em mudar os B-17 para outro campo se revelou custosa. O ataque japonês escolheu o B-17 avariado e o explodiu em pedaços. As outras duas Fortalezas também sofreram importantes danos de explosões e estilhaços.

Esses três aviões eram a última possibilidade de sair de Mindanao para muitos dos americanos que ainda estavam nas Filipinas. Eles viram sua condução ser consumida pelas chamas e se enfureceram contra a estupidez que causou sua perda. Para alguns desses homens, a destruição dos B-17 provavelmente significava uma sentença de morte enquanto fossem prisioneiros dos japoneses.

Irritadas e decepcionadas com o general Royce, as tripulações de B-25 voltaram a suas pistas auxiliares para preparar os aviões para as missões da manhã seguinte. Mais uma vez, dormiriam pouco. Alguns dos homens tiraram sonecas rápidas sob as asas de suas aeronaves. A maioria dos outros trabalhou até tarde da noite para abastecer e armar seus suportes. Problemas mecânicos precisavam de atenção, níveis de óleo tinham que ser completados, e uma miríade de outros sistemas requeria verificação ou manutenção básica.

Pappy ficou lá com eles a noite inteira, trabalhando de novo até a beira do colapso. Por enquanto, não havia tempo para tramar um resgate; ele estava esgotado tentando manter os bombardeiros em condições de voo e ao mesmo tempo destruir os japoneses. Talvez amanhã houvesse uma oportunidade. Por ora, ele se concentrou em pôr seu esquadrão de volta no ar.

Enquanto isso, o general Royce pareceu perder o pouco entusiasmo que tinha pela missão. Concluindo que os B-17 não podiam mais operar com segurança em Mindanao, ele ordenou que os dois remanescentes voltassem à Austrália assim que pudessem voar de novo. Pouco antes do alvorecer na manhã seguinte, lotados com o máximo de americanos que eram capazes de carregar, os dois grandes bombardeiros partiram para o sul com destino a Darwin.

O reforço do moral agora caberia a Davies e aos pilotos dos Mitchell. Mas, apesar de todo esforço e dedicação, que efeito os Royce Raiders estavam tendo?

Em 17 de abril, alguns dias depois dos primeiros ataques, um espião filipino informou ao general Wainwright que o ataque isolado de Frank Bostrom ao Campo Nichols tinha sido um sucesso espetacular. O espião soube que no momento do ataque estava sendo realizada uma conferência com três centenas de aviadores, entre eles o notório comandante de voo Wolfgang von Gronau e seu bando de pilotos alemães. As bombas de Bostrom atingiram a conferência, matando Von Gronau e muitos de seus aviadores. Depois bombas atingiram Grace Park e lá destruíram um depósito de combustível (provavelmente um dos escondidos por Pappy) e suprimentos, o que podia ter causado os incêndios que a tripulação de Bostrom observara.

No começo da guerra, o alto-comando americano tinha se recusado a acreditar que pilotos japoneses podiam ser capazes e agressivos como aqueles enfrentados no céu de Luzon. A conclusão a que muitos chegaram foi que uma força expedicionária alemã estava voando com os japoneses. Rumores de pilotos brancos sendo derrubados e capturados abundaram em dezembro. De algum modo, relatórios de inteligência descobriram o nome do suposto líder expedicionário alemão: o comandante de voo Von Gronau era um conhecido piloto da Luftwaffe entre cujas proezas recordes antes da guerra estava o pouso do primeiro avião europeu no porto de Nova York, em 1930.

Os rumores eram uma fantasia imprecisa. Nenhuma tripulação da Luftwaffe tinha voado com os japoneses em combate, embora relatos de pilotos alemães ou aeronaves alemãs combatendo no Pacífico persistissem até 1943.

Contudo, no momento MacArthur deve ter tido uma pequena satisfação ao ler o relatório de Wainwright sobre a morte de Von Gronau, o homem a quem alguns atribuíam grande parte da matança imposta à FAEO no Campo Clark no primeiro dia da guerra.

Para as equipes que trabalhavam para aprontar seus B-25 naquela noite, a cor e a raça dos pilotos que elas enfrentavam sobre Cebu não tinha a mínima importância. Elas viam a habilidade deles e sabiam que, se tivessem usado aviões mais capazes, os B-25 podiam ter sofrido perdas. Da forma como as coisas ocorreram, os artilheiros, trabalhando juntos em suas formações em V, tinham se dado bem naquele dia. De manhã, os japoneses teriam sido alertados e estariam prontos para enfrentá-los. A surpresa que eles tinham imposto aos japoneses naquele dia não se repetiria. A partir daquele momento, a situação estava fadada a se tornar difícil.

28. Segredos, espiões e buracos misteriosos

13 de abril de 1942
Davao, Mindanao

Antes do café da manhã, eles chegaram a Davao. Nove B-25 entraram na área-alvo a alguns milhares de pés de altitude. Dois cargueiros e um navio de guerra enchiam o porto e o canal, e ao se aproximarem, os homens puderam ver uma fila de aeronaves na rampa do aeródromo vizinho. Aquele era o campo da PAL; o hangar e outras instalações tinham sido construídos sob a orientação de Pappy. Agora, os japoneses os usavam para cuidar dos próprios aviões.

Um hidroavião chamou a atenção de um dos B-25. Os pilotos saíram da formação e mergulharam na direção do avião japonês para ganhar vantagem sobre seu piloto. O artilheiro que manejava a metralhadora no nariz do avião a disparou junto com o artilheiro da torre superior. Balas atravessaram sua fuselagem e suas asas até que uma acertou o sistema de combustível da aeronave. Ele explodiu, e os destroços desceram em espiral em chamas enquanto o Mitchell disparava para se juntar ao resto do grupo.

Cinco dos B-25 bombardearam os navios no porto e no canal. Um piloto mergulhou e fez uma incursão de baixa altitude contra um navio, suas bombas leves, de centenas de libras, lançando folhas de estilhaços na esteira de seu Mitchell.

Dois outros soltaram uma sequência de bombas de 45 quilos nas docas e nos armazéns. Pappy e outro B-25 se enfileiraram sobre o aeródromo e o atingiram com bombas de novecentos quilos. As bombas caíram em sequências cerradas ao longo da rampa, explodindo aviões e causando incêndios. O hangar que Pappy tinha construído teve um fim irônico, causado por uma de suas bombas.

Mais tarde, Pappy disse calmamente a um repórter: "Eu estava lá quando aquele hangar foi construído. E estava lá quando ele foi destruído".

A destruição de parte do trabalho de sua vida afetou Pappy profundamente. Ele tentou não demonstrar, mas, depois da perda do NPC-56, destruir uma das instalações mais novas da PAL parecia um agravamento cruel. Ele recebeu o golpe e internalizou o dano. No entanto, com a culpa, a raiva e os momentos de autoaversão que ele sentia, aquele dano lhe causava uma mudança. Ele estava chegando ao ponto de ebulição, e não conseguiria manter a situação sob controle para sempre.

Os B-25 chegaram a suas bases em segurança às nove horas da manhã. Enquanto eram reabastecidos e rearmados, Pappy recebeu uma missão especial. MacArthur ordenou pessoalmente que dois agentes de contrainformação fossem resgatados de Corregidor antes que o fim chegasse, sabendo que, se caíssem nas mãos do Exército Imperial, eles seriam torturados e mortos. Pior, um dos espiões tinha trabalhado no consulado japonês antes da guerra, e seus familiares ainda viviam no Japão. Poderia haver vingança contra eles se em algum momento o papel dele como agente de contrainformação viesse à luz.

Os espiões tinham escapado de Corregidor na noite anterior a bordo de um dos últimos aviões que restavam à Frota Bambu. Antes de conseguirem chegar a Mindanao, porém, o avião tinha sofrido um problema mecânico e eles fizeram um pouso forçado em Panay.

O general Royce ordenou que Pappy fosse buscá-los.

"O senhor os quer mortos ou vivos?", perguntou Pappy, provavelmente brincando apenas em parte. O dano dentro dele estava alimentando um ódio crescente pelos japoneses — mesmo aqueles que supostamente estavam do seu lado.

Quando se recuperou do comentário, Royce disse a ele que lhe trouxesse os espiões ilesos.

Pappy decolou assim que as turmas de solo terminaram de abastecer seu B-25. Voando baixo, ele disparou para o norte até o ponto de encontro, a 350 quilômetros de distância. Logo depois da hora do almoço, baixou seu trem de pouso e aterrissou em um campo de golfe nos arredores de Iloilo, em uma magnífica exibição da versatilidade do B-25, sem falar das habilidades de Pappy como piloto.

Eles rolaram até parar e quatro homens subiram a bordo. Para surpresa de Pappy, ele de imediato reconheceu o espião como Arthur Komori, um nissei a quem ele ensinara a pilotar no Havaí quando trabalhava como instrutor de voo para o K-T Flying Service. Com Komori estavam o correspondente de guerra Frank Hewlett, um oficial de ligação do Exército chinês com a USAFFE, coronel Chih Wang, e Clarence Yamagata, o agente cuja mulher e cujos filhos viviam no Japão.

Komori contou a Pappy que tinha copilotado o avião da Frota Bambu de Corregidor, usando as habilidades que seu velho instrutor lhe ensinara. O voo os deixara em um estado permanente de medo de serem interceptados e derrubados em seu avião indefeso. Além disso, o pouso forçado deles tinha sido arriscado. Depois que Pappy soube dos detalhes, disse a seu velho conhecido que voaria tão baixo que nenhum avião japonês veria a sombra deles de cima e os detectaria. Eles chegariam bem.

Tirar Komori e seus associados de Corregidor era apenas parte da missão. Komori trazia consigo duas pastas cheias de documentos secretos do quartel-general da USAFFE. A primeira era o diário de operações da USAFFE, detalhando cada ação importante em Luzon e outros lugares desde o início da guerra. A outra era o diário de inteligência, que registrava todas as ações dos japoneses, suas aeronaves avistadas e descobertas feitas de suas capacidades.[1] Pappy cumpriu sua promessa. Ele se manteve nas cristas de onda, correndo para o sul com toda a rapidez de que o Mitchell era capaz. Komori mais tarde escreveu que, quando eles cruzaram as ilhas Visayas, Pappy não esmoreceu. Mergulhou em cânions e raspou em árvores, como era seu estilo habitual, até que eles chegaram em segurança a Del Monte.

Depois de entregar seus passageiros e se despedir apressadamente, Pappy partiu para se informar sobre o que Royce e Sharp estavam tramando para o resto do dia.

Metade dos B-25 voltaria a atacar Davao. Os outros receberam ordem de sair em busca de um porta-aviões japonês que, segundo relatos, estava em algum lugar ao norte de Mindanao. Royce alocou Pappy na busca, o que significava que ele seguiria para o norte.

Essa era sua oportunidade. Com o conluio de sua tripulação, ele poderia se afastar, encontrar um trecho de solo plano em Luzon e ir pegar seus familiares.

Só que ele não sabia onde eles estavam, não tinha nenhuma maneira de entrar em contato com eles e não podia simplesmente aterrissar e deixar um B-25 em território inimigo enquanto procurava a família. Para fazer isso, ele precisava de alguém no solo em Luzon para ajudá-lo. No momento, não havia tempo nem jeito de estabelecer uma linha de comunicação através das linhas japonesas.

Pappy voltou a seu B-25 depois de ser informado da missão improvisada angustiado com a situação. Não havia solução, a não ser executar a missão de acordo com a orientação de Royce.

Ele partiu pouco antes das cinco da tarde e voou desimpedido até o litoral sul de Luzon naquele fim de tarde. Através do para-brisa, olhava o terreno familiar. Conhecia cada curva da costa, cada trecho de praia de areia preta. Esse era o litoral que sempre o conduzia para casa antes da guerra, um daqueles marcos de boas-vindas em seu caminho de Davao para Nielson. A vista o transportou para aqueles dias em que ele pousava em Manila, cansado, mal-humorado e fedendo a cigarro. Polly estava lá, esperando por ele na casa murada. Os garotos abriam os portões, e ele estacionava o carro e corria para dentro para encontrar as meninas e a mulher prontas para abraçá-lo, por mais sujo que estivesse. Comida na mesa, vinho e música tocando na Victrola — era isso que um dia aquele horizonte significara para ele.

Antes cordial e familiar, agora ele parecia frio e opressivo. Não havia lar no fim desse voo, só um exército de ocupação destruindo tudo que ele amava e tinha construído.

Ele seguiu em frente, ignorando seu copiloto e Jack Evans na torre de cima atrás dele, perdido na solidão mais profunda que já conhecera.

Eles não viram nenhum sinal de porta-aviões japonês; o voo parecia uma viagem desperdiçada para uma vida passada que só servia para salgar a ferida aberta de Pappy. Uma última olhada na ilha à frente, então ele sombriamente desviou o B-25 para o sul. Embora a busca fosse um fracasso, eles ainda não iriam para casa. Seguiram para o porto de Cebu, Pappy extremamente irritado nos controles.

Dessa vez, os japoneses estavam prontos para eles. Quando a pequena formação de Mitchell entrou no porto, eles descobriram mais três navios de guerra ancorados ali. Os marinheiros imperiais rapidamente encheram o céu com fogo antiaéreo, sacudindo os B-25 enquanto estes se esquivavam e desviavam da fuzilaria.

Pappy escolheu um navio e acionou seu microfone de intercomunicação para dizer a Jack e seu artilheiro que eliminassem as metralhadoras antiaéreas a bordo dele. Desceu verticalmente em mais um ataque solo, Jack disparando de sua torre superior e o artilheiro lutando para manter a metralhadora .50 acionada manualmente no alvo enquanto Pappy manobrava loucamente entre a artilharia. Caindo e saltando, eles desceram de novo para a água, o céu riscado por ondas de traçantes. Pappy ignorava tudo isso, avançando com intensidade temerária. O navio que ele selecionara parecia um cargueiro. Desviando-se dos navios de guerra, ele se alinhou atrás dele e nivelou as asas. Agora com os manetes totalmente abertos, ele disse a seu artilheiro que ficasse na metralhadora; ele soltaria as bombas.

Os navios cresciam, enchendo os para-brisas do B-25 enquanto ele avançava a toda a potência ao longo da plácida superfície do porto. As portas de seus compartimentos de bombas se abriram; Pappy ainda mantinha o avião pouco acima da água. Explosões negras surdas vararam o céu quando ondas de granadas antiaéreas explodiram acima deles.

O casco do cargueiro se precipitou na direção deles enquanto os dois artilheiros apertavam seus gatilhos, fustigando o convés com cordas de traçantes vermelhas. No último segundo antes de uma colisão, Pappy levantou o nariz do avião e acionou a liberação das bombas. O Mitchell saltou sobre o mastro do cargueiro antes de Pappy empurrar os controles para a frente, mergulhando bruscamente o nariz. Eles se precipitaram para a água, escapando pouco antes do impacto e se afastando em velocidade enquanto as bombas explodiam atrás deles. Várias atingiram o alvo, outras levantaram gigantescas colunas de água quando detonaram nos dois lados do casco do navio.

Quando eles o deixaram, ele estava adernando, em chamas e afundando. A vista do sucesso deles aliviou o tormento interno de Pappy, pelo menos por ora. Enquanto eles corriam para fora da área-alvo, ele só sentia uma excitação feroz de vitória que era em parte exultação e em parte violência.

Nesse ataque, ele encontrou sua válvula de escape. O combate era a única saída que aliviava seu tumulto interior. Ele queria mais daquilo, estava sedento. Pilotou o B-25 de volta a Del Monte, exausto mas determinado a continuar atingindo os japoneses.

A pesquisa após a guerra do U.S. Strategic Bombing Survey não lista nenhum navio afundado nas Filipinas durante aquele período, embora essa compilação nunca tenha sido considerada completa.

Quando voltaram a Del Monte, eles souberam que os japoneses tinham bombardeado a base repetidamente ao longo do dia. O general Royce, que permaneceu no campo principal durante toda a missão, registrou em seu diário que, só de manhã, teve que correr para abrigos antibomba cinco vezes. Ele estava acabando de jantar quando os B-25 chegaram.

Dados o número de ataques a Del Monte naquele dia e a perda do B-17 no dia anterior, Royce decidiu que era hora de parar de provocar o destino e voltar para a Austrália. Ordenou que os tanques de compartimento de bombas fossem reinstalados nos bombardeiros. Eles partiriam assim que as tripulações completassem esse trabalho e tivessem reabastecido os aviões.

Os homens estavam atônitos. Tinham acabado de chegar a Mindanao e supunham que ficariam lá para esgotar o estoque de bombas restante e se reabastecer na ilha como planejado. Ainda havia muitas bombas e grande quantidade de combustível, e eles queriam lutar.

O general Royce não voou em uma única missão de combate, preferindo permanecer no quartel-general e alojamento do coronel Elsmore em Del Monte. Isso resultou em muitas queixas no momento e depois.

Big Jim Davies e Pappy decidiram tentar convencer Royce a ficar. Foram falar com ele e fizeram o melhor possível para persuadi-lo. Pappy ficou extremamente emotivo ao pensar em deixar de novo as Filipinas. Os japoneses estavam lentamente tornando mais difícil a situação dos postos avançados remanescentes. Logo estariam controlando todas as ilhas Visayas. Depois disso, seria a vez de Mindanao.

Se eles partissem agora, não haveria como voltar. Não tão cedo. Não com os poucos aviões que a FAEO ainda possuía na Austrália. Dada a baixa prioridade que Franklin Delano Roosevelt dera ao Teatro do Pacífico, quem sabia se eles sequer voltariam?

O combate reenergizava Pappy. Ele não ia fugir se pudesse evitar. Aconselhou apaixonadamente o general Royce a ficar, deixar as tripulações usar todas as bombas, continuar a atingir os japoneses. Todos naquela sala sabiam que Pappy estava argumentando também por razões pessoais.

Royce, muito ciente da situação de Pappy, se recusou a ceder. Eles iam para casa, e essa decisão era final.

O fato de Royce ficar na retaguarda durante todas as missões de combate destruiu sua reputação entre as tripulações. Sussurros sobre isso circulavam entre os homens, e muitos concluíam que o general não tinha estômago para o combate.

Isso, combinado com a ordem de fugir para a Austrália, convenceu Pappy de que era verdade. Quando Royce não mudou sua decisão de partir, eles começaram a discutir. Royce ficou perplexo ante um capitão disposto a contestar sua autoridade. O velho homem da Marinha não dava a mínima para patente. Preocupava-se com caráter, e foi perdendo o controle.

"Você não passa de um maldito covarde!", Pappy gritou para o general.

"Bem", disse Royce de modo trivial, ignorando a acusação, "a ordem está mantida."

Davies ouviu as palavras saírem da boca de Pappy, mas não podia acreditar que ele as dissera. Ele falou sobre isso durante anos, lembrando como se virou para o amigo e o encarou completamente chocado. Pappy manteve sua posição. Não se importava. No que lhe dizia respeito, Royce era amarelo, e as estrelas em seus ombros não eram motivo para contenção. O general Royce não tomou nenhuma medida imediata contra a acusação do impetuoso capitão, mas as palavras de Pappy destruíram permanentemente o relacionamento deles.

Fim da discussão. Os homens do Terceiro Grupo de Ataque foram trabalhar para se aprontar para o voo de 2400 quilômetros até Darwin. Reinstalaram os tanques de compartimento de bombas e entregaram todo o estoque restante de cigarros, suprimentos e outros produtos às turmas de solo que iam deixar para trás. Resolveram quem poderiam levar, e logo cada um dos B-25 estava lotado de passageiros. Pouco depois do meio-dia, nove Mitchell decolaram em Del Monte, rumando para o sul na escuridão protetora.

Pappy Gunn ficou.

Quando foi reinstalar seu tanque de compartimento de bombas, descobriu que ele estava cheio de buracos. A história oficial que ele contou depois foi que os bombardeios japoneses deixaram o tanque irrecuperável. Dada a missão pessoal de Pappy, esse parecia um jeito conveniente de desobedecer a uma ordem direta do general e ficar nas Filipinas. Davies até aventou a possibilidade de os buracos terem sido causados pelas Colt .45 de Pappy, o que Pappy nunca negou.

Pappy passou a noite procurando uma maneira de carregar no B-25 combustível suficiente para voltar a Darwin. Não havia mais nenhum tanque de combustível de longo alcance disponível em Mindanao — nesse momento não havia quase nada na ilha além de bombas, combustível e homens com muita coragem. Ele passou a procurar entre os destroços no campo e topou com um dos velhos bombardeiros B-18 Bolo em que o 27º tinha voado para Del Monte meses antes. Ele estava quase completamente destruído, mas, quando Pappy o vasculhou em busca de peças utilizáveis, encontrou seus dois tanques de asa intactos.

Ele e sua tripulação os arrancaram das asas do bombardeiro quebrado, os arrastaram até seu B-25 e se puseram a trabalhar tentando imaginar como encaixá-los. Jack Evans tinha vindo como artilheiro da missão, mas também atuava como chefe de tripulação de Pappy. Ele tinha trabalhado ao lado de Pappy por dias em Brisbane durante o momento de desespero em janeiro, montando aviões e roubando peças com o velho quando necessário. Arregaçou as mangas e foi trabalhar ao lado dele, e Pappy ficou contente de contar com sua experiência.

Os tanques não se encaixavam nos compartimentos de bombas, então eles tiveram que mudar seu formato. Cuidadosamente, eles os achataram e os reconstruíram de modo que os tanques ficaram com quatro polegadas de um dos lados. Quando terminaram, estava perto de amanhecer e eles precisavam sair de Dodge. Pappy e sua tripulação se amontoaram no B-25 e se esconderam em Valencia enquanto os japoneses bombardeavam Del Monte.

Passaram o dia 14 debaixo das árvores, Pappy buscando qualquer informação adicional sobre sua família. O problema que ele enfrentava era insuperável, e enquanto falava com todos que conseguiu encontrar que haviam estado em Luzon, ele fumava um cigarro atrás do outro. Os olhos marcados por bolsas e rugas traíam sua fadiga e tensão. Pappy caminhava como um homem com dor e parecia ter sessenta anos.

Ninguém sabia o destino de sua família. O máximo que podiam fazer era especular que os japoneses a tinham levado para Santo Tomas. Que tal achar um jeito de se comunicar com alguém em Luzon? Certamente os amigos filipinos dele ainda estavam em Manila, certo?

Sim, mas com a queda de Bataan, Luzon estava sem comunicação. Bandos de soldados filipinos e americanos que tinham escapado no caótico cenário após a rendição acabariam se juntando em um movimento de guerrilha ativo, que criaria sua própria rede de comunicação através das ilhas bem debaixo do nariz das autoridades de ocupação japonesas. Isso ainda levaria meses para tomar forma. Em abril de 1942, essas redes simplesmente não existiam. Circulavam rumores, e fugas ocasionais de Bataan ou Corregidor traziam notícias do norte, mas não havia nenhuma comunicação substancial nem permanente com ninguém deixado atrás das linhas japonesas lá, além da ocasional mensagem de rádio de um ou outro espião.

A sorte de Pappy tinha simplesmente acabado. A janela para resgatar sua família estava fechada, mas ele não podia admitir isso. Enquanto ele continuava a procurar maneiras de entrar em contato com alguém em Luzon, o telefone na outra ponta daquela linha estava mudo. Ele precisava de mais tempo, e isso era algo que os japoneses não lhe dariam.

Depois que escureceu, eles voaram de volta a Del Monte e continuaram a trabalhar no sistema de combustível. Os tanques do B-18 ainda não se encaixavam inteiramente nos compartimentos, e eles teriam de deixar as portas abertas durante todo o voo para Darwin. Isso reduziria a velocidade e consumiria mais combustível, e quando fez os cálculos, Pappy descobriu que ainda não teria os litros necessários para chegar à Austrália mesmo em condições ótimas.

Ele passou a noite buscando mais maneiras de armazenar combustível, mas a colheita foi parca. Os membros da tripulação se espalharam, procurando qualquer coisa. Conseguiram três tanques que Pappy socou no estreito túnel que o artilheiro usava para engatinhar da cabine para o nariz do avião. Era um espaço apertado que, para ser percorrido, exigia que um homem se achatasse e se arrastasse. Mas mesmo com os tanques enfiados ali, eles ainda não iam conseguir chegar a Darwin.

Estavam ficando desesperados. Finalmente, Pappy voltou aos destroços do B-18. Um de seus tanques de óleo ainda permanecia nele, e parecia intacto. Ele e alguns dos homens de Elsmore imaginaram como enfiá-lo no acochambrado sistema de alimentação.

Amanheceu e eles ainda não tinham terminado. Partiram de Del Monte para a segurança de Valencia, mas quando voavam para o sul, entraram em uma tempestade violenta. Tinham instalado os tanques de asa do B-18 na noite anterior, amarrando-os no compartimento de bombas com cabo de cânhamo. O tempo estava tão ruim e o avião tão complicado que Pappy decidiu não arriscar um voo através das nuvens de chuva para chegar a Valencia. Em vez disso, seguiu para o norte. Exatamente para onde ele foi talvez nunca se saberá. Ele aterrissou mais tarde naquele dia em uma pequena pista primitiva para caças perto de Cagayan, na costa norte, o B-25 levantando um leque de lama ao pousar.

Ao cair da noite de 16 de abril, eles carregaram para voar de volta a Del Monte e terminar a modificação. A decolagem em Cagayan foi um verdadeiro teste de determinação. O B-25 claudicou ao longo do barro e mal se ergueu no ar no fim da pista. O bombardeiro quase bateu em um bosque de palmeiras, mas Pappy conseguiu extrair apenas um pouco mais do avião e o fez subir em segurança.

Em Del Monte, os homens de Elsmore os encontraram na área de dispersão, e eles trabalharam com dedicação singular para dar os toques finais ao B-25. Pappy acrescentou a bordo a capacidade extra que eles haviam guardado. Ele ainda estava 530 litros abaixo da capacidade que tinham ao vir de Darwin na semana anterior. Ele não conhecia o B-25 tão bem e não sabia que tipo de margem tinha com a carga de combustível original. Sair com essa escassez podia fazê-los cair na água em algum lugar entre as Índias Orientais Holandesas e a costa australiana.

Eles não tinham escolha. Não havia nenhum outro lugar para prender um tanque, e de qualquer forma não tinham nada mais com que trabalhar.

Começaram a abastecer o B-25. Pappy se deu conta de que seu avião poderia ser o único que restava para enfrentar toda a ira do Exército japonês. Dada a situação de combustível dele, ninguém o teria culpado por simplesmente seguir para o sul assim que os tanques estivessem cheios, levando só sua tripulação para manter o avião o mais leve possível.

Ele não era esse tipo de homem. Mandou avisar que levaria tantas pessoas quantas conseguisse colocar no B-25. Um a um, homens desesperados com ordem de ir para o sul, mas sem nenhum meio para isso senão aquele Mitchell, lotaram a traseira do avião. Naquela noite eles apinharam dezoito homens no B-25. Estavam tão apertados que a fuselagem deve ter parecido uma proeza de lotação de cabine telefônica de fraternidade estudantil.

Quando acabaram de abastecer, um último homem se enfiou secretamente a bordo. Era um dos mecânicos que tinham ajudado a instalar o tanque de óleo no nariz do B-25. Ao fazê-lo, ele deixara um pequeno espaço de rastejamento embaixo dele. Então, ele escorregou para dentro e se alojou ali.

Eles taxiaram para a pista, sobrecarregados, superlotados, pingando combustível de pequenos vazamentos nos tanques improvisados. A fuselagem cheirava a gasolina, e as portas dos compartimentos de bombas ainda não podiam ser fechadas. Uma fagulha e os vapores os teriam torrado ali. Mais uma vez, Pappy teria que passar o voo inteiro sem fumar.

Ele acelerou e o Mitchell subiu abruptamente para o céu noturno. Aos poucos, eles ganharam altitude e viraram para o sul. Ao amanhecer, desceu para cem pés e ficou aí pelo resto do voo. Normalmente, a velocidade de cruzeiro do B-25 era de 370 quilômetros por hora. Eles nunca chegariam a Darwin nessa velocidade — o consumo de combustível secaria os tanques e eles acabariam no oceano. Ficar no degrau também não ajudaria muito. Então Pappy afinou a mistura de combustível e recuou os manetes até que eles ficaram pairando pouco acima de um estol a 130 milhas. Os motores deviam operar entre 1500 e 2100 rpm. Pappy os desacelerou para 1400 rpm.

Baixo e devagar, eles avançaram através das Índias Orientais Holandesas controladas pelos japoneses. Ao voarem, todos os homens a bordo sabiam que tinham sorte. Pelo menos tinham a chance de sair. Mindanao estava condenada. Os homens de Elsmore ou morreriam defendendo aqueles campos, ou cairiam nas mãos dos japoneses. Pensar em tantos americanos dedicados e sobrecarregados deixados para trás pesava muito na mente deles.

Para Pappy, a cada segundo que aquelas hélices giravam, o B-25 o levava para mais longe da família. Tinha sido assim; não haveria bases para onde voar depois disso, ninguém no solo para ajudá-lo. Polly. Julie. Connie. Nath. Paul. Se ao menos ele soubesse com certeza onde eles estavam, ou se ainda estavam vivos. Ele só encarava um retorno à Austrália para renovar a luta contra o alto escalão e a burocracia da FAEO, que a todo momento atrapalhavam o esforço de guerra.

Sentia que estava desmontando. Sem nenhum apoio, trabalhando para pessoas que odiava em um serviço que não conseguia fazer nada direito, liderado por homens como Royce, que, no que lhe dizia respeito, eram desprezíveis. Não estava apenas voando para longe de um pesadelo, estava voando de volta a um.

Manteve o leme estável, olhos no horizonte adiante enquanto o céu a leste se tornava róseo com o sol da manhã. Seus olhos podiam estar cravados no caminho à frente, mas ele deixou seu coração machucado muito atrás.

29. Sobrevivência versus pecado

Primavera de 1942
Campo de Internação de Santo Tomas, Manila

No saguão do terceiro andar do prédio principal, na sala de aula com a inscrição "46" acima do vão da porta, Polly Gunn estava parada diante de sua cama no canto oposto e olhava para o pacote que Guyenne Sanchez acabara de entregar no portão da frente.

Leal aos Gunn, ele tinha o cuidado especial de lhes trazer comida, roupas e pequenos regalos toda semana desde que eles tinham ido para o campo. Dada a qualidade das refeições que recebiam a cada dia, essas lembranças eram dádivas para a família de Polly.

Ela desembrulhou o pacote e extraiu cada um dos itens com cuidado. No fundo havia algumas peças de roupa extras. Guyenne as tinha escolhido para ela no duplex, sabendo que seriam muito necessárias nas semanas seguintes.

Muitos dos colegas internos dela acreditavam que sua internação duraria só algumas semanas, talvez uns dois meses. A guerra, eles garantiam a todos que os cercavam, em sua confiança cega, seria curta. A Marinha romperia o bloqueio e viria resgatar MacArthur. Os japoneses com certeza seriam punidos severamente.

No começo de abril, o exército preso em Bataan tinha deposto as armas. Quando a notícia desse desastre se espalhou, atingiu o coração do moral do campo. A miragem de uma guerra curta se desintegrou. Os japoneses, que tinham se comportado como se estivessem constantemente aflitos com a possível chegada do resto do Exército americano, de repente estavam inchados de confiança e orgulho. Eles trombeteavam a vitória com exultação; para os internos, parecia que os japoneses estavam tripudiando sobre eles.

Não. Não seria uma guerra curta. Eles estavam em Santo Tomas para ficar por muito tempo. Anos, talvez. Sem acesso a roupas e sapatos novos, nem mesmo comida decente, a não ser pelos pacotes episódicos, a vida estava fadada a ser mais difícil para todos.

Polly já notara que Julie estava perdendo peso. Sempre enjoada para comer, a jovem de dezesseis anos mal conseguia engolir o mingau do café da manhã infestado de mosquitos entornado em sua bandeja todos os dias. Eles às vezes comiam sardinhas em lata de almoço naquela primeira primavera, mas o estoque delas logo acabou. Os jantares eram constituídos de comida um pouco melhor, arroz, legumes e verduras e pouco mais. Os legumes e verduras estavam escasseando, e o comitê de internos decidiu desviar grande parte do que chegava para as crianças mais novas do campo.

Polly guardou a comida que Guyenne incluíra e tirou as roupas. Ao entrar no campo, em fevereiro, ela tinha usado roupas de caminhada. Sua pequena mala só incluía algumas camisas e calças extras — o bastante para dias, mas não meses de cativeiro. Agora, olhou com grande alívio as coisas que Guyenne selecionara para ela antes de arrumá-las com seu magro guarda-roupa.

No fundo daquela mala estava um belo vestido de cor clara. Sempre otimista, ela o trouxera como o único item frívolo em um lugar de roupas básicas triviais. Queria algo bonito para o dia da libertação, e costumava pensar em como o usaria para ir à capela do campo agradecer a Deus pela salvação deles.

Essa salvação parecia muito longe, como um minúsculo ponto de luz em um túnel a quilômetros de distância. De fato, agora ela era só esperança, uma decisão de continuar seguindo, dia e noite, a despeito da realidade sombria e depressiva da vida com a liberdade roubada.

O vestido era seu guia. Algum dia, entraria nele e se deleitaria com o momento de liberdade restaurada. Veria P.I.; ele estaria lá com a primeira onda de soldados, todos eles o conheciam e sabiam que ele encontraria um caminho. Ela estaria com sua melhor aparência, inclusive com uma flor de hibisco vermelha no cabelo.

Polly tinha encontrado a planta crescendo ao lado da área onde pendurava a roupa lavada para secar. Alguém sempre cuidava das roupas, e ela passava horas lá guardando-as contra ladrões. Eles aprenderam do jeito difícil que um único momento descuidado de desatenção podia custar literalmente a roupa do corpo.

Enquanto esperava que as roupas secassem, ela notou as grandes pétalas daquelas flores de hibisco, tão fora de lugar na aparência que o resto do campus tinha agora.

Arrancou uma e a pôs no cabelo, um salpico de cor em um mundo que tinha tirado dela todos os outros ornamentos de beleza. O hibisco vermelho seria seu talismã, seu lembrete de que P.I. estava lá, em algum lugar. Ele voltaria, e tudo aquilo terminaria.

No meio-tempo, ela tinha o dever de não perder a Fé. Tinha o dever de manter a família unida e viver um caminho honrado, independentemente de quantos momentos "cada um por si" eles enfrentassem no decorrer do dia. Tinha o dever de garantir que as novas circunstâncias não os mudariam. O vestido simbolizava isso tanto quanto a flor de hibisco. Ela o tinha costurado na Singer que P.I. trouxera para casa como um presente "porque sim".

Polly fazia o melhor possível para terminar cada dia de maneira positiva. Mais de uma vez, tinha dito às meninas que elas sairiam melhores daquela experiência. "Nós precisávamos de um pouco de refinamento", dissera. Com certeza agora eles apreciavam as pequenas coisas. Coisas básicas como sabonete e privacidade, uma vida vivida sem espera em longas filas por qualquer coisa; elas sentiam falta dessas coisas.

Os dias dela, antes passados dentro de casa, com os filhos por perto, agora eram passados em filas. Havia fila para tudo: chuveiro, privada, filas para comida, filas para médico e filas para falar com o comitê de internos. Quando ela não estava presa em uma fila, o comitê de internos lhe dava uma tarefa singularmente desagradável. Designada para a equipe de cozinha, ela e um punhado de outras mulheres passavam horas todos os dias tirando insetos da comida. Gorgulhos, vermes e incontáveis outros bichos infestavam o trigo entregue ao campo. No fim, mantê-los fora da comida se mostrou impossível, e os comensais é que tinham de tirá-los. À medida que a fome aumentava no campo, os internos mais jovens aprenderam a comer também os insetos. Qualquer coisa por uma porção extra de proteína. Para a maioria dos adultos, fazer isso, mesmo diante da inanição, estava além de seus limites.

Polly voltava a cada dia desse trabalho extremamente cansada, só querendo um momento para si. Mas não havia momentos assim, com 28 mulheres no quarto 46. A maioria delas era inglesa; a monitora do quarto era uma britânica agressiva com um comportamento sempre alegre chamada Florence Rimmer. Foi eleita pelas outras mulheres e executava seus deveres de forma enérgica. Seu humor combinava com os esforços de Polly para dar a melhor aparência possível às coisas. Juntas elas eram o lado bom em um quarto onde cada interna tinha 85 centímetros de espaço pessoal.

Elas eram tão animadas que um oficial japonês em visita as viu e comentou que não conseguia entender aquelas pessoas. Elas não percebiam que eram prisioneiras?

Polly tomou isso como uma vitória moral. Ela precisava desesperadamente disso. Ao mesmo tempo que fazia tudo que podia para não deixar o campo mudar sua família, ela podia vê-lo mudando seus filhos. Tentava ao máximo manter o senso de ordem e os valores anteriores à guerra pelos quais a família vivia, mas eles eram testados a cada dia, e Polly não podia estar com os filhos além dos curtos intervalos no trabalho e nas tarefas que eles partilhavam.

Um dia, Nath estava na fila do café da manhã com Paul, esperando a vez deles com o vale de comida de Polly, quando vieram dois homens carregando uma tina de quase quarenta litros de mingau. Um deles tropeçou e o mingau fumegante se derramou, respingando nas pernas nuas de Nath. Queimado instantaneamente, Nath uivou de dor e mergulhou em uma poça de lama próxima para tentar tirar a coisa do corpo. Conseguiu, mas ficou coberto de sujeira e seixos. Quando se levantou, a carne queimada se soltou da perna. Paul e outros o carregaram para o hospital, onde Connie trabalhava como zeladora. Ela foi a primeira a encontrá-lo e verificar sua condição. Por várias horas, Polly não soube o que tinha acontecido. Nesse momento, estava com os braços afundados em verduras, lavando-as antes que fossem servidas na refeição seguinte. Ela trabalhou o resto do dia, desesperada de preocupação com o filho mais novo. Finalmente, assim que pôde, correu para o lado dele e o encontrou mal. O médico e as enfermeiras ainda estavam tirando terra de seus ferimentos, e a dor o deixava em agonia torturante. A clínica não tinha muitos remédios; até aspirina era um luxo.

Ele ficou no hospital cerca de dez dias, suas ataduras coladas às queimaduras gotejantes. Trocá-las era uma experiência horrível. Connie só podia olhar como ele estava periodicamente. Polly lidava com tantas responsabilidades que simplesmente não conseguia percorrer todos os dias os 1200 metros até o hospital para vê-lo. Além disso, eles precisavam acertar seus horários de modo que um dos membros da família sempre permanecesse no quarto 46 para tomar conta da pequena reserva de comida, dinheiro e roupas deles. Fosse qual fosse o custo, eles tinham de ser bem guardados, mesmo que isso significasse que Nath não veria a mãe quando mais precisava dela.

Na primeira manhã no hospital, um tinido estranho o acordou do sono espasmódico. Ele olhou em volta a tempo de ver um garoto com as pernas em braçadeiras de metal, correndo pelo corredor da ala deles. Ele corria com intensidade louca, as pernas voando desajeitadamente enquanto se movia. Levava uma muleta de metal em cada mão, e quando corria ele as batia nas extremidades das camas de hospital. Outros gritavam com ele, alguns o ignoravam. A equipe o tolerava. A princípio, Nath não entendeu aquilo. O garoto, de sete ou oito anos, parecia possuído. Então, de repente, sua energia o abandonou. Ele caiu num monte, incapaz de ficar em pé, muito menos de correr. Uma enfermeira correu até ele, levantou-o e o carregou para sua cama. Gentilmente o deitou enquanto ele a encarava com olhos cheios de desespero. Ficou deitado indiferente na cama embaixo de um lençol pelo resto do dia.

Na manhã seguinte, a mesma coisa aconteceu. Ele se esforçou para sair da cama, caiu. Levantou-se. Caiu de novo, então finalmente conseguiu se equilibrar. Ao fazê-lo, liberou toda a energia que possuía, correndo de novo para um lado e para o outro da ala com intensidade furiosa. Sua expressão dizia tudo: aqueles poucos momentos de liberdade da cama faziam sua vida valer a pena. Ele abraçava cada segundo com todo o coração, e a paixão que o tomava enquanto ele corria brotava dele em uivos e gritos. Cada passo era uma vitória pessoal. Mas o quer que o afligisse sempre o pegava no fim. Depois de uma ou duas horas, ele perdia o equilíbrio e caía no chão. A equipe o encontrava, exausto, arfando, esgotado, e o levava de volta ao inferno de sua cama de hospital.

Depois de ver isso duas vezes, Nath entendeu por que a equipe o tratava com tanta gentileza, mesmo que alguns pacientes não o fizessem. O garoto deixou nele uma impressão profunda, lembrando-o que, por piores que as coisas fossem para ele, ele ainda estava melhor que alguns. Nesse novo mundo, queixar-se parecia autoindulgente.

A provação do hospital endureceu Nath. Ele cavou fundo dentro de si e encontrou reservas de força que nem sabia que existiam. Observava outros à sua volta ficar mais enfermos e fracos. Queria desesperadamente sair — tornar-se um deles o aterrorizava.

Felizmente, a dor aos poucos diminuiu. Suas queimaduras não estavam totalmente curadas, mas ele voltou ao quarto de Leake, impulsionado pelo dever de cuidar de Polly e dos irmãos. Essa era sua responsabilidade sagrada dada por P.I., e ele pretendia honrá-la.

O tempo longe de Polly obrigou Nath e Paul a uma independência prematura. O campo fez um esforço inicial para educar as crianças, mas ele logo foi abandonado porque todos se concentravam na sobrevivência. Isso deixou Nath e Paul fora dos dois únicos ambientes estruturados que eles conheciam: casa e sala de aula. Jogados em uma versão de cabeça para baixo da vida real, eles chegaram mais depressa do que Polly a seu momento "afundar ou nadar".

Polly viu essa erosão da inocência da juventude e tentou estancar seu curso, embora estivesse esgotada fisicamente, enfraquecida por disenteria e beribéri. Alguns meses depois que Nath saiu do hospital, ela foi mordida por um inseto. A mordida infeccionou, e a força lhe faltou. Um dia, Connie e Julie a encontraram quase incapaz de se sentar, com longas estrias vermelho-arroxeadas correndo pelo braço.

Não havia nenhum antibiótico no verão de 1942. Mesmo que houvesse, não haveria nenhum em um lugar como Santo Tomas. A família levou Polly para o hospital, onde ela se recuperou da infecção, mas quando voltou continuava desesperadamente fraca. Paul, que trabalhava na cozinha carregando pesados caldeirões de arroz, sabia que a mãe precisava de comida extra para retomar a força. Numa tarde, ele assumiu um risco terrível e roubou alguns punhados de arroz para ela. Se tivesse sido apanhado, a punição teria sido severa. Ele arriscou, preocupado com a possibilidade de, sem a comida, a mãe vir a morrer.

Quando ele a encontrou mais tarde naquele dia e lhe ofereceu o arroz, ficou atônito com a reação dela. Em vez de ficar agradecida, Polly perdeu o controle, reprovando com veemência Paul por ter cometido o pecado do roubo. A família Gunn não roubava. Como ele podia fazer uma coisa dessas?

Paul se retraiu, profundamente magoado com as palavras. Esse lugar esmagava os bons valores. Bons valores podiam levar as pessoas a ser mortas.

Polly não percebia isso. Ela se agarrava a sua moralidade de antes do campo enquanto os filhos se davam conta, como Julie disse mais tarde, de que havia uma diferença entre "pecado e sobrevivência".

Não valia a pena morrer pela Bíblia e por seus ensinamentos, pelo menos não para Paul e Nath. A primeira metade do ano no campo os transformou de garotos em sobreviventes — fortes e duros, dispostos a fazer o que pudessem para se proteger e tomar conta da família. Eles faziam muito fora da vista da mãe. Aprenderam a comerciar com adultos e descobriram fontes improváveis de coisas para comerciar. O prédio do seminário no campus abrigava um museu que os japoneses declararam inacessível aos internos. Os padres que permaneciam no campo transformaram o espaço em um local de armazenamento durante a guerra. Um dia, Nath, junto com alguns amigos em quem ele confiava, invadiu o prédio e descobriu centenas de Bíblias guardadas lá dentro.

Os adultos podiam às vezes obter fumo, mas sempre precisavam de papel para enrolar cigarros. Nath viu imediatamente a oportunidade. As Bíblias se tornaram uma fonte básica para esses cigarros caseiros. Em silêncio, eles abriram os livros sagrados e arrancaram deles algumas páginas antes de sair sorrateiramente do prédio. Com certeza encontraram um mercado ansioso mais tarde naquele dia. Comerciaram suas páginas de Bíblia adquiridas por meios ilícitos e levaram o butim para suas famílias.

Pegar essas páginas tornou-se um empreendimento semirregular, embora os riscos que eles corressem para obtê-las nunca diminuíssem. Se Polly tivesse sabido o que estava acontecendo, teria ficado horrorizada. Mas a comida e os artigos de toucador pelos quais eles as trocavam ajudavam a sustentar a família.

Com ou sem a aprovação da mãe, Nath e Paul decidiram fazer qualquer coisa para manter a família viva. Naquela primavera e naquele verão, Nath aprendeu a lutar boxe. Mesmo antes de suas queimaduras sararem totalmente, ele voltou ao ringue. Descobriu que podia aguentar um soco e aprendeu a não ter medo de se machucar. Também desenvolveu uma sequência perversa de golpes que derrubou nove oponentes. A única luta que ele perdeu foi para um amigo próximo.

Os adultos ainda atacavam os garotos de Leake. Pegavam coisas; davam ordens a eles. Pegavam o lugar deles em filas e não ligavam para suas reclamações. Um homem, cuja família vivia no prédio principal naquele ano, passava horas jogando uma bola de tênis na parede enquanto o filho olhava desconsolado. O pai ignorava o desejo do filho de se juntar a ele e mantinha a bola só para sua diversão. Nas poucas vezes em que o garoto juntava coragem para perguntar se podia jogar também, o pai o humilhava com comentários irritados.

Nath testemunhava esses momentos e refletia sobre aquele dia em que seu pai lhe dera o cabo de vassoura. Começou a entender o significado da lição que o pai lhe ensinara naquele dia, e encontrou no campo meios de aplicá-la.

O pai lhe mostrara como não ser vítima. Se você sempre agisse de acordo com as regras, apareceriam outros que o explorariam. O valentão que derrubou Nath naquele dia fez exatamente isso. Não havia como Nath enfrentá-lo em termos iguais. O valentão era grande demais, alto demais, forte demais. O cabo de vassoura e um ataque de surpresa nivelaram as condições entre eles, mesmo que isso fosse considerado jogo sujo.

A questão era: Nath nunca mais foi vitimizado por aquele garoto. Bater na cabeça dele não foi uma questão de vingança, e sim de mostrar ao valentão e aos da sua laia que mexer com Nath ia ser doloroso. Ninguém queria arriscar de novo aquele nível de dor, e Nath nunca se tornou vítima enquanto eles moraram na Oitava Avenida. Logo se espalhou a notícia de que uma briga com um garoto Gunn era uma completa insensatez.

Os garotos não podiam começar a portar porretes no campo de internação, mas encontraram um jeito de evitar a força e o tamanho dos adultos que tentavam explorá-los. Força em números era a resposta.

Os garotos aos cuidados do sr. Leake se juntaram em uma gangue organizada em que todos tomavam conta uns dos outros. Inventaram um assobio especial que servia como alerta de perigo. Quando um adulto confrontava um deles, o garoto assobiava; os outros ouviam o chamado e corriam para ajudá-lo. O adulto se via cercado por pequenos irritados, dispostos a enfrentá-lo.

Aos poucos, esses confrontos viraram a maré. Os garotos descobriram que os homens sempre recuavam. Essas vitórias construíram confiança nos garotos, e eles ficaram mais ousados e mais dispostos a assumir riscos uns pelos outros. Falavam abertamente, como nunca teriam feito antes da guerra. Alguns, às vezes, ficavam insolentes e sem remorso. Viam aqueles mesmos homens tratar as próprias famílias com tanta desconsideração que o respeito que os pais os ensinavam a ter pelos adultos se dissolvia em desprezo.

O pai que jogava a bola de tênis durante horas às vezes terminava na fila de comida com Nath e Paul. Ele carregava os vales de comida de seus familiares e pegava as rações para eles. No começo, parecia uma coisa nobre, que os poupava da longa espera na fila. Mas parecia incoerente; o homem era rápido para repreender qualquer um e era suspeito de bater na mulher e no filho. Por que ele se daria a esse trabalho?

Nath descobriu a resposta um dia quando eles andavam da fila de comida para o prédio principal para comer com a mãe. O Homem da Bola de Tênis caminhava à frente deles espreitando em volta furtivamente. Quando achou que ninguém estava olhando, comeu depressa uma parte da ração de sua mulher. Deu mais alguns passos e roubou um pouco da do filho.

Nath não conseguia acreditar. Ele e Paul se entreolharam e só sentiram desprezo por ele. Já não conseguiam aguentar o homem pelo jeito como ele tratava a família. Agora o testemunhavam roubando a comida do próprio filho. Isso era a baixeza mais baixa.

Nas semanas seguintes, a comida ficou cada vez mais escassa. Um novo comandante, mais rigoroso, assumiu e proibiu a entrega de pacotes. Comida e itens que eram jogados por cima do muro principal para internos também foram proibidos. Para ter certeza de que os filipinos não pudessem mais fazer isso, os japoneses construíram um muro interno a cerca de seis metros do muro principal. Qualquer pessoa apanhada recebendo contrabando de fora era severamente punida.

Sem os pacotes de comida trazidos por amigos fiéis e empregados do lado de fora, os internos perdiam peso. Os japoneses, no que alguns viam como um ato de crueldade insensato, instalaram uma balança no térreo do prédio principal para que os internos pudessem acompanhar sua perda de peso. Polly se pesava todos os dias, observando o número cair enquanto seu corpo lentamente emagrecia de subnutrição e surtos de doença.

Em várias outras ocasiões, Nath e Paul apareceram com café da manhã da fila de comida para a mãe depois de seguirem o Homem da Bola de Tênis escada acima. Todas as vezes eles o viram roubar das rações da própria família. Contaram isso à mãe, mas Polly se recusou a tomar qualquer atitude. Era um assunto interno da família deles, e envolver-se teria trazido problemas que ela não queria. Era melhor deixar para lá e não interferir.

Numa tarde, Nath estava no saguão do lado de fora do quarto 46. O Homem da Bola de Tênis estava lá, jogando a bola na parede enquanto o filho assistia. Ele deixou cair a bola, e Nath gracejou: "Você devia prestar atenção nela".

O Homem da Bola de Tênis se virou para Nath com raiva repentina: "Você acha que eu não sei como pegar a bola? Faz anos que eu passo horas jogando esta bola todos os dias. Eu sei o que estou fazendo!". Um ano antes, Nath teria recuado diante de um acesso como esse de um adulto. Agora não. Ele tinha aprendido a verdade central das regras da Oitava Avenida: a maioria dos valentões é covarde. Se você os enfrentar, eles é que vão recuar.

Nath balançou a cabeça na direção do filho do Homem da Bola de Tênis. "Você devia deixá-lo jogar."

O homem ficou vermelho e gritou para Nath: "Você não pode falar assim comigo!".

Nath retrucou: "Eu vou falar com você como eu quiser. Eu vi o que você faz todo dia quando sai da fila de comida. Você gostaria que eu contasse a sua família?".

O homem ficou paralisado, o rosto contorcido de fúria. Pegou a bola e saiu depressa, ordenando ao filho que o seguisse.

Polly, que tinha ouvido a discussão de uma mesa do lado de fora do quarto 46, chamou Nath depois que o Homem da Bola de Tênis foi embora.

"Nath, você não devia ter feito isso", ela o repreendeu. "Agora você tem um inimigo."

Nath sacudiu a cabeça. Ele nunca tinha enfrentado a mãe, mas dessa vez ela é que tinha de aprender a lição. "Mãe, aquele cara já era meu inimigo por causa do jeito como ele trata a família." Afinal, como ele trataria os Gunn se tivesse meia chance?

As velhas regras simplesmente não se aplicavam mais. De todos os membros da família, Polly foi a última a abandoná-las.

30. O adorável mortífero com o agachamento de Jack Dempsey

Abril de 1942
Archerfield, Brisbane, Austrália

Pappy Gunn estava deitado exausto em seu beliche, no modesto alojamento em Brisbane. No momento a cidade era um circo, fervilhando de repórteres em todos os lugares, entrevistando os Royce Raiders e escrevendo matérias sobre as proezas deles que eram publicadas em centenas de jornais nos Estados Unidos. Pappy não se importava com essa bobagem. Ele tinha falado com alguns jornalistas nas Índias Orientais Holandesas, mas a cobertura de imprensa não ajudava sua causa.

O desconhecido o perseguia em todos os momentos em que ele dava uma relaxada. Deitado em seu beliche, Pappy repassava na mente os acontecimentos dos quatro últimos meses, voltando repetidas vezes às decisões que tomara e às oportunidades perdidas.

Havia também o temor constante por Polly e as meninas, o pior que um marido e pai pode enfrentar. Pappy possuía uma imaginação poderosa e vívida, que tanto alimentava suas capacidades de resolver problemas. Em momentos como esse, sua imaginação parecia uma maldição.

O que eles fizeram com minha mulher e minhas filhas?

A mente dele voltava àquelas horríveis imagens granuladas da China. Estupros em massa, filas de mulheres nuas diante de covas abertas com corpos empilhados um sobre o outro. Fotos de oficiais japoneses comprazendo-se em usar a espada para decapitar inocentes. Ele os tinha visto, o rosto sorrindo como se posassem para uma fotografia de férias, enquanto a seus pés jaziam as cabeças de suas vítimas.

Vinte mil mulheres foram estupradas só em Nanquim. Brutalizadas, torturadas, assassinadas diante de suas famílias. Crianças e idosas eram estupradas lado a lado com seus pais e filhas. Era um carnaval de horrores tão bestial que pelo menos um americano que testemunhou essas atrocidades mais tarde cometeu suicídio.

Pappy via todas essas imagens de novo em sua mente, e seu receio pela segurança das filhas e da mulher aumentava de novo. Quando elas mais precisavam dele, ele não estava lá.

Ele se lançou para fora do beliche. Não havia como escapar desses pensamentos, só uma descida rumo à loucura enquanto ele sofria. Se ao menos *soubesse* onde elas estavam. Se estavam bem ou não. Em vez disso, o desconhecido se tornava o playground de suas piores imaginações.

Ele caminhou para o chuveiro, lutando para tirar da cabeça esses pensamentos.

E Nath e Paul?

Imagens lampejaram diante dele. Paul, estudioso e calmo; Nath, briguento e sempre disposto a defender o que era certo. Ele enfrentava punhos com punhos, Pappy sabia que Nath morreria lutando para proteger a mãe e as irmãs. Paul faria o melhor possível, mas não era um lutador.

Famílias inteiras estupradas e mortas na frente umas das outras. Era um jogo para aqueles soldados japoneses. Algo que liberava os piores, os mais primitivos instintos naqueles homens em 1937, como se o poder deles sobre a vida e a morte se tornasse uma droga, e quanto mais desprezível o ato, mais forte a sensação de poder.

Não aconteceu apenas em Nanquim. Nem em 1937. Onde o Exército japonês marchava, havia carnificina.

Pappy ligou o chuveiro e ficou embaixo da água.

Eu tenho de acreditar que eles ainda estão vivos.

Não haveria redenção se eles não estivessem. A culpa e a angústia o matariam como uma bala.

A água caía sobre ele enquanto se esfregava com cuidado. Porções de calor espinhento lhe causavam rachaduras na pele, algo que ele poderia ter evitado se ficasse só de short, como a maioria dos outros tripulantes aéreos. Ele não fazia isso, usando a camisa de mangas compridas mesmo quando a temperatura passava de 38° e a umidade fazia o suor pingar dele sem parar.

Toda noite, sua imaginação o assolava. Toda manhã, ele levantava da cama com os olhos vermelhos e inchados e um pouco mais de ódio. O banho ocasional que ele conseguia tomar à margem de seu cronograma de resto ininterrupto servia como a ponte para seu dia. Ele lavava os pesadelos e voltava a mente para problemas que podia resolver.

Pappy se enxugou e se vestiu enquanto fazia essa transição, afastando o medo e a culpa o melhor que conseguia e se preparando para mais um dia de trabalho para pessoas que, para começo de conversa, o haviam traído.

Ele as odiava, quase tanto quanto aos japoneses. Mas eram os japoneses que ele queria que sofressem.

Desde que voltara aos Royce Raiders, alguns dias antes, Pappy queria pegar todas as lições que aprendera e aplicá-las. Apesar de todos os ataques que eles tinham feito nas Filipinas, a verdade era que não tinham infligido muito dano. Por melhor que fosse o B-25, ele podia ser melhorado. Eles precisavam de novas táticas, novas ideias. A máquina de guerra japonesa não mostrava nenhum sinal de desacelerar, e os Aliados não mostravam nenhuma capacidade de pará-la. Os aviões tinham sido construídos segundo especificações anteriores à guerra. Os manuais de tática haviam sido escritos por oficiais que nunca tinham voado em combate, cuja prioridade era não como causar danos a um futuro inimigo, mas como fazer o Congresso dar a eles mais dinheiro para os B-17.

As coisas precisavam mudar, e ele reconhecia que qualquer esperança de voltar às Filipinas dependia de os Aliados inverterem a situação. A derrota simplesmente o empurraria para mais longe de Manila. Vitórias podiam reverter essa tendência. Ele sabia que MacArthur ansiava pela mesma coisa; seu ego tinha sido destruído pelo sucesso japonês nas ilhas, e voltar para libertar as Filipinas tinha se tornado uma obsessão desde o primeiro momento de sua chegada à Austrália.

A forma como eles estavam combatendo não funcionava. O que usavam no combate era com frequência ineficaz, obsoleto ou presa fácil para os japoneses. Tática ruim, equipamento ruim: os pilares gêmeos da derrota. Pappy ficava louco de ver seus amigos receberem ordem de fazer a mesma coisa repetidas vezes só porque algum livro dizia que era assim que devia ser feito.

Ou nos adaptamos ou perdemos. Não temos os aviões nem o equipamento, e não temos substitutos para a tripulação aérea que está morrendo tentando provar que os manuais estavam certos.

O B-25 era o melhor avião na Austrália, mas poderia ter sido ainda melhor. Antes da guerra, ele fazia constantemente mudanças para melhorar os Beech 18, e mal podia esperar para pôr as mãos nas entranhas daqueles Mitchell para ver o que ele e Jack Evans poderiam fazer para extrair um pouco mais de desempenho daquelas aeronaves. Talvez Jack Fox ajudasse.

Nesse meio-tempo, ele queria aplicar coisas que aprendera na Marinha ao modo como o Terceiro Grupo de Ataque perseguia os alvos. Os B-25 eram projetados para bombardear alvos entre 8 mil e 10 mil pés em voo nivelado. A doutrina padrão exigia que os aviões estivessem em formações em V compactas de três aviões, com a ponta da asa do avião da frente alinhada à ponta da asa oposta do avião de trás. Um V estaria um degrau abaixo e atrás do seguinte, e a ideia era fazer todos liberar sua munição simultaneamente para maximizar o número de bombas lançado contra o alvo mantendo o padrão pequeno. Enquanto isso, as formações compactas também concentrariam seu poder defensivo, mantendo os caças inimigos à distância.

O Royce Raid causava algum dano, mas a maior parte dele era simbólica. Pappy achava que eles podiam fazer muito mais — realmente causar prejuízos aos japoneses, se pelo menos se adaptassem à situação. Desfiles imponentes a 8 mil pés quando os bombardeiros não tinham cobertura de caças nem ninguém para eliminar o fogo antiaéreo iam levar à morte muitos homens do Terceiro Grupo de Ataque nos meses seguintes. Eles tiveram sorte de não enfrentar Zeros nas Filipinas. Àquela altura, essa sorte não se manteria na Nova Guiné, nem em nenhum outro lugar.

Pappy dirigiu até Archerfield, ansioso por voltar a ver Jim Davies e bombardeá-lo com essas ideias. Ele era um homem que o ouviria — talvez o único.

Quando ele se apresentou, descobriu que o alto escalão do quartel-general esperava que ele voltasse ao 21º Esquadrão de Transporte. Sim, seu conhecimento das Filipinas se mostrara valioso para o Royce Raid, mas isso agora tinha terminado. Eles o viam como um piloto de meia-idade com capacidade reduzida que não fazia sentido mandar em missões de combate com jovens com metade de sua idade. Portanto, o velho veterano da Marinha ia voltar ao Esquadrão de Aviões Desajustados. Talvez ele pudesse transportar alguns membros do staff entre bases para manter seu pagamento.

Sua mesa o esperava, uma montanha de papelada que precisava de sua atenção.

Desde dezembro, Pappy tinha ganhado a vida operando fora das convenções da Força Aérea do Exército. Ele desrespeitava regras, lançava ataques solo, ignorava cadeias de comando, era desonesto com funcionários de suprimentos, e sempre se safava com seu comportamento de lobo solitário porque seus motivos eram puros. Ele queria combater — *precisava combater*.

Pappy passou os primeiros dias da volta lidando com cronogramas para aviões de correio e entregas de carga, o tempo todo prestes a explodir de raiva e frustração. Esse não era o lugar dele; ele não ligava para o que o pessoal do QG dizia. Transportar papel higiênico entre Brisbane e Townsville certamente também não o levaria de volta às Filipinas e à sua família. Por ora, ele estava preso e só podia refletir sobre a situação.

Um dia, ao voltar de um desses voos, ele encontrou vários aviões novinhos em folha, chamados A-20 Havocs, alinhados na pista em Archerfield.

Eles pareciam rápidos apenas apoiados em seu trem de pouso triciclo na rampa de acesso em Archerfield, como cavalos corrida de raça esperando pelo toque do sino. Dotados de asa alta, capota e carenagens do motor rombudas, um autor da revista *Popular Science* da época os descreveu como parecendo perpetuamente encolhidos em um "agachamento de Jack Dempsey".* Um par de metralhadoras protegia a cauda; quatro submetralhadoras calibre .30 adornavam o nariz em volta da gaiola de vidro do artilheiro. Com esse poder de fogo, o artigo da *Popular Science* chamava o A-20 de "adorável avião mortífero".

Projetado por um dos maiores gênios da aviação dos Estados Unidos, Ed Heinemann, o Havoc era oficialmente conhecido como Douglas A-20A. Heinemann tinha feito carreira construindo *rocket sleds* [plataformas para teste de foguetes] para pilotos de bombardeiro que sonhavam em pilotar aviões de

---

* Jack Dempsey (1895-1983) foi um excepcional boxeador americano, que manteve o título de campeão mundial dos pesos-pesados entre 1919 e 1926. Uma das características de seu estilo de luta agressivo era investir contra o oponente balançando o corpo abaixado no ritmo de uma canção que ele entoava baixinho. (N. T.)

caça. O A-20 tinha elementos desses dois mundos; de fato, versões posteriores serviram em combate como caças noturnos. Eles eram rápidos a esse ponto.

Os britânicos foram os primeiros a usá-lo em combate e adoravam a velocidade e a agilidade do avião. Eles o apelidaram de Boston.

Pappy viu aqueles belos novos aviões e correu para sua sala a fim de encontrar Jim Davies e lhe contar sobre eles. Davies lhe disse que pertenciam ao Terceiro Grupo de Ataque, que ainda estava lutando com problemas de pessoal e aviões. No momento, a unidade possuía uma mescla esquisita de bombardeiros de mergulho e B-25 holandeses, mas não o suficiente de nenhum deles. O A-20 seria o terceiro tipo de aeronave do grupo para seus quatro esquadrões.

Os A-20 fascinaram Pappy. Ele via grande potencial neles — se fossem usados do jeito certo. Em sua mente, o jeito certo era voando baixo, roçando os topos das árvores a plena potência. Esqueça altitude. Ela só levaria os homens à morte, disso ele estava convencido.

Abandonando sua mesa, ele voou para Charters Towers para bombardear Davies e o resto do Terceiro Grupo de Ataque com as ideias que queria experimentar.

Sem dúvida, ele pensou, caçar navios em baixa altitude era muito mais eficaz do que tentar lançar bombas neles em aviões B-17 de uma altitude de 20 mil pés. Se eles voassem baixo o suficiente, poderiam de fato se colocar abaixo da altitude mínima em que os navios conseguiriam atirar neles. De seus dias na Marinha, ele se lembrava de como canhões antiaéreos não podiam ser inclinados abaixo de certo ângulo. Isso deixava um ponto cego logo acima das cristas de onda que os navios não conseguiam cobrir.

Chegar voando baixo lhes dava mais uma oportunidade de infligir danos. Quando Pappy havia atacado os navios no porto de Cebu, seu artilheiro tinha atirado nos tombadilhos deles com sua única metralhadora enquanto ele fazia a investida de ataque.

Uma única metralhadora não causava muitos danos. Mas e se mais pudessem ser apinhadas no nariz daqueles A-20? Pappy contou a Davies que queria fazer uma experiência com uma estrutura e ver quantas calibre .50 conseguia pôr nela para dar ao avião um pouco de força real. Se fossem postas armas suficientes no nariz, os pilotos poderiam eliminar defesas antiaéreas enquanto faziam suas investidas para o alvo. Não precisariam de caças que fizessem isso por eles. De qualquer forma, não havia caças disponíveis para fazê-lo.

Davies ouviu com ceticismo. Disse a Pappy que não achava que aquilo podia ser feito. Os desafios de engenharia eram desanimadores, para dizer o mínimo, e qualquer modificação em aviões precisava ser feita em depósitos prescritos com permissão expressa do Comando de Material da Força Aérea. O Comando de Material da Força Aérea ficava no Campo Wright (hoje Base da Força Aérea Wright-Patterson), em Ohio. Tentar obter aprovação oficial para uma modificação como aquela, considerando a burocracia que já os incapacitava, parecia na melhor das hipóteses improvável.

Além disso, Davies argumentou, mesmo algumas armas extras no nariz não seriam muito eficazes dado o modo como o manual tático exigia que eles voassem. Eles estariam a uma altitude de 5 mil a 10 mil pés, bombardeando com suas miras Norden.

"Esqueça o livro, Jim. Queime o maldito livro!", Pappy estourou. Era hora de voar baixo. Quão baixo? De três a cinco metros de distância das árvores.

O capitão Don P. Hall, um dos comandantes de esquadrão de Davies, ouvia as ideias de Pappy. Hall era um antigo membro do Terceiro Grupo de Ataque. Como Davies na década de 1930, Hall tinha passado centenas de horas pilotando aviões de ataque, roçando topos de árvore enquanto soltava sacos de farinha sobre um inimigo simulado. Ele ascendeu na aviação de ataque em uma época em que o resto do Corpo da Força Aérea estava obcecado com bombardeio de precisão de alta altitude de fábricas. Não era o caminho mais rápido para progredir na carreira, mas ele adorava o voo e a missão. Agora parecia o momento de ressuscitar aquelas velhas práticas e ir derrotar os japoneses com elas.

A conversa de Pappy sobre voar baixo e destruir coisas com muitas armas batia exatamente com o que D. P. Hall pensava. Pappy viu em Hall um aliado. Trabalhou nele até que ele acabou aceitando a ideia. Diante de um front unido, Davies cedeu. Deu-lhes autorização para que pegassem um dos preciosos A-20 novos e fizessem a experiência com ele.

Don era um texano esguio de 28 anos que estava no Corpo Aéreo desde 1937. Oficial avesso ao establishment, ele estava ansioso por experimentar novas ideias e romper com o pensamento padrão. Adorava atitudes não ortodoxas e extremadas. Ele e Pappy formavam um time formidável, uma perfeita combinação de habilidades táticas, práticas e mecânicas. Eles deixaram seus outros projetos e tornaram aquele sua prioridade. Pappy negligenciou seu trabalho diário de comando do 21º e se lançou nessa tarefa. A vitória era o único caminho de volta a sua família. O 21º não podia vencer nenhuma batalha, mas esquadrões de bombardeiros carregados de armas podiam.

De imediato, Pappy e Hall esbarraram de cabeça em tanta burocracia e política de depósito de suprimentos que o experimento deles quase descarrilou.

Eles tomaram posse de seu A-20 e fizeram uma lista de coisas de que precisavam. Primeiro, precisavam de metralhadoras calibre .50. Não conseguiram obtê-las. Suportes para as metralhadoras — não. O pessoal dos suprimentos também não os cedia.

Do caos dos primeiros meses de 1942 surgiu um endurecimento das artérias de suprimentos à medida que os intendentes e os depósitos ficavam mais organizados e mais bem estocados. Muitos dos oficiais que dirigiam esses depósitos eram tipos absolutamente seguidores de regras que se recusavam categoricamente a liberar para as unidades de combate qualquer coisa que não fizesse parte de sua tabela de distribuição.

Cada grupo recebia uma quantidade prescrita de material, equipamento, ferramentas e suprimentos baseada em uma fórmula complexa criada no período anterior à guerra. Para início de conversa, ela não era realista em condições de combate, mas agora as modificações exigiriam peças, máquinas-ferramenta, máquinas de furar e metal.

Os depósitos se recusavam a dar qualquer coisa a Hall e Pappy. De fato, os homens dos suprimentos em Charters Towers, que deviam cuidar do Terceiro Grupo, passaram a detestar Davies e seus homens, porque eles os importunavam incansavelmente. Quando o Terceiro Grupo não conseguia liberar nada dos armazéns, eles recorriam a "requisições da meia-noite" e roubavam aquilo de que precisavam. O pessoal dos suprimentos sabia, ou pelo menos suspeitava, de que o Terceiro Grupo era o responsável por esses roubos. Em retaliação, bloqueava remessas, roubava equipamento destinado ao Terceiro Grupo e se recusava a entregar coisas expressamente enviadas para as tripulações de bombardeiros. Parecia quase exultar com a frustração que causava a Davies e ao resto dos Grim Reapers.

Em anos posteriores, o ódio passional expresso contra esses tipos da retaguarda tornou-se generalizado entre aqueles membros do Terceiro Grupo que suportaram esse período de inexperiência.

Davies finalmente perdeu a paciência e escreveu ao quartel-general: "Em vez de se empenhar para nos manter abastecidos com tudo de que precisamos, a organização de suprimentos faz esforços óbvios para impedir que obtenhamos qualquer coisa".

Pappy ficou tão furioso com o comandante do depósito aéreo em Charters Towers que não conseguiu mais conter a raiva. Descobriu onde vivia um coronel particularmente pernicioso, depois voou sobre a barraca dele em uma passagem de 3 mil milhas por hora, baixíssimo, em um B-25. A poderosa corrente de ar achatou a barraca do coronel e espalhou seus pertences. Embora isso deva ter sido satisfatório, essa vingança, se tanto, só reforçou o embargo mesquinho a uma das poucas unidades de bombardeiros que fazia missões de combate na época.

Quando Davies e Hall não conseguiram obter o que precisavam, Pappy tentou usar seu poder de comandante do 21º Esquadrão de Transporte e pedir coisas para sua unidade — é claro que pretendendo dá-las ao Terceiro Grupo. Isso também não funcionou. Para que pilotos de linha aérea precisavam de metralhadoras? Os funcionários de suprimentos rejeitavam cada pedido, insultando a inteligência dele com o uso frequente do velho recurso: "Está em falta".

Quando tudo mais falhava, Pappy ainda portava seu par de .45 — e uma carteira recheada.

Para que esse experimento de fato ocorresse, eles precisavam, antes de tudo, de metralhadoras. Com o pessoal dos suprimentos bloqueando todos os movimentos deles e tomando conta de suas reservas como galinhas de seus pintinhos, Pappy encontrou outro jeito de conseguir as armas.

Desde quando eles chegaram pela primeira vez à Austrália, muitos, talvez centenas, de aviões americanos recém-saídos das fábricas acabaram destroçados em acidentes ou despedaçados em combate. Turmas de solo arrastavam aqueles que estavam danificados demais para serem consertados para pátios de estocagem, onde canibalizavam os destroços em busca de peças sobressalentes que mantinham outros aviões voando. Naqueles dias esses pátios não eram tão bem guardados quanto os depósitos. Pappy e D. P. Hall viram aí uma oportunidade, e atacaram vários pátios de estocagem nas proximidades, tirando as armas de que precisavam de P-40 destroçados. Como ladrões de túmulos, ele e Don voltavam a esses pátios na calada da noite, carregando maçaricos de acetileno para arrancar pedaços de metal dos quais precisavam para os suportes de metralhadora que decidiram construir do zero. Eles roubavam, construíam e compravam com os bolsos fundos de Pappy tudo de que precisavam para manter seu projeto em andamento, mesmo depois de o quartel-general enlouquecer porque eles estavam desmontando um A-20 novinho em folha sem aprovação oficial.

O dinheiro de Pappy se mostrou incrivelmente útil, e sem ele o projeto jamais teria avançado. Exatamente de onde vinha o rolo de dinheiro dele permanece um mistério. Ele pode tê-lo levado das Filipinas, ou talvez tenha conseguido recorrer à rede de negócios de Soriano para obter os fundos. Seja como for, quando eles não conseguiam roubar nem fabricar o que precisavam, Pappy encontrava alguma firma australiana que pudesse fazer o trabalho — por um preço. Lá vinha seu maço de dinheiro para garantir que o trabalho fosse feito depressa.

O experimento quase terminou quando o general Royce descobriu o que Pappy e D. P. estavam fazendo. Pappy não estava só dirigindo seu Esquadrão de Transporte Aéreo, estava desmontando um dos A-20 Havoc novinhos em folha do general e fazendo nele mudanças não autorizadas com material adquirido de forma ilícita. Ele pegou o telefone de seu quartel-general em Melbourne e expulsou Pappy de Brisbane, tomando ainda seu esquadrão.

Pappy voou direto para Charters Towers, que era onde queria estar. Davies, feliz de tê-lo, o designou de novo para o Terceiro Grupo de Ataque e o encarregou da seção de engenharia do grupo.

Apesar da ira do general Royce, Pappy e Don continuaram seu trabalho sem cessar.

O trabalho se revelou uma dádiva para Pappy. À noite o pavor voltava e ele costumava acordar cativo de suas piores imaginações. Os cenários mais horrorosos se desenrolavam em sua cabeça até que ele não conseguia mais aguentá-los. Com qualquer esperança de dormir esquecida, ele saltava da cama e voltava ao campo e ao trabalho que agora lhe dava um propósito. Pelo menos ele estava fazendo algo palpável para voltar a Polly e aos filhos. Outros homens poderiam ter recorrido à bebida como resposta para o tormento interior. Para Pappy, trabalhar no A-20 se tornou um escudo contra a culpa e a distração de toda a dor.

Dia e noite ele laborava, e os outros Grim Reapers ficavam simplesmente atônitos com sua capacidade de prosseguir hora após hora, com o mínimo de sono. A verdade é que ele estava aprisionado em uma vida como a do filme *A hora do pesadelo*, em que o sono era um inimigo mortal. Não havia mais nenhum sonho bom nem despertar matinal revigorante, só os pensamentos e temores mais sombrios.

Mais de uma vez ele trabalhou até desabar. Jack Evans e seus outros praças o ajudavam a ir para algum canto perto do avião onde ele podia cochilar o suficiente para retomar as forças. Ocasionalmente, as pernas dele voltavam a inchar. Sua pele se rompia em erupções, e coçava constantemente.

Ele seguia em frente, convencido de que seu caminho de volta a Manila estava na devastação que o poder aéreo podia infligir — se pelo menos as tripulações entrassem em combate com o equipamento certo.

Depois de muitas tentativas e erros, eles finalmente completaram a primeira modificação. Conseguiram montar quatro metralhadoras calibre .50 de 38 quilos na metade inferior do nariz do A-20, dispostas duas sobre duas em um formato compacto semelhante ao de uma caixa. A munição e as braçadeiras para as metralhadoras, para controlar seu coice, acrescentaram um peso substancial.

Hall insistiu em ser o primeiro a fazer um voo de teste do avião, o que não foi bem recebido por Pappy. Ele imaginava que, sendo o piloto mais experiente, deveria ser o primeiro a experimentá-lo. Além disso, não queria que mais ninguém arriscasse a vida em algo que ele concebera.

Don se recusou a abrir mão, e Pappy cedeu com relutância. Don decolou no A-20 e descobriu de imediato que as modificações feitas transformavam um cavalo de raça em um cavalo de arado. Preguiçoso, lento e com o nariz pesado, o Havoc tinha o desempenho prejudicado pelo enorme peso que eles haviam enfiado no compartimento do artilheiro. Longe de ser a máquina letal que eles esperavam, o Frankenhavoc, com poder de manobra e velocidade deficientes, só ia causar a morte de mais tripulantes.

Lá foram eles de volta à prancha de desenho, ao mesmo tempo que outro problema surgiu. Uma noite, eles estavam sentados discutindo os alvos que o 89º Esquadrão de Bombas atacaria com os novos bombardeiros. Eles não iam voltar às Índias Orientais Holandesas, nem fazer voos com resultados incertos para as Filipinas. A guerra se deslocava; agora Nova Guiné e Nova Bretanha tinham se tornado os pontos focais de combate. Os japoneses estabeleceram mais bases no litoral norte da Nova Guiné e na Nova Bretanha, cada base aproximando-os mais do complexo de base aérea Aliado em Port Moresby. Se Port Moresby fosse perdido para os japoneses, cairia a última barreira entre o Império do Sol Nascente e a Austrália. Todos sentiam que a guerra ali no fim da linha de suprimento dos Estados Unidos pendia na balança. Perder a Nova Guiné poderia abrir a Austrália para a invasão. No mínimo, tornaria um esforço para voltar às Filipinas quase certamente além dos meios de MacArthur.

Conservar Port Moresby significava conservar o trampolim de volta a Manila.

Naquela noite, alguém pegou um mapa da Nova Guiné e da Nova Bretanha, e Pappy começou a calcular as distâncias de voo entre Port Moresby e as últimas bases japonesas. Ao fazerem os cálculos, eles se deram conta de que seus A-20 não tinham autonomia para chegar a quase nenhum daqueles alvos.

Para que os A-20 tivessem alguma utilidade para as tripulações de Davies, eles teriam de imaginar um jeito de aumentar sua capacidade de combustível. Depois de gastar tanto tempo modificando os Beech 18 da PAL, imaginar onde pôr mais tanques de gasolina era a especialidade de Pappy. Ele foi imediatamente trabalhar na fabricação de um tanque de combustível de 1700 litros, que ele e seus confederados instalaram no compartimento de bombas dianteiro do A-20. Isso não só ajudava a autonomia, mas também contrabalançava as pesadas metralhadoras no nariz.

Depois de outros voos de teste, Pappy instalou pesos na cauda para deslocar o centro de gravidade mais para trás na fuselagem. Então, eles ampliaram ainda mais a autonomia arrancando os tanques das asas e substituindo-os por aqueles furtados de destroços dos B-26 Marauder e B-25. No total, essas modificações de combustível quase dobraram a autonomia do A-20 de teste. Mas Pappy encontrou uma maneira de conservar a maior parte do desempenho do A-20. Eles não ficariam sobrecarregados, com o nariz pesado e claudicando em combate, incapazes de fugir dos caças japoneses. As tripulações teriam tudo: um cavalo de raça com poder de ataque sem paralelo.

Davies adorou os resultados. O A-20 agora tinha pernas para chegar às bases japonesas na Nova Guiné e dispunha de quatro metralhadoras e quatro submetralhadoras no nariz. Oito armas despejando chumbo em um cone estreito de fogo tinham potencial para causar muito estrago a alvos em terra. Eles decidiram descobrir exatamente quanto estrago esse poder de fogo podia causar.

Alternaram-se pilotando o A-20 até um estande de tiro fora de Charters Towers, onde faziam passagens de tiro simuladas sobre alvos no solo.

Os resultados eram devastadores. Cada segundo no gatilho cuspia mais de cem balas em uma área do tamanho de um caminhão. Qualquer coisa no caminho deles simplesmente se desintegrava. Numa investida atrás da outra, eles viam tudo em que atiravam desaparecer em incontáveis pedaços.

O poder de fogo os deixou maravilhados. Pappy falava sem parar sobre o que eles podiam fazer contra os veículos, aviões estacionados e mesmo navios japoneses. Ora, com tal poder de fogo, eles podiam eliminar plataformas antiaéreas em aeródromos e até suportes blindados em navios.

Finalmente, o Terceiro Grupo possuía uma arma que podia arrasar os japoneses.

Davies os autorizou a começar a converter mais aviões, de modo que o 89º pudesse entrar em ação com um esquadrão completo desses A-20 *strafer*. Pappy e D. P. orquestraram as modificações, trazendo mais pessoal para fazer o trabalho, ao mesmo tempo que enfrentavam mais resistência dos escalões acima de Davies.

As modificações nos A-20 continuaram ao longo da primavera e do verão, em Brisbane e em Charters Towers. A base isolada do Terceiro Grupo acabou sendo uma vantagem. Tornou-se uma espécie de placa de Petri onde eles faziam experiências como cientistas loucos, bem longe dos olhos curiosos daqueles aferrados aos regulamentos. O que funcionava passava a ser produzido em Brisbane, sendo supervisionado por outros membros do grupo depois que Royce baniu Pappy da cidade e de seus muitos depósitos de suprimentos. O que não funcionava levava a outros métodos e novos desenvolvimentos. Por tentativa e erro, eles melhoraram ainda mais os A-20.

Enquanto os A-20 passavam por essas transformações, os outros esquadrões do grupo entravam em ação sobre a Nova Guiné. Port Moresby permanecia sob constante ataque aéreo japonês, portanto não era seguro como base para mais que alguns bombardeiros de cada vez sem correr o risco de destruição dos aviões que eles tinham.

Os A-24 decolavam primeiro e entravam imediatamente em ação. Os japoneses os atacavam, fazendo-os debandar sempre que pegavam os bombardeiros de mergulho sem escolta de caças. Os B-25 iam em seguida, parando nos arredores de Townsville e então voando a Port Moresby para fazer algumas missões antes de voltar depressa para a Austrália.

Por melhores que os B-25 fossem, seu pequeno número significava que eles podiam causar pouco mais que danos insignificantes aos japoneses. Apesar de todo o esforço, esses ataques se mostraram incrivelmente custosos para o grupo. Os pilotos de caça japoneses na área pertenciam ao lendário Grupo Aéreo Tainan. Entre eles havia muitos ases e veteranos da Segunda Guerra Sino-Japonesa. Eram alguns dos adversários mais capazes que os americanos já enfrentaram em combate aéreo.

Só em maio, 35 Grim Reapers morreram em ação. Outros seis morreram em acidentes. Em um período de duas semanas, eles perderam doze B-25. Às vezes, de 30% a 50% dos bombardeiros que saíam não voltavam. O moral afundou. O A-24 era uma armadilha mortal, e os caças japoneses tornavam o bombardeio em nível com B-25 de 10 mil pés um desastre.

Ainda se passariam vários meses até que o esquadrão de A-20 modificados de Don Hall e Pappy estivesse pronto para o combate. Nesse meio-tempo, eles precisavam fazer alguma coisa, senão os outros esquadrões do grupo sangrariam até a destruição.

Cada avião perdido significava que os japoneses chegavam um pouco mais perto de dar o golpe final na Nova Guiné. No solo, as tropas japonesas avançavam aproximando-se da base vital, fazendo recuar as tropas australianas enviadas a fim de pará-las. A questão pendia na balança, e a margem entre derrota e vitória parecia crescer a cada dia.

A crise se intensificava. Pappy sabia que estava correndo contra o relógio. Ele era apenas um homem apanhado em um cataclismo que engolfava dezenas de milhares, mas nem uma vez duvidou que pudesse fazer diferença. Trabalhava de olho num quadro maior que poucos viam, com um conjunto de habilidades e uma gama de experiência que ninguém mais possuía. Com o aumento das perdas, Davies ficou quase frenético. Seus homens — seus amigos — iam para o combate e não voltavam. Dia após dia, seus comandantes de esquadrão relatavam mais mortes. Lugares vazios na cantina se tornavam um lembrete cruel das desvantagens que eles enfrentavam na Nova Guiné. Os Reapers estavam ficando completamente sem recursos e os altos escalões davam pouco apoio e nenhuma resposta.

Finalmente, Jim Davies enviou uma mensagem pessoal ao general Brett explicando a gravidade da situação. "Os japoneses estão agora atacando os B-25 no front matando pilotos PONTO Ontem eles pegaram cinco B-25 de oito PONTO até que seja fornecida proteção pode-se esperar a mesma taxa de perdas".

Não poderia ter escapado a Brett a questão subjacente da mensagem: Continue a ordenar missões sem escolta de caças ou mais poder de fogo, e meus homens vão continuar morrendo.

Brett não ofereceu nenhuma solução. O quartel-general da FAEO parecia perdido em torpor, cheio de oficiais de antes da guerra que deviam suas promoções mais à agilidade política que à competência. Para que as coisas se alterassem, a mudança teria que vir de baixo para cima.

Pappy Gunn, Jack Evans e o resto da seção de engenharia de Davies arregaçaram as mangas. Eles tinham alguns B-25 para modificar.

31. "O cara mais fissurado em armas que eu conheci"

Junho de 1942
Charters Towers, Austrália

Em um hangar encardido à beira do nada, cercado por um mar de poeira, Pappy Gunn suava através de sua camisa de manga comprida. Na primeira vez em que ele propôs suas ideias para modificar os B-25, alguns homens do Terceiro Grupo de Ataque riram dele. Pappy acreditava que podia instalar oito metralhadoras apontadas para a frente dentro do nariz do B-25, cada uma com quinhentas cápsulas de munição. Os pessimistas diziam que isso não poderia ser feito. Como as metralhadoras seriam alimentadas? Onde a munição seria estocada? Como a estrutura do avião receberia o tipo de coice que oito metralhadoras pesadas produziriam? Sem chance. Quatro metralhadoras no A-20 já eram um exagero. Oito no B-25 tornariam o avião uma armadilha mortal para voar. Alguns dos homens chegavam a jurar que não arriscariam a pele naquele avião modificado, mesmo que Pappy conseguisse construir um deles.

Ignorando a turma do "não dá para fazer", Pappy sentou e projetou o sistema de suporte. Os esboços tomaram forma, e ele e Jack Fox traçaram um conjunto de esquemas para sua nova criação.

Em meio ao trabalho nos A-20, a equipe de Pappy se apossou de um B-25, e o experimento mais recente deles começou a ser executado. As primeiras modificações que eles fizeram tornaram o B-25 tão pesado que Pappy não conseguiu nem tirá-lo do chão. Cochichos sobre Pappy querer tirar do avião mais do que ele era capaz de dar começaram a se espalhar. Ele zombou desses pessimistas rebatizando o B-25 cobaia de *Pappy's Folly* [A Loucura de Pappy]. Só para garantir que qualquer pessoa da área de suprimentos soubesse de qual Pappy se tratava, alguém pintou um aviador com olhos selvagens portando um par de Colts .45 abaixo do nome do avião.

Ele trabalhava como alguém com o demônio nos calcanhares, e quem folgasse ou o atrapalhasse sentia a fornalha de sua ira. Os homens do Terceiro Grupo que não conheciam Pappy o viam como um fanático limítrofe. Às vezes, ele trabalhava 72 horas ininterruptas sem dormir, lutando contra um relógio interno cujo tique-taque só ele podia ouvir.

O ritmo esgotava os mecânicos e técnicos de manutenção mais jovens. Alguns achavam que Pappy era cruel; outros não conseguiam acreditar no ritmo que ele impunha. Mais uma vez, o corpo dele não era a medida de seu espírito. Suas pernas inchavam, sua pele parecia sempre coberta de rachaduras. Ele suportou brotoeja e disenteria e perdeu peso, já que as rações ruins do Exército australiano que eles recebiam passavam por todo seu corpo intactas. Às vezes, o sistema dele simplesmente desistia, e ele desabava de novo de exaustão.

Por vezes, à noite, ele se reunia a Big Jim Davies e outros membros do Terceiro Grupo, entre eles um dos oficiais médicos do grupo, dr. John Gilmore. Davies montou sua barraca debaixo de um par de árvores baixas cercadas por arbustos, de forma que a entrada parecia mais uma caverna que um acampamento militar. Na frente, alguém pôs uma mesinha quadrada e algumas cadeiras dobráveis surrupiadas. Pappy se juntava aos homens ali, transmitindo a eles os últimos desenvolvimentos e dificuldades que eles enfrentavam. À medida que ele foi conhecendo esses homens, o lado menos sério de sua personalidade começou a emergir. Um ou dois drinques com eles, e Pappy começava a contar casos. Eram relatos engraçados e muitas vezes autodepreciativos, com frequência histórias loucas de vinte anos voando nas condições mais extremas.

Alguns dos que não conheciam Pappy tão bem na primavera de 1942 o consideravam arrogante. Ouviam suas histórias de voo ridiculamente exageradas e o menosprezavam como um fanfarrão. Mas, à medida que ele conseguia resultados, eles começaram a ouvir mais atentamente seus casos. Estes eram cheios de momentos loucos e humor absurdo; ele estava sempre explodindo alguma coisa por acidente ou acabando em uma situação improvável. Nunca se apresentava como o herói da história; normalmente era o bode expiatório. Os momentos em que ele era o herói — estes ele guardava só para si.

O que eles ouviam eram histórias de voo com o lendário piloto de corrida aérea Jimmy Haislip nas Filipinas, e do tempo em que Pappy quebrou o rosto e os dentes enquanto era içado a bordo de seu cruzador leve. Ele falava livremente de seus dias como contrabandista de bebidas e de como a polícia local o levou à Justiça. Como quando ele se apresentou ao juiz e não possuía sequer um terno. Acabou usando um emprestado de Haz.

Ele nunca falava sobre a época em que um piloto do Esquadrão de Caças III caiu no mar ao largo da Califórnia e Pappy aterrissou seu hidroavião ao lado dele e o salvou. Em vez disso, regalava sua audiência com o momento em que tentou fazer seu hidroavião de dois lugares dar um loop e fez uma caixa de ferramentas se soltar na cabine e lhe bater no rosto quando ele inverteu o avião. O golpe repentino o levou a empurrar com tanta força os controles que o avião estolou, e eles desceram em parafuso 2 mil pés antes de Pappy conseguir corrigir o avião e pousar em segurança.

À medida que os homens do Terceiro Grupo voavam com Pappy, percebiam que ele não era só um falador. Ali estava um cara com o dobro de sua idade que podia pilotar melhor que qualquer um deles. Era um piloto de combate dez anos além de sua data de validade para essas coisas, e enquanto o alto escalão insistia em tentar mantê-lo na retaguarda, ele insistia em encontrar maneiras de integrar as unidades da linha de frente.

Uma coisa todos entendiam: Pappy Gunn conhecia aviões e podia pilotar qualquer coisa até o limite de sua capacidade — e então levá-la um pouco mais longe. Ele navegava como um pássaro, baseado em instinto, e nunca parecia ter um mapa. No entanto, sempre acabava exatamente no lugar aonde queria chegar com mais sobra de combustível no tanque do que qualquer outra pessoa. Pappy Gunn possuía uma percepção quase sobrenatural para ir aonde queria ir, algo que seus colegas pilotos sempre lembravam dele. Depois de 17 mil horas no ar, a navegação sem planejamento se tornara parte de seu DNA de aviador.

Aqueles que o conheciam descobriam que embaixo da impetuosidade batia um coração empático e dócil. Em viagens para Brisbane ou Melbourne, ele nunca deixava ninguém pagar pelas bebidas nem pela comida enquanto estava na cidade. Quando o grupo enviou destacamentos para Port Moresby para viver em condições precárias na selva, ele pegou um antigo B-25 superusado, batizou-o de *Está em falta* e realizou missões para levantar o moral dos homens ali. Levava para eles carne, verduras, legumes e frutas num momento em que eles estavam comendo pouco mais que rações enlatadas do Exército australiano. Por algum tempo também levou cerveja. Então decidiu que o material pesado aumentava o peso por superfície dentro da fuselagem do B-25, e começou a comprar scotch, uísque e bourbon com o próprio dinheiro e carregar as garrafas em sacos de lona para as viagens de reabastecimento a Moresby.

Durante esses voos para Moresby, ele costumava tirar a roupa. Já não se preocupava em revelar suas tatuagens aos que o cercavam — ninguém ligava para o que adornava seus braços musculosos. O calor deixava sua pele constantemente coberta de erupções; ele desenvolvia micose na virilha e uma série de outras doenças que também afligiam outros pilotos. De algum modo, a pele de Pappy parecia mais sensível a essas coisas, e quando as erupções ficavam particularmente ruins, cobri-las com algodão apenas piorava a coceira.

Depois de semanas trabalhando longas horas em hangares sufocantemente quentes, aqueles voos para Moresby davam a ele uma chance de se arejar um pouco, para grande espanto da parca tripulação que voava com ele.

Pappy vestia uma tanga aborígine e estendia a camisa e a calça atrás do assento do piloto para que elas também se arejassem. Isso uma vez lhe custou caro, quando alguém abriu uma janela lateral na cabine do piloto em algum lugar sobre o mar de Coral. O repentino jato da corrente de ar na cabine lançou as roupas dele num redemoinho. Antes de ele conseguir pegá-las, elas foram jogadas para fora pela janela lateral. Normalmente, isso teria sido apenas um aborrecimento, mas o bolso de Pappy continha pelo menos mil dólares de salário e ganhos no pôquer. O verdadeiro montante variava quando a história era contada e recontada pelos colegas dele, mas ainda pior foi a chegada dele a Port Moresby vestindo apenas uma tanga.

Quando eles estacionaram no aeroporto lá, um grupo de mulheres — trabalhadoras da Cruz Vermelha ou enfermeiras — apareceu com café e lanches para a tripulação. Pappy se recusou a sair da cabine. Sempre recatado, a ideia de uma mulher que não fosse Polly vê-lo naquele estado o deixou em pânico furioso. Ele exigiu que alguém lhe trouxesse uma muda de roupa, e quando os homens de sua tripulação começaram a rir sem parar, diz a lenda que ele ameaçou atirar neles. Alguém finalmente lhe trouxe uma camisa e uma calça. Ele se vestiu enquanto murmurava uma torrente constante de insultos, depois desceu da escotilha do B-25 e saiu correndo.

Durante uma viagem a Moresby, aviões japoneses atingiram a base com um bombardeio de surpresa. Ele estava viajando com os recibos de todo o trabalho que havia solicitado de oficinas australianas. Enquanto estava se protegendo, uma bomba explodiu em seus recibos. Sem querer, ele acabou doando mais de 16 mil dólares à causa dos Aliados em consequência desse exemplo muito inoportuno de precisão japonesa.

Em volta da mesa de Davies naquela noite, histórias como essa causaram muitas risadas. Bill Smallwood, um dos pilotos que conheceram Pappy nessa época, se lembrou de ele se entrosar muito bem com a cultura "viva para hoje" do grupo. Os homens enviados a Port Moresby para executar missões contra os japoneses raramente voltavam ilesos. Naquele primeiro mês e meio depois do Royce Raid, o copiloto de Pappy naquela missão tinha desaparecido em uma tempestade, e um dos outros líderes tinha sido atingido e morto pelos temidos ases do Grupo Aéreo Tainan. Cada homem sentado em volta da mesa de Davies sabia que todos eles tinham pouco tempo a servir, com grande probabilidade de passar por aquilo. Então eles viviam cada momento do modo mais intenso possível. Pappy se adaptava àquela situação, fazia o possível para tornar a vida deles um pouco melhor no tempo de que eles dispunham. Naqueles gestos, eles percebiam que o mais velho daquele clã de guerreiros realmente se preocupava com eles.

Ele costumava falar sobre a família aos novos amigos. Acordava todos os dias com o coração machucado, a angústia da separação servindo como pano de fundo para tudo o que ele fazia. Às vezes, quando era tomado por ela, ficava sentimental. Em pelo menos uma ocasião, ele chorou ao falar da mulher na frente de um veterano do 27º Grupo de Bombardeio que tinha fugido de Bataan pouco antes da rendição.

Pappy nunca sossegava, nem mesmo depois de quebrar o dedo direito rosado enquanto trabalhava no compartimento de bombas de um A-20. O gesso que o dr. Gilmore colocou nele o atrapalhava quando ele trabalhava e pilotava. Em consequência, era difícil para ele operar o quadrante do manete, então ele acabou arrancando o gesso. O dr. Gilmore ficou horrorizado. Pappy o ignorou. Em geral ele odiava médicos e se referia a Gilmore como o "veterinário" residente. Embora Pappy fosse um paciente ruim e irritadiço, de algum modo ele e Gilmore acabaram se tornando amigos íntimos.

Ele quebrou o dedo repetidas vezes enquanto atacava o B-25. À noite ele ia comer, ou contar o progresso recente, com o dedo rosado se destacando em um ângulo tão esquisito que os homens faziam comentários sobre ele. "É meu Dedo de Tomar Chá na Sociedade", dizia Pappy com orgulho, mantendo-o erguido como se estivesse bebericando delicadamente qual um lorde inglês. A dor devia ser horrível, mas ele nunca parecia reagir a ela. Se tanto, ele a via como um aborrecimento, uma parte necessária da vida cotidiana.

À medida que Pappy fazia amigos no grupo, o escopo de sua missão pessoal começou a mudar. Construir um B-25 melhor tornou-se mais que encontrar uma maneira de atingir com mais força os japoneses e começar a ganhar a guerra. Virou uma questão de sobrevivência. Aqueles jovens saíam todos os dias e morriam em aviões que não estavam à altura de sua coragem. Os japoneses deixavam isso claro depois de cada missão, quando o grupo sentava em torno da mesa de Davies e tentava não olhar para as cadeiras vazias. A certa altura, alguns dos pilotos fizeram o cálculo e concluíram que, à taxa corrente de perdas, eles ficariam sem tripulação em apenas alguns meses.

A situação chegou a tal extremo que o Terceiro Grupo começou a procurar gente fora da Força Aérea do Exército para pôr em suas cabines. Várias dezenas de australianos se juntaram ao grupo e serviram como copilotos no verão de 1942.

Eles morriam bravamente ao lado de seus irmãos americanos. Eram queimados, esmagados, explodidos por fogo de canhão, ou eram desmembrados por granadas antiaéreas. Alguns se esvaíam em sangue no piso da fuselagem enquanto lutavam para voltar a Moresby, os aviões cheios de buracos. Foi um tempo sombrio que as risadas e o comportamento arruaceiro em Charters Towers só conseguiam disfarçar. À noite, sozinhos, os homens ruminavam sobre seu destino. A expectativa de vida para esses jovens na faixa dos vinte anos estava reduzida a semanas.

Pappy estava determinado a dar a eles os meios para sobreviver e ter sucesso no céu controlado pelos japoneses. Ele nunca se desviava do trabalho por muito tempo. Instalar oito metralhadoras em um bombardeiro que não fora projetado para ter esse poder de fogo poderia parecer fácil para não aviadores inexperientes, mas havia obstáculos imensos a superar.

Enquanto D. P. Hall se preparava para levar os A-20 para Moresby, ao norte, como comandante do 89º Esquadrão, Pappy e Jack Fox quebravam a cabeça para resolver os problemas com as modificações de seu B-25. A cada passo, Pappy testava as últimas mudanças com voos curtos. Era o processo extremo de tentativa e erro — nada de túnel de vento, nada de modelos e simulações de computador. Com Pappy funcionando como uma espécie de piloto de teste barato, eles descobriam soluções para cada problema com que deparavam. Ele não deixava ninguém pilotar o *Pappy's Folly* até ter certeza de que ele estava seguro; de forma alguma queria perder um homem por causa de algo que havia feito com o avião. Ele mesmo assumia os riscos, confiando em suas habilidades mecânicas, mas recorrendo a sua perícia de voo quando algo dava errado. E muitas coisas davam.

Eles começaram pelo que não era essencial dentro do B-25. A torre retrátil destinada a proteger a parte inferior do bombardeiro foi uma das primeiras coisas arrancadas. Aquelas duas metralhadoras não seriam necessárias no modo como eles imaginavam que o bombardeiro seria usado — sobre topos de árvores. Além disso, a torre raramente funcionava como era anunciado.

Eles flertaram com a ideia de montar duas ou três metralhadoras na traseira da fuselagem em um ângulo de tiro para baixo e para trás. Dessa maneira, quando o Mitchell passasse sobre o alvo, o piloto poderia conter os atiradores antiaéreos e continuar a atirar enquanto os Mitchell voavam sobre a área-alvo.

Eles desmontaram o compartimento do artilheiro. Retiraram o assento e grande parte do equipamento em volta dele, inclusive a metralhadora flexível e seu suporte. Então construíram um carro para sustentar quatro calibre .50, e enfiaram mais quatro .50 em pacotes laterais ao longo da parte externa da fuselagem embaixo das janelas da cabine do piloto.

Nos primeiros voos de teste, Pappy disparou as armas e foi um caos. Os rebites se soltaram, o alumínio foi amassado sob a força esmagadora do coice. O avião estremeceu de forma tão feroz que parte do trem de pouso no nariz parou de funcionar. Em vez de se intimidarem, eles examinaram o *Pappy's Folly*, reuniram as lições aprendidas e foram trabalhar para resolver cada um dos problemas. Reforçaram o revestimento de metal do B-25, usaram rebites mais duráveis, acrescentaram anéis de borracha e aumentaram o tubo de resfriamento de cada metralhadora para amortecer as vibrações e proteger o trem de pouso.

Pappy e Jack Fox não faziam esse trabalho sozinhos. Jack Evans acompanhava o ritmo de Pappy e raramente saía do lado dele. Sua lealdade nunca esmoreceu, de missões de combate a hangares num calor de 50°; ele orbitava em torno de Pappy e desempenhava um papel importante no processo de modificação. Davies também deu a eles um grupo de engenheiros e especialistas em materiais, mecânicos e armeiros — todos de quem eles precisassem. Eles trabalhavam com quase a mesma intensidade febril de seus chefes.

Enquanto isso, a situação na Nova Guiné piorava. O Exército japonês capturou toda a costa norte da ilha. Agora, assediava o interior em Port Moresby. Uma invasão naval da crítica base dos Aliados foi rechaçada em maio durante a Batalha do Mar de Coral, na qual os japoneses afundaram o amado antigo lar de Pappy, o porta-aviões USS *Lexington*. Embora a força naval fosse repelida, o Exército japonês na costa norte parecia irrefreável. Marchando de seus enclaves no mar de Bismarck, eles avançavam através da irregular cordilheira Owen Stanley por um caminho estreito conhecido como Trilha Kokoda.

Quando as linhas de frente japonesas se aproximaram de Port Moresby e seus Zeros atacaram brutalmente os esquadrões aéreos dos Aliados enviados para conter seu avanço, o Terceiro Grupo se preparou ao longo do mês de junho e então voltou com toda a força para os céus da Nova Guiné em julho, usando todas as aeronaves disponíveis. Muitas vezes sem escolta de caças para protegê-los, eles ingressavam no vespeiro de Lae, onde eram atingidos pelos ases do Grupo Aéreo Tainan. Em apenas algumas missões naquele mês, os Grim Reapers perderam sete aviões e vinte homens foram mortos ou desapareceram, em 146 investidas.

Eles executavam essas missões sobre o terreno mais inóspito que se podia imaginar. Aqueles que eram derrubados ou saltavam dos aviões enfrentavam pântanos primordiais, selva com tripla cobertura de árvores, montanhas estreitas com milhares de metros de altura, tudo infestado de insetos, aranhas e doenças letais. Não havia nenhum serviço de busca e salvamento, nenhum helicóptero que pudesse pairar sobre a selva para retirar um aviador caído. Os que escapavam dos japoneses na maior parte morriam na selva, a menos que encontrassem nativos amistosos.

Don Good, um piloto de A-20 do Oregon que servia sob o comando de Don Hall naquele verão, foi atingido em uma missão e caiu na costa da Nova Guiné. Ele foi um dos sortudos que escaparam dos japoneses e foi localizado por um barco torpedeiro da Marinha dos Estados Unidos. Foi recolhido e devolvido a Port Moresby, mas isso foi como ganhar na loteria.

O que aconteceu ao primeiro-tenente Robert Cassels e ao sargento Loree Le Boeuf no fim de julho era deprimentemente mais comum. Derrubados em um dos bombardeiros de mergulho A-24 do Terceiro Grupo, os dois saltaram sobre a Nova Guiné e caíram nas mãos dos japoneses. Foram torturados para dar informações e depois executados.

Mais tarde naquele verão, começaram a circular os primeiros boatos de atrocidades contra os australianos que defendiam a Trilha Kokoda. Entre estes havia o rumor persistente de que os japoneses estavam recorrendo ao canibalismo. Mais de uma vez, relatórios de inteligência detalharam incidentes em que prisioneiros de guerra eram comidos ritualmente — e comidos de forma lenta ainda vivos. Alguns achavam que isso era absurdo — simplesmente propaganda ou exagero vindos de fontes não confiáveis. Mas era verdade. Os japoneses estavam comendo Aliados prisioneiros de guerra.

Quando a frente de batalha se aproximou de Port Moresby, o Terceiro Grupo recebeu ordens de mandar um esquadrão completo para defender a base. Até aquele agosto, eles usaram os surrados aeródromos em volta de Moresby basicamente como escalas para carregar bombas e reabastecer para missões antes de voltar para o sul, fora do alcance do poder aéreo japonês. Agora, Davies disse a Don Hill que aprontasse seus homens para a ação. Eles levariam seus recém-modificados A-20 para ver o que podiam fazer para ajudar as tropas australianas presas na selva, num último esforço de resistência. Nesse meio-tempo, enquanto Pappy labutava no hangar em Charters Towers, discussões sobre seu futuro ocorriam nos escalões mais altos no quartel-general de MacArthur.

As Filipinas caíram em maio, quando os japoneses atacaram e capturaram Corregidor. O general Wainwright tentou render só as tropas na Rocha, mas os japoneses se recusaram a aceitar. Disseram ao idoso oficial de cavalaria americano que, se todas as forças filoamericanas nas Filipinas — inclusive as de Mindanao — não se rendessem, os homens em Corregidor seriam massacrados. A notícia se espalhou, e a maioria das tropas dos Estados Unidos e das Filipinas depôs as armas. Alguns soldados se recusaram a submeter-se. Violando ordens de se render, escaparam para a selva a fim de formar o núcleo de um movimento de guerrilha contra os japoneses.

Ao mesmo tempo que o Exército Imperial ameaçava capturar Port Moresby, o quartel-general de MacArthur começava a tentar organizar apoio às guerrilhas. Em junho de 1942, foi estabelecido o Bureau de Inteligência dos Aliados (BIA), com o propósito de atiçar aqueles fogos na retaguarda. O BIA incluía agentes holandeses, britânicos, americanos, australianos e filipinos, e com o tempo se tornaria um dos mais bem-sucedidos centros de operações especiais da Segunda Guerra Mundial. Comandado pelo coronel C. G. Roberts, o BIA tinha como prioridade encontrar homens capazes e corajosos com habilidades diversas e conhecimento das áreas ocupadas pelos japoneses.

Naquele verão, o coronel Roberts ficou sabendo dos singulares histórico e conhecimento de Pappy Gunn sobre as Filipinas. Roberts enviou um de seus oficiais, o major Joseph McMicking, para ver o chefe de staff de MacArthur, general Richard K. Sutherland, e indagar sobre a disponibilidade de Pappy Gunn.

Roberts e McMicking queriam oferecer a Pappy um emprego no BIA. A função exata não está clara, mas Robert planejava enviá-lo às Filipinas para trabalhar com o movimento de guerrilha com alguma atribuição. Com a aprovação de Sutherland, ele despachou McMicking para Charters Towers visando oferecer o emprego a Pappy.

Pouco depois, Pappy voou para Melbourne, onde viu uma figura conhecida no aeródromo descendo de um P-40. Ele saiu correndo, animado de ver um velho amigo.

Era Jess Villamor, o piloto de caça filipino que se tornara um herói nacional no mês de dezembro anterior. Ele era tão baixo que estava tendo dificuldade de pôr os pés no encaixe para os dedos embaixo da cabine do piloto e na base das asas do P-40. No momento, estava quase balançando da cabine, concentrado em não cair.

"Estou aqui", disse Pappy para as costas dele, e o ajudou a descer.

Jess pisou na pista e o saudou calorosamente. Ele tinha escapado das Filipinas em abril, só para deparar com a indignidade do racismo na Austrália. Quando chegou a Melbourne, tentou se hospedar em um hotel, mas foi recusado por ser filipino.

Agora, ver um rosto conhecido animou Jess tanto quanto aconteceu com Pappy. Eles ficaram ao lado do P-40, papeando felizes. Pappy contou a Jess sobre o trabalho de modificação que estivera fazendo: "Eu quero metralhadoras não só na frente de meu avião, mas também na traseira, assim posso abatê-los não só ao chegar, mas também ao sair".

Combinada ao par de .45 nos coldres de ombro de Pappy que eram sua marca registrada, a discussão levou Jess a chamar o piloto de meia-idade do Arkansas "o cara mais fissurado em armas que eu conheci".

No fim, Pappy disse: "Eles estão me preparando para voltar às Filipinas. Que tal ir comigo?".

Não precisou perguntar duas vezes. Logo Jess foi a Brisbane encontrar o major McMicking para conversar sobre o assunto. Pouco depois, foi integrado ao BIA.

Pappy voltou a Charters Towers determinado a concluir o projeto de modificação do B-25. Assim que ele fosse terminado, os dois velhos amigos voltariam juntos a seu lar nas Filipinas. Dessa vez, em vez de ir como pilotos, iriam como agentes secretos.

32. Bust'Em George, o general renegado sem documentos

Agosto de 1942
Charters Towers, Austrália

O major Paul Irvin Gunn olhou para o B-25. Seu recém-adquirido lagarto de 35 centímetros, Sam, estava em seu ombro e cochilava, com o rabo parcialmente enrolado no pescoço de Pappy.

Jim Davies podia ter seu papagaio albino boca suja. Aviadores de verdade voavam com répteis.

Pappy era o único ser humano de quem Sam gostava. Como Polly, ele tinha jeito com animais, e estes eram atraídos para ele. Pappy o encontrara na mata em volta da barraca que dividia com Jim McAfee naquela época, e o pegou imediatamente. O lagarto se sentia à vontade em seu ombro e pareceu totalmente despreocupado quando Pappy o levou para seu primeiro voo em um B-25 — um avião que não era particularmente amigável para animais, considerando o nível de ruído de seus dois enormes motores Mötley Crüe. No máximo, Sam ficou mais sedado, e descia pelo braço de Pappy para dormir, com o queixo sobre as costas de sua mão enquanto ele manipulava os manetes.

Pappy protegia cada vez mais Sam, talvez porque perdera Dingo, Chi-Chi e o gato Amos em Manila. Enquanto ele trabalhava no B-25 ou em outro projeto, Sam tinha tendência de silvar para quem passasse perto dele. Quando ele fazia isso, Pappy olhava firme para quem tivesse violado o espaço aéreo de seu lagarto e rosnava uma falsa ameaça: "Não toque em meu lagarto".

Ninguém tocava no lagarto de Pappy.

Enquanto isso, o experimento do B-25 progredia, e Pappy sabia que logo seguiria para o BIA. O Mitchell estava muito pesado no nariz graças às 4 mil cápsulas de munição de metralhadora extras que eles haviam apinhado na fuselagem. Com todo o peso extra, estava também cerca de trinta quilômetros por hora mais lento. Mesmo assim, eles já tinham executado rodadas de tiro bem-sucedidas durante dias sem nenhum grande dano estrutural. Numa dessas passagens, Pappy "acidentalmente" metralhou novilhos extraviados de um rancheiro e acabou desembolsando dezesseis dólares para pagar por eles. Do lado positivo, diz a lenda que, naquela noite, o Terceiro Grupo comeu bifes em vez de carne de carneiro enlatada.

Eles precisavam resolver o problema do peso no nariz do avião, mas Pappy e Li'l Fox [Raposinha] — o apelido que Pappy deu a Jack Fox — tiveram de quebrar a cabeça para isso. Algum contrapeso adicional na traseira provavelmente ajudaria. Ia sempre ficar um pouco desequilibrado, mas Pappy imaginou que um pouco de treinamento extra com os pilotos mais algum aumento do ângulo de elevação seria suficiente para superar isso.

Naquele dia, o coronel Davies mencionou que eles receberiam a visita de alguém de alta patente. Alguém novo. MacArthur se cansara do general Brett e do mau desempenho da Força Aérea dele até então. O moral na FAEO em geral estava baixo. Fora de Melbourne, as condições de vida eram apenas toleráveis; as missões eram esporádicas e as perdas eram altas. Além disso, a confusão de camadas no quartel-general que Brett havia implementado tinha tornado quase um milagre conseguir fazer qualquer coisa.

Portanto, Brett estava fora. MacArthur podia escolher entre outros dois generais da Força Aérea, e selecionou alguém chamado George Kenney. Pappy nunca tinha ouvido falar nele, mas supunha que esse cara novo seria tão desorientado e obstrucionista quanto o resto do covil de ladrões no QG da FAEO. A ideia de mais um novo figurão para lidar, depois de bater a cabeça no muro burocrático deles por tantos meses, deixou Pappy sem paciência para o espetáculo que eles teriam de montar para o novo general. Ele só atrasaria o trabalho na conversão do avião, o que era intolerável.

De qualquer forma, Pappy imaginou que o general lhe ordenaria que parasse de talhar aeronaves perfeitamente boas. Afinal, propriedade do governo não devia servir para experimentos. Pappy decidiu fazer o que fazia normalmente com os figurões: ignorá-los. Por dentro, ele queimava de frustração. Combater em duas frentes, nunca saber quem estava atrás e quem ia aparecer para pegá-lo, estava acabando com ele. Em agosto de 1942, ele sabia que estava à beira de um colapso.

Ele ficou trabalhando no hangar enquanto Davies e os outros oficiais do grupo recepcionavam o general, querendo só ser deixado em paz.

George Kenney era tudo, menos um típico general da Força Aérea americana. Tecnicamente, ele nem era americano, embora ficasse indignado ante qualquer sugestão de que não fosse. Seus pais canadenses tinham se mudado com a família da terra natal, na Nova Escócia, e se instalado em um bairro de trabalhadores em Boston quando ele ainda era criança. Mais tarde, já adulto, ele escondia a natureza de sua herança dizendo aos repórteres que seus pais eram americanos que por acaso estavam de férias no Canadá quando ele veio ao mundo. Não está claro se algum dia Kenney se tornou formalmente cidadão naturalizado dos Estados Unidos. Mas ninguém se identificava mais como americano, e como patriota, que George Kenney.

Depois do ensino médio em Boston, ele foi estudar engenharia civil no MIT. Durante o segundo ano dele lá, seu pai abandonou a família, o que acabou obrigando-o a deixar a faculdade quando os recursos da família se esgotaram.

Kenney voltou ao Canadá por dois anos e encontrou trabalho no Quebec como agrimensor para uma empresa ferroviária. Dois anos depois, sua mãe morreu durante uma operação, e ele voltou para Boston para ficar mais perto do restante da família. Encontrou emprego em uma das principais firmas de engenharia da cidade e trabalhou lá até começar sua própria empreiteira.

A Primeira Guerra Mundial mudou tudo para Kenney. Ele sempre tivera interesse em aviação e até tentara construir um avião com alguns colegas no MIT. Agora, com os Estados Unidos mobilizados para a guerra, ele ingressou no Exército na primavera de 1917 e se tornou piloto de observação. Designado para a Frente Ocidental no ano seguinte, Kenney participou de muitos combates sobre as trincheiras em biplanos franceses de dois lugares. Ele e seu artilheiro derrubaram dois aviões alemães, e Kenney mostrou uma tremenda coragem em muitas batalhas aéreas. Na primavera de 1918, foi ferido gravemente em uma queda de avião, mas voltou do hospital e continuou voando. Depois disso, seus colegas pilotos o apelidaram de "Bust'Em [Acabe com Eles] George".

Nas últimas semanas da guerra, ele foi atingido por caças alemães. Uma bala perfurou a manga de sua jaqueta de voo, seu painel de instrumentos foi despedaçado e suas asas ficaram varadas de buracos. Ele claudicou de volta à base, pousou na pista de grama — e a asa esquerda imediatamente caiu da aeronave. Por essa missão, ele ganhou a Cruz de Serviço Distinto.

O engenheiro civil se tornara um herói de guerra, e ele escolheu ficar no Exército depois da guerra e fazer carreira voando. Revelou-se um oficial de mente livre, sem medo de expressar o que pensava nem de criticar o pensamento dominante no alto escalão durante as décadas de 1920 e 1930. Às vezes, ele tentava alvejar até a vaca sagrada do Corpo Aéreo: o B-17. Passou boa parte do tempo em conflito com seus superiores, ganhando reputação de rebelde uniformizado. Por alguns anos, foi enviado para comandar o Terceiro Grupo de Ataque, e a experiência de correr acima dos topos de árvore com os desajustados do Corpo Aéreo o inspirou a inventar uma pequena bomba de fragmentação com paraquedas destinada a destruir aviões e veículos não blindados. Ele convenceu o serviço a fabricar um pequeno número delas, mas as bombas acabaram em um depósito sem ser usadas nem testadas.

Embora Kenney não tivesse embarcado na temerária ideia de bombardeio estratégico esposada pelos outros oficiais aéreos superiores da época, seu entusiasmo, sua energia e sua competência o mantinham participando ativamente. Ele foi regularmente promovido e até pulou a patente de major na década de 1930, tornando-se tenente-coronel e recebendo um cargo no staff do QG.

Isso não durou. Depois que ele criticou abertamente o Corpo Aéreo por ter comprado mais B-17, foi rebaixado à patente que nunca tivera — major — e enviado para o equivalente na aviação ao exílio na Sibéria, a Escola de Infantaria do Exército em Fort Benning, na Geórgia. Lá, ele ensinou tática avançada a jovens oficiais que logo estariam comandando pelotões de atiradores.

Ele permaneceu lá a despeito do desvio na carreira e acabou ganhando uma transferência para Wright Field, onde serviu como chefe da engenharia de produção. Foi uma boa posição para ele; durante toda a carreira, ele tentara encontrar maneiras de melhorar os aviões em que voava. Numa ocasião, chegou a montar metralhadoras voltadas para a frente adicionais em um velho biplano De Havilland da época da Primeira Guerra Mundial.

Uma visita à França em 1940 lhe abriu os olhos, e ele concluiu que o Corpo Aéreo do Exército (CAE) estava muito atrás dos europeus. Recomendou uma série de mudanças e melhoramentos de engenharia nas aeronaves existentes, e escreveu um relatório extremamente crítico das capacidades do AAC em comparação com a Luftwaffe. Mais uma vez, irritou a liderança superior com sua franqueza, e como resposta recebeu ordem de deixar a França.

Tentando encontrar um lugar para seu engenheiro rebelde, o general Hap Arnold, chefe do Corpo Aéreo do Exército, enviou Kenney para comandar uma escola experimental e de teste, onde ele ganhou sua estrela de general.

Quando a guerra começou, Kenney não era um dos generais com perfil para primeiro comando no exterior. Ele foi encarregado de uma operação de treinamento na Costa Oeste e lá ficou esquecido até que Arnold o ofereceu a MacArthur.

Para os oficiais aéreos de alta patente, ser enviado a um teatro pouco importante para trabalhar com MacArthur era a versão do exílio em tempo de guerra. MacArthur desdenhava de seus oficiais aéreos, e ganhou fama de ser avesso a operações aéreas e alguém com quem era quase impossível trabalhar, como mais tarde atestariam Brereton e Brett.

Kenney chegou à Austrália em julho de 1942 e logo estabeleceu uma excelente relação com MacArthur. Então iniciou um roteiro acelerado para ver o verdadeiro estado do comando que logo herdaria.

Não ficou impressionado.

As primeiras visitas a bases na Austrália o convenceram de que muitas pessoas precisavam ser demitidas. Para onde quer que ele olhasse, via incompetência, camadas ridículas de burocracia e uma desastrosa falta de apoio às equipes que de fato estavam combatendo. Ele passou o mês de julho e o começo de agosto reunindo informações e se aprontando para a limpeza que haveria.

Em 5 de agosto de 1942, Kenney voou para Charters Towers e se encontrou pela primeira vez com Jim Davies e alguns dos outros membros seniores do staff do Terceiro Grupo de Ataque. Durante o almoço na cantina, eles falaram sobre as dificuldades que o grupo enfrentara, a situação das aeronaves e as perdas em combate. Em algum momento da conversa, surgiu o nome de Pappy. Kenney ouviu enquanto Davies e seus homens se animavam ao falar do que o cientista louco deles andara fazendo. Foram contadas histórias sobre a

341

habilidade de pilotagem e as capacidades como engenheiro de Pappy, até que finalmente Kenney decidiu que precisava conhecer aquele cara.

Davies contou a ele que Pappy tinha passado os últimos dois dias trancado no hangar. Ele se alimentara de café e sanduíches, enviados a sua equipe para que eles não morressem todos de fome enquanto trabalhavam em seus A-20 e no B-25.

"Devo mandar chamá-lo?", perguntou Davies.

Kenney respondeu: "Não, não quero interromper tanto o trabalho dele, mas depois do almoço eu gostaria de dar uma olhada no show dele e conhecer essa lenda de vocês".

Davies levou Kenney até o hangar de Pappy. Quando eles entraram, o calor sufocante surpreendeu os dois oficiais. O hangar era feito de lona — era na verdade apenas uma enorme barraca. Não tinha nenhuma ventilação, e todos os dias ao meio-dia o sol do deserto de Charters Towers o transformava em um forno.

Lá estava Pappy, o único de camisa. A menos que estivesse voando, ele ainda usava a camisa o máximo que conseguia aguentar. Naquela tarde, em vez de seu quepe de oficial amassado, ele usava um boné de mecânico com sua insígnia de folhas de carvalho de major presa na frente.[1]

Davies fez as apresentações. Pappy apertou a mão do general com frieza, enquanto Kenney começava a fazer perguntas. As perguntas surpreenderam Pappy. Por elas, ele percebeu que esse novo general era diferente dos outros com quem ele tinha brigado na Austrália. Kenney falava a língua dos engenheiros, e deixou claro desde o primeiro momento em que eles se encontraram que era tão fluente quanto qualquer um dos que estavam no hangar naquele dia.

Os dois estabeleceram uma ligação instantânea; Pappy viu no general Kenney um homem aberto a novas ideias. Kenney viu os níveis quase fanáticos de energia de Pappy, seu conhecimento e suas ideias pouco ortodoxas, e soube que ele seria um oficial muito útil para ter sob seu comando. Aquele primeiro encontro deu a Pappy esperança de que as coisas podiam realmente mudar para melhor.

Pappy conduziu o general Kenney pelo hangar, apresentou-o a todos os praças mecânicos que trabalhavam com ele e contou ao general um pouco sobre cada um deles. Kenney achou esse gesto surpreendente e significativo. Assegurar que aqueles que trabalhavam com ele também recebessem reconhecimento dizia muito sobre o caráter de Pappy.

A reunião terminou, e o general Kenney saiu.

Mais tarde naquele dia, Pappy voou para Port Moresby em seu B-25. As coisas na Nova Guiné estavam rapidamente chegando a um ponto crítico. O Exército japonês estava postado no limiar da vitória. Uma investida a mais os levaria à própria Port Moresby, e o general Kenney teria de começar sua guerra lutando do norte da Austrália.

Era um momento de mobilização geral, e tudo que podia voar logo estava a caminho das pistas em Moresby. O 89º partiu para o norte para a primeira mudança permanente do grupo para a Nova Guiné, como parte de seu desesperado esforço de reforço. Don Hall voou para lá com um escalão avançado atrás dos controles de um dos A-20 modificados, enquanto seu grupo de mecânicos em Brisbane, sob as ordens do capitão Bob Ruegg, trabalhava sem parar para despachar cerca de A-20 *strafer*, todos baseados no protótipo de Pappy e Don, para ingressarem na luta por Port Moresby.

Durante uma viagem de inspeção nesse momento, Kenney descobriu que o comandante australiano em Port Moresby quase se resignou à derrota. Seus soldados mal treinados conseguiram retardar o avanço japonês, mas não tinham forças nem poder de fogo para contê-los. O que ele não percebeu foi que a situação dos japoneses tinha se tornado igualmente desesperadora. Com um tênue sistema de suprimento que cruzava a formidável cordilheira Owen Stanley e exigia que cada equipamento fosse transportado por seres humanos ou por animais de carga, os japoneses logo ficaram sem comida nem remédios. Agora, a um passo da vitória, os soldados da linha de frente deles enfrentavam a fome. Eram arruinados por doenças e tinham escassez de tudo de que precisavam para o ataque final a Moresby. A cerca de cinquenta quilômetros de seu objetivo, os japoneses tinham atingido o limite de sua resistência.

Don Hall e seus pilotos do 89º Esquadrão tornaram a situação ainda pior para os soldados japoneses que lutavam na selva. Usando suas metralhadoras de nariz, os A-20 roncavam através de cânions estreitos nos quais nenhum outro bombardeiro era capaz de operar, atingindo posições fortificadas e tropas japonesas. Outras unidades dos Aliados, particularmente vários esquadrões australianos, ingressaram na batalha para impedir o avanço inimigo, e pela primeira vez no Sudoeste do Pacífico uma ofensiva por terra japonesa foi parada.

Nos dias culminantes da batalha da Trilha Kokoda, Don Hall executou seis missões por dia do aeródromo de Kila Kila Drome, fora de Port Moresby.

Alguns voos levavam menos de vinte minutos entre decolagem, ataque a tropas japonesas e aterrissagem.

Pappy voou para esse caos sem nenhuma ordem de estar lá, nem de executar missões de combate. Para ele, ordens não significavam nada. Os japoneses estavam perto, e ele tinha fome de vingança. Nos três dias seguintes, ele executou pelo menos cinco missões de apoio ao solo, metralhando e bombardeando soldados japoneses para aliviar a pressão sobre os australianos sitiados. Voava baixo, usando um dos A-20 modificados para golpear repetidamente alvos com as metralhadoras de nariz antes de fustigar a área com bombas antipessoal.

Durante uma das investidas, fogo do solo atingiu o A-20 de Pappy. Um estilhaço de granada entrou pela lateral da cabine e atingiu Sam, que estava empoleirado no braço do manete de Pappy. O metal empalou o lagarto, atravessou o braço de Pappy e o fixou no descanso de braço de seu assento. Ele não conseguiu livrar o braço enquanto voava de volta a Moresby, com Sam morrendo em sua mão. Quando ele aterrissou e não saiu da cabine, a turma de solo correu para ajudá-lo. Encontraram-no sangrando e ainda empalado pelo estilhaço, gemendo: "Eles acertaram o Sam. Aqueles vermes malditos acertaram o Sam".[2]

Perder seu lagarto, depois de todos os desgostos que Pappy sofrera desde dezembro, aumentou sua disposição quase fanática de continuar trabalhando, fazendo, bombardeando os japoneses. Ele era incansável, e passou só o mínimo de tempo possível com a equipe médica em Moresby antes de ser levado a Charters Towers para continuar seu trabalho.

Lá, Pappy descobriu que o general Kenney lhe dera uma atribuição especial. A chegada de Kenney no teatro de guerra veio com um bônus adicional. Ao deixar seu posto nos Estados Unidos, ele tinha solicitado o fornecimento de 3 mil das bombas de fragmentação que ele havia projetado na década de 1930. Arnold ficou feliz de atender a ele, já que ninguém mais tinha uso para essas armas.

Kenney explicou o propósito delas a Davies, e a equipe de Pappy passou a modificar as gaiolas dos compartimentos de bombas que abrigavam essas pequenas armas de 10,5 quilos. Eram artefatos incômodos, e com muita frequência funcionavam mal nos testes. Kenney deu a eles apenas duas semanas para fabricar uma solução e preparar cremalheiras suficientes para equipar o 89º Esquadrão de Bombas.

Enquanto isso, em parte graças à chegada de aeronaves e de novos reforços, a investida dos japoneses para Port Moresby foi parada a poucos quilômetros da cidade. Os australianos resistiram, e quando os japoneses não conseguiram mais avançar começaram a morrer de fome. Lentamente, os Aliados começaram a empurrá-los para trás através da cordilheira Owen Stanley, uma retirada que se tornou uma provação infernal para os soldados imperiais emaciados e arruinados por doenças.

O trampolim de MacArthur para as Filipinas fora salvo.

No fim de agosto, enquanto uma equipe de Pappy labutava no hangar em Charters Towers, os A-20 de Don Hall entraram em ação contra o lar do Grupo Aéreo Tainan, no Aeródromo Lae, onde usaram a nova tática de metralhamento com grande eficácia. Seis Havocs roncaram pouco acima dos topos de árvore na selva e surpreenderam completamente os japoneses, que estavam fazendo a manutenção de seus caças e bombardeiros de mergulho. Os A-20 de Hall varreram o céu, despejando do nariz chumbo nos japoneses enquanto estes corriam para se proteger. Em segundos, os Havocs metralharam toda a extensão do Aeródromo Lae, distanciada do alvo, antes de seguir para Moresby.

Eles não sofreram nenhuma perda. Na verdade, no decorrer do mês seguinte, o esquadrão de Hall não perdeu nenhum avião quando voavam em baixa altitude, embora tenha perdido dois em outros ataques. Dada a devastadora ação militar que ele vinha sofrendo desde abril, isso era nada menos que milagroso.

Em prazo recorde, a equipe de Pappy concluiu a nova cremalheira alveolar para os A-20. Ele e Jim Davies os testaram no estande de tiro e observaram as bombas de fragmentação cair do Havoc em uma longa torrente. Devastaram de tal maneira a terra coberta de vegetação rasteira que os dois ficaram momentaneamente impressionados. As bombas destruíram também as árvores, partindo-as como se tivessem passado por um picador de madeira.

Depois do voo, Pappy riu para Jim. Pensando um passo adiante, ele brincou que em um B-25 "é possível carregar cem bombas de fragmentação nos compartimentos. Vamos ter a arma aérea mais devastadora que já veio para o Pacífico".

Algumas semanas depois, o Terceiro Grupo descobriu exatamente quão devastadoras as pequenas bombas de fragmentação podiam ser para os japoneses. Os A-20 de Hall atacaram alvos no solo a mais de 480 quilômetros por hora, com as pontas das hélices poucos centímetros acima das árvores. Varrendo os japoneses com suas metralhadoras de nariz enquanto se aproximavam para matar qualquer equipe de canhão antiaéreo, eles soltavam centenas dessas bombas de fragmentação, seus minúsculos paraquedas abrindo-se como uma trilha de cogumelos brancos atrás de cada A-20. Os paraquedas retardavam a queda das bombas apenas o suficiente para deixar os A-20 escapar de seu raio de explosão. Enquanto os Havocs fugiam, as bombas detonavam, lançando furacões de estilhaços em arcos de 360 graus. Eles ceifavam homens, armas antiaéreas, caminhões, aviões — qualquer coisa que não fosse blindada ou estivesse enterrada no solo.

Depois de setembro, as unidades de bombardeiros leves e médios de Kenney adotaram de forma generalizada a tática de voo em baixa altitude. Os *strafers* de Pappy tinham vindo para ficar.

No entanto, havia outro problema a ser resolvido. Em oito meses de tentativa, a Força Aérea do Exército só conseguiu afundar um punhado de navios japoneses. Os B-17 não foram capazes de fazer esse trabalho. Os B-25 e A-20 tampouco tiveram muito sucesso. A vitória final na Trilha Kokoda parou a ameaça japonesa à Nova Guiné, mas para que a maré fosse virada a favor dos Aliados, as equipes aéreas de MacArthur teriam de se tornar abatedores de navios.

33. O amadurecimento de Clara Crosby

Outono de 1942
Campo de Internação de Santo Tomas, Manila, Filipinas

Foi preciso que Julie quase morresse de desnutrição para que Polly encontrasse os limites de sua força e de sua coragem.

Os sintomas se manifestavam de maneiras diferentes em pessoas diferentes. No caso de Julie, os efeitos da desnutrição afetaram a coluna vertebral. À medida que perdia peso, ela ficava cada vez mais debilitada pela dor nas costas. Julie tinha feito parte da equipe de censo do campo, documentando quem estava internado quando a família chegou. Mas, com a piora de suas condições, ela passava mais tempo em sua estreita cama de campanha, em agonia.

Ver a filha sofrer mudou tudo para Polly. Durante anos, ela se contentara em deixar P.I. se encarregar de tudo. Quando ele ia embora, ela ganhava independência e administrava os assuntos diários da casa, mas ainda se submetia a ele em questões importantes, mesmo quando ele estava no mar distante. Em alguns sentidos, ela vivia à sombra de P.I., e quase desde o dia em que se conheceram, permitiu que ele redesenhasse o escopo de sua vida de forma tão completa que até deixou que ele lhe desse um novo nome.

O nome verdadeiro dela era Clara Crosby, mas P.I. decidiu que Clara não combinava com ela. "Para mim, você parece uma Polly", ele exclamou no começo da paquera entre eles. Desde então ela tinha sido Polly.

Agora ela enfrentava o momento fundamental em sua vida. Não tinha apoio. Não podia recorrer aos pais nem ao marido para pedir ajuda e orientação. O que precisava ser feito pelos filhos, ela teria de fazer sozinha. No mundo de cabeça para baixo de Santo Tomas, ela sabia que ninguém estava disposto a ajudá-la. Para que Julie fosse salva de uma morte lenta e torturante, seria Polly quem teria que lutar por ela.

Não que ela não tivesse força. Às vezes, não hesitava em se opor a P.I., mas sempre fazia isso de um jeito habilidoso e não beligerante que o deixava impotente para resistir. Depois que se mudaram para as Filipinas, ela e P.I. estavam desembalando as coisas no quarto da casa em Villamor Court quando Polly encontrou o artefato para castigo corporal que P.I. tinha fabricado para usar nos filhos. Parecia uma miniatura do chicote conhecido como gato de nove caudas, e P.I. o usava para chicotear as ancas dos filhos em vez de bater neles sempre que se metiam em algum problema sério. Não o utilizava com frequência, mas Polly sempre se sentia constrangida com esses métodos de punição. Afinal, era ela quem criava os filhos.

Ela tirou a chibata de uma caixa e ficou olhando para ela. P.I. parou o que estava fazendo e se virou para Polly para ver o que ela estava segurando. Os dois se olharam. Deliberadamente, ela disse: "Não vamos mais precisar disto aqui".

Não houve discussão. Ela jogou o chicote no lixo, e P.I. nunca mais castigou fisicamente os meninos.

Defender os filhos dava a Polly energia para se opor à força de caráter de P.I. Não fazia mal que ele fosse totalmente apaixonado por ela, e fizesse o que ela quisesse se ela deixasse claro o que queria.

Conseguir ajuda para Julie seria uma jornada muito mais difícil. Polly não tinha ligação com ninguém no comitê, nenhuma capacidade de influenciar decisões tomadas que afetassem a filha. Ela já tinha entendido isso quando chegou ao campo a notícia de que logo seria feita uma troca de prisioneiros entre os governos dos Estados Unidos e do Japão. Trezentos e cinquenta pessoas do campo partiriam em um navio de volta aos Estados Unidos. Muitas delas já tinham sido escolhidas por Washington. Eram pessoas do Departamento de Estado e civis de alta prioridade. A maioria das vagas restantes, decidiu-se, caberia a enfermos.

Polly tentou pôr Julie nesse navio. O comitê negou o pedido dela, dizendo que, se sua filha menor de idade deixasse o campo, a família inteira teria de ir também. Isso significava cinco vagas, e para o comitê os Gunn não tinham direito a cinco vagas.

Essa decepção permaneceu por meses e se tornou especialmente amarga quando, em setembro de 1942, o primeiro grupo a ser repatriado deixou o campo para a primeira etapa de sua jornada. Parecia que a maioria tinha sido escolhida agradando Earl Carroll, o presidente do comitê de internos. No momento em que os 350 sortudos partiram, Julie mal conseguia andar. O chefe do hospital, dr. Fletcher, disse a Polly que eles não tinham equipamento nem experiência para lidar com o caso dela.

Com uma flor vermelha no cabelo, Polly foi à luta pela filha. Começou pelo comitê de internos. Os membros já tinham desconsiderado seu primeiro pedido, mas dessa vez ela sondou até saber quem estava encarregado de recomendar tratamento externo para pacientes do campo. A pessoa era o sr. Holland, e Polly assumiu como missão pessoal atormentá-lo até que ele agisse em benefício dela. Fez um grande esforço e se livrou de sua persona tímida e doce. Assediou tão completamente Holland que ele começou a chamá-la de "Sra. Two-Gunn".*

Por fim, ele permitiu que ela levasse o médico japonês do campo para dar uma olhada em Julie. O médico era conhecido por conceder passes para os casos graves demais para serem curados pelo hospital do campo. Era um homem esquisito e de temperamento instável que causava medo nos internos. Ele tinha nas mãos o destino deles, e suas decisões pareciam caprichosas e aleatórias. Não importava; esse homem era o degrau seguinte na escada burocrática que Polly precisava subir.

Alguns dias antes de o médico japonês examinar Julie, Polly buscou obter um passe de um dia para que a filha pudesse fazer uma radiografia no St. Luke's Hospital, em Manila. O dr. Fletcher tinha deixado claro que, sem ela, tentar diagnosticar a condição de Polly seria quase impossível.

Para conseguir o passe, ele precisava tanto da aprovação de Holland como da assinatura de um dos administradores seniores do campo, um homem chamado sr. Ohashi. Polly o encontrou em sua sala numa manhã, inclinou-se

---

* Trocadilho com o sobrenome da família de Polly (Gunn) e *gun*, que, em inglês, é arma de fogo. Além disso, "Two Gun" era o apelido de Francis Crowley (1912-32), bandido e assassino americano, que em suas ações usava duas pistolas. (N. T.)

formalmente e estabeleceu o tom com o respeito que mostrou a ele. Ohashi era um empresário civil forçado a assumir o papel de funcionário da alta administração do campo. Tentou criar obstáculos às pretensões de Polly, mas ela se recusou a ser dissuadida. Pressionou-o a emitir o passe sem raiva, apenas insistindo respeitosamente em obter o que precisava.

O jeito dela funcionou. Ele emitiu o passe, e mais um para Polly. Quando elas voltaram, o dr. Fletcher examinou as radiografias e viu algumas anormalidades na parte inferior da coluna de Julie. Uma espécie de massa escura. Ele não tinha certeza do que era, mas sabia que estava além das capacidades do hospital do campo. Julie precisava ser vista por um especialista em ortopedia. Ele prometeu a Polly que recomendaria que Julie fosse liberada para tratamento em Manila.

No dia seguinte, o dr. Fletcher, Polly e Julie foram encontrar o médico japonês. Ele examinou Julie superficialmente, depois ergueu as radiografias. Ficou um bom tempo olhando para elas sem expressão, e então o dr. Fletcher as tirou das mãos dele, virou-as de cabeça para baixo e as devolveu. O médico assentiu com a cabeça de forma distraída. Evidentemente, os japoneses não tinham posto seus melhores médicos no campo para cuidar dos prisioneiros.

O médico japonês acabou de olhar as radiografias e isso aparentemente concluiu o exame. Ele saiu da sala sem dizer palavra.

O que aquilo significava? Polly sentiu uma pontada de medo. Não podia deixar aquilo acontecer. Saiu correndo da sala, deixando Julie sozinha enquanto ia atrás do médico japonês. Alcançou-o, mas ele a ignorou e continuou andando.

"Minha filha", ela disse. "Ela pode sair para o tratamento?"

Nenhuma resposta. O médico continuou andando, o rosto inescrutável.

Polly o acompanhou e perguntou de novo: "Minha filha, ela pode sair para o tratamento?".

Ele continuou a andar.

Ela não ia implorar. Naquele mundo sem liberdade, a fraqueza só seria explorada, e Polly sabia disso. De qualquer forma, ela não era do tipo que implorava — tinha dignidade demais, carisma e orgulho demais para fazer isso. Mas recusava-se a desistir.

Perguntou de novo. Com as mesmas palavras. O mesmo tom, respeitoso mas insistente.

O homem não desacelerou o passo.

Mais uma vez, controlada. Ela não ia entrar em pânico. "Minha filha, ela pode sair para o tratamento?"

Agora ele olhou para Polly. Um instante depois, finalmente disse: "Sim".

Ela tinha ganhado a primeira batalha, mas havia muitas pela frente. Julie foi para o Hospital Geral de St. Luke e Manila, onde seu caso continuou a confundir os médicos. Polly voltou a Holland e ao sr. Ohashi para estender a validade dos passes de Julie, e para conseguir um para si mesma de modo a poder estar com a filha enquanto ela suportava a bateria de testes e as cutucadas e picadas dos exames.

Por fim, um cirurgião ortopédico chamado dr. De Los Santos assumiu o caso. Ele concluiu que ela precisava ter o corpo inteiro engessado, do pescoço aos quadris, para que a coluna fosse estabilizada e a dor, reduzida. Com descanso e alimentação apropriados, ela seria capaz de andar de novo mesmo engessada, mas a recuperação seria demorada.

Polly voltou ao sr. Ohashi para assegurar mais um passe que lhe permitisse ficar com Julie durante a colocação do gesso. Mais uma vez, houve outra rodada de negociações.

"Como está a sua filha?", ele perguntou educadamente.

Polly, exausta de todas as batalhas burocráticas, debilitada por se alimentar mal e passar noites sem dormir, explodiu: "Ela está muito mal por causa do tratamento".

Ficou olhando para ele, horrorizada de talvez ter acabado de arruinar a relação mais importante para a filha. Queria dizer que o tratamento que os médicos estavam dando à filha era dolorido. Mas o que saiu foi uma acusação.

O sr. Ohashi aparentemente não se ofendeu, para grande alívio de Polly. Deu a ela o passe necessário para ela ficar com Julie. Entre os muitos avanços e recuos entre eles, finalmente disse a ela: "Você é uma mulherzinha muito determinada".

Pouco tempo depois, em um hospital em Manila, Polly estava ao lado da filha confortando-a enquanto o dr. De Los Santos suspendia Julie entre duas mesas. Ela ficou lá pendurada sofrendo enquanto o médico lhe colocava o gesso. Levou horas, e quando eles acabaram a coluna dela ainda não estava no lugar. Julie ficou deitada na cama, e Polly, impotente, assistia à agonia da filha, até que a coluna finalmente estalou e ficou na posição correta. Quando isso aconteceu, Julie chorou e riu histericamente ao mesmo tempo.

Polly ficou com Julie nos dias seguintes, seus pensamentos divididos entre o bem-estar da filha e o fato de que os garotos e Connie ainda estavam no campo sem ela. Ela podia sentir a família sendo cada vez mais separada, mas só conseguia lidar com uma crise por vez.

Depois de muito tempo, ela voltou a Santo Tomas, determinada a arrancar mais uma concessão dos japoneses. Julie nunca se recuperaria no quarto 46. Os médicos em Manila tinham dito a ela que a filha precisava de comida saudável e repouso prolongado na cama. Earl Carroll tinha providenciado para que alguns internos ricos vivessem fora do campo em sanatórios pela cidade, mas para obter autorização para isso era preciso ter influência, posição social e recursos que Polly não possuía.

Ela tentou uma tática diferente. Voltou ao sr. Ohashi e disse a ele que queria um passe de longa duração para Julie a fim de que ela pudesse convalescer com a família Gurevich. Ela iria ao Manila General para tratamento quando necessário, voltaria ao campo de poucas em poucas semanas para renovar o passe e seria examinada pelo médico japonês sempre que fosse necessário.

Isso era abusar da boa vontade de Ohashi, mas ele acabou cedendo à incansável recusa dela a receber um não como resposta.

Julie permaneceu no hospital até ser capaz de andar com o gesso. Quando conseguiu se deslocar, foi levada para o duplex e posta sob os cuidados afetuosos de Eva Gurevich. Comia borscht e muitos outros pratos russos no meio da Manila ocupada pelos japoneses. Gradualmente, ao longo de muitas semanas, ela recuperou as forças.

Guyenne e os gêmeos Garriz, os amigos da família em quem Polly passou a confiar tão completamente, iam visitá-la várias vezes por semana. Alguns dos espanhóis em Manila eram antijaponeses, e esse trio tinha desenvolvido laços com guerrilhas filipinas que operavam na capital e em seus arredores. Não está claro qual era de fato o papel deles na insurgência nascente. Provavelmente atuavam como couriers, levando mensagens entre as células. A polícia secreta japonesa tinha notado um dos irmãos Garriz, mas nunca entendeu que ele tinha um gêmeo. Muitas vezes, os rapazes estabeleciam um álibi certificando-se de que um gêmeo fosse visto em público enquanto o outro realizava tarefas para a insurgência.

No momento em que Polly pôs Julie no caminho da recuperação, Nath adoeceu, no final de 1942 ou no início de 1943. Nessa época, os pés de Nath já não cabiam nos sapatos, que de qualquer forma haviam desmontado, e ele era obrigado a andar descalço. Agora, depois de surtos de disenteria, beribéri e dengue, Nath viu seus pés de repente tão inchados que mal conseguia andar. As horríveis listras vermelhas de infecção subiam pela perna direita, como se ele tivesse sido picado por um inseto ou sofrido um corte enquanto trabalhava no jardim dos internos, criado recentemente.

O dr. Fletcher não tinha meios para ajudar Nath, então, em nome do filho, Polly foi mais uma vez à luta contra a burocracia do campo. Conseguiu colocá-lo no ônibus matinal para o Hospital Geral de Manila, onde o dr. De Los Santos tratou dele. De Los Santos achava que ele talvez precisasse de cirurgia, mas decidiu tentar primeiro uma medicação, compressas quentes e massagens. Os pés de Nath reagiram de imediato, e as dores foram consideravelmente aliviadas.

Dois dias depois, Polly arrancou mais um passe do sr. Holland e do sr. Ohashi para que Nath pudesse convalescer na casa dos Gurevich com Julie. Quanto mais os filhos pudessem ficar fora do campo, maior a chance de sobreviverem àquela provação. Nath foi levado ao duplex, e por duas semanas Eva o alimentou com todo o arroz e todo o borscht que ele conseguiu engolir.

Enquanto ele estava lá, Guyenne e os gêmeos apareciam com muita frequência. Embora fosse só um pré-adolescente, Nath os via reunindo-se na casa e imaginava se alguma coisa estava sendo planejada. Ocasionalmente, aparecia também um par de padres. Ele não sabia com precisão o que eles estavam tramando, mas tudo lhe parecia muito clandestino. Durante as reuniões, eles às vezes falavam em voz baixa e de maneira elíptica. Isso emprestava ao duplex uma aura de mistério e excitação que deixava Nath intrigado.

Ele já vinha resistindo como só garotos podiam fazer. Nath e seus amigos passavam pelos guardas a intervalos, obrigando-os a responder a seus cumprimentos de pré-adolescentes com educação semelhante. Isso fazia os guardas inclinar-se constantemente e tornou-se um problema tal que levou a administração a mudar as regras. Os prisioneiros então só precisavam se inclinar quando estivessem em grupo de três ou mais. Quando alguns dos guardas amistosos pediam aos garotos que assinassem livros de autógrafo que eles portavam, os meninos rabiscavam coisas horríveis que os guardas não conseguiam ler. Mais tarde, quando um intérprete traduziu alguns dos livros, eles desapareceram e os guardas pararam de pedir os autógrafos.

Fora do campo, os japoneses tratavam os filipinos com brutalidade, em especial nas províncias. Chegara a Santo Tomas a notícia da Marcha da Morte de Bataan e das terríveis condições nos campos de prisioneiros de guerra em O'Donnell e Cabanatuan. As mulheres de alguns dos soldados lá às vezes recebiam cartas contrabandeadas para o campo por amigos ousados. As cartas rotineiramente imploravam às esposas que enviassem comida e dinheiro. Elas tentavam fazer chegar aos maridos prisioneiros o pouco que tinham, mas muitas vezes seus pacotes eram interceptados ou revelavam ser muito pouco e tarde demais. Com muita frequência as esposas recebiam o apavorante chamado para se apresentar ao escritório do comandante do campo, onde eram informadas de que seus maridos tinham morrido de alguma doença inespecífica.

O tratamento dos civis filipinos e do Exército Filoamericano foi o estopim de uma longa e sangrenta guerra de guerrilha por todas as ilhas. Em Manila a resistência se reunia em torno de patriotas determinados e soldados filipinos que tinham fugido das rendições em massa na primavera de 1942. Guyenne e os irmãos Garriz foram atraídos para a clandestinidade quase desde o início. Enquanto convalescia na casa dos Gurevich, Julie ingressou no círculo interno deles e se tornou uma espiã adolescente. P.I. sempre superprotegera Julie, e às vezes ela resistia aos limites que ele estabelecia. Se ele soubesse o que ela estava fazendo e os riscos que começara a correr, teria explodido e posto fim naquilo.

É claro que ele não podia saber que Julie estava lutando de seu jeito, como ele fazia do dele. Enquanto a filha se tornava espiã, o pai labutava a milhares de quilômetros para dar os toques finais no avião que, ele acreditava, daria a eles a melhor chance de voltar para as Filipinas e derrotar decisivamente os japoneses.

34. *Margaret*, a radical, agressiva, letal máquina mortífera de Pappy

Outubro de 1942
Brisbane, Austrália

Pappy e Jess estavam em um longo corredor dentro de um prédio comum, olhando para uma parede branca na frente deles. Um jovem oficial que os acompanhava passou entre os dois, encontrou um ferrolho escondido e abriu uma pequena porta oculta na parede. Eles entraram e se viram em um beco escuro e estreito. Seguiram o oficial até que ele chegou a outra parede. Ele empurrou outro botão escondido e a parede se abriu. Dentro ficava o santuário interno do Bureau de Inteligência dos Aliados.

Pappy e Jess Villamor seguiram o ajudante até ele deixá-los no escritório secreto do coronel Allison Ind. Pequeno e belicoso, Ind tinha estado no Campo Nielson no começo da guerra, trabalhando como oficial de inteligência para o Quinto Comando de Caça. Sobreviveu à retirada para Bataan e ficou com os homens presos lá até finalmente receber ordem de sair. Escapou para o sul, provavelmente esperando reingressar na FAEO. MacArthur tinha outras ideias para ele; ele servia como vice do coronel Roberts no BIA.

Como diretor de inteligência, ele já fizera diferença. Quando os japoneses desembarcaram em Buna e avançaram pela cordilheira Owen Stanley ao longo da Trilha Kokoda, Ind infiltrou equipes de "vigilantes da costa" na selva em torno de Buna. Lá, eles identificaram onde os japoneses tinham armazenado seus suprimentos. Essa informação foi passada ao general Kenney, cujos pilotos de bombardeiro então tinham reduzido a cinzas os estoques japoneses. Os soldados imperiais na trilha tinham ficado sem comida e, depois da investida desesperada deles sobre Moresby, retiraram-se para a costa, centenas morrendo de doença, exaustão e fome.

Ind esperava um sucesso semelhante nas Filipinas, e tinha uma atribuição difícil para Jess. Ele cumprimentou seus convidados e ofereceu-lhes cadeiras do outro lado de sua mesa, na qual Pappy pôs os pés. Inclinando-se para trás, ele ficou olhando para o diretor de inteligência. Jess, muito mais formal, sentou-se em silêncio.

"Pappy", começou Ind, "o general Kenney diz que você não pode ir nessa missão."

Pappy olhou para ele por um momento. A guerra tinha ficado mais organizada desde a chegada de Kenney. Ele enfrentara o pessoal de suprimentos, demitira aqueles responsáveis por esconder o material de que as unidades na linha de frente precisavam, depois ordenou que os intendentes fossem para Townsville, ao norte, para que seus estoques estivessem mais perto daqueles que precisavam deles. Tinha modernizado as organizações — já não havia as camadas de postos de comando todas competindo com recursos. A FAEO continuava a ser o quartel-general aéreo, mas agora havia abaixo dela a Quinta Força Aérea, o Quinto Comando de Caça e o Quinto Comando de Bombardeio. Pappy tinha prosperado manobrando através das fissuras administrativas; agora elas não existiam. A guerra passara a ser unificada, e Pappy tinha sido agarrado por Kenney, que percebera seu gênio e precisava de seus frutos. Ele não permitiria que Pappy se tornasse um espião agora.

Pappy sentiu a oportunidade de voltar escorregando entre seus dedos.

Perguntou: "Isso significa que ele não vai deixar, ou que há tecnicalidades no caminho?".

Jess iria para Cebu com uma equipe de operações secreta. Ele e Pappy tinham bolado um esquema em que Pappy o extrairia no fim da missão em um B-17 ou um B-25.

"Ele disse que não deixaria — por enquanto."

Por enquanto. Ainda havia uma esperança. Em seguida Ind disse que Kenney não tinha nenhum B-17 disponível para um esquema como aquele, e os B-25 não tinham a autonomia necessária.

Pappy balançou a mão direita num gesto de rejeição. Ele tinha quebrado mais uma vez o dedo e havia tirado o gesso do dr. Gilmore para pilotar. Seu dedo mindinho se destacava num ângulo tão exagerado que Ind perguntou sobre ele. Pappy o dispensou dizendo que era uma infelicidade de voo.

Então voltou à questão. "Eu vou pilotá-lo até lá e ainda ser pago por isso."

Ele se sentou, batendo as botas no chão, e sacou um lápis do bolso da camisa. Olhou a mesa de Ind, viu um pedaço de papel e estendeu o braço para pegá-lo. Ind viu que era um relatório de inteligência do QG de MacArthur e o puxou, e deu a Pappy uma folha em branco.

Pappy anotou alguns números, enquanto dizia: "Vamos precisar de um B-25 para começar. Bom, temos de torná-lo mais leve, então vamos tirar as armas dele".

Anotou mais um conjunto de números. Villamor parecia surpreso. Nenhuma arma? Voar para Cebu em um avião sem nenhuma arma?

"Depois tiramos a placa de blindagem, e a seguir o rádio. Veja, isso o torna bem mais leve, não?"

"Mas Pappy?", gaguejou Villamor, "sem arma, sem placa de blindagem, sem rádio? Você por acaso vai tirar os motores?"

Pappy continuou a explicar seu plano. Nada de armas, nada de munição, nada de sistema de oxigênio. Com o avião totalmente aliviado de peso, ele prenderia tanques de combustível de borracha nos compartimentos de bombas e em cada recesso e fenda até que o B-25 fosse pouco mais que uma bexiga de gasolina com asas. Eles voariam logo acima da água, como era o modus operandi usual de Pappy, e seguiriam furtivamente de Darwin para o norte. Havia muitos lugares para pousar um avião em Cebu. Ele calculou o consumo de combustível em relação ao peso poupado e concluiu que teria exatamente uma reserva suficiente para executar a missão.

Ind estava em dúvida. Mais tarde ele escreveu que Pappy tinha "fator de segurança suficiente para ser visto com um bom microscópio".

Pappy conseguia se virar com um mínimo de margem. Não era preciso se preocupar com isso. Ele terminou de calcular os números e anunciou: "Então, Jess, você está praticamente recolhido".

A ideia dele não foi descartada, e os três conspiradores montaram o plano de remoção de emergência da missão. Jess e sua equipe iriam por submarino em dezembro; eles podiam precisar de Pappy a qualquer momento depois disso. Ele manteria a missão completamente sob seu controle, seu bilhete de volta para as Filipinas e sua família. Talvez Jess pudesse usar a rede de guerrilha para localizar Polly e os filhos. Então, quando ele chegasse, eles saberiam onde estavam e poderiam imaginar como tirá-los.

No minuto em que Jess passasse um rádio para ele, ele despojaria um B-25 e voaria para o norte.

Enquanto isso, Kenney tinha requisitado Pappy para o QG da Quinta Força Aérea e o tornara chefe de projetos especiais. Sua primeira atribuição estava chegando ao fim bem nesse momento. Kenney o enviara para o enorme cemitério de aviões em Eagle Farm, nos arredores de Brisbane, com ordem de pôr o maior número possível daqueles destroços voando. Ele trabalhou com o pessoal do depósito aéreo e do esquadrão de serviço lá, e o esforço produziu dezenas de P-40, P-39 e B-25 improvisados. Eles montaram aviões-Frankenstein; asas de um iam para a fuselagem de outro. Peças eram canibalizadas livremente, até que praticamente nada na estrutura e na parte externa dos aviões era original de fábrica. Era uma atitude feia e certamente violava dezenas de diretrizes de antes da guerra, mas nada disso importava mais, graças a Kenney. Os mecânicos e o pessoal de manutenção em Eagle Farm deram à Quinta Força Aérea uma infusão de caças e bombardeiros bem no momento em que os homens na linha de frente mais precisavam deles.

A experiência em Eagle Farm tirou um peso enorme de dentro de Pappy. Pela primeira vez, ele tinha influência. Com o general Kenney lhe dando carta branca para fazer o que precisasse ser feito, grande parte da resistência a suas ideias e métodos desapareceu. Ele não precisava mais roubar depósitos de suprimentos — Kenney demitiu todos os que achavam que um trabalho bem-feito significava um armazém bem estocado e unidades de combate sofrendo com falta de peças.

Agora, tudo de que Pappy necessitava ele conseguia. O trabalho ainda era longo e árduo, mas os sinais reais de apoio levantaram seu ânimo e apagaram muito da amargura com que ele lutava todos os dias antes da chegada de Kenney. "Kenney me salvou", ele disse uma vez sobre essa época. "Eu estava perdendo a sanidade, e ele apareceu e acreditou no que nós estávamos fazendo. Isso fez toda a diferença."

Os Aliados ainda não tinham controle do ar sobre a Nova Guiné. Se quisessem começar a trilhar o longo caminho de volta às Filipinas, teriam de derrotar as forças aéreas japonesas. Naquele outono, uma espécie de paridade tinha sido alcançada graças aos aviões adicionais enviados para o norte de Eagle Farm. Mas o resultado da guerra aérea ainda estava em suspenso.

Ao mesmo tempo, MacArthur se preparava para sua primeira contraofensiva terrestre. Buscando capitalizar a vitória na Trilha Kokoda, ele estava reunindo tropas australianas e americanas, estas recém-chegadas, para atacar os japoneses em Buna. Esse seria o primeiro passo na direção da crista norte da Nova Guiné. Amanhã, Buna. Depois disso, a marcha de volta às Filipinas começaria a sério.

No começo de novembro, chegou à mesa de Kenney um relatório de inteligência que se revelou de grande interesse. O relatório continha as lições que Felix Hardison, um comandante de esquadrão de B-17 do 19º Grupo de Bombardeio, tinha aprendido quando sua unidade executava um novo tipo de técnica de abatimento de navios.

Kenney e um de seus assistentes, o major William Benn, tinham levado a ideia à Força Aérea de MacArthur. Benn a vira ser testada na Flórida, e os dois já haviam lido os relatórios de acompanhamento. Britânicos, australianos e alemães tinham lidado com o conceito, mas Kenney seria a força motriz responsável por torná-lo uma realidade prática.

Toda criança já ficou à beira de um lago e tentou jogar pedras que deslizassem sobre sua superfície. Aviadores descobriram que o mesmo princípio podia ser aplicado a bombas. Se a coisa fosse feita corretamente, as bombas podiam ser lançadas bem na lateral de navios por aviões em alta velocidade voando a uma altitude extremamente baixa. Os britânicos chegaram a experimentar esse procedimento no deserto do Norte da África, lançando bombas nas laterais de tanques alemães.

Ele era chamado de "bombardeio de raspão". Benn e Kenney o testaram durante uma parada num voo para a Austrália através do Pacífico. Os dois concordaram que a tática tinha algum mérito, e quando chegaram ao teatro de operações, Kenney pôs Benn no comando de um esquadrão de B-17 e lhe deu liberdade para desenvolver os métodos de ataque.

Pegar um bombardeiro quadrimotor gigante projetado para atingir alvos de 20 mil pés de altitude e fazê-lo voar a baixa altitude era uma novidade radical que a princípio deixou muita gente preocupada. Benn levava seus B-17 para portos japoneses à noite, voando logo acima das cristas de onda enquanto tentava lançar suas bombas em navios mercantes. O esquadrão de B-17 de Hardison logo passou a fazer o mesmo. Seu relatório detalhava como seus pilotos tinham feito ataques individuais a navios japoneses mergulhando de média altitude para ganhar velocidade, depois soltando as bombas a um ângulo de no máximo vinte graus. Os pilotos das Fortalezas se retiravam em uma altitude entre cem e quinhentos pés, suas poucas metralhadoras dianteiras disparando para tentar eliminar as defesas antiaéreas do navio.

Hardison concluía que o B-17 não era o avião adequado para essas táticas, mas bombardeiros médios seriam muito mais adequados a elas. Mesmo aviões mais leves, ele argumentava, enfrentavam um voo de ataque muito difícil. Ele escreveu: "O avião que ataca é necessariamente tão vulnerável a fogo antiaéreo que esse método parece praticável para uso apenas contra navios mercantes com armamento leve, auxiliares [...] ou [com] ataque pesado de aeronaves de escolta em baixa altitude [...]".

As tripulações de Benn tinham chegado a conclusões semelhantes. Os ataques eram muito mais precisos que qualquer coisa que a Força Aérea do Exército tinha tentado antes, mas executá-los exigia que se chegasse cada vez mais perto das armas antiaéreas japonesas.

A solução para esse problema estava com Pappy Gunn. Kenney tinha visto os A-20 *strafers* que ele construíra, e Pappy queria voltar a seu projeto de B-25, que o trabalho em Eagle Farm tinha interrompido. Naquele novembro, Kenney deu a ele luz verde para construir 28 B-25 munidos de metralhadoras. O general os chamava de "destruidores de comércio" ("*commerce destroyers*"). Ele queria esses *gunships* agrupados em um único esquadrão de tripulações de elite que pudessem ser completamente treinadas em tática de bombardeio de raspão.

A nova missão de abatimento de navios foi dada ao Nonagésimo Esquadrão de Bombardeio do capitão Ed Larner, uma das unidades do Terceiro Grupo de Ataque de Davies. Os pilotos receberam a notícia e a princípio ficaram muito entusiasmados. Os A-20 tinham mais do que provado seu valor, e agora eles iriam combater como um esquadrão com 120 metralhadoras voltadas para a frente esmagando qualquer coisa que encontrassem. O poder de fogo e a nova tática pareciam um casamento perfeito.

Eles começaram a trabalhar aprendendo como lançar bombas na lateral de navios. Usando um navio mercante naufragado que tinha encalhado em 1923 no porto de Port Moresby, o Nonagésimo praticou centenas de investidas, tentando resolver os menores detalhes. Eles aprenderam que tinham a melhor chance de fazer as bombas chegar ao alvo se ficassem a cerca de 250 pés e mantivessem a velocidade em torno de duzentas milhas por hora. As bombas às vezes saíam muito alto e passavam por cima do navio-alvo. Outras vezes elas caíam antes dele, por terem sido liberadas cedo demais ou no ângulo errado.

Eles descobriram que podiam golpear a si próprios quando passavam sobre o navio no momento em que a bomba atingia o alvo. Então passaram a usar detonadores com retardo, alguns fabricados pelos australianos, alguns pelos americanos. Pappy opinava nessa escolha, e talvez tenha até adquirido o primeiro lote de detonadores australianos de onze segundos para o Nonagésimo.

Com os novos detonadores, as bombas deslizariam, atingiriam a lateral do navio e o perfurariam para explodir dentro dele, ou escorregariam para baixo do casco e o explodiriam abaixo da linha de água, como um supertorpedo. De um jeito ou de outro, a explosão mutilaria um navio mercante.

Enquanto as tripulações praticavam, Pappy, Li'l Fox e Jack Evans trabalhavam furiosamente para construir os destruidores de comércio. Uma coisa era completar um protótipo como o *Pappy's Folly*, outra, bem diferente, era elaborar uma série de modificações que pudessem ser padronizadas e feitas rapidamente pelos depósitos aéreos em Brisbane.

Eles se jogaram na tarefa com intensidade furiosa. Já tinham resolvido algumas das questões iniciais, mas encontraram muitos outros obstáculos pelo caminho. Para começar, as metralhadoras tinham de ser encaixadas nos trilhos e carregadas antes de poderem ser disparadas. Eles podiam ter instalado um sistema hidráulico para essa função, mas isso teria acrescentado mais peso. Decidiram-se por um sistema simples de cabos e polias que corria através do nariz até alavancas afixadas com rebites na parte de baixo do painel de instrumentos. Piloto e copiloto teriam quatro cada um, e antes de as metralhadoras poderem ser disparadas, eles precisariam encaixar essas alavancas para que as balas entrassem nas câmaras.

Quando Kenney foi visitá-los para ver o que estavam fazendo, Pappy o conduziu em uma excursão. Quando ele terminou, o general perguntou: "Mas, Pappy, e o centro de gravidade?".

"Nós descartamos isso há muito tempo, general."

E tinham mesmo descartado. Os aviões ficariam com o nariz pesado, não importava o que eles fizessem. Puseram pesos na parte de trás da fuselagem e fizeram outras modificações que minimizavam a deficiência, mas se, por alguma razão, uma tripulação tivesse de aterrissar sem nenhuma bomba nem carga de munição completa, esse seria um procedimento complicado que exigiria grande habilidade.

Eles terminaram quatro destruidores de comércio no fim de novembro. Três deles eram B-25 holandeses dos quais os americanos tinham se apossado.

Margaret era o nome do primeiro B-25 entregue ao Nonagésimo naquele mês. Os homens, alguns dos quais haviam zombado do *Pappy's Folly* no verão, apareceram para dar uma olhada em seu futuro. Quatro metralhadoras agora se projetavam através do nariz de vidro bem onde o lugar da mira Norden seria normalmente montado. Outras quatro metralhadoras brotavam de torres laterais transparentes instaladas ao longo da fuselagem embaixo da cabine do piloto. Pappy e Jack tinham originalmente instalado as torres laterais mais na frente, mas isso bagunçava o centro de gravidade. Deslocá-las para trás ajudou consideravelmente nisso.

Não havia mais a única metralhadora flexível que o artilheiro usava. Nem o sistema de oxigênio — não havia necessidade do peso de todos aqueles tanques em um avião projetado para voar a duzentos pés. Eles tinham arrancado a torre da parte de baixo. Com o tempo, ela seria substituída por um tanque de combustível extra, que podia ser liberado.

Os compartimentos de bombas podiam abrigar bombas de demolição de 450 quilos, de 225 quilos ou uma grande quantidade das bombas de fragmentação de Kenney. Eles tinham construído o avião de olho na versatilidade; bombas pesadas para abater navios, bombas de fragmentação para alvos no solo. Pappy tinha arrancado o rack alveolar projetado para os A-20 e os modificara para os compartimentos de bombas maiores no B-25.

Eles podiam voar mais longe, atingir com mais força e soltar cargas mais versáteis de munição do que qualquer outra coisa no Sudoeste do Pacífico. Os pilotos olhavam para *Margaret* com assombro. O major John Henebry, um dos que puseram os olhos nele em Charters Towers naquele novembro, descreveu a sensação daquele primeiro encontro e o que eles pensavam da nova arma. "Radical, agressiva, letal", ele apelidou o avião. "A máquina mortífera de Pappy."

Como homens que eram, prontamente levaram *Margaret* para o estande de tiro e explodiram outra vaca extraviada, fazendo-a sumir completamente no espaço. O rancheiro enfurecido ameaçou processar o governo dos Estados

Unidos. É claro que podia ter ajudado se ele impedisse seu gado de pastar na área de tiro. Providenciou-se uma indenização, e o rancheiro foi embora apaziguado, enquanto os pilotos saíam ao mesmo tempo assombrados e pasmos com o terrível poder daquelas calibre .50.

Nas semanas seguintes, mais máquinas mortíferas de Pappy ficaram em condições de operar. No mês de dezembro eles completaram mais doze. Kenney tinha seu esquadrão de abatedores de navios.

E bem a tempo.

MacArthur lançou sua primeira ofensiva terrestre na Nova Guiné em 16 de novembro de 1942. As mal treinadas e mal equipadas tropas australianas e americanas avançaram aos trancos e barrancos pela selva diretamente para as metralhadoras bem camufladas protegidas em bunkers de toras de palmeira. Um ataque após o outro foi revidado, resultando em perdas pesadas, enquanto milhares de homens eram derrubados por calor, alimentação deficiente e doença. Em uma guerra em que o movimento reinava, Buna se tornou uma versão na selva da Frente Oriental da Primeira Guerra Mundial. O progresso não era medido em quilômetros, mas em meros metros.

Os aviões de Kenney apoiaram os homens da melhor maneira possível, mas os japoneses eram tão hábeis em esconder suas posições que às vezes os homens na selva só os viam quando estavam a cerca de um metro deles.

Os japoneses combatiam com capacidade feroz. Tenazmente, eles sustentavam cada posição defensiva até o último homem. Sua disposição de morrer e não se retirar chocou os Aliados e serviu como um enorme toque de despertar para MacArthur. Eles não estavam enfrentando um Exército ocidental, versado nos méritos da rendição em vez do sacrifício adicional desnecessário. Aqueles soldados do Sol Nascente morreriam antes de sofrer desonra.

E eles continuaram lutando praticamente sem comida, seus estoques de munição se esgotando, devastados por doenças e pelas depredações da vida na selva. MacArthur empenhou quase 20 mil novos soldados na batalha, cerca de metade de sua força de combate. Eles enfrentaram cerca de 6 mil soldados japoneses com fome, sem suprimentos e sem apoio, alguns deles sobreviventes da Trilha Kokoda.

E aqueles 6 mil japoneses desesperados e resolutos rechaçaram a força dos Aliados por mais de um mês. Nos últimos estágios da batalha, eles empilharam seus mortos em decomposição em cima das trincheiras e usaram os cadáveres de seus camaradas como cobertura. O fedor do campo de batalha ficou tão horrível que antes de cada ataque alguns dos soldados aliados punham máscaras antigás.

Os dois lados estavam infestados de casos de malária, dengue, micose na virilha, úlceras tropicais, tifo do mato, disenteria e algumas doenças que nem sequer tinham nome. Eles sofriam muito e morriam anonimamente naquela selva remota, da qual poucos tinham ouvido falar antes que suas nações os enviassem para o outro lado do Pacífico.

A batalha persistiu até o fim de janeiro, e mesmo então renitentes japoneses entocaiados continuaram a atirar em soldados Aliados por vários dias. O total de baixas deixou todos horrorizados. Dos 13 mil soldados australianos enviados, quase 3500 foram mortos. Os americanos sofreram perdas semelhantes, e um estudo após a batalha determinou que os soldados americanos que haviam lutado nessa campanha tinham tido a probabilidade de um para onze de ser mortos durante aqueles três meses. Quando os que adoeceram foram incluídos, quase 14500 dos 20 mil homens que combateram se tornaram baixas. Buna se tornou para os Aliados a campanha mais custosa das forças empregadas na Guerra do Pacífico. Como tal, ela deixou uma marca duradoura na psique de MacArthur e seus líderes em terra.

E o pior de tudo foi que essa única batalha custou a MacArthur quase metade de suas tropas de combate disponíveis. Era no melhor dos casos uma vitória de Pirro. Mais uma vitória como aquela praticamente eliminaria as forças terrestres aliadas na Nova Guiné.

Para MacArthur e seus comandantes, a conclusão mais penosa dessa terrível provação foi a natureza do inimigo em Buna. Toda aquela carnificina tinha sido infligida por uma força encurralada, desesperada e isolada que já havia suportado um sofrimento inimaginável durante grande parte de 1942. Eles não dispunham de armas pesadas como artilharia. Não tinham nenhum tanque e contavam com poucas armas que pudessem destruir aquelas que os Aliados empregavam. Não tinham linha de suprimentos, a comida era pouca. Era uma força esfomeada e exausta encurralada contra o mar de Bismarck que lutara praticamente até o último homem e a última bala sem que seu moral jamais esmorecesse.

O que aconteceria se soldados Aliados deparassem com uma nova força japonesa, bem suprida e bem apoiada? Essa pergunta dominou o comando geral depois de Buna. E a resposta era clara: seria um banho de sangue.

Os japoneses também sabiam disso. Em Rabaul, eles reuniram milhares de soldados veteranos experimentados e os reforçaram com artilharia e unidades de engenharia extras. Eles iriam para a Nova Guiné em comboios rápidos, com todos os suprimentos, munições e comida de que precisariam para lutar na selva por meses. Se chegassem intactos, todo o balanço de forças na Nova Guiné mudaria. O retorno às Filipinas seria adiado ou completamente frustrado.

Aqueles comboios tinham de ser parados a qualquer custo. Mas, em um ano de tentativas, os homens da Força Aérea de MacArthur nunca tinham conseguido fazer isso. As radicais, agressivas, letais máquinas mortíferas de Pappy logo seriam submetidas ao teste definitivo.

35. A guerra contra a esperança

Começo de 1943
Campo de Internação de Santo Tomas, Manila, Filipinas

O Exército japonês assumiu um papel mais importante no campo no fim de 1942. Quando a guerra começou a ir mal para eles, o tratamento que davam aos internos ficou cada vez mais cruel. A administração civil viu sua autoridade diminuída quando novos oficiais do Exército Imperial chegaram e passaram a combater a única coisa que sustentava os internos: esperança.

A esperança era a moeda de sobrevivência no campo. Alimentava rumores infindáveis sobre vitórias e a chegada iminente de ajuda. MacArthur estava voltando. Hitler estava morto. Os japoneses estavam sendo contidos em todo o Pacífico — esses e outros inúmeros sussurros se disseminavam como fogo, todos os dias. Ninguém parecia saber nem se importar de onde eles surgiam. Apenas compartilhar essas histórias dava aos internos uma sensação de ânimo e resistência. Os japoneses tentavam tudo o que podiam para isolar o campo do mundo exterior e controlar qualquer informação, por mínima que fosse, que chegasse aos prisioneiros. Começar um boato era ser subversivo; era a chance de um revide contra aqueles que lhes haviam roubado a liberdade de uma maneira que não provocasse retaliação.

Os boatos costumavam se basear em fontes reais de notícia que os prisioneiros se empenhavam muito em encontrar. Jornais de Manila circularam no campo por muitos meses. Isso a princípio não foi desencorajado pelos japoneses, porque eles controlavam os jornais e os tinham transformado em órgãos de propaganda da ocupação. Mas, embora o anúncio de grandes vitórias japonesas continuasse a dominar a primeira página, aquelas batalhas pareciam estar chegando cada vez mais perto das Filipinas.

Todos sabiam o que isso significava, e o Exército Imperial logo interrompeu aquele canal de notícias. Anúncios oficiais e um jornaleco japonês chamado *Nishi-Nishi* passaram a ser as únicas fontes legais de informação sobre o que acontecia além das barras de ferro da universidade.

Don Bell tornou-se o grande herói dessa luta. Ele estivera internado no começo de 1942, com a família, sob seu nome verdadeiro, Clarence Beliel. Clark Lee, um dos repórteres que cobrira a campanha de 1941-2 em Luzon, depois relatou que Don tinha sido capturado, torturado e morto. Para os Estados Unidos, a Voz de Manila desaparecera para sempre. Na verdade, ele havia se tornado a Voz de Santo Tomas.

Os japoneses tinham instalado um sistema de alto-falantes para os anúncios matinais. Don era um dos vários que acordavam o campo com um pouco de música e o que os japoneses quisessem que os prisioneiros ouvissem a cada dia.

Don revelou-se infinitamente criativo, e mandava mensagens sutis a seus companheiros internos com seleções musicais muito particulares. Usava palavras elípticas para contar ao campo algo importante, e normalmente fazia isso de modo tão nuançado que os tradutores japoneses não captavam sua verdadeira intenção.

Quando os Tokyo Raiders de Jimmy Doolittle bombardearam Tóquio, em abril de 1942, o campo despertou ao som da canção "It Looks Like Rain in Cherry Blossom Lane". Pelo campo, falava-se de seu significado, enquanto Don sussurrava na rede de boatos o que ela queria dizer.

Outra vez, ele tocou "Ding Dong! The Witch Is Dead" depois de um falso relato da morte de Hitler. Acabou ficando claro que dessa vez ele se enganara, mas normalmente suas notícias eram confiáveis e precisas.

Os japoneses não conseguiam entender de onde vinham os vazamentos de notícias, mas supunham que devia haver rádios escondidos no campo.

A guerra contra a esperança teve início com uma campanha para localizar esses rádios. Soldados japoneses começaram a invadir os locais de moradia no meio da noite em inspeções de surpresa em busca desses aparelhos. Viraram o campo de cabeça para baixo e não encontraram um único rádio. Então fizeram tudo de novo.

Prisioneiros com olhos sonolentos e semiesfomeados eram tirados da cama e obrigados a ficar em posição de sentido fora dos quartos enquanto os guardas faziam seu trabalho. Como sempre, a maioria das pessoas tinha comida, dinheiro ou pertences valiosos em algum esconderijo. Esperar para ver se os japoneses encontravam seus pequenos tesouros deixava todos cansados, tensos e tremendo de medo. Polly sofria especialmente nesses momentos. Somando-se uma parte da comida que ela escondera e o dinheiro ilegal que ela costumava guardar para manter a família, ela tinha muito a perder. Se eles fossem encontrados, certamente o sr. Ohashi no mínimo cancelaria os passes de Julie. Afinal, isso podia significar a morte dela. Mas ela não podia ceder seus tesouros sem comprometer a capacidade de resistência da família. Presa entre duas consequências ruins, ela confiava em Deus e em suas habilidades de costura para assegurar que o colchão nunca fosse examinado minuciosamente.

Apesar das crescentes inspeções-surpresa, as notícias continuavam a circular pelo campo. As batalhas que se desenrolavam nas ilhas Salomão e na Nova Guiné tornaram-se assuntos diários das conversas. Notícias de novos aviões, novos navios e da nação deles se mobilizando para conseguir voltar às Filipinas mantinham o moral deles elevado mesmo nos piores momentos.

Um dia, Nath e Paul decidiram fazer uma visita ao depósito atrás do seminário. Essas aventuras eram agora cada vez mais perigosas — os soldados japoneses e os internos informantes deles estavam supervigilantes. Mas os garotos estavam sem material para negociar e decidiram que o risco valia a pena. Entraram furtivamente no depósito e se deslocaram como fantasmas descalços entre as pilhas de coisas aleatórias em busca de mais Bíblias para cortá-las e produzir papel de cigarro.

A escuridão era pontuada por raios de luz que entravam pelas janelinhas. Ao avançarem, eles ficaram nas sombras, serpeando pelo depósito, até que encontraram os livros sagrados. Em silêncio, cada um deles abriu uma Bíblia e começou a arrancar as páginas da lombada e enfiá-las nos pequenos bolsos.

Um barulho os fez congelar no lugar. Eles olharam em volta e não viram nada. Mas então o ouviram de novo, mais perto dessa vez. Abaixaram-se e ficaram no chão, rezando para que não fosse um guarda japonês em busca deles.

O barulho se converteu em passos. Leves, rápidos. Traçavam um curso da porta direto para eles. Com o coração acelerado, os garotos só podiam esperar e confiar que sua habilidade de se esconder fosse melhor que a do guarda para procurar.

Os passos cessaram, substituídos por um farfalhar.

Nath arriscou uma olhada, mal se atrevendo a respirar. Espiando por cima das Bíblias, ele viu uma figura agachada atrás da silhueta de um gorila empalhado, parte da coleção do museu que tinha sido armazenada ali.

Não era um guarda. Era Don Bell. Ele esperou ao lado do gorila, ouvindo e olhando pelo escuro enquanto Paul rastejava ao lado de Nath para ver quem tinha se juntado a eles.

Don não os viu. O homem cujas palavras tinham informado sobre o ataque a Pearl Harbor a todos nas Filipinas, que tinha ficado em telhados durante ataques aéreos para oferecer relatos passo a passo a seus ouvintes, agora parecia furtivo e alerta.

No fim, convencido de que ninguém o havia seguido, ele estendeu a mão para o gorila. Os garotos viram, a princípio atônitos, como, primeiro, a mão de Don desapareceu na bunda do animal, depois, o antebraço e o cotovelo. Logo o braço inteiro de Don sumiu dentro do gorila.

Um momento depois ele sacou um pequeno rádio. Ligou-o, mantendo o volume baixo. O rádio zumbiu, e uma vozinha em inglês sussurrou no depósito. Com o ouvido de Don no pequeno alto-falante, o som da transmissão só alcançava cerca de um metro. Os garotos não conseguiam ouvir as palavras, mas podiam entender o tom do repórter.

Eles tinham encontrado por acaso a fonte secreta de Don Bell.

Ele ouviu a transmissão, desligou o rádio e o enfiou de volta no gorila. Com uma última olhada, saiu da mesma forma como viera.

Um após o outro, os garotos rastejaram até o gorila, enfiaram as mãos em seu traseiro e sentiram o aparelho secreto. Isso era poder. Os japoneses seguramente os recompensariam por revelar aquele achado. Don Bell seria seriamente castigado. Talvez fosse até levado para o Forte Santiago e entregue à polícia secreta japonesa. Os garotos tinham a chance de agradar os japoneses e ganhar comida e privilégios extras para a família.

Eles nunca fariam isso. Odiavam informantes mais que aos japoneses. Tinham visto como seus próprios compatriotas tinham se voltado uns contra os outros para obter um pouco mais de comida, e isso os enojava. Já haviam passado os dias em que acreditavam que adultos eram virtuosos e nobres. Agora, os garotos dos quartos do sr. Leake tinham os próprios código e valores. E o mais importante — nunca seriam desleais.

Além disso, a esperança para todos eles vivia dentro daquele gorila. Aqueles vislumbres do mundo além dos muros ajudavam todos a não desistir. A esperança e a decência venceram. Os garotos juraram proteger o segredo de Don Bell, e nenhum deles jamais o revelou a alguém dentro do campo.

Por causa de Don Bell, eles sabiam que a maré tinha virado contra os japoneses. Sabiam que os Estados Unidos estavam na ofensiva. Eles estavam vindo, e os garotos acreditavam sinceramente que seu pai estaria liderando a entrada pelo portão da frente quando finalmente chegasse a hora de sua libertação.

Todos da família acreditavam nesse dia; era o talismã deles contra a opressão do presente. Mas todos eles tinham seus momentos de dúvida. P.I. não era homem de ficar fora de uma briga. Pensar que ele poderia morrer em um combate e que aquela reunião nunca aconteceria assolava os piores pesadelos deles.

Era o desconhecido que os afligia.

Sabiam que P.I. ainda estava vivo, em algum lugar lá fora, agindo como normalmente fazia até a primavera de 1942. Depois da queda das Filipinas, chegaram internos das Ilhas do Sul que contavam histórias de Pappy Gunn, o homem que podia fazer qualquer coisa com um avião. Falavam em voz baixa com Polly, relatando o que sabiam e tinham visto. Ele se tornara um herói, e histórias de suas façanhas permaneceram nas ilhas muito depois de ele ter sido obrigado a fugir delas. Mas, na primavera de 1943, a última notícia de seu paradeiro já tinha mais de um ano.

Um dia, um garoto abordou Polly e lhe disse que um homem no hospital precisava vê-la; ele tinha notícias sobre seu marido. Nervosa, ela entrou na enfermaria. Uma tela tinha sido erguida em torno de uma cama, e a equipe olhava nervosamente em volta enquanto alguns japoneses andavam pela instalação. Quando eles ficaram de costas, um filipino fez um gesto para Polly, apontando para a tela. Polly viu sua oportunidade. Foi para trás dela.

Numa cama de lona havia um homem deitado de barriga. Ele tinha sido espancado e torturado pelos japoneses e estava tão debilitado que mal conseguia se mexer. Polly olhou para os destroços deploráveis que o corpo do homem se tornara, ajoelhou-se ao lado da cama e esperou que ele falasse. Ele estava tão mal que as palavras lhe exigiriam um grande esforço.

A tensão de não saber a condição de P.I nem seu paradeiro a esmagaria se ela deixasse. Não podia permitir que isso acontecesse; tinha que permanecer forte para seus filhos. ...*E o vento levou* era um de seus filmes favoritos. Polly havia extraído uma lição da privação que os sulistas enfrentaram depois da guerra. Ela se obrigava a tirar da mente o bem-estar de P.I. Concentrava toda a sua energia nas questões cotidianas da sobrevivência. Era seu método Scarlett O'Hara de lidar com os problemas. Trate disso depois; agora, outras coisas precisam ser resolvidas.

Aquele momento era o depois.

Atrás da tela, não muito longe dos captores deles, ela saberia algo. Fosse boa ou má notícia, ela pelo menos *saberia*. Poderia rezar por ele enquanto imaginava onde ele estava — se ainda estivesse vivo.

Quando P.I. estava fora em voos noturnos antes da guerra, a família tinha por hábito rezar por seu retorno seguro. Polly costumava dizer: "Minhas preces fizeram P.I. voar de volta seguindo o feixe". O feixe era um sinal de rádio que os pilotos usavam para se orientar à noite ou em tempo ruim.

Em Santo Tomas, em seus poucos momentos solitários, ela rezava para que P.I. seguisse o feixe de volta para ela. Às vezes, durante tempestades no meio da noite, ela ouvia o som solitário dos motores de um avião. Sabia que lá acima da cidade um piloto japonês buscava uma maneira de descer através das nuvens. Polly não odiava; não culpava. Não havia nela maldade, e Polly fazia tudo que podia para impedir que ela e os filhos fossem infectados pela amargura. Escutava o avião e rezava uma prece também por seu piloto. Inimigo ou não, ainda era o parente de alguém que precisava de ajuda para chegar em casa.

Agora, ver aquele homem destroçado devia ter posto à prova a fé e o senso de perdão de Polly. Ele estava arrasado pela dor, seu corpo arruinado por atos bárbaros. Quem era ele exatamente, isso Polly nunca soube. Parecia filipino, e de algum modo estivera em contato com os guerrilheiros ou tinha sido ele próprio um deles. Não se sabia por que ele fora levado para Santo Tomas e não para algum outro lugar.

Como ele tinha informações sobre P.I. também permaneceu um mistério. Talvez tivesse recebido a mensagem de Jess Villamor em Cebu. Fosse como fosse, quem ele era e como obteve sua informação não importava. A mensagem, sim.

A cabeça dele estava apoiada na cama, a poucos centímetros do ouvido de Polly; ela esperava ansiosa pelas palavras.

"Seu marido", ele sussurrou com voz fraca, "seu marido está vivo."

36. Sangue e fogo

Janeiro-março de 1943
Austrália

Enquanto a crise se formava na Nova Guiné, Pappy perdeu Jack Fox, que voltou à Califórnia para mostrar aos engenheiros da North American Aviation o que eles tinham feito com os B-25 em Eagle Farm. Pappy não ficou contente com isso. Ele e Li'l Fox tinham se tornado amigos íntimos enquanto trabalhavam para conseguir o que outros consideravam impossível. Como piada, eles haviam extraoficialmente se incorporado como "South American Aviation Corporation", e todas as cartas que Pappy mandou depois à North American eram assinadas "Presidente, South American Inc.". A amizade e a colaboração deles em engenharia tinham produzido desenvolvimentos impressionantes. Pappy estava ávido por fazer mais com ele.

No meio de janeiro, quando Jack Fox ainda não tinha voltado, ele disparou uma carta para a North American que se encerrava assim:

> Outro grande erro cometido por seu comando foi deixar de devolver a esta companhia seu ineficiente, analfabeto e debilitado gerente de operações que responde ao nome quando chamado como um cachorro, "Jack Nero Fox". Uma solicitação urgente foi feita no momento da entrega a vocês de que devolvessem esse espécime esticado ou ampliado para o tamanho normal e devolvido a esta Companhia.

Imaginando que vocês darão a devida atenção a estas demandas, esperamos que ajam imediatamente.

Respeitosamente,
P.I. Gunn Presidente, South American Inc.

Com a continuação do trabalho em Eagle Farm sem Li'l Fox, os pilotos do Nonagésimo Esquadrão aceleraram seu ritmo de treinamento. Seus destruidores de comércio funcionavam bem, e quando eles se acostumaram ao novo jeito do avião, começaram a forçá-lo para ver exatamente o que podia ser feito em voo.

Enquanto eles praticavam o lançamento de bombas no casco do navio em Port Moresby, os japoneses deslocaram sorrateiramente dois comboios de reforço para bases de retaguarda na Nova Guiné. Nenhum deles sofreu perdas. Um terceiro, menor, seguiu em velocidade para Lae com alguns milhares de soldados e alguns suprimentos. MacArthur precisava que esse comboio fosse afundado no mar de Bismarck. Kenney ordenou que ele fosse atacado, e seus B-25 e B-17 tentaram abatê-lo com tática convencional. Só conseguiram afundar um navio. Os outros desembarcaram os homens e os suprimentos.

MacArthur tinha mais uma vez sido desapontado por seus pilotos. Kenney sabia que eles não podiam falhar na próxima vez. As apostas eram altas demais.

Em meados de fevereiro, aviões de reconhecimento detectaram outra concentração de navios em Rabaul. Informações coletadas de transmissões de rádio decodificadas indicavam que os japoneses estavam planejando uma grande operação de reabastecimento, provavelmente para seus homens em Lae. A 51ª Divisão de Infantaria e uma força de fuzileiros navais de elite japoneses, com artilharia, veículos, alimentos, munição e combustível tinha sido alocada para essa nova missão. Eles seriam levados a bordo de oito navios de transporte e oito destróieres bem armados. Dezesseis navios trariam pelo menos 8 mil homens com todo o seu equipamento e suprimentos para mantê-los em condições de lutar durante meses.

Kenney leu os relatórios e alertou seus líderes, dizendo a eles que reduzissem as missões e aprontassem para voar o máximo de aviões que pudessem. Bastava de ir contra navios japoneses em ataques irrisórios. O canadense--americano queria atingi-los fortemente com tudo o que os esquadrões dele conseguissem pôr no ar. Pappy não queria nada além de voar para o norte e se juntar a sua velha turma, mas Kenney ordenou expressamente que ele permanecesse fora de combate. Isso não importava; segundo Kenney, Pappy ia para o norte de qualquer maneira.

Em 2 de março de 1943, o comboio foi visto no mar. Todos os líderes de esquadrão da Quinta Força Aérea se encontraram em uma épica reunião para receber instruções. Nada como aquilo jamais acontecera, e gerou uma sensação de entusiasmo e propósito que os aviadores ainda não tinham sentido.

As instruções detalhavam a composição do comboio e seus destinos prováveis. Todos eles iam tentar encontrá-lo na manhã seguinte. Certamente haveria Zeros no céu, mas Kenney tinha uma solução para isso. Ele agora dispunha de um punhado de caças bimotores rápidos de longo alcance conhecidos como P-38 Lightning. Eles dariam cobertura a toda a força de ataque.

Os B-17 iriam na frente, mas Kenney ordenou que, em vez de voarem cinco milhas acima das ondas, eles ficassem abaixo de 10 mil pés. Em seguida iria um esquadrão de B-25 recém-chegados de bombardeio em nível. Atrás dessas duas ondas iriam os abatedores de navios de Ed Larner, escoltados por um esquadrão de caças australianos fortemente armados que atacaria as belonaves inimigas para eliminar suas defesas antiaéreas.

A escolta australiana era bem-vinda, mas os homens de Larner tinham lido histórias dos ataques de torpedo em baixa altitude lançados contra os japoneses em Midway. Tinham visto as fotos de jornal de Ensign George Gay, o único sobrevivente de um esquadrão de catorze aviões. De fato, quase todos os bombardeiros de torpedo de baixa altitude da Marinha tinham sido eliminados em uma manhã.

Uma coisa era perseguir navios de transporte e embarcações costeiras com armamento leve. Eles tinham confiança de poder destruir esses tipos de alvo. Mas Kenney estava ordenando que eles atacassem navios de guerra. Eles esperavam perder no mínimo metade de seus homens. Poucos no Terceiro Grupo de Ataque dormiram bem naquela noite.

Na manhã seguinte, a ordem de partida foi dada logo após o café da manhã. Larner não teve tempo de dar instruções detalhadas a seus homens; além disso, ele já havia feito isso na noite anterior. Disse simplesmente: "Ponto de encontro em Cape Ward Hunt — vamos!".

As máquinas mortíferas de Pappy decolaram de seu aeródromo na selva e partiram em velocidade para o norte. Chegaram a Cape Ward Hunt em céu azul-claro e tiveram uma bela vista. Tinham ficado para trás os dias em que eles atacavam os japoneses em formações de três ou quatro aviões. Agora, eles estavam ligados a quase uma centena de bombardeiros e caças pilotados por australianos e americanos.

Os B-17 seguiram na dianteira, treze deles guardados por formações de P-38 Lightning de cauda dupla. Abaixo e atrás vinha um esquadrão de B-25. E atrás destes vinham os caças-bombardeiros australianos e os abatedores de navios de Ed Larner, divididos em duas formações de seis *strafers* cada uma. Larner comandava uma delas; John Henebry tinha os outros seis.

Zeros os atingiram pouco antes das dez horas. Os Lightning investiram contra eles, e uma vasta batalha aérea se desenrolou acima dos bombardeiros. Por uma vez, os Zeros não conseguiram causar danos sérios.

O comboio apareceu. Um navio tinha sido afundado no dia anterior. Agora, os quinze restantes seguiam em uma longa formação retangular, três destróieres fortemente armados de cada um dos lados, os vulneráveis navios de transporte em duas linhas paralelas no meio. Dois grandes destróieres lideravam o comboio na direção de Lae.

Os japoneses, acostumados a ser expulsos por golpes parciais de bombardeios de B-17, apontaram suas armas mais pesadas contra as Fortalezas. Quando os homens de Larner avançaram para o comboio, viram o fogo irromper dos destróieres enquanto uma grande quantidade de armas antiaéreas era disparada. O céu se encheu de arcos de traçantes e explosões de nuvens negras de fogo antiaéreo.

Depois vieram os B-25 de bombardeio em nível, golpeando os navios japoneses com sequências de bombas de demolição. Os navios guinavam e viravam para evitar as bombas, e logo sua formação imponente degenerou em puro caos enquanto cada capitão manobrava por conta própria.

Os australianos mergulharam para o combate, descarregando suas metralhadoras. Os destróieres que protegiam o lado sul do comboio os viram descer para o nível da água, e suas tripulações supuseram que eram bombardeiros torpedeiros. Eles se viraram de frente para os atacantes, o procedimento padrão para se contrapor a um ataque desse tipo. Foi uma manobra desastrosa. Os navios encobriram suas próprias armas antiaéreas enquanto davam aos australianos a chance de varrer os destróieres da proa à popa. Os tombadilhos explodiam com golpes de canhão e fogo de metralhadora leve. Marinheiros e soldados japoneses se jogavam em busca de cobertura e eram despedaçados pela fuzilaria.

Então os australianos estavam acima deles, correndo para os navios mercantes, cujos tombadilhos estavam apinhados de homens e carga.

Larner rompeu o silêncio do rádio e anunciou: "Eu tenho o cruzador. Vocês escolham seus alvos".

Ele inclinou o avião para a esquerda e mergulhou de 2 mil pés na direção do que era na verdade o destróier *Shirayuki*. Armado com quase três dúzias de canhões automáticos antiaéreos mais seis metralhadoras de cinco polegadas de duplo propósito, o navio disparou uma parede formidável de chumbo e fogo. Rajadas de artilharia explodiram a menos de trinta metros de alguns dos australianos e americanos quando eles se aproximavam, mas então, a 1500 metros, Larner apertou o gatilho de sua metralhadora — e nesse momento tudo mudou.

Os japoneses viram o B-25 de Larner que se aproximava deles aparentemente explodir em fogo. Chamas jorravam de seu nariz, e alguns nos tombadilhos naquela manhã pensaram que ele tinha sido atingido por fogo antiaéreo. Não tinham ideia de que estavam testemunhando oito metralhadoras muito próximas entre si despejarem dez balas por segundo. Elas venceram a distância entre o avião e o alvo a 840 metros por segundo. Cada cinturão tinha seu próprio ritmo: uma traçante para visão, duas descargas perfuradoras de blindagem para furar, duas descargas de balas incendiárias para produzir fogo e desordem.

Um segundo e meio depois, a avalanche de balas de metralhadora atingiu o *Shirayuki* com força inimaginável. Os tombadilhos se estilhaçaram; posições de armas simplesmente se desintegraram. Os homens que as operavam não morreram apenas: a velocidade e a massa daquelas balas .50 os pulverizaram, explodiram seus membros e deixaram em sua esteira uma carnificina tal que ninguém que a testemunhou jamais esqueceu seu trauma.

Larner conduziu os lemes da esquerda para a direita, e a tempestade de balas serrou a extensão do destróier, demolindo a ponte e matando ou ferindo todos que lá estavam. Incêndios irromperam; explosões secundárias ocorreram quando balas .50 detonaram munição pronta. Em segundos, o *Shirayuki* passou de uma belonave que lançava sua própria parede de aço a um arruinado navio da morte.

John Henebry e o resto do Nonagésimo viram as armas antiaéreas do destróier parar de atirar e os pensamentos de missão suicida evaporaram.

Isso não era Midway; a Marinha não tinha esse tipo de poder de fogo. Os B-25 eram abatedores de navios. Abaixo deles, os japoneses tremiam ante seu poder de fogo.

Eles se amontoaram, seus Mitchell cuspindo lâminas de fogo enquanto metralhavam e manobravam para descer até as cristas de onda. O fogo contrário atingiu dois B-25, mas nenhum deles caiu. Os robustos aviões permaneceram na batalha, suas tripulações lançando bombas de raspão e saindo em velocidade acima dos topos de mastro.

Eles atacavam de vários ângulos ao mesmo tempo, agora entremeados com os australianos. Confusos e subjugados, alguns dos japoneses entravam em pânico enquanto seus navios eram vitimados por bombas e balas.

Larner alcançou as ondas, nivelou o avião e seguiu para seu destróier-alvo. Seu copiloto soltou duas bombas. Uma atingiu uma torre de metralhadora de cinco polegadas, a outra explodiu bem ao lado do navio, fazendo-o adernar, ao mesmo tempo que um paiol de munição embaixo do convés explodiu e vaporizou a popa da embarcação.

Larner ainda tinha duas bombas e pretendia usá-las. Inclinou o avião e voltou a atacar o comboio, com destróieres nos dois flancos. Dessa vez, ele soltou uma bomba em um navio de transporte, e por pouco não acertou parcialmente outro destróier quando saía da área-alvo.

Em volta dele, seus outros abatedores de navio desferiam golpes seguidos. Um deles metralhou o navio de transporte *Teiyo Maru* até menos de quarenta metros de seus conveses lotados. O piloto, Chuck Howe, pôde ver soldados japoneses totalmente equipados ser varridos por seu furacão de balas. Eles morriam às dezenas antes mesmo que suas bombas saíssem de suas cremalheiras.

Em todo o comboio, aviões atacantes dançavam roçando as cristas de onda enquanto navios explodiam e fumaça subia para o céu. Os golpes de bomba explodiam homens como palitos de fósforo no ar. Agitando os braços, eles caíam como chuva no mar de Bismarck.

A bordo do destróier *Tokitsukaze*, desenrolou-se uma cena de pesadelo. Um sobrevivente recordou como um ataque de metralhadora o imobilizou em um compartimento, varando-o com mais de cem buracos. Quando ele saiu para o tombadilho, havia mortos e moribundos por todo lado. Então uma bomba atingiu o casco, perfurou-o e chegou ao coração dos espaços de engenharia do navio antes de explodir no outro lado da embarcação. A explosão matou dezenas e o navio morreu na água. Enquanto ele afundava lentamente, o sangue se derramou sobre os conveses e através dos buracos de bomba, tingindo a água de vermelho em volta do casco da embarcação condenada.

O sangue na água atraiu tubarões. Quando os japoneses abandonaram seus navios em chamas, os tubarões começaram a se alimentar.

Robert Chatt tinha pintado o nariz de sua máquina mortífera com olhos ameaçadores e uma aterrorizante boca de tubarão que ria exibindo dentes pontudos em volta das metralhadoras .50. Ela deve ter sido uma visão assustadora, descendo com suas metralhadoras flamejantes, seu risinho malévolo lampejando sobre o alvo. Ele metralhou e bombardeou o destróier *Arashio* e o atingiu com três de quatro bombas. Uma delas demoliu completamente a ponte e lançou os restos do navegador contra uma janela quebrada e despedaçada. Um sobrevivente emergiu do convés inferior e foi confrontado com a visão do homem empalado no vidro e no aço torcido.

Sem nenhuma ponte e nenhum oficial vivo ali, o navio ficou desgovernado. As outras bombas tinham esmagado o leme, destruído uma torre de metralhadora e lavado os conveses em sangue. Agora, ele corria descontrolado pelo comboio e bateu a toda a velocidade no navio de suprimentos *Nojima*. A colisão causou a explosão de munição e combustível no porão do navio, e em minutos o *Nojima* foi consumido pelas chamas. Os dois navios afundaram.

Atrás do Nonagésimo veio outra criação de Pappy, o 89º Esquadrão de Bombardeio do Terceiro Grupo de Ataque. Os A-20, operando no limite de seu alcance, metralharam e bombardearam o comboio, atingindo navios e despedaçando homens e material com suas metralhadoras de nariz. Os B-17 e os B-25 de bombardeio em nível também deram sua contribuição atingindo alvos naquela manhã, e os australianos infligiram baixas horrorosas com suas furiosas investidas disparando metralhadoras. Os destruidores de comércio de Larner causaram a grande maioria dos danos. Doze B-25 lançaram 39 bombas certeiras em um comboio de quinze navios.

Eles voltaram à tarde, os B-25 disparando sobre um mar de sangue e ruína. Destroços se espalhavam sobre as cristas de onda, e no meio deles sobreviventes japoneses lutavam debilmente enquanto centenas de tubarões circulavam em volta de suas presas desamparadas. Aqueles que testemunharam essa visão depois juraram que naquela tarde o mar de Bismarck estava vermelho.

Eles terminaram de abater os navios. Todos os oito navios de transporte afundaram, junto com quatro dos oito destróieres. Aqueles que sobreviveram tinham fugido da área depois de ter resgatado da água o máximo de homens que conseguiram.

Mas não havia acabado. No dia seguinte, os aviões dos Aliados reapareceram sobre os marinheiros e soldados extraviados na água. Estes tinham passado uma noite torturada no mar, vendo grandes tubarões-brancos e tubarões-martelo rasgar seus camaradas enquanto se agarravam a qualquer coisa que pudesse flutuar, rezando por uma salvação que eles sabiam que não viria.

E os Aliados os atacaram repetidamente com rajadas de balas. Em desespero, eles revidavam com o que tivessem. Alguns fuzis, uma metralhadora em uma ou duas embarcações de desembarque — mas essas armas insignificantes não podiam salvá-los. Ninguém nunca soube exatamente quantos homens morreram, mas a justificativa para os ataques eram as possíveis baixas que aqueles soldados imperiais teriam imposto aos Aliados se tivessem chegado à Nova Guiné. Buna tinha ensinado aos Aliados que mesmo um soldado japonês esfomeado e semimorto lutaria com uma tenacidade incomparável. Não haveria misericórdia com soldados tão resolutos e corajosos. Era preciso matá-los.

Pappy via os *strafers* executar seu horrível trabalho de cima, em um B-17. O general Kenney proibiu Pappy de participar do combate aéreo com o Terceiro Grupo durante a batalha. Ele o considerava valioso demais para ser perdido em uma luta, por mais crucial que esta fosse. Pappy obedeceu ao espírito da ordem no início da batalha, mas não conseguiu se conter. Precisava ver o que seus destruidores de comércio podiam fazer aos japoneses.

Ele pegou carona em um B-17 durante um dos últimos dias da batalha. De seu ponto de observação a cerca de 10 mil pés acima do mar de Bismarck, Pappy viu as cristas de onda coalhadas de destroços, botes salva-vidas e homens. Os B-25 e A-20 passavam metralhando e ele assistia à carnificina com olhos frios. Quando queria ganhar, ele nunca jogava limpo. Tinha instilado isso em Nath — dê golpes do jeito que conseguir para garantir que seu oponente nunca mais o machuque. Depois das Filipinas, depois de Java, depois de perder tantos amigos em ataques inúteis que não causavam qualquer dano ao inimigo, ali estava finalmente a desforra.

Era horrendo. Pappy olhava para a cena, mas nunca tinha uma sensação de exultação, vitória. Depois que ele voltou a Moresby, jamais falou da batalha ou

380

das coisas que testemunhou durante aquele voo. Havia limites, mesmo para ele, e embora soubesse que a crise exigia uma resposta desesperada, a matança de tantos homens desamparados na água era algo que ele preferia não lembrar.

Durante a batalha, os *strafers* de Pappy despejaram 250 mil balas no comboio japonês e em seus sobreviventes. Antes da Batalha do Mar de Bismarck, o bombardeio de alta altitude contra navios conseguia uma taxa de acerto de 3%, pelas estimativas dos Aliados. O número na verdade era menor. Os abatedores de navio de Pappy colocaram quase 40% de suas bombas no alvo. O bombardeio de topo de mastro era a onda do futuro.

Aqueles sobreviventes vagaram por toda a região nos dias e semanas seguintes. Um grupo deles na verdade foi levado até a praia na ilha Guadalcanal, na extremidade do mar de Coral, onde uma patrulha dos Aliados os encontrou e matou. Outros chegaram à ilha Kiriwina, onde soldados australianos fizeram alguns prisioneiros e mataram os outros. Nesse processo, eles descobriram excelente material de inteligência, um dos resultados menos conhecidos da batalha. Um lote de documentos continha o nome de cada oficial sênior japonês no Exército Imperial e da unidade que ele comandava. Revelou-se uma mina de ouro; os Aliados não tinham até aquele momento um quadro satisfatório do tamanho e do número de unidades do Exército japonês. Aquelas páginas deram a eles a disposição completa de suas tropas.

A Força Aérea de Kenney amadureceu naquele dia de março. Os *gunships* de Pappy desempenharam o papel central na destruição imposta aos japoneses. As estimativas de baixas variam amplamente, de 3 mil a mais de 10 mil mortos. O número exato nunca será conhecido.

O que MacArthur sabia na época era: os abatedores de navio eliminaram uma divisão de infantaria japonesa reforçada, uma força maior do que aquela que seus 20 mil soldados de infantaria tinham combatido em Buna por três meses. O custo dessa vitória no mar de Bismarck? Treze pilotos Aliados, dois bombardeiros e quatro caças. Depois de comparar isso aos 14 mil australianos e americanos mortos, feridos ou debilitados por doença em Buna, MacArthur se tornou um verdadeiro crente no poder aéreo renascido. Seus aviadores finalmente fizeram o que era necessário, e a vitória que deram a seu general virou a maré irrevogavelmente contra os japoneses no Sudoeste do Pacífico. Os *strafers* e a nova tática fizeram a diferença. Os experimentos de Pappy tinham obtido um êxito que superava muito até suas pretensões mais ousadas.

Agora, seus *gunships* seriam produzidos em massa, e o empenho para retomar as Filipinas seria intensificado. Esse sucesso veio com um custo involuntário. Em meados de março, Kenney ordenou que Pappy fosse aos Estados Unidos para se encontrar com engenheiros da Força Aérea do Exército no Campo Wright, que ainda insistiam que aquelas modificações não podiam ser feitas. Portanto, ele queria que Pappy fosse a Inglewood e trabalhasse diretamente com o staff da North American na fábrica de B-25 que havia lá para padronizar as modificações de forma que pudessem ser produzidas em massa.

Ele partiu da Austrália por volta de 20 de março de 1943, bem no momento em que Jess Villamor e sua equipe começavam a enfrentar problemas em Cebu. Os japoneses tinham se aproximado, e agora eles estavam em fuga. De seu ninho de guerrilha isolado nas Filipinas Centrais, Jess passou um rádio para MacArthur pessoalmente e implorou que Pappy Gunn fosse resgatá-los em seu B-25 tanque-de-combustível-voador-depenado. Embora ninguém estivesse disposto a levar um Mitchell para o norte através de milhares de quilômetros de território controlado pelos japoneses, a Marinha acabou resgatando Jess e sua equipe por submarino mais tarde naquela primavera.

Enquanto Pappy voava para oeste, para a costa da Califórnia, os internos de Santo Tomas tinham começado a lentamente morrer de fome.

37. Reconexões e revoluções

Março de 1943
Estados Unidos

Pappy Gunn chegou a San Francisco na calada da noite, com uma pasta presa por algema ao pulso. Desceu do avião que tinha pegado no Havaí e se dirigiu ao terminal para achar um telefone. Enquanto caminhava, ele verificou seu relógio Buships. Duas da manhã, hora do Texas. A ligação que ele precisava fazer estava atrasada nove anos. Ela poderia ter esperado até de manhã, mas a paciência não era o forte de Pappy. Ele encontrou um telefone e pediu um operador de longa distância, a quem recitou o número para o qual nunca ligara.

Chegou a hora da reparação.

Ele não falava com a irmã, Jewell, desde o dia em que se despedira da mãe deles, moribunda, em 1933. Jewell o informara, em San Diego, que ele precisava ir para casa, e ele voltou depressa em licença por motivo de doença grave de familiar. Era a primeira vez que ele voltava a Quitman desde que levara Polly para casa depois do casamento. Embora ele não tivesse feito visitas à mãe, passara toda a sua carreira na Marinha enviando-lhe o que recebia como salário para que ela nunca mais passasse privação.

Cliques soaram enquanto a telefonista fazia a conexão. No fone, Pappy ouviu um sonolento alô de Haz, o marido de Jewell.

A voz de Pappy o fez calar-se, chocado. A família não tinha ideia de onde

Pappy estava ou sequer se estava vivo. Durante meses, Jewell sofrera terrivelmente, louca de preocupação com o destino dele.

Antes da guerra, Haz mudara-se com a família de Searcy, Arkansas, para Texarkana, Texas. Ele ainda era dono dos hotéis e de um ou dois bordéis dos quais sua esposa devota não tinha conhecimento, mas seus dias de contrabando de bebidas tinham acabado havia muito tempo.

Pappy ouviu essa rápida atualização, depois foi informado de que Jewell não estava em casa. Encontrava-se em Dakota do Sul visitando um dos filhos, que estava agora na Força Aérea do Exército. Pappy contou a Haz que ficaria em Dayton, Ohio, por algumas semanas, e eles concordaram em imaginar um jeito de Jewell ir visitá-lo.

Nesse meio-tempo, Pappy precisava percorrer uma grande distância em pouco tempo. Ele se despediu, desligou o telefone e seguiu para o leste.

Para onde exatamente Pappy foi em San Francisco permanece obscuro. Ele apareceu em seguida em Eglin Field, Flórida, onde um de seus primos o pegou e o levou de carro a Pensacola. De acordo com a família, ele apareceu vestindo uma camisa cáqui amarrotada que estava usando desde que partira da Austrália. Ainda carregava a pasta algemada ao pulso. Quando o primo perguntou sobre aquilo, Pappy só disse a ele: "Recebi ordem de não tirá-la até entregá-la pessoalmente ao general Arnold, em Washington, D.C.".

Hap Arnold era o comandante-chefe da Força Aérea do Exército dos Estados Unidos. A resposta de Pappy impressionou o primo, que o levou de volta a Pensacola e à casa que o pai de Polly tinha construído na Navy Boulevard. Parecia a mesma de quando ele a vira pela última vez, na década de 1930. Bem à beira da água e firmemente construída com cavilhas de navio usadas como pregos em sua fundação compacta, ela tinha suportado incontáveis tempestades que derrubaram outras casas.

Em Pensacola, Pappy ficou sabendo do destino de seus familiares. Em algum momento em 1942, os japoneses permitiram que Polly escrevesse um curto cartão-postal aos pais, contando a eles sua localização. Levou meses para que o cartão-postal viajasse pelo mundo a bordo de navios e chegasse à caixa de correio afixada ao lado da porta da frente da casa dos Crosby em Pensacola. Agora, naquela primavera, Pappy lia as palavras dela com uma sensação de alívio e ansiedade. Pelo menos eles estavam vivos em Santo Tomas. Tinham sobrevivido aos bombardeios e à queda de Manila. Essa era uma notícia boa.

A má notícia era que os japoneses os mantinham presos, e os presos que ele conhecia nunca eram bem tratados pela terra do Sol Nascente.

Pappy passou só uma noite com os parentes de sua esposa. Ainda amarrotado, precisando de um banho, ele partiu na manhã seguinte com o primo, que o levou de volta a Eglin. Com despedidas apressadas, como Pappy contou depois, ele voou para D.C. para se reunir com o general Hap Arnold, e era uma reunião que ele temia.

O general Kenney voou para D.C. mais ou menos no mesmo momento para várias reuniões de alto nível depois da Batalha do Mar de Bismarck. Segundo Kenney, quando ele se encontrou com Hap Arnold, houve uma discussão sobre os *gunships* modificados de Pappy. Arnold levou para a reunião vários engenheiros de aviação do Comando de Material da Força Aérea, que argumentaram que aquelas modificações simplesmente não podiam ser feitas. Kenney lhes garantiu que elas já tinham sido feitas, o que os deixou boquiabertos. Arnold perguntou a Kenney quem tinha feito as modificações, e como elas eram executadas no campo. Kenney relatou a história de Pappy, e Arnold decidiu enviá-lo ao QG do Comando de Material da Força Aérea em Ohio para documentar como ele executava as modificações. Kenney queria que B-25 *gunships* lhe fossem entregues direto da fábrica, de forma que ele não precisasse modificá-los na Austrália. Para que isso acontecesse, seriam necessárias mudanças nas linhas de produção da North American Aviation, e isso poderia afetar a taxa de produção no curto prazo.

Kenney aceitou com relutância esse arranjo, mas estava ansioso para mandar Pappy de volta à Austrália depois de sua temporada nos Estados Unidos. Enquanto isso, ele pediu a Arnold mais aviões e grupos de combate, o que lhe foi negado.

Pouco tempo depois, Kenney conseguiu um encontro com o presidente Roosevelt e detalhou para ele o que a Quinta Força Aérea tinha realizado no mar de Bismarck. Numa última tentativa de contornar Arnold, Kenney pediu reforços ao presidente. Ele precisava de mais aviões e mais pessoal. Roosevelt concordou e depois disse a Arnold que providenciasse o que era pedido. Ser derrotado pela esperteza de um de seus generais no teatro de operações talvez não tenha agradado a Hap Arnold, e Pappy ia se encontrar com ele depois dessa confusão.

Pappy chegou a Washington temendo que Kenney pudesse tê-lo traído se os que mandavam os Estados Unidos tivessem implicado com suas modificações.

Ele considerava isso provável, especialmente depois de todos os seus confrontos com oficiais engenheiros tão resistentes a fazer qualquer mudança na estrutura das aeronaves. Ao chegar à sala de Arnold no Pentágono, Pappy imaginava que poderia até ser submetido a uma corte marcial.

Pappy foi levado à presença de Arnold, e alguns oficiais engenheiros o saudaram friamente com perguntas sobre o que ele andava fazendo naqueles depósitos na Austrália. Os engenheiros já tinham ouvido as explicações de Kenney e permaneciam extremamente céticos. Depois que eles extravasaram, Pappy disse apenas: "Olhem, eu não sou engenheiro. Não tenho nem uma formação. Mas o que fizemos funciona".

Ele pôs na mesa a pasta que carregava desde a Austrália. Abrindo-a, puxou um maço de fotos tiradas com câmeras instaladas nos *gunships*. Algumas retratavam os testes e exercícios de ataque contra o casco em Port Moresby, mas algumas visivelmente incluíam cenas impressionantes do mar de Bismarck. Pappy explicou que quisera documentar aqueles aviões e a nova tática, portanto tinha instalado três câmeras em cada um dos aviões — uma na cauda, uma no nariz e uma na barriga. As imagens do combate eram diferentes de qualquer coisa que Arnold ou os engenheiros já tinham visto. Junto com as fotos estavam provavelmente alguns dos esquemas para as modificações.

Os engenheiros olhavam fixo, de queixo caído. Os *gunships* seriam produzidos em massa.

Em 23 de março de 1943, Pappy voltou à Flórida e pilotou uma versão do B-25 para reconhecimento entre Eglin e Orlando. Levou a bordo vários oficiais do staff do Comando de Material da Força Aérea com os quais trabalharia nas semanas seguintes. A Força Aérea do Exército tinha testado pela primeira vez a tática de bombardeio de raspão em Orlando no começo da guerra, portanto é bem possível que Pappy estivesse levando os oficiais ao estande de tiro em Orlando para dar a eles uma demonstração do que a Quinta Força Aérea tinha feito no teatro de operações.

No caminho para Orlando, o B-25 sofreu uma pane total do sistema hidráulico e Pappy não conseguiu fazer o trem de pouso se estender e se fixar na posição correta. Ele acabou despejando combustível sobre um lago nas proximidades e depois fez um pouso de barriga em um trecho de grama entre duas pistas em Orlando — o quarto acidente dele conhecido desde 7 de dezembro de 1941. Ele pousou o avião de forma tão gentil que a aeronave sofreu danos mínimos. Só as hélices, os motores e as portas dos compartimentos de bombas precisaram ser substituídos depois, e ninguém se machucou. Após o acidente, Pappy preencheu uma papelada e então seguiu para Ohio sem voltar a pensar no incidente.

O Campo Wright, nos arredores de Dayton, servia como o centro de engenharia e de teste da Força Aérea do Exército. Os engenheiros militares lá eram conformados, cautelosos e meticulosos. Eram burocráticos, apreciadores de papelada e devotados à rotina. Pappy irrompeu na cidade como um tufão do Pacífico, totalmente *ad hoc*, "faça funcionar" e "apronte isso". Bastaram alguns dias para que ele provocasse um curto-circuito na cultura de cumprimento do expediente e obsessão com documentação. No Pacífico, ninguém ligava para a habilidade de redigir um relatório. O que importava era flexibilidade de pensamento e capacidade de fazer as coisas funcionar.

Ele trabalhou de forma insana, ficando cada vez mais inquieto enquanto tentava comunicar seu conhecimento a uma audiência indisposta. Felizmente, encontrou um aliado no major Tom Gerrity, que era um dos integrantes originais do 27º Grupo de Bombardeio e um dos últimos a sair de Bataan. Gerrity tinha voltado para casa pouco antes de Pappy e fora designado para um posto no staff em Wright. Quando Pappy apareceu, ele e a mulher lhe ofereceram um lugar para ficar. Jewell chegou à cidade alguns dias depois por trem, e após um encontro choroso ela também ficou com os Gerrity.

Toda noite, Pappy voltava do campo fervendo de raiva com o que considerava um ambiente de camisa de força. Ao mesmo tempo, ele deve ter se sentido cada vez mais apartado de seus familiares. Falava deles constantemente a Jewell, muitas vezes emocionado. Estava sofrendo, usando o trabalho como válvula de escape, enquanto à noite se recriminava por tê-los abandonado. Pappy perseverara em tentar salvar a família durante um ano, engolindo a maior parte da culpa e da dor para esconder seus sentimentos dos homens do Terceiro Grupo de Ataque. Nos Estados Unidos, algo nele mudou. Não conseguiu mais conter a dor; ela vazava dele para qualquer pessoa disposta a ouvir. Todos os relatos existentes daqueles que encontraram Pappy nessa viagem mencionam isso.

Tom e a mulher finalmente concluíram que Pappy precisava de uma noite na cidade para espairecer, pelo menos por algumas horas.

Foram a um dos pontos badalados de Dayton para jantar, beber e dançar com alguns dos amigos dos Gerrity. O espírito naturalmente festivo de Pappy veio à tona. Ao fim do jantar, ele tinha se tornado o centro das atenções, desfiando histórias e rindo delas.

Por fim, ele convidou uma amiga casada dos Gerrity para dançar. Ela tentou recusar, dizendo que não era muito boa naquilo. "Tudo bem", disse Pappy animado, "eu danço em sete línguas."

E ele realmente tomou conta da pista de dança, executando com pisadas fortes uma dança ritual nativa da Nova Guiné, enquanto os espectadores olhavam boquiabertos. Na próxima canção que a banda tocou, Pappy estava dançando uma giga temperada com passos de polca. Ele e toda a família tiveram aulas de hula-hula no Havaí, então ele começou a balançar o corpo no estilo da ilha enquanto seu público ria e dava vivas. A sra. Gerrity depois escreveu: "[Pappy] foi uma enorme sensação e se divertiu imensamente".

Quando eles voltaram para casa mais tarde naquela noite, Tom e a mulher foram ajeitar o filho na cama. Pappy os seguiu e viu do vão da porta quando eles deram no filho um beijo de boa-noite.

Quando eles se viraram, viram Pappy lá parado, os olhos cheios de lágrimas.

Sem constrangimento, Pappy disse: "Isso me lembra das noites em que minha mulher e eu saíamos para nos divertir e voltávamos para casa para ajeitar nossos filhos na cama".

A devoção evidente em sua voz comoveu os Gerrity. Pappy ficou olhando para eles e acrescentou: "Sabe, todos os nossos quatro filhos e a sra. Gunn estão em Santo Tomas, e eu vou tirá-los de lá nem que seja a última coisa que eu faça na vida".

Os dias restantes no Campo Wright passaram depressa. Pappy ajudou o staff a criar a documentação necessária para pôr em produção as modificações de campo nos A-20 e nos B-25. Essas mudanças foram então enviadas às empresas que construíam os aviões e os cabides de bombas para eles.

Para a parte final, conseguir que esses aviões fossem construídos do modo como Kenney precisava, Pappy foi enviado à sede da North American no sul da Califórnia, onde, por três semanas, trabalhou com o proprietário, James Howard "Dutch" Kindelberger, e sua equipe de engenheiros. Ele recebeu uma acolhida muito diferente na fábrica, provavelmente graças em parte às constantes atualizações de Jack Fox sobre o que eles vinham fazendo na Austrália. O pessoal da North American não era apenas receptivo às novas modificações, queria levá-las ainda mais longe. Juntos, eles elaboraram diferentes configurações de armamentos e até aumentaram para dez metralhadoras .50 a quantidade de armas no nariz do B-25. Mais tarde, elevaram esse número para doze. Outra variante, que a North American começou a experimentar em outubro de 1942, incluía um canhão de 75 mm no nariz. Pappy adorou essa ideia; para ele, não existia poder de fogo excessivo.

Ele fez muitos amigos na North American durante aquelas três semanas. Eles o viam trabalhar incansavelmente, empurrando a si próprio e a todos que o rodeavam para criar, inovar e ultrapassar os limites do pensamento convencional. Essa flexibilidade assegurou que a North American se tornasse a primeira empresa de aviação do mundo na década seguinte, produzindo alguns dos maiores aviões já construídos. Pappy encontrou espíritos afins na North American e permaneceu próximo deles muito tempo depois que suas três semanas no sul da Califórnia acabaram.

Por mais gratificante que essa última parada tivesse se mostrado, o sofrimento pessoal de Pappy continuava a fervilhar até a superfície. Ele falava abertamente sobre sua aflição aos novos amigos da North American. Embora soubesse da importância de sua viagem aos Estados Unidos, Pappy sentia que estava no lugar errado. Precisava estar no Sudoeste do Pacífico, voando e combatendo, criando e improvisando, enquanto MacArthur continuava sua campanha para voltar às Filipinas. Quando terminou na North American Aviation, Pappy parecia um animal enjaulado.

Quando ele partiu para a Austrália em junho, deixou uma marca indelével na North American. O B-25 tinha corrido o risco de ser eclipsado pelo Martin B-26 Marauder como o bombardeiro médio padrão da USAAF. As inovações de Pappy deram nova vida ao Mitchell. A empresa fez alterações mínimas na linha de produção para acomodar as mudanças no *gunship*, mas criou centros de modificação em Kansas City e vários outros lugares pelo país em antigas instalações de manutenção de aeronaves. Lá, os bombardeiros acabados seriam adaptados aos teatros de guerra que precisassem deles. Os B-25 destinados ao Pacífico frequentemente surgiam com configurações de *gunship* e então eram pilotados até a Costa Oeste para ser embarcados para as equipes de Kenney.

Uma revolução começara nos Estados Unidos. Agora era hora de ver o que uma força aérea de *gunships* podia fazer ao inimigo no exterior.

Parte 3

Seguindo para casa

38. Lendas posteriores

Soube do Pappy? Pregou um canhão de 75 mm em um P-38 e afundou um cruzador com ele!

Esse é o Pappy Gunn. Ele derrubou sessenta aviões japoneses sobre Rabaul com aqueles B-25 strafer que nós o ajudamos a construir.

Pappy foi para trás das linhas inimigas. Roubou uma escavadeira japonesa e a fez funcionar para ele poder terminar a pista de pouso em Leyte...

A coisa mais doida que ele já fez foi voar pelo Sudeste da Ásia, sem nenhuma arma, claro, despejando folhetos de propaganda e caixas de fósforo "Eu Vou Voltar".

Uma vez eu o vi na China. Apareceu de repente em nossa base aérea. Estava indo para a Mongólia, eu acho, para ajudar a montar algum tipo de estação meteorológica para a Quinta Força Aérea.

Ele devia ser promovido a coronel, mas irritou o general Whitehead, que olhou para ele nos olhos, pegou as insígnias da mesa dele e as enfiou numa gaveta. E foi isso.

Eu o ouvi dizer que nós podíamos sobreviver na selva sem problema se fôssemos derrubados. Bastava comer insetos, como centopeias. Disse que só era preciso arrancar todas as pernas dela, segurá-la no alto, descê-la até a boca e meio que sugar os sumos dela.

Ele nos disse para procurar em rochas e cavernas. "Encontrem um belo morcego-vampiro. Eles são bons de comer."

Olhou para aquele cara do staff e disse: "Como você pode saber alguma coisa sobre voar? Você nunca esteve mais alto do que um lance de escada!". Fez um punhado de atrizes novatas de Hollywood desmaiar com uma de suas histórias de Buna. Ele estava na North American na época, trabalhando com Dutch e seus engenheiros. Sentado à beira de uma piscina, começou a falar de atirar nos japoneses, como isso deixa um homem suado e sedento. Então ele foi derrubado. Juntou-se a um ataque de infantaria australiano, abrindo caminho com pistolas. Matou oito japoneses, o que o deixou realmente com sede, e também com fome. Então, enquanto ele baionetava o nono, deu uma mordida no ombro dele e sugou um pouco de sangue.

Pappy uma vez capturou um Zero. Entrou sorrateiramente atrás dele em um P-40. Pulou para a cauda do Zero, arrancou o piloto. Ouvi dizer que ele pilotou o avião até Tóquio e metralhou com ele o palácio do imperador.

Pappy ficou entediado um dia e saiu para procurar submarinos japoneses. Em um barco a remo. Encontrou um periscópio, pintou o vidro de verde. O capitão do submarino continuou subindo, achando que ainda não tinha chegado à linha da água. Quando percebeu seu erro, o periscópio estava a trinta metros no ar, e Pappy o arrancou com um rifle automático Browning.

Balada de Pappy Gunn

Uma vez, seis navios de guerra ele conseguiu afundar
Com cem bombas grandes amarradas a uma linha de pescar
Ele a enrolou neles só de piada
Depois ficou olhando a frota inteira esfumaçada
Gunn Happy Pappy
Sim, é Gunn Happy Pappy que está investindo
Com canhões e metralhadoras, seus aviões estão tinindo
Os japas estão infelizes, seu destino é daninho
Se encontrarem Pappy, vão ter de dançar miudinho...

39. Verão de *gunships*

17 de julho de 1943
Aeródromo de Dobodura, Nova Guiné

O B-25 virou para entrar no padrão sobre Dobodura, uma pista de terra longa e larga entalhada na selva da Nova Guiné logo ao sul de Buna. Ela servia como residência para o Terceiro Grupo de Ataque, assim como para os esquadrões de caças que escoltavam os A-20 e Mitchell do Terceiro Grupo. Agora, Kenney usaria a base vital como trampolim em uma grande nova ofensiva aérea.

O B-25 tocou o solo e taxiou para a área de dispersão do Terceiro Grupo. Aqueles que o viram pousar notaram que ele era diferente de qualquer outro B-25 que já tinham visto. O sólido nariz aparentava ser um tanto mais grosso, e quase parecia ter um queixo. Quem olhasse com muita atenção teria visto que embaixo desse queixo estava o enorme cano de um canhão de 75 mm.

O B-25 rolou até parar e o piloto desligou o motor. Abaixo do lado do piloto na cabine, alguém tinha pintado o nome do avião: *Li'l Fox*.

O tenente-coronel Pappy Gunn desceu da aeronave e caminhou até o primeiro homem que viu.

"Bom, quando é que partimos?", ele perguntou.

Perplexo, o homem respondeu: "Senhor? O senhor acabou de chegar, aonde o senhor quer ir?".

"Partir??", Pappy berrou. "Ora, seu tonto, eu quero ir para Rabaul. Estou aqui para mostrar a vocês, jovens metidinhos, como arrasar Rabaul cinco vezes por dia!"

Pappy se acalmou quando alguém lhe disse que o tempo estava ruim, mas ele saiu em busca de Don Hall e John Henebry resmungando sobre o tempo terrível em que tinha voado ao longo dos anos.

Ele voltara ao Sudoeste do Pacífico e descobrira que se achava preso na Austrália trabalhando de novo como chefe de projetos especiais de Kenney.

Isso não era aceitável.

Depois de ficar tão longe por tanto tempo, ele estava quase furioso com a necessidade de voltar ao combate e sentir que estava avançando de volta a Polly e os filhos. Quando o dr. Gilmore o examinou, ficou alarmado com o estado físico e mental do velho amigo. Escreveu um relatório que documentava a alta pressão sanguínea de Pappy, o constante inchaço de suas pernas e as erupções na pele que continuavam a afligi-lo. Ao descrever o estado mental de Pappy, o dr. Gilmore declarou simplesmente que, como resultado de seu desejo de matar o inimigo, ele possuía "tendências psicopáticas".

A sede de matar japoneses de Pappy só aumentou depois que ele soube da morte de Ed Larner em Port Moresby. Ele não ia ser deixado para trás na Austrália mexendo em aviões, se conseguisse evitar. Quando um dos primeiros bombardeiros Mitchell B-25G equipados com canhão chegou à Austrália, pouco depois de Pappy voltar dos Estados Unidos, isso lhe deu a oportunidade de que ele precisava.

O relatório de Gilmore pintava um quadro de um homem vivendo à beira de um colapso físico e mental. Os meses de trabalho incessante, tenso com a provação que a família vivia, as batalhas com os japoneses e os altos escalões americanos, tudo isso pressionava o homem até quase seu limite. Mas Gilmore não recomendou que seu amigo fosse estacionado no solo. Sabia que não podia fazer isso. Pappy teria voltado toda a sua ira contra o "veterinário" local. Ele permaneceu com status de voo, embora Kenney insistisse que devesse ficar fora de combate. Pappy sempre encontrava as brechas nas regras. Ele pediu autorização para levar o novo bombardeiro à Nova Guiné e demonstrar a capacidade da aeronave aos pilotos de *strafer* de lá. Uma demonstração era tolerada, e ele recebeu a autorização. É claro que Pappy imaginou que a melhor maneira de demonstrar o poder de fogo do avião era abrir buracos em alguma coisa que voasse com a bandeira do Sol Nascente.

A partir da metade de junho, ele visitou o 38º Grupo de Bombardeio e deu a cada piloto a chance de pilotar *Li'l Fox*. As coisas tinham mudado desde março. Já não havia a maioria dos B-25 de nariz de vidro. As instalações de modificação na Austrália tinham produzido quase duas centenas de *gunships*, e eles tinham chegado à Nova Guiné. Já estavam em combate havia meses, causando danos tremendos ao inimigo.

Quando Pappy terminou com o 38º, voltou para o Terceiro Grupo de Ataque para fazer a mesma coisa. Os relatos diferem, mas parece que parte da velha guarda do Terceiro Grupo não tinha muita confiança na nova aeronave. O canhão era uma versão modificada do clássico "75" projetado pelos franceses que desempenhara um papel tão vital na Primeira Guerra Mundial. O Exército dos Estados Unidos o usou na Segunda Guerra Mundial como uma arma de infantaria portátil, e também como o principal armamento para seus tanques de médio porte.

Havia boas razões para estar hesitante sobre tal poder de fogo em um avião. Se as metralhadoras calibre .50 afrouxavam os rebites, o terrível coice dos canhões de 75 mm não poderia fazer coisas boas à estrutura de um B-25. Além disso, a arma tinha uma taxa de disparo lenta — precisava ser carregada manualmente pelo engenheiro de voo. Pappy decidiu demonstrar a arma em combate e deixar todos tranquilos.

Antes do amanhecer de 24 de julho de 1943, ele subiu no B-25 armado com canhão com três outros tripulantes, um dos quais foi listado como "Bowling Fox" [Raposa Rolante]. Era provavelmente Jack Fox. Ele e Pappy estavam convencidos de que os 75 mm dariam aos *gunships* um nível de poder de fogo inteiramente novo e eram a onda do futuro. Essa seria sua chance de provar.

O major John Henebry liderou a missão naquele dia. Na escuridão, os pilotos precisaram se esforçar para permanecer juntos e entrar na formação apropriada. Enfrentaram rajadas e tempestades que os espalhavam ainda mais. Permaneceram em baixa altitude e seguiram para a costa sudoeste da Nova Bretanha.

A situação dos japoneses em Papua-Nova Guiné era cada vez mais desesperada depois da Batalha do Mar de Bismarck. Eles não podiam arriscar comboios de suprimentos em face dos destruidores de comércio da Quinta Força Aérea, mas as tropas do Exército que defendiam os enclaves costeiros em Lae e Salamua estavam ficando sem comida e sem munição. Os esquadrões japoneses baseados nas pistas de pouso lá tinham se retirado fazia muito tempo para Rabaul, ao norte, ou Wewak, a oeste, deixando os soldados japoneses expostos a ataques aéreos constantes que reduziam seus estoques de suprimentos remanescentes.

Para ao menos obter algo para aqueles homens famintos, os japoneses começaram a enviar comboios de barcas ao longo da costa da Nova Bretanha e da Nova Guiné. Apelidados pelos japoneses de excursões "frete de formigas", eles usavam embarcações de desembarque de 30 metros de comprimento que avançavam à velocidade de poucos nós. No mar, elas eram vulneráveis e facilmente destruídas; sua única defesa contra ataques aéreos era a capacidade de entrar em enseadas estreitas e se esconder sempre que aviões dos Aliados apareciam no horizonte.

MacArthur queria que os japoneses em Papua fossem subjugados pela fome. Planejava invadir Lae mais tarde naquele verão e precisava que seus defensores estivessem o mais fracos e despreparados possível. Destruir os comboios frete de formigas tornou-se uma prioridade para os esquadrões de *strafers*.

Naquele dia, as equipes de Henebry depararam com um comboio frete de formigas com seus motores pipocando ao longo da costa do cabo Bushing. Os Grim Reapers afundaram seus manetes e investiram contra as colunas de embarcações de desembarque. Pappy logo explodiu uma ao meio com um golpe direto de seu 75 mm. Afastando-se do alvo, ele subiu depressa acima do grupo enquanto os outros B-25 passavam metralhando ou soltando bombas de 45 quilos. As barcaças se desviavam e viravam em todas as direções, buscando freneticamente evadir-se da terrível matança que se desenrolava.

No alto, o *Li'l Fox* de Pappy de repente rolou sobre sua traseira e desceu em um mergulho quase vertical. Ele disparou um único tiro do 75 mm. O avião estremeceu violentamente quando a chama saiu da boca do canhão. O projétil altamente explosivo reduziu uma barcaça a fragmentos. Pappy saiu do mergulho no último segundo possível, sobrevoando velozmente a praia e mal conseguindo evitar as árvores na borda da linha da água.

Então ele voltou, o canhão descarregando. Os outros B-25 corriam em todas as direções, fazendo ataques e afastando-se depressa enquanto torrentes de traçantes riscavam as barcaças. As poucas metralhadoras que as barcaças possuíam logo foram eliminadas pelo poder de fogo daqueles Mitchell.

O maior perigo que os americanos enfrentaram veio de outros americanos. Uma tragédia de fogo amigo foi evitada por tão pouco que, depois que as tripulações voltaram a Dobodura, Henebry e Pappy fizeram todos sentar-se e discutiram a necessidade de melhores disciplina e formação de voo.

À parte o voo descuidado, Pappy e sua tripulação demonstraram o poder mortífero do canhão de 75 mm. Ele disparou doze granadas no curso da missão, afundando duas barcaças e incendiando um depósito de munição na praia.

Quatro dias depois, Pappy estava de novo no ar. Dessa vez, ele integrou uma missão de caça a barcaças de dezesseis Mitchell, novamente ao longo da costa da Nova Bretanha. Nesse dia eles encontraram muito mais que barcaças.

O grupo partiu do cabo Bushing para o norte na direção de uma pista de pouso japonesa na costa do cabo Gloucester, no extremo oeste da Nova Bretanha. No trajeto, o mau tempo levou o caça que os escoltava a abortar sua missão. O Terceiro Grupo de Ataque seguiu em frente sozinho.

Ao chegarem ao cabo Gloucester, os americanos descobriram dois destróieres japoneses ao largo da costa norte. Acima deles circulava uma formação de Zeros, e abaixo dos caças um único avião de transporte japonês estava prestes a pousar no aeródromo vizinho.

Don Hall, Pappy e um par de outros B-25 seguiram atrás do avião de transporte. As primeiras tentativas falharam, e o avião rapidamente pousou na pista. Os B-25 o caçaram, voando tão baixo que as hélices praticamente cortavam a grama, enquanto atiradores japoneses disparavam contra eles. A 1500 metros de distância, Pappy começou a despejar granadas de canhão contra o avião de transporte enquanto ele saltitava sobre a faixa de terra. Uma das granadas explodiu bem embaixo da asa direita, parando o avião e o incendiando, ao mesmo tempo que Don Hall começou a metralhá-lo. De repente, um grupo de oficiais japoneses caiu da aeronave numa pilha e começou a correr em busca de segurança. Pappy mirou com cuidado e lançou uma granada bem no meio deles, de pouco mais de cem metros. A explosão despedaçou corpos e os lançou para o céu, e o B-25 de Pappy atravessou a carnificina enquanto pedaços de restos humanos choviam sobre ele.

Eles seguiram em velocidade, cruzando a pista enquanto Don e Pappy apontavam suas miras para um dos destróieres. Era o *Ariake*, de 120 metros de comprimento, uma belonave aerodinâmica e moderna construída em meados da década de 1930. Ele e seu companheiro, o destróier *Mikazuki*, haviam encalhado quando entregavam soldados na área. O *Ariake* tinha conseguido se soltar antes, transferira todos os soldados de seu destróier irmão e os transportara para a praia. Acabara de voltar para proteger o *Mikazuki* quando o Terceiro Grupo de Ataque chegou.

Os dois destróieres lançaram um considerável fogo antiaéreo, mas os B-25 não podiam ser parados. Um dos navios estava inútil; o outro, em desvantagem numérica. Henebry e os outros pilotos já os haviam atingido e metralhado seus tombadilhos com suas calibre .50. Agora Pappy chegava ao lado de Don Hall, pronto para aumentar a matança.

Ele abriu fogo com o canhão e conseguiu fazer sete disparos na primeira passagem. Os primeiros dois tiros erraram o alvo — "Nervosismo de principiante", ele escreveu mais tarde. O terceiro atingiu o navio na popa perto da torre de metralhadora traseira de cinco polegadas. A explosão eliminou ou demoliu alguns canhões antiaéreos e o fogo contrário diminuiu.

Ele continuou atirando, atingindo o tombadilho e a chaminé logo atrás da ponte. Agora, o B-25 estava a menos de trezentos metros do destróier. Pappy e sua tripulação tiveram tempo suficiente para recarregar e mandar uma granada na proa. À distância de pouco mais de um campo de futebol, ele disparou uma última granada e a viu explodir sobre a ponte. O capitão do *Ariake* morreu no ataque, e essa granada pode ter sido a causa.

Então ele estava sobre o destróier enquanto Don Hall lançava bombas de raspão na lateral do navio. Pelo menos uma delas acertou o alvo e explodiu dentro da embarcação condenada. As tripulações dos B-25 continuaram a metralhar e lançar bombas de raspão nos navios até ambos ficarem em destroços e queimando.

No dia seguinte, o Terceiro Grupo voltou e encontrou o *Mikazuki* ainda encalhado no banco de areia. Com bombas de raspão e ataques de canhão de 75 mm, eles rapidamente o eliminaram. O *Ariake* já tinha afundado.

A destruição de dois destróieres rendeu condecorações a vários homens do Terceiro Grupo de Ataque. Pappy recebeu uma Cruz de Voo Distinto por seu papel na missão. A medalha significava pouco para ele; apesar de seus muitos inimigos no quartel-general — pelo menos um deles provavelmente bloqueou uma Cruz de Serviço Distinto que Jim Davies propusera para ele —, ele já tinha uma pilha de premiações em seus aposentos na Austrália, entre elas a Estrela de Prata e várias outras Cruzes de Voo Distinto.

Em 1943, a única coisa que o preocupava era entregar uma arma melhor aos que estavam combatendo. Naquele mês de julho, o arkansiano de meia-idade provou que o canhão de 75 mm podia ser uma arma devastadora em combate, mas a revolução que ele previra com ela nunca se materializou. O 75 mm era ou amado ou odiado pelas tripulações. Era difícil de usar e de mirar, e exigia um bom piloto e uma boa tripulação para ser empregado de modo eficaz. O 38º Grupo de Bombardeio tendia a gostar dele mais do que o Terceiro Grupo de Ataque, e ele prestou bons serviços no Teatro China-Birmânia-Índia, mas continuou a ser um suplemento para o equipamento padrão dos *strafers*, o calibre .50, a revolução que Pappy já começara.

No verão de 1943, os B-25 *gunships* atingiram a maturidade. Aviões B-25 com nariz sólido e dez a doze canhões começaram a chegar direto dos Estados Unidos, e os depósitos na Austrália continuaram a modificar outros mais. Eles encheram o ar sobre a Nova Guiné, caçando barcaças, metralhando aeródromos, destroçando alvos aonde quer que fossem.

Bill Runey, um tranquilo e reservado piloto de P-40 da Quinta Força Aérea, costumava dar cobertura de cima aos *strafers*. Ele era hipnotizado por eles, passando impetuosamente como uma falange sobre seus alvos com todos os canhões acesos. O poder de fogo combinado das granadas dos calibre .50 e dos ocasionais 75 mm fazia parecer a Bill que tudo na frente dos bombardeiros estava simplesmente derretendo sob a fuzilaria.

Naquele verão, a Força Aérea do Exército japonês tentou uma mobilização completa de seus recursos para a Nova Guiné. A Marinha Imperial seria responsável pelas ilhas Salomão, Rabaul e o resto da Nova Bretanha, enquanto a Força Aérea do Exército japonês defenderia a Nova Guiné. Esquadrões inteiros foram aerotransportados da Birmânia, das Índias Orientais Holandesas e da China para as Filipinas e para o centro e o norte da Nova Guiné, onde os aviões se reuniram em uma série de pistas de pouso primitivas em Wewak. Os japoneses tinham escolhido aquele local porque ele estava fora do alcance dos caças e dos bombardeiros de médio alcance dos Aliados, mas estava próximo o suficiente para dar a eles um bom trampolim para atingir alvos no oeste da Nova Guiné.

A unidade de inteligência de Kenney detectou os preparativos. Em vez de se preocupar com ela, o general viu ali uma oportunidade. Por meio de astúcia e criatividade, a Quinta Força Aérea tinha construído secretamente uma pista de pouso de caças no vale do Markham que podia ser alcançada de

Wewak. Para fazê-lo, as equipes de transporte aéreo de Kenney imaginaram como transportar por avião tudo de que a pista remota precisasse, de miniescavadeiras a caminhões de 2,5 toneladas. Esses caminhões foram cortados em dois, embarcados em dois aviões de transporte C-47 e depois soldados no campo. Foi um modelo de engenhosidade americana, e na metade do verão a pista estava em pleno funcionamento.

Graças aos experimentos anteriores de Pappy, havia uma maneira de entregar os B-25 *gunships* em Wewak, algo que os japoneses jamais previram. Quando removeu a torre da barriga dos antigos B-25, Pappy concebeu um jeito de substituí-la por um tanque de combustível alijável de 1135 litros. Um dia, sentado em um café ao ar livre na Austrália, ele observou um garçom abrir uma porta de tela operada por mola, e num lampejo de inspiração percebeu que podia fazer a mesma coisa com os Mitchell. Ele e sua equipe instalaram um alçapão acionado por mola sobre o buraco da torre da barriga. Quando o tanque de 1135 litros era esvaziado, a tripulação podia ejetá-lo através do alçapão. Os bombardeiros foram rapidamente modificados, e no começo de agosto a maioria estava pronta para partir.

E bem a tempo. A Força Aérea dos japoneses em Wewak agora totalizava quase duzentos aviões. Como ela estava fora do alcance de caças, os japoneses podiam enviar comboios das Filipinas para aquela parte da Nova Guiné, e tinham acumulado incansavelmente quantidades consideráveis de combustível de aviação, peças sobressalentes, lubrificantes e outros suprimentos decisivos para sustentar qualquer operação aérea.

Nessa altura, as tripulações dos *gunships* tinham desenvolvido o próprio senso de espírito de corpo. Eles se autodenominavam "*strafers*" e escreviam canções sobre sua forma peculiar de guerrear, que cantavam impetuosamente enquanto comiam peixe frito à noite nos horários de folga. Eles também já eram veteranos. Homens que haviam destruído o comboio do mar de Bismarck agora lideravam esquadrões e grupos. Tinham sido iniciados em lugares como Buna, Lae e Gasmata, aprendendo por tentativa e erro a melhor maneira de metralhar alvos no solo.

Em suma, eram os mais mortíferos e mais eficazes pilotos de bombardeiro da Força Aérea do Exército no Pacífico.

Em 17 de agosto de 1943, eles chegaram a Wewak ao alvorecer como um trovão reverberante. Os Grim Reapers do Terceiro Grupo de Ataque surpreenderam completamente os japoneses. Dois anos depois de Pearl Harbor, eles tinham alinhado os aviões com as asas quase se tocando para realizar inspeções e testes de motor.

O alvo era o sonho de um *strafer*. Eles passaram velozes sobre as longas fileiras, chamas sendo cuspidas de seus narizes enquanto seus calibre .50 estrondeavam. Um disparo coletivo de 12 mil tiros por minuto foi despejado das armas dos Reapers nos aviões japoneses, lotados de combustível e presos no solo.

A nata da Força Aérea japonesa foi reduzida a pedaços em questão de minutos. Nos outros campos em Wewak, outros esquadrões de *strafers* descobriram o mesmo cenário e impuseram a devastação com eficácia impiedosa. Na esteira dos ataques, eles soltaram bombas de fragmentação com paraquedas, explodindo as armas que não haviam atingido.

Ataques de surpresa subsequentes aconteceram durante o resto do mês de agosto. Quando tudo acabou, segundo estimativas conservadoras feitas após a guerra, a contagem final chegou a 175 aviões japoneses destruídos. Combinados com ataques de grande altitude de quadrimotores B-24 Liberator, os *strafers* destruíram a maior parte do combustível e dos suprimentos acumulados em Wewak para sustentar operações aéreas. Na sequência dos ataques, a inteligência de sinais americana interceptou várias chamadas de Wewak pedindo a Tóquio gasolina.

Os ataques de surpresa incapacitaram a Força Aérea japonesa. As tripulações de Kenney esmagaram todas as tentativas dos japoneses de construir poder aéreo na área do Sudoeste do Pacífico, já que a iniciativa deles sobre Wewak em agosto garantiu que os japoneses nunca mais retomariam uma base de operações no ar sobre a Nova Guiné.

Com a destruição da Força Aérea do Exército japonês, MacArthur estava agora pronto para dar grandes saltos até a espinha dorsal da Nova Guiné, em preparação para seu retorno final às Filipinas. A Quinta Força Aérea assegurou uma das mais completas e menos dispendiosas vitórias na história do poder aéreo. Os *strafers* de Pappy criaram as condições para que ela acontecesse. O custo total para as forças dos Aliados durante os ataques a Wewak? Dois B-25, três B-24 e seis caças de escolta P-38 Lightning.

A supremacia dos *gunships* era completa. Dali em diante, eles liderariam o caminho de volta às Filipinas.

40. Miss Priss revida

Final de 1943
Santo Tomas, Manila, Filipinas

Julie Gunn se aproximou dos portões de ferro de Santo Tomas e avistou os guardas de vigia. Leo Gurevich tinha acabado de deixá-la ali depois de um longo trajeto de caleça por uma cidade com escassez crescente. Combustível, comida e produtos básicos tinham rareado havia muito tempo nas prateleiras das lojas de Manila. O lugar tinha um aspecto triste e opressivo, ainda piorado para Julie e Leo porque os japoneses agora os obrigavam a usar braçadeiras de identificação. Elas davam a eles passagem segura pela cidade, mas também os tornavam um alvo para filipinos pró-japoneses ressentidos com os americanos, que empurravam Julie ou lhe dirigiam comentários sarcásticos.

No portão da frente, os guardas olharam para ela, uma menina de dezessete anos com a roupa de um jeito esquisito em volta de seu gesso de corpo inteiro. Ela avançou alguns passos, então parou para bater no peito. O som oco do gesso ressoou. Todos os guardas sabiam dela, a menina presa no gesso. Acenaram para que ela entrasse.

Olhando direto para a frente, ela claudicou através do portão enquanto eles a observavam. Mais alguns passos e ela estava dentro do campo, aproximando-se do segundo muro, construído para impedir que filipinos amigos jogassem suprimentos por cima do muro principal.

Ali havia um ponto cego que eles tinham descoberto semanas antes. Os guardas no portão não podiam vê-la, e não havia nenhum outro posto próximo onde olhos curiosos estivessem sobre eles. Esperando nesse ponto cego estavam Paul, Nath e Connie.

Ela andou até eles, e ao mesmo tempo que diziam palavras sussurradas de saudação, os garotos estenderam as mãos para a parte de trás do gesso dela e começaram a pegar pequenos pacotes. Connie fez o mesmo na parte da frente. Sem mais palavras, os três irmãos se espalharam para entregar os pacotes a seus destinatários.

Julie seguiu para o escritório do comandante, mancando bravamente. Antes da guerra, ela tinha sido uma adolescente fissurada em garotos e louca por atenção. Por causa de seu jeito exigente, P.I. a apelidou afetuosamente de Miss Priss [Senhorita Certinha]. Agora, endurecida por sua experiência em hospitais e campos de prisioneiros, ela descobria reservas de força e coragem a que nunca precisara recorrer antes da chegada dos japoneses. Era desenvolta, flexível e capaz de se virar em situações difíceis. Extremamente inteligente e uma calculista fria, assumia riscos que pessoas mais fracas jamais ousariam tentar. Desenvolveu esse papel e passou a habitá-lo. Estava não apenas ajudando a família e os amigos, mas revidando aos odiados japoneses.

Fria como gelo, ela chegou ao prédio do comandante japonês e entrou.

Polly estava esperando por ela em um banco estreito na frente da sala do sr. Ohashi, com aparência abatida e desmazelada. Praticamente desaparecia dentro de suas roupas surradas, que agora eram muitos números acima do dela.

Elas trocaram acenos sutis de cabeça, então Julie se ajeitou no banco ao lado da mãe. Rapidamente, a mão de Polly deslizou pelo banco. Julie a cobriu com a sua. Aos japoneses pareceu um sinal de afeto, mãe e filha de mãos dadas enquanto esperavam para ver o sr. Ohashi. Até certo ponto isso era verdade. Mas embaixo da carne delas estavam bilhetes de esperança e carência, escritos só pelos amigos mais confiáveis da família Gunn. Polly os passou a Julie, e esta casualmente os escondeu com os dedos antes de enfiá-los no gesso. Para alguém que olhasse, pareceria que ela estava só tentando ficar confortável. Um instante depois, a mão dela parou de reajustar o gesso e voltou ao banco. Polly a cobriu com a sua e fez a segunda entrega. Dinheiro para outras famílias e bilhetes que chegavam.

Já não havia sentimentos de pecado causados por esse subterfúgio. Polly tinha amadurecido do mesmo modo que a filha; não estava mais ligada às convenções de antes da guerra às quais se agarrara bem depois de elas estarem na plenitude. Ela faria o que fosse preciso para manter a família viva.

O sr. Ohashi as chamou, e elas educadamente entraram para cumprimentá-lo inclinando o corpo e esperando que ele lhes oferecesse um lugar para sentar. Ele, como sempre, usava um terno preto sério totalmente fora de lugar na Pérola dos Mares do Oriente. Parecia um agente funerário, embora tivesse sido um homem de negócios em Manila desde 1938, representando lá os interesses de uma empresa japonesa.

Ele serviu como uma espécie de amortecedor quando o campo passou gradativamente ao controle dos militares japoneses. Corria o boato de que eles logo nomeariam um oficial do Exército Imperial como novo comandante. Se isso fosse verdade, para os internos certamente assinalaria um ponto de virada para pior.

Eles falaram de trivialidades e o sr. Ohashi renovou o passe de Julie. Mais alguns meses e o dr. De Los Santos planejava retirar o gesso e pôr uma cinta em Julie. Até então, ela ficaria aos cuidados da família Gurevich, apresentando-se a cada semana para ter seu passe renovado.

Essas idas ao campo se tornaram uma fonte de notícias, informação, comida e dinheiro para aqueles em quem Polly mais confiava. O pai e a madrasta de Eva Gurevich também estavam internados em Santo Tomas. Embora russos de nascimento, eles ganharam cidadania polonesa depois da Primeira Guerra Mundial, quando as fronteiras foram redesenhadas. Como a Polônia era um país aliado dos americanos, os japoneses os mandaram para o campo. Para retribuir aos Gurevich o cuidado de Julie e Nath, Polly passava bilhetes dos parentes de Eva a sua filha mais velha sempre que Julie retornava para renovar o passe. Isso se transformou em uma operação de duas vias, com Julie trazendo pacotes de comida para eles junto com dinheiro e mensagens.

À medida que a situação no campo piorava, Julie assumia riscos cada vez maiores enquanto Polly dava a amigos confiáveis acesso a essa rede. Julie andava por toda a cidade para entregar os bilhetes deles, às vezes deparando com personagens muito desagradáveis. Ela desenvolveu nervos de aço e permanecia calma mesmo nas situações mais estressantes.

Alguns daqueles bilhetes iam para células de guerrilha, possivelmente associadas com os espanhóis que a família Gunn conhecia. Entre as mensagens que Julie passava a Polly havia não só palavras de amor e cuidado, mas notícias do mundo exterior das quais os japoneses não queriam saber. Depois que os japoneses pararam de autorizar a entrega de pacotes, a operação de contrabando de Julie se tornou a única maneira de algumas famílias poderem se comunicar com o mundo fora do campo.

Polly lembrava aos filhos de nunca falarem do que estavam fazendo. Havia muitos americanos ressentidos que se sentiam abandonados por seu governo e usavam esse ressentimento como justificativa para colaborar com os japoneses. Eles ficariam muito felizes em revelar a operação deles e não dariam a mínima para o destino da família Gunn.

Embora escolhesse cuidadosamente quem admitir em seu círculo de confidentes, Polly cometeu um erro. Um homem amistoso com a família pediu a ela que lhe conseguisse um pouco de bacon. Ela passou o pedido a Julie, que duas semanas depois levou ao campo algumas fatias embrulhadas e escondidas na parte de trás do gesso. Quando ela chegou ao quarto 46, depois de ter passado pelo portão, Nath estendeu o braço e retirou o bacon. Ele tinha as menores mãos da família e podia enfiá-las até o fundo do gesso. Fazer isso sempre causava choques de dor em Julie, mas ela aguentava tudo em silêncio estoico. Por necessidade, Julie, como os garotos, agora era muito resistente.

Nath passou o bacon a Polly, que o entregou ao homem. Em vez de agradecer, ele ficou decepcionado e irritado.

"O que há com você?", perguntou Polly, surpresa com a reação dele.

"É isto? É só isto", ele reclamou. Então acusou os Gunn de roubar uma parte de seu bacon. Eles não tinham feito nada disso. Julie não tinha conseguido encontrar mais nada na cidade. Além disso, de qualquer forma o esconderijo em seu gesso não comportaria mais.

Polly explicou tudo isso, mas o homem continuou irritado. Finalmente, ela desistiu e disse: "Isso é o que eles nos deram. Nós o demos a você. Nunca mais nos procure".

Por algum tempo, eles temeram que o homem os chantageasse para obter mais contrabando, ameaçando falar com o comandante se eles não lhe conseguissem o que pedia. Nath ficou alerta para qualquer traição, pronto para garantir que o homem "escorregasse" em um sabonete no chuveiro se os delatasse. Felizmente, ele manteve a boca fechada. Mas a experiência tornou Polly ainda mais cautelosa. Ela sabia que Julie provavelmente estava arriscando a vida a cada vez que atravessava os portões do campo.

Depois desse momento de perigo, Julie continuou a levar para a família pacotinhos de comida, junto com bilhetes para Connie de Guyenne Sanchez, que ainda estava profundamente apaixonado por ela. O campo estava reduzido a 1500 calorias por dia de comida das cozinhas, e todos estavam ficando fracos e doentes. Eles suplementavam as refeições com o que conseguiam, esperando pelo dia em que chegassem os pacotes da Cruz Vermelha. Ou MacArthur.

Em dezembro de 1943, os japoneses permitiram que pacotes da Cruz Vermelha entrassem no campo. Cada interno recebeu dois embrulhos, um pequeno e outro um pouco maior. Depois de quase dois anos de dieta insípida e inanição lenta, muitos dos internos atacaram seu maná da Cruz Vermelha e devoraram tudo sem pensar no futuro. Abocanharam café, carne salgada, comida enlatada e chocolate com total liberalidade. Para alguns, a comida durou só um mês, e a festa acabou. De volta ao arroz cozido e a ocasionais verduras e legumes. Depois do verão de 1943, a carne se tornou quase inexistente.

Polly racionava tudo com rigorosa equidade. Guardou os pacotes da Cruz Vermelha da família no quarto 46 e garantiu que eles fossem vigiados o tempo todo, por um membro da família ou por alguém confiável. Ela sabia que o roubo desses itens preciosos custaria a vida deles se a situação da alimentação piorasse.

E piorou. Em fevereiro de 1944, os militares japoneses assumiram total controle do campo. O comandante civil foi substituído por uma sucessão de tenentes-coronéis esquisitos e inadequados para assumir obrigações em combate. Um deles, particularmente estranho, parecia passar mais tempo jogando beisebol do que administrando o campo.

Com a transferência do controle, também chegou um novo oficial encarregado dos guardas do campo. O tenente Nanukazu Abiko foi o único que permaneceu por todo o ano seguinte, enquanto os comandantes chegavam e saíam. Ele era um oficial musculoso e de ombros largos que tinha lutado em Guadalcanal em 1942. A maioria dos homens com quem ele servira na "Ilha da Morte" não conseguiu sair da selva. Ele escapou no finzinho da campanha, quando a Marinha Imperial evacuou a ilha. A saúde ruim ou ferimentos o restringiram à retaguarda, uma condição que o irritava.

Por dois anos, os guardas tinham deixado os internos basicamente em paz. Isso mudou com a chegada de Abiko. Desde o início, ele assumiu pessoalmente as chamadas noturnas, indo a todos os quartos e, por meio de intérpretes, ordenando que os prisioneiros lhe mostrassem o devido respeito inclinando-se com precisão regimental. Era um oficial que se vestia de forma meticulosa, um militar extremamente rigoroso preso atrás das linhas e sedento por voltar ao combate para poder matar americanos. Em vez disso, seu exército o obrigava a tomar conta deles. Ele soltava sua raiva contra os prisioneiros e se deleitava em humilhá-los sempre que podia. Seu ódio era despejado em todos os encontros, e os internos que eram vítimas dele o desprezavam com paixão singular.

Quando obrigava os internos a inclinar-se repetidamente diante dele em subserviência, não em respeito, ele estourava de rir consigo mesmo. Uma vez, disse a um grupo de prisioneiros, por meio de um intérprete: "Lembrem-se, vocês pertencem a um povo de terceira classe".

Se alguém o desafiava, ele logo desferia tapas ou golpes contra a pessoa. Mais de uma vez, bateu em internos até deixá-los inconscientes quando eles não se rebaixaram o suficiente para satisfazê-lo. Idade e gênero não importavam; ele era um sádico oportunista equitativo.

Um garoto de onze anos de um dos quartos do sr. Leake descobriu dolorosamente o nível de violência que o tenente era capaz de infligir. Certo dia, quando estava do lado de fora, nas proximidades do prédio principal, ele notou o tenente Abiko saindo de seus aposentos e tentou fingir que não o vira. Num átimo, Abiko o atacou, jogou-o no chão, chutou-o e bateu nele com a bainha da espada até quebrá-la.

Outra vez, uma idosa e doente estava sentada em uma fila em frente à enfermaria do prédio principal, esperando para pegar remédios que a Cruz Vermelha havia entregado em dezembro de 1943. Abiko apareceu, e todos, menos a mulher, se levantaram, se viraram e se inclinaram para ele.

Ver a velha senhora ainda sentada no chão deixou Abiko furioso. Ele puxou a bainha do cinto e começou a bater sem parar na mulher, enquanto os outros internos olhavam horrorizados.

Pelas costas, os americanos o chamavam de "Cara de Bosta". Muitos dos internos juravam em voz baixa que um dia haveria um acerto de contas e o tenente ficaria à mercê deles.

Eles não concederiam nada a ele.

Enquanto a guerra piorava para os japoneses, Abiko afogava suas mágoas na bebida. Muitas vezes ele aparecia do nada cheirando a saquê e cheio de fúria represada, que liberava com punhos, chutes e a bainha da espada em qualquer prisioneiro apanhado praticando alguma infração menor.

Paul e Nath conseguiram evitar a ira dele na primavera e no verão de 1944, mas a violência no campo parecia se intensificar à medida que a comida escasseava. Às vezes irrompiam brigas entre prisioneiros. Outras vezes, um guarda aplicava uma punição cruel. Nath, que naquela altura trabalhava em uma das hortas dos internos, às vezes roubava dela alguma coisa. Ele e o bando de adolescentes endurecidos aprenderam que podiam se esgueirar depois do toque de recolher, rastejar por uma vala de drenagem até a horta e fisgar algumas batatas ou amendoins se os arrancassem e depois repusessem a terra no lugar. Nath levava sua colheita para o prédio principal para compartilhá-la com o resto da família.

Outros tentavam roubar das hortas de verduras, mas acabavam sendo apanhados e punidos. Essas aventuras eram sempre carregadas de risco, já que os guardas e os internos vigiavam essa fonte vital de comida como falcões. De fato, uma noite Nath foi apanhado, e um guarda japonês correu para impedi-lo. Antes que Nath conseguisse escapar, o soldado o chutou no estômago e no peito com tanta força que deixou um afundamento permanente em um dos lados do corpo.

A surra não desencorajou Nath. Ele apenas passou a planejar mais detalhadamente suas missões de pilhagem. Para ele, manter a família viva valia o risco de ser surrado por um guarda.

No verão de 1944, a família não estava bem. Paul feriu as costas quando carregava pesadas panelas de ferro na cozinha. Orgulhoso demais para parar e esperar que as feridas sarassem, ele continuou a cumprir suas tarefas diárias, coxeando e sentindo dores crescentes. A saúde de Connie também se deteriorou. Arruinada por doenças contínuas, ela perdeu tanto peso que parecia esquelética. Um dia, teve febre e seu estômago começou a doer. A situação piorou depressa, e logo a dor se localizou do lado direito do corpo. Eles a levaram ao hospital, onde ela foi diagnosticada com apendicite aguda. Não havia tempo para tentar conseguir um passe e levá-la ao Manila General — de qualquer forma, agora que os militares dirigiam o campo, passes não estavam disponíveis. Eles a carregaram para a cirurgia, mas lá não havia anestesia geral para os internos. Deram a ela uma anestesia local leve, e seu apêndice foi cortado com ela acordada.

Connie levou vários meses para se recuperar, e permaneceu enfraquecida pela provação e pela dor. Felizmente, ela tinha o espírito do pai: era uma guerreira e se recusava a desistir de si mesma. Esse não era um feito emocional fácil — destroçada pela dor, passando fome, ela ficava deitada na cama cercada por enfermos e moribundos. Via como o sofrimento arrasava alguns deles. Eles desistiam e deixavam que a morte os tomasse.

Os mais velhos e mais doentes iam primeiro, vítimas de tuberculose, beribéri, malária ou simples inanição. A ala do hospital estava lotada de pacientes e esgotava o que restava dos remédios da Cruz Vermelha enviados em dezembro de 1943. Os médicos e as enfermeiras pouco podiam fazer por eles além de lhes dar algum conforto em suas horas finais.

No meio desse horror crescente, os internos vislumbraram a esperança. Em 8 de junho de 1944, Nath estava no prédio principal com a mãe quando várias formações de aviões sobrevoaram o campo. Alguns seguiram para a baía de Manila, outros para os aeroportos na cidade. Isso não era incomum; os japoneses passavam pelo céu o tempo todo. Então, eles ouviram um som que estava ausente de sua vida desde dezembro de 1941. Todos no campo pararam para ouvir, até os japoneses.

Era o som de fogo antiaéreo.

A família correu para a janela mais próxima e viu aviões mergulharem sobre a baía de Manila. Bombas explodiram ao longe, explosões de fogo antiaéreo encheram o céu, suas concussões fazendo o prédio tremer. Logo estilhaços antiaéreos começaram a tilintar nos telhados e cair nos espaços abertos do campo.

Os aviões eram azul-marinho com estrelas brancas brilhantes. Vivas ergueram-se pelo campo e as pessoas começaram a gritar: "Os americanos voltaram!".

Os guardas japoneses corriam caoticamente enquanto o comandante saiu apressado, gritando ordens. Parecia que ele temia um ataque de paraquedas. Então Abiko invadiu a cena, seu rosto confiante retorcido de raiva. Quando os aviões passaram no céu, ele agarrou seu sabre, levantou-o acima da cabeça e o sacudiu para eles enquanto vociferava em japonês.

Polly puxou Nath para perto e sussurrou para ele: "Não importa o que aconteça, não acredite em nada que você mesmo não veja. O.k.?".

"Sim, mãe."

"Pode demorar anos para os soldados americanos chegarem aqui", ela acrescentou. Essa realidade matou um pouco da alegria do momento. Juntos, eles olhavam pela janela, vendo os aviões mergulhar e girar, e se perguntavam se P.I. Gunn estava operando os controles de algum deles.

A vista de aviões americanos confirmou todas as notícias que eles receberam sobre o Japão estar sendo rechaçado em todas as frentes. O moral dos internos cresceu, só para lentamente degenerar de novo quando todos perceberam que o bombardeio de surpresa não sinalizava a salvação deles. A comida ficou ainda mais escassa. As rações foram outra vez cortadas. E o campo voltou a uma rotina tensa.

Abiko bebia ainda mais, e extravasava sua ira nos internos mais fracos. Os outros guardas, com medo do que o futuro traria, ficavam irritados, nervosos e às vezes violentos. Talvez soubessem do destino de tantos de seus amigos e camaradas na Nova Guiné, nas ilhas Salomão e em Rabaul. Se fosse esse o caso, sabiam que provavelmente nunca escapariam das Filipinas caso MacArthur conseguisse retornar.

Um dia, ao voltar aos dormitórios do sr. Leake, Nath encontrou Abraham Zelekofsky, o jovem prodígio musical, em completo desespero. Pálido, frágil e sem vigor, ele parecia totalmente fora de lugar em um quarto cheio de garotos emagrecidos e endurecidos por anos de trabalho.

Nath perguntou qual era o problema, e Abraham relatou que sua mãe lhe dera um pequeno pacote de bolachas salgadas. Ele as racionava cuidadosamente para si, guardando o resto enquanto conseguia. Inevitavelmente, um garoto maior que ele descobriu seu esconderijo e comeu tudo o que restava.

"Quem pegou sua comida, Abe?", perguntou Nath.

O músico contou a ele. Nath se levantou e foi procurar o garoto. Encontrou-o na terceira sala usada como dormitório no prédio da educação. Quando o confrontou, o garoto disparou: "O que você é, a mamãezinha dele?".

"Não", disse Nath devagar, "mas a mãe dele me pediu que cuidasse dele."

O garoto grandão se voltou para Abe, que estava atrás e de um lado de Nath. "Isso está certo, judeuzinho?"

"Sim, está", disse Abe em voz baixa.

O garoto zombou de Nath: "Então você é mesmo a mamãezinha dele".

Agora com catorze anos, Nath possuía reservas de energia e força como poucos. Comia tudo que encontrasse — até insetos — para ficar daquele jeito, e, ao amadurecer de pré-adolescente para adolescente, tornou-se um oponente físico formidável.

Ele não hesitou. Deu um soco no peito do ladrão, e o garoto caiu para trás, surpreso com a força do golpe.

Regras da Oitava Avenida. Torne doloroso demais para alguém mexer com você ou com aqueles que você deve proteger.

Quando o ladrão se pôs de pé, Nath deu um passo à frente em postura de boxeador, preparado para atacar. O garoto tentou golpeá-lo, mas Nath o atingiu com um gancho na lateral da cabeça e o derrubou de novo no chão.

Bem nesse momento, o sr. Leake chegou correndo para interromper a luta. Ele ouviu a explicação de Nath, puniu o valentão, depois chamou Nath de lado para uma conversa a dois. Nath percebeu que Leake parecia pálido e terrivelmente magro. Como os outros homens no campo, nesse momento ele tinha perdido pelo menos 20% do peso corporal. Mas portava-se com uma dignidade calma que sempre impunha respeito. Os garotos eram leais a ele, como ele a eles. Alguns deviam a vida ao sr. Leake.

O sr. Leake disse a Nath que ele tinha feito o que era certo. Abe precisava de proteção, mas agora ele trataria disso. Nath e Paul tinham crescido sob os cuidados dele, e ele lhes disse que estavam prontos para voltar a se juntar aos homens no prédio principal. O sr. Leake sabia que eles podiam cuidar de si. Naqueles dias, graças à dieta de inanição, a maioria dos homens não tinha nenhuma energia. A luta entre eles desaparecia gradativamente à medida que a fome lhes sugava as forças. Nath e Paul agora teriam a vantagem.

Os garotos Gunn tinham feito a transição de meninos ingênuos e crédulos para sobreviventes experientes. Eles se livraram de seu idealismo, algo que outros nunca conseguiram fazer. Ao aprenderem as maneiras de sobreviver no campo, eles tomaram caminhos diferentes. Nath era o que assumia riscos, a força física. O protetor. Paul era firme e calmo nas crises, o pensador cuja determinação na cozinha ganhava o respeito de todos. Apesar de seu tamanho e de seu ferimento, ele nunca faltava um dia, porque isso ajudava materialmente a família. Se Nath era o protetor, Paul era o provedor. Juntos, eles eram o yin e o yang do caráter de seu pai, uma combinação perfeita de ação calculada e determinação.

Naquela noite, Nath e Paul empacotaram suas coisas. Com pessoas morrendo por todo o campo, encontrar um beliche no prédio principal perto do quarto da mãe deles não seria mais um problema. Eles caminharam lado a lado, determinados a ser as pessoas irascíveis que ninguém ia querer atacar. Não seriam mais os que fugiriam de ameaças — eram adultos.

Depois do primeiro ataque aéreo de surpresa dos Estados Unidos, os japoneses ordenaram que todos os internos que viviam fora do campo retornassem. Julie, cujo gesso a essa altura fora substituído por uma cinta de metal, fez uma última entrada pelo portão. Com a cinta, ela não podia esconder pacotes como fazia com o gesso. Em vez disso, ela os enfiou nas roupas e tentou escondê-los da melhor maneira possível. O dinheiro e os bilhetes ela enfiou debaixo da blusa.

Em sua última missão, Julie chegou aos portões e viu os guardas encarando-a como sempre. Fizeram sinal para que ela entrasse, mas, quando ela ultrapassou o posto de controle na direção do ponto de entrega com os irmãos e a irmã, eles começaram a segui-la. Em um instante, estavam ao lado dela, e a escoltaram até a sala do comandante.

Sob os olhos vigilantes dos guardas, Polly apareceu no caminho de Julie. Seu rosto nada revelava. Ela sorriu para a filha, que tentava não parecer estupefata. Ambas sabiam que tinham um problema. Mas Polly não pretendia abandoná-la. Adiantou-se e segurou a mão de Julie. Lado a lado, elas entraram na sala do comandante, flanqueadas pelas baionetas do inimigo.

O sr. Ohashi as cumprimentou, e as duas se inclinaram para ele com o respeito costumeiro. Então os guardas revistaram Julie. Um a um, os alimentos escondidos surgiram. Polly os viu e seu estômago roncou. Ela estava desesperadamente faminta, e a simples visão daquelas delícias vitais a fazia suspirar alto por elas.

Os guardas não revistaram debaixo da blusa de Julie. Se tivessem feito isso, teriam encontrado bilhetes e dinheiro escondidos no sutiã dela, uma ofensa muito mais grave. Se os bilhetes contivessem qualquer coisa que pudesse ligar Julie à insurgência, quase certamente ela teria sido levada às pressas para enfrentar a polícia secreta no Forte Santiago.

Em vez disso, o sr. Ohashi observou a comida, considerou a situação e decidiu devolver a maior parte dela a Julie e Polly. Foi um ato singular de compaixão.

Elas foram liberadas, e Julie foi de novo para o quarto 46 com a mãe e a irmã. Nunca mais foi autorizada a deixar Santo Tomas. Seus dias de espiã adolescente terminaram; seus dias de sobrevivente tinham apenas começado.

41. O mindinho e os pulmões

Março de 1944
Nova Guiné

Na primavera de 1944, os japoneses tentaram mais uma vez reforçar Wewak. Os *strafers* voltaram a ele e a outro complexo de aeródromo em Hollandia, a várias centenas de quilômetros na costa. De novo, os aviões japoneses escondidos de maneira meticulosa foram simplesmente pulverizados no solo a um custo mínimo. Na metade de março, eles enviaram de Wewak um comboio pela costa rumo a Hollandia. A Quinta Força Aérea se lançou sobre ele, e seguiu-se uma mini-Batalha do Mar de Bismarck. Naquele dia, o agressivo piloto Bill Runey participou da escolta dos *gunships*, e de sua posição no alto viu os Mitchell destroçar os navios. Quando a primeira onda de bombardeiros passou sobre o comboio, Bill não viu nada além de embarcações partidas, o óleo queimando sendo cuspido de cascos rompidos. Um dos navios rolou, sua lateral aberta por bombardeios de raspão. Quando passou sobre o navio, Bill pensou que a água em volta dele estava coberta de óleo. Então percebeu, chocado, que não era óleo — era uma camada de pessoas composta de centenas de soldados e marinheiros agrupados em volta de destroços.

Mais uma vez, os tubarões se alimentaram.

O sucesso de março culminou em uma matança de surpresa em Hollandia. Um grande número de aviões japoneses foi destruído em dois dias consecutivos de ataque. Três semanas depois, MacArthur lançou de surpresa uma invasão de anfíbios em Hollandia. Quando os soldados americanos desembarcaram e tomaram os campos de pouso, pilotos, turmas de solo e tropas de apoio japoneses fugiram para a selva.

Os ataques aéreos seguidos pelo ataque terrestre asseguraram que algumas das unidades da Força Aérea japonesa sofressem baixas de 95%. Os homens que não morreram em seus aviões ou nas bases aéreas foram isolados pelo avanço dos soldados de MacArthur e deixados a morrer lentamente na selva. Alguns recorreram ao canibalismo para permanecer vivos. Morreram de doença e desnutrição, ataques de indígenas, ou de patrulhas dos Aliados que vagavam pela selva. Quase ninguém sobreviveu à guerra.

Enquanto a revolução que ele desencadeara destruía o poder aéreo japonês na Nova Guiné, Pappy Gunn trabalhava com a mesma fúria de sempre. Lidava com uma dúzia de projetos especiais ao mesmo tempo, nunca esmorecendo em sua busca de aperfeiçoar e tornar melhor e mais resistente o equipamento enviado das fábricas nos Estados Unidos. Seu tempo era ocupado por tudo, de melhores detonadores e bombas a novos cabides para bombas e até um holofote montado em um B-25 para operações noturnas. Como sempre, ele raramente dormia e pressionava seu corpo envelhecido para além do ponto de ruptura.

Seu mindinho tornou-se uma baixa dessa ética do trabalho. Durante anos, ele se quebrou repetidas vezes sob a tensão do trabalho frenético de Pappy. Ele ia ao dr. Gilmore para recompô-lo, só para quebrá-lo outra vez. Naquele momento, ele pendia inútil em um ângulo esquisito, e só atrapalhava quando Pappy o enfiava em um projeto mecânico.

Finalmente, ele se fartou. Procurou o dr. Gilmore e exigiu que ele o amputasse o mindinho quebrado. O médico lhe disse que era um cirurgião de voo, não um verdadeiro cirurgião, e que não poderia operá-lo.

"Bom, que se dane, veterinário!", gritou Pappy. "Leve-me a alguém que possa fazer o trabalho."

A essa altura, o dr. Gilmore conhecia seu amigo o bastante para saber que era inútil discutir. Levou Pappy a um hospital de campo e encontrou um cirurgião. O homem olhou a mão de Pappy, declarou que o dedo era salvável e se recusou a amputá-lo.

Resposta errada, doutor.

Pappy tinha coisas a fazer e não ia desperdiçar tempo com aquele intelectual. Sacou sua Colt .45, pressionou-a contra o mindinho quebrado e anunciou: "Ou você corta essa porra, ou eu vou explodi-la por todo canto e você vai ter que limpar a sujeira".

O cirurgião olhou para o dr. Gilmore, que deixou claro que Pappy ia mesmo fazer aquilo.

O cirurgião cedeu. "O.k., venha comigo."

Depois da amputação, Pappy carregou o mindinho em um pote por algum tempo. Ele ficou conhecido como "dedo perverso" e acabou em lugares estranhos. Uma vez, enquanto ele visitava o Terceiro Grupo de Ataque na Nova Guiné, alguém fez uma estátua de Buda e enfiou o dedo perverso no umbigo dela. Eram feitas festas em volta do dedo, e surgiram muitas anedotas sobre ele na Quinta Força Aérea. Diz a lenda que o dedo finalmente descansou depois de um funeral completo e apropriado.

Naquela primavera, Pappy flertou de novo com o BIA. Dessa vez, os espiões de MacArthur conceberam um plano para que os guerrilheiros de Mindanao construíssem um complexo de aeródromo completo no interior da ilha. Pappy poderia então levar suprimentos para os guerrilheiros num avião modificado. Havia até um plano de conseguir para os guerrilheiros sua própria força de bombardeiros a ser usada a partir daqueles campos de pouso, mas esse plano nunca foi executado, pois os japoneses devastaram o local proposto para a base aérea em junho de 1944.[1]

Frustrado diante do fato de os japoneses terem impedido sua última oportunidade de voltar às Filipinas, Pappy retornou ao trabalho com ímpeto renovado — e ainda menos paciência com quem não operava em ritmo acelerado. No Quatro de Julho, Pappy apareceu em um depósito de suprimentos na Austrália, precisando de material para um de seus projetos. Para sua indignação, o lugar estava fechado por causa do feriado.

Nos últimos meses, a imprensa vinha noticiando a Marcha da Morte de Bataan e o horrível tratamento dado aos prisioneiros de guerra dos Aliados nas Filipinas. Com a aproximação dos americanos das Filipinas, esse tratamento piorou. Pappy estava de novo louco de preocupação, com a cabeça cheia dos piores cenários. Ao mesmo tempo que a maré virava e a marcha para Manila o punha em máxima atividade, ele se tornava ainda mais impiedoso em seus esforços para ajudar a acelerar o avanço.

Para ele, tirar uma folga era inaceitável. Pappy saiu de seu veículo e correu até um guarda que vigiava o depósito de suprimentos. O guarda viu um furioso tenente-coronel vindo em sua direção e se preparou para a gritaria que certamente ocorreria. Suas ordens eram claras: ninguém entra no depósito. Nem mesmo oficiais de baixa patente raivosos.

Pappy abordou o guarda com fúria indignada, mas o soldado se recusou a ceder. Nada de entrar.

Pappy sacou uma de suas Colts .45, apontou-a para o guarda e pediu mais uma vez que ele abrisse o portão.

Como sempre, a pistola funcionou. O guarda abriu o portão, e Pappy conseguiu o que queria. Mas aqueles não eram os meses caóticos do começo de 1942, quando essas coisas passavam despercebidas. A Força Aérea do Exército de 1944 era muito mais organizada e disciplinada. Roubar um depósito de suprimentos não podia ficar sem punição; nem mesmo se o ladrão fosse ninguém menos que Pappy Gunn.

Pappy recebeu uma dura reprimenda oficial por escrito, junto com uma carta disciplinar para seu arquivo pessoal. Ele não deu a mínima. Tinha surrupiado as peças necessárias, e era só isso que lhe importava.

Enquanto estava preso na Austrália, ele soube que estava vindo para o teatro de operações um novo avião *strafer*, chamado Douglas A-26 Invader. Ele encheu o general Kenney de pedidos para testar o A-26 em campo de combate e informar sobre suas capacidades. No fim, esse pedido foi concedido. Não se sabe quantas missões ele fez no avião, que começou a chegar em junho de 1944. Os primeiros quatro aviões de teste foram para os Grim Reapers, e Pappy se reuniu com seus velhos companheiros para fazer missões de combate com eles na nova aeronave.

À primeira vista, ele pareceu um belo acréscimo à formação de *gunships*. Incrivelmente rápido, de linhas arrojadas e armado de fábrica com oito calibres .50 no nariz, o A-26 podia carregar 2800 quilos de bombas. Isso era mais do que o Miss EMF podia carregar em 1942 como o principal bombardeiro pesado americano. O potencial tecnológico era impressionante.

Mas os testes de combate se mostraram decepcionantes. Pappy e os pilotos de *strafer* acharam a cabine totalmente inadequada para voo de baixa altitude. Eles não podiam ver acima do nariz; a disposição dos instrumentos e controles era desajeitada e contraintuitiva. Pappy recomendou que a Quinta Força Aérea rejeitasse o avião até que modificações pudessem ser completadas. Kenney concordou e fez isso. O A-26 depois se tornaria um dos grandes *gunships* da história da aviação e seria usado pela Força Aérea americana na Coreia e no Vietnã, mas, por ora, os Grim Reapers queriam mais B-25 e A-20 Havocs.

De volta ao Terceiro Grupo, Pappy se juntou a Big Jim Davies, que voltara dos Estados Unidos e estava de novo na Nova Guiné. Era como nos velhos tempos, e os dois se reuniam à noite para beber e falar sobre o passado — e lembrar velhos amigos mortos havia tempo. O dr. Gilmore se juntava a eles, assim como outros velhos camaradas que ainda restavam no grupo.

Uma noite, Davies e alguns confederados estavam bebendo sem o companheiro do Arkansas e decidiram pregar uma peça em Pappy enquanto ele dormia em uma barraca de uso geral. Foram atrás de alguns explosivos e mais bebida e depois se reuniram em uma colina acima do pacífico quarto na selva de Pappy.

Alguém levou a carga explosiva usada em uma das bombas de fragmentação de Kenney. Eles a ligaram a um detonador e a rolaram pelo declive na direção da barraca de Pappy. Pensando que a explosão ia só acordá-lo e deixá-lo apavorado, eles ficaram estatelados ao vê-lo ser jogado para fora da barraca. Desceram correndo a colina para ajudá-lo e o encontraram ferido gravemente. Entorpecido pela concussão, com falência de um pulmão, Pappy tinha dificuldade de respirar quando o dr. Gilmore começou a trabalhar nele. O médico conseguiu estabilizar Pappy, depois o levou depressa ao hospital de campo mais próximo, onde Pappy teve uma rápida recuperação. Mais tarde, Pappy creditaria ao dr. Gilmore ter lhe salvado a vida.

Pappy encarou a brincadeira com tranquilidade; sabia que eles não pretendiam causar nenhum dano e que as coisas tinham apenas saído do controle. Ele próprio não era de pregar peças, mas vivia em uma cultura encharcada daquelas brincadeiras e sabia que os aviadores só escolhiam como alvo pessoas de quem gostavam. Se alguém não era vítima de brincadeiras, isso normalmente significava que não era respeitado pelos outros homens do grupo. Pappy entendia isso, e o incidente jamais afetou sua amizade com Davies.

O QG da Quinta Força Aérea teve uma visão diferente do incidente. Davies era coronel, ansioso para ser promovido a general de brigada. A falta de julgamento, combinada à gravidade dos ferimentos de Pappy, quase custou a Davies sua estrela de general.

Quando Pappy se recuperou, apareceu no QG de Kenney para obter aprovação para seu último plano de retorno às Filipinas. Ele começou com algo exagerado: queria levar a Manila um único B-25 modificado carregado com combustível e munição incendiária, numa missão só de ida.

Ele ouvira falar que havia centenas de aviões japoneses abrigados no Dewey Boulevard, no centro de Manila. Imaginava que um B-25 *strafer* voando bem baixo poderia destroçar todos eles.

É claro que ele não teria combustível suficiente para voltar para casa, então propunha fazer um pouso forçado em algum outro lugar em Luzon e encontrar um submarino da Marinha que o recolheria. Ele provavelmente queria de fato uma maneira de voltar a Manila para mais uma tentativa de resgate da família. O voo de ataque era apenas a cobertura.

Não importava. Kenney vetou a proposta. Mas Pappy era persistente. Voltou com a mesma ideia com uma alteração: ele iria sem bombas nem torre de tiro superior, e com tanques extras onde quer que eles se encaixassem. Dessa maneira, pelo menos conseguiria chegar ao sul das Filipinas.

Sem chance.

Em setembro de 1944, quando a invasão das Filipinas estava prestes a ser realizada, Pappy tentou de novo. Dessa vez, ele queria pousar e recrutar um exército de guerrilheiros para atacar os japoneses na retaguarda enquanto as tropas de MacArthur desembarcavam nas praias.

Kenney disse a ele que o meio milhão de homens alocado para a operação poderia se ressentir de ele tentar ganhar a guerra sozinho.

Contudo, Kenney decidiu que tinha um lugar para Pappy na iminente invasão. A concepção original do retorno de MacArthur às Filipinas começava com um ataque anfíbio a Mindanao. Depois de assegurar campos de pouso lá, o próximo salto seria para as Filipinas Centrais, e depois, finalmente, Luzon. Todo o esforço na costa da Nova Guiné estava baseado na necessidade de ter bases de bombardeiros e caças das quais fosse possível alcançar as praias de Mindanao, de modo que o primeiro degrau na escada das Filipinas pudesse ser tomado.

Esse plano foi descartado em setembro de 1944. Informações relataram que os japoneses estavam particularmente fracos na ilha de Leyte, nas Filipinas Centrais. Se Leyte pudesse ser tomada e campos de pouso construídos rapidamente, eles poderiam poupar meses da campanha inteira para voltar a Luzon.

Dado que ainda havia milhares de prisioneiros de guerra e internos em Luzon suportando o inferno do encarceramento japonês, cada dia que eles pudessem acelerar sua libertação salvaria vidas. Mas Leyte era uma aposta. Estaria fora do alcance dos caças e bombardeiros da Quinta Força Aérea, o que significava que a força de invasão não teria cobertura aérea da USAAF. Esta teria de vir da Marinha dos Estados Unidos e de seus porta-aviões ligeiros. Só uma vez antes, em Hollandia, MacArthur contara com a Marinha para cobertura aérea.

Os soldados precisariam desembarcar e tomar uma área considerável para os campos de pouso, depois os engenheiros precisariam construí-los em tempo recorde. Quando estes estivessem prontos, as unidades aéreas de Kenney poderiam chegar e se juntar ao combate.

E haveria combate. Os japoneses concentraram quase novecentos aviões nas Filipinas. Se os porta-aviões ligeiros terminassem em uma batalha com a frota imperial japonesa — que se dizia estar pronta para intervir em qualquer operação nas Filipinas —, as coisas poderiam se complicar para a cabeça de ponte na praia. Os soldados perderiam sua proteção aérea e seu apoio ar-solo. Em uma hipótese pior, os japoneses poderiam na verdade controlar o ar sobre Leyte.

O pouso se daria nos arredores de Tacloban, a capital da ilha. Uma pequena pista de pouso se estendia numa península estreita a alguns quilômetros da cidade. Esse seria o primeiro objetivo para os pousos. Tomá-la e pôr engenheiros na pista para ampliá-la, instalar pranchas de metal de modo que ela pudesse ser usada no mau tempo e construir áreas de estacionamento de aviões com anteparos de proteção. Os P-38 e B-25 de Kenney estariam prontos para voar até lá uma vez que a pista fosse declarada operacional. Ela seria um dos componentes mais críticos da libertação inicial das Filipinas. Tacloban tinha que estar funcionando em questão de dias. Era uma tarefa difícil.

Kenney queria que ela fosse executada corretamente. Ele disse a Pappy que reunisse uma equipe de homens capazes com habilidades diversas, cinquenta no máximo. Eles seriam solucionadores de problemas, os homens no solo em quem ele poderia confiar. Iriam a Tacloban como parte da 308ª Ala de Bombardeio do coronel David Hutchison para ajudar a terminar e administrar o aeródromo. Kenney disse a Pappy que escolhesse homens de ação que pudessem se virar em uma luta.

Pappy adorou essa nova atribuição. Ela o levaria ao solo filipino no primeiro dia da invasão. Finalmente ele poderia chegar a Polly e aos filhos. Kenney, é claro, sabia disso, e queria que seu gênio louco estivesse em segurança. Depois que Pappy deixou sua sala, Kenney contatou o coronel Hutchison e disse a ele que não desse um avião a Pappy quando Tacloban estivesse em condições de operar. Ele não toleraria nenhum voo no meio da noite para Manila nem voos solo para eliminar alvos japoneses. Santo Tomas podia esperar. Por ora, dar aos soldados e aos navios alguma cobertura aérea para protegê-los dos novecentos aviões japoneses na área era a única coisa que importava.

42. Na cauda do fantasma de Custer

20 de outubro de 1944
Praia Branca, ilha de Leyte, Filipinas

O tenente-coronel Paul Irving Gunn, de quarenta anos, olhava o plácido mar cerúleo, pasmo com a vista ao seu redor. Navios de guerra se deslocavam ao largo da praia Branca, suas principais baterias de canhões arrotando chamas e fumaça. Cruzadores e destróieres aguardavam nas proximidades, esperando sua vez ao sol da manhã. No céu, caças da Marinha orbitavam protetivamente enquanto bombardeiros de mergulho desciam sobre alvos atrás da praia que os homens de Pappy logo atacariam.

Sua embarcação de desembarque oscilava com as ondas suaves enquanto se agitava em volta de sua nave-mãe, sua tripulação esperando a ordem para invadir a praia. Em volta dele, centenas de barcos, botes e embarcações de todos os tamanhos enchiam o golfo de Leyte. Era um poder que ele jamais vira, os frutos assombrosos de uma economia de guerra total e um país unido com poder industrial nunca visto na história humana.

Ah, se esses aviões e embarcações existissem em 1941. Se ao menos esse momento tivesse ocorrido em 1942, e não dois anos e meio depois de ele ter deixado Manila naquela sombria e caótica véspera de Natal.

Agora ele estava na ponta da lança, ajudando a garantir que MacArthur cumprisse sua promessa de retornar. Em vez de estar a milhares de quilômetros de Polly e dos filhos, Pappy estava agora a apenas algumas centenas.

Por duas horas, três encouraçados atacaram a praia da invasão e as áreas atrás dela. As enormes granadas abriam crateras com metros de profundidade no solo macio de Leyte. Transformavam árvores em lascas, demoliam prédios, bunkers, casamatas e paióis. Então os encouraçados deram lugar a seus companheiros menores. Os cruzadores se aproximaram da praia, com os canhões berrando em uma cacofonia de disparos rápidos. Uma linha de destróieres deu cabo da tarefa ao mesmo tempo que era dada a ordem de enviar as ondas de ataque.

Todas juntas, as centenas de embarcações de desembarque seguiram para a praia Branca, uma pequena ponta de areia margeada por coqueiros e tendo no fundo um pântano. A Sétima Cavalaria seria a primeira a desembarcar, ansiosa por redimir a honra de seu regimento e apagar a mancha da derrota do tenente-coronel George Armstrong Custer na Batalha de Little Bighorn, duas gerações antes.

Pappy Gunn e os engenheiros designados para tornar operacional o aeródromo de Tacloban desembarcariam logo atrás da Sétima. Na praia, eles virariam para a direita e começariam a trabalhar na pista de pouso assim que os soldados da cavalaria tirassem os japoneses da área.

As ondas de embarcações de desembarque se aproximaram da praia enquanto canhoneiras disparavam salvas de foguetes contra as posições japonesas. Seus impactos criavam um rugido avassalador enquanto eles despedaçavam homens e a natureza. A algumas centenas de metros da praia, todas as metralhadoras disponíveis lançaram chumbo na praia para forçar os japoneses a se esconder.

As primeiras ondas chegaram à praia, as rampas foram abaixadas e centenas de soldados de cavalaria bem armados invadiram a praia Branca. Os defensores japoneses só conseguiram reagir com tiros esporádicos de fuzil e metralhadora.

A Sétima avançou para a linha das árvores, movendo-se depressa com apoio de perto de tanques. Metade do regimento seguiu para oeste, na direção da cidade de Tacloban. A outra metade virou à direita, para a península de Cataisan, abrindo caminho entre palhoças filipinas e o pântano até chegar à estrada para o aeródromo.

Bem atrás deles, os engenheiros e a força de cinquenta homens determinados de Pappy patinou na praia e seguiu os passos da Sétima. Pappy equipara sua equipe com pistolas e submetralhadoras e pacotes de munição extra, além de um sortimento de materiais que ele julgava que seriam úteis uma vez que eles chegassem ao aeródromo. Eles pareciam rústicos e prontos, como piratas modernos em uma missão de tomada.

Chegaram à estrada na base da península e seguiram para o norte, encontrando soldados japoneses mortos espalhados pela areia dos dois lados do asfalto. Às quatro da tarde, o velho comando de Custer tinha terminado de limpar o aeródromo, e a equipe de Pappy chegou para ajudar no que pudesse. Os engenheiros começaram a trabalhar alargando a pista. Ela teria de ser estendida quase até a base da península para comportar o tipo de avião que Kenney queria alocar.

Eles precisavam de equipamento pesado, mas suas escavadeiras e motoniveladoras ainda não tinham chegado. Pappy e parte de sua equipe saíram em busca do que pudesse ser útil enquanto o resto de seus homens começou a reparar alguns prédios que poderiam ser usados como oficinas.

Enquanto procurava peças, a equipe de Pappy perambulou atrás das linhas japonesas a oeste da península e encontrou uma escavadeira abandonada. A princípio ela não funcionou, mas Pappy a examinou e conseguiu ligá-la. Eles a dirigiram até o aeródromo e a entregaram aos engenheiros.

Enquanto eles trabalhavam, os japoneses atacaram. Caças voando em baixa altitude atiraram contra as praias, ateando fogo em suprimentos recém-desembarcados. Outros metralharam e bombardearam os homens que construíam a pista, e mais de uma vez Pappy teve que correr em busca de cobertura. Ele rapidamente ordenou que alguns de seus homens começassem a cavar trincheiras estreitas dos dois lados da pista, ao mesmo tempo que mais aviões japoneses rompiam o cordão aéreo para bombardear navios ao largo.

Kenney chegou ao aeródromo e encontrou uma cena de completo caos. Os caças japoneses que chegavam faziam os homens correr em busca de cobertura. Grande parte do que os engenheiros necessitavam ainda não tinha sido desembarcada, inclusive as decisivas esteiras de aço que eles precisariam estender e assentar na pista para torná-la utilizável depois de tempestades. A península tinha apenas trezentos metros de largura, e a pista ocupava a maior parte disso. Não haveria espaço para anteparos nem muita coisa mais, e Kenney logo calculou que teria sorte se conseguisse pôr 75 caças baseados ali quando ela estivesse pronta.

Esse era o melhor campo que eles tinham. Mais ao sul, tropas americanas capturaram uma faixa de solo plana perto de Dulag que deveria ser transformada em outra pista. Mas bastou uma olhada no lugar encharcado para os engenheiros perceberem que seriam necessários esforços hercúleos para torná-lo utilizável.

Por ora, os 420 aviões a bordo dos doze pequenos porta-aviões de escolta do almirante Thomas Kincaid proporcionavam cobertura aérea. Esse número parecia grande, mas os pilotos da Marinha precisavam patrulhar acima de seus próprios conveses de voo para mantê-los seguros, além de realizar missões antissubmarino, voos de escolta e outras operações. A qualquer momento, apenas algumas dezenas de caças podiam estar no céu para proteger as centenas de embarcações no golfo de Leyte.

Os japoneses logo dominaram essa cobertura de caças com uma miríade de pequenos ataques. Os americanos simplesmente não podiam estar em todos os lugares ao mesmo tempo, e naquele primeiro dia os japoneses deram o tom para a invasão. Seus pilotos não desistiam sem lutar. De fato, dois deles jogaram os aviões contra um par de cruzadores dos Aliados, no que foi um dos primeiros ataques camicases dedicados da guerra.

Os homens de Kenney precisavam sem demora pôr Tacloban em pleno funcionamento. O coronel David "Photo" Hutchison chegou mais tarde naquele dia com o comando da 308ª Ala de Bombardeio, o grupo que formara a ponta de lança da Quinta Força Aérea nas Filipinas. O comando de Hutchison não tinha aviões no momento, mas ele fez de Pappy seu oficial de aeródromo. De líder de bombeiros, Pappy passara a ser agora responsável pelo imóvel mais importante nas Filipinas.

Os engenheiros relataram que precisavam de algo para nivelar a pista de forma que ela pudesse suportar o uso por aviões pesados. O campo tinha sido aberto no meio da selva antes da guerra e só fora usado por aviões leves. Agora, antes de eles poderem instalar as esteiras de metal, precisavam de uma camada mais robusta do que apenas a areia e a terra existentes. Pappy partiu no fim do dia em busca de algo utilizável. Voltou e relatou que havia uma fonte de coral esmagado a apenas três quilômetros de distância. Essa foi uma notícia boa, e na manhã seguinte foram despachados caminhões para extrair material da fonte.

No dia seguinte, chegaram as primeiras entregas de pranchas de aço. Chamadas de esteiras Marston, essas pranchas pesadas eram uma engenhosa e pouco reverenciada invenção americana que assegurava que campos de pouso pudessem ser construídos em praticamente qualquer lugar do mundo. Eram pranchas de aço modulares, com aparência de queijo suíço, que podiam ser encaixadas de maneiras diferentes para formar uma espécie de aeródromo de peças de quebra-cabeça. Usados em todo o Pacífico para pistas de pouso, pistas auxiliares e áreas de dispersão, esses produtos da Carolina do Norte se tornaram uma das chaves para a vitória sobre os japoneses.

Quando o primeiro carregamento de esteiras Marston chegou, Pappy apareceu com quase duzentos voluntários filipinos para ajudar a colocá-las no lugar. Cada prancha tinha três metros de comprimento, quarenta centímetros de largura e pesava trinta quilos. Construir uma pista com novecentos metros de comprimento requeria milhares dessas esteiras. Colocá-las no lugar era sempre um trabalho intensivo em mão de obra. Pappy tinha previsto isso e saíra em busca de velhos amigos entre a população civil para pedir ajuda. Nos dias seguintes, ele acabou recrutando quase 1500 filipinos para a tarefa.

No começo nada deu certo. Só chegaram pranchas Martson equivalentes a 150 metros. Enquanto as equipes de Pappy as dispunham no chão e os engenheiros as encaixavam, houve outra onda de ataques aéreos contra as embarcações ao largo. As tripulações das embarcações de desembarque ficaram tão assustadas que não queriam entregar os suprimentos e soldados nas praias que lhes eram designadas, onde estariam vulneráveis ao desovar a carga nas ondas. Em vez disso, elas seguiam até a próxima ponta de terra — que era a península de Cataisan.

Enquanto todos no campo trabalhavam freneticamente, embarcações de desembarque da Marinha de repente começaram a despejar pilhas de equipamento destinado a outras unidades bem no meio de seu espaço de trabalho. Quando, no dia 23, Kenney chegou para dar mais uma olhada no andamento do trabalho, duas dezenas de embarcações de desembarque tinham despejado suas cargas em cima do aeródromo e a construção havia quase parado. Algumas das pilhas de suprimentos chegavam a três metros de altura.

Kenney ficou fora de si. Foi até Tacloban dar uma olhada. Quando estava subindo a península para a borda da pista, um bombardeiro japonês passou no alto e atacou impiedosamente uma embarcação de desembarque nas proximidades. Ela explodiu em chamas a apenas algumas centenas de metros da praia.

Na pista, Kenney viu que o problema precisava de uma solução de alto nível. Alguém com grande influência tinha que fazer aquelas tripulações de barcos parar de atravancar seu aeródromo com coisas que seu pessoal não podia usar. Ele entrou em contato com a Marinha e com MacArthur, e disse que aquilo precisava parar imediatamente. Mesmo assim, mais 38 embarcações estavam prestes a descarregar na pista de pouso. Desesperado para interromper essa loucura, Kenney ordenou a Hutchison que usasse a escavadeira para jogar no mar qualquer suprimento que ainda estivesse atulhando a pista na manhã do dia 25. Nesse meio-tempo, Pappy se ofereceu para garantir que nenhum outro barco aportaria — montando uma linha de metralhadoras ao longo das praias da península. Ele ficou vigiando-as, imaginando que, como era um velho marinheiro, conseguiria falar com as tripulações da Marinha na língua delas e convencê-las a ir achar outro lugar para despejar suas coisas. As metralhadoras apoiariam suas palavras.

Em meio a todas as questões logísticas, os japoneses continuavam seus ataques. Caças em velocidade bramiam sobre a pista no nível do topo das árvores em investidas de surpresa de poucas em poucas horas. Outros ataques vinham em altitude mais alta, e um aparelho de radar que tinha sido desembarcado dava aos homens algum alerta antecipado antes que as bombas começassem a cair.

Durante cada ataque, todos corriam como podiam em busca de proteção. Em suas visitas à pista, Kenney testemunhou muitos ataques. Pappy e os outros suportaram todos eles. Uma vez, quando ele estava parado ao lado de um jipe com o coronel Hutchison, um solitário piloto de caça japonês passou sobre o campo em um ataque de surpresa. Pappy e o coronel se jogaram embaixo do jipe enquanto balas passavam por eles.

Independentemente do perigo enfrentado, assim que os japoneses acabavam de passar, Pappy se recompunha e ordenava que todos voltassem ao trabalho. Eles se tornaram tão bons nisso que conseguiam alguns minutos extras de trabalho entre avisos de ataque aéreo e a chegada de bombardeiros de nível. Quando homens estavam morrendo ao largo numa carnificina, cada minuto contava.

No dia 24, bem distante no mar, aviões de escolta e submarinos americanos descobriram que a frota japonesa tinha navegado contra a força de invasão de Leyte. Vindo de múltiplas direções em vários grupos-tarefa, a Marinha imperial esperava sobrepujar os americanos e chegar aos vulneráveis navios de transporte e cargueiros. Eles não teriam nenhuma chance contra encouraçados japoneses, e se fossem destruídos, toda a invasão fracassaria. Foi um dos momentos mais desafiadores da história militar americana. Os japoneses quase conseguiram.

Ao longo do dia 24, porta-aviões americanos bombardearam os encouraçados e cruzadores japoneses que chegavam. Esses ataques afundaram muitos navios, entre eles o *Musashi*, o maior encouraçado já construído. Naquela noite, o último confronto entre encouraçados na história naval ocorreu no estreito de Surigao, ao sul da cabeça de ponte em Leyte. Os americanos emboscaram e aniquilaram a força-tarefa japonesa.

Na alvorada do dia 25, parecia que os americanos tinham conseguido uma grande vitória.

Então o *Yamato*, navio-irmão do *Musashi*, e seus acompanhantes navegaram direto contra a força de pequenos porta-aviões do almirante Thomas Kincaid. Aqueles vulneráveis porta-aviões de escolta e os destróieres que os acompanhavam eram os únicos navios americanos entre os encouraçados japoneses e os transportes ao largo das praias de Leyte. Em um dos confrontos navais épicos da Segunda Guerra Mundial, os porta-aviões de escolta lançaram seus aviões e tentaram freneticamente fugir dos canhões da frota japonesa enquanto bravas tripulações de destróier faziam investidas suicidas para ganhar tempo para os porta-aviões.

Os pilotos da Marinha fizeram ataques desesperados contra os colossos japoneses, metralhando seus conveses e soltando bombas. Quando ficavam sem armas e munição, faziam até investidas simuladas de lançamento de torpedo. Os japoneses, incapazes de saber a diferença entre os ataques reais e os falsos, manobravam contra cada um deles. Isso confundia o objetivo deles enquanto disparavam contra os porta-aviões em fuga e ganhava um pouco mais de tempo para os marinheiros americanos.

Com seus navios desviando e mudando de direção para se esquivar de petardos de encouraçado do tamanho de um carro, os pilotos não podiam pousar e reabastecer em seus conveses. Os cruzadores ligeiros, os únicos que podiam transportar, cada um, até cem aviões, tinham seguido para o norte mais cedo naquele dia para atacar outra força-tarefa japonesa. Não havia mais conveses que aquelas corajosas tripulações pudessem usar.

Com exceção daquele inafundável em Tacloban e de uma pista de pouso precaríssima em Dulag. Os pilotos voaram para o sul ao mesmo tempo que o porta-aviões USS *Gambier Bay* afundava em chamas sob um dilúvio de projéteis. Os bombardeiros precisavam de combustíveis e armas para ajudar a parar essa matança até que pudesse chegar uma ajuda melhor, e os pilotos rezavam para encontrá-la no aeródromo de Pappy.

Já não havia pilhas de suprimentos abandonados atravancando Tacloban, e os filipinos tinham conseguido dispor 550 metros de esteiras Marston na manhã do dia 25. Contudo, menos da metade da pista havia sido completada. Mesmo assim, aviões da Marinha começaram a pousar no meio da manhã. Muitos dos primeiros se estatelaram no fim da esteira Marston quando seus pneus afundaram na areia macia de Leyte. Os engenheiros os tiraram do caminho usando escavadeiras, para abrir espaço para outros. Uma equipe de controle aéreo conjunto Exército-Marinha usando jipes equipados com rádio fez contato com os pilotos no ar e começou a guiá-los adequadamente. Um a um, eles desciam e deslizavam até parar, e as tripulações desciam depressa para ajudar a reabastecê-los e rearmá-los.

Eles logo descobriram que enfrentavam o mesmo problema que o 27º Grupo de Bombardeio tivera com seus bombardeiros de mergulho na Austrália nos dias sombrios de 1942. Mesmo depois de anos de guerra, os cabides para bombas do Exército e da Marinha ainda não eram compatíveis. Pappy viu o problema e reuniu alguns de seus bombeiros. Juntos, eles modificavam rapidamente as bombas com maçaricos e ferramentas de solda e corte e depois as mandavam de volta ao avião à espera. Com elas carregadas a bordo em segurança, os aviões decolavam para o sul enquanto outros pousavam logo atrás deles.

A operação continuou em ritmo insano em Tacloban enquanto bombardeiros da Marinha seguiam para o norte para atacar os japoneses em temerárias investidas isoladas. Logo mais aviões chegaram depois das dez horas, quando um furioso ataque camicase afundou mais um porta-aviões do almirante Kincaid e causou sérios danos a três outros. Em poucas horas, quase metade de seus conveses de voo tinha sido posta fora de ação. Agora não haveria nenhuma cobertura aérea da Marinha para a frota de invasão ancorada ao largo das praias de Leyte. De fato, como resultado do violento ataque-surpresa dos japoneses, a dependência se inverteu. Os pilotos de Kincaid agora dependiam de Tacloban e do Exército.

Naquela manhã e naquela tarde, quase cem aviões pousaram no campo de Pappy. Dos primeiros 65 a aterrissar, vinte sofreram danos. Alguns outros tentaram descer em Dulag, mas lá ainda não havia instalações, bombas de combustível nem munição, e eles acabaram abandonados na ilha. De algum modo, em meio a todo o alumínio quebrado e à confusão, nem um único aviador naval foi morto.

Os constantes ataques aéreos abalaram a determinação do comandante japonês, e os encouraçados se viraram para casa, com os cruzadores e destróieres que os escoltavam dando cobertura de fogo antiaéreo contra os ataques aéreos americanos.

Enquanto tudo isso se desenrolava, os porta-aviões do almirante William "Bull" Halsey estavam travando uma batalha diferente contra uma força-tarefa de porta-aviões japoneses ao norte. A Marinha Imperial contava com isso, e dispôs alguns de seus últimos porta-aviões remanescentes na frente de Halsey, como isca. Ele a mordeu e seguiu para o norte, distanciando-se da área de desembarque para afundá-los.

Agora, naquela tarde, ele enviava parte de sua força de porta-aviões sob o comando do almirante John McCain para voltar e ajudar Kincaid. No fim do dia, ele lançou seus bombardeiros contra os encouraçados japoneses que fugiam do estreito de San Bernardino. Fez isso no máximo alcance dos aviões, sabendo muito bem que muitos deles nunca conseguiriam voltar a seus navios.

McCain passou um rádio para Tacloban e perguntou se seus bombardeiros podiam se desviar para o campo lá. Hutchison calculou que eles chegariam depois do pôr do sol e disse não. Ele não tinha luzes de pouso, nenhuma maneira de iluminar a pista, e além disso, o lugar ainda estava uma bagunça, com grande quantidade de aviões da Marinha quebrados e dispersos ao longo da pista.

Hutchison não pensou mais no assunto até o momento em que ele e Pappy conversavam sobre os acontecimentos do dia em sua barraca e seu telefone de campo tocou. Um controlador de tráfego aéreo disse a ele que havia aviões da Marinha no padrão pedindo instruções de pouso. Eles estavam com pouco combustível e alguns tinham sido atingidos por tiros. Ou desciam em Tacloban ou nas águas do golfo de Leyte.

"Eu posso trazê-los", disse Pappy. Antes que Hutchison pudesse perguntar como, ele se levantou e disparou da barraca para ir achar o que precisava. Encontrou um par de frigideiras de metal e amarrou uma lanterna no cabo de cada uma delas. A luz se refletia na frigideira, criando um farol instantâneo.

Satisfeito, ele correu para a borda da pista debaixo de uma tempestade que se intensificava.

Durante sua carreira na Marinha, Pappy passara muitos anos a bordo de porta-aviões. Fizera incontáveis pousos à noite em conveses estreitos inclinados em todos os tipos de tempo e sabia que o segredo dessas operações perigosas era a excelente coordenação com o oficial de sinalização e pouso (OSP). O OSP ficava na borda do convés com um par de pás de cor brilhante. Quando os aviões faziam sua aproximação final, os OSPs os guiavam com sinais dos braços. Os OSPs eram sempre pilotos experientes e sabiam o que o sujeito na cabine do piloto estava passando enquanto se preparava para pousar a bordo. Era um sistema incrivelmente eficiente que permaneceu em uso até a alvorada da era digital.

Aqueles pilotos militares no céu precisavam de um OSP. O tempo estava piorando. Eles estavam lá no alto, assustados, orbitando no escuro, e aquela pista semiacabada era sua única chance. Pappy deu a ordem de que eles fossem trazidos, e os controladores de voo a transmitiram.

Sozinho na ponta Cataisan, de frente para o mar, Pappy ligou as lanternas. Pás de OSP instantâneas. Abriu bem os braços, como se imitasse um pássaro planando no ar. À frente, ele viu as luzes de pouso de um avião que se aproximava descendo em sua direção. O piloto viu as frigideiras iluminadas e soube imediatamente que havia um piloto da Marinha no solo orientando sua descida. Observou os movimentos de braço de Pappy e seguiu seus sinais. Inclinou o avião e o alinhou à pista, então Pappy fez para ele o sinal de desligar o motor — uma pá em posição transversal a sua garganta. O piloto reduziu a velocidade e desceu em segurança para a pista.

Nem deu tempo de comemorar. Outro avião chegava. Pappy o alinhou e o trouxe para bordo em segurança. Seguiu-se um terceiro. A essa altura, Pappy já estava havia um bom tempo ao ar livre, expondo-se a qualquer atirador japonês à espreita, enquanto a chuva lhe encharcava o uniforme. Não importava. Ele só se preocupava em trazer aqueles rapazes para o solo em segurança. Se algum dos franco-atiradores japoneses ainda presentes na área atirasse nele, que assim fosse.

Ele orientou a descida segura de dois bombardeiros de mergulho do USS *Hancock*. Eles faziam parte de um esquadrão de doze que tinha tentado atacar a força-tarefa de encouraçados japoneses. Então aconteceu algo totalmente imprevisto. Uma aeronave no padrão manobrou para sua aproximação final. Suas luzes de pouso brilharam e o trem de pouso desceu. Pappy começou a guiá-la na descida. Na pista, Hutchison e Kenney observavam enquanto o piloto parecia não reagir às orientações de Pappy. De repente, o piloto afundou o manete, recolheu o trem de pouso e passou acelerando sobre a borda da pista. Inclinou fortemente o avião para a esquerda e voou sobre a água — bem na direção da forma escurecida de uma embarcação de desembarque ancorada ao largo. O barco de repente explodiu em chamas quando uma bomba o atingiu e incendiou um carregamento de combustível de aviação.

Era um bombardeiro japonês. A tripulação entrou sorrateiramente no padrão e fingiu até o último momento possível ser um avião americano que pousava. O piloto deu um senhor golpe, mas o ataque acabou beneficiando os outros aviões americanos no ar. As chamas do barco lançaram um clarão alaranjado por toda a península, e as pás de Pappy deixaram de ser necessárias. Um a um, os aviões remanescentes desceram em segurança. Nenhum deles se acidentou, e não houve nenhuma morte entre as tripulações. As fontes variam sobre quantos aviões Pappy trouxe para casa, mas provavelmente foram algo entre nove e vinte. Com sua improvisação rápida, ele salvou muitas vidas americanas naquela noite.

Dois dias depois, Tacloban começou a funcionar oficialmente. O major Gerald R. Johnson, um dos grandes ases da Quinta Força Aérea, trouxe os primeiros 25 P-38 Lightnings. Eles pousaram, foram reabastecidos e saíram em busca de atacantes japoneses.

Em seis dias e meio, os homens em Tacloban alcançaram um feito quase impossível. Construíram um aeródromo utilizável no meio de uma zona de guerra caótica, sob ataque aéreo constante e estorvada por inúmeros problemas que ninguém havia previsto. O trabalho na pista praticamente parou no dia 25, quando todos se concentraram em conseguir pousar, reabastecer e rearmar os aviões da Marinha, e o mau tempo dificultou seus esforços depois disso. Foi uma realização inacreditável. Com a pista em funcionamento e Lightnings zumbindo no céu, Pappy voltou a pensar em como chegar a Manila. Desde que pousara em Leyte, estava cada vez mais paranoico com a ideia de que os japoneses matariam sua família ou a tirariam de Santo Tomas, se descobrissem que ele tinha voltado às Filipinas. Em consequência, mantinha-se recatado, evitando todos os repórteres e não se expondo.

433

Entre os filipinos que vinham trabalhar no aeródromo para ele, havia guerrilheiros. Pappy conhecia alguns, e um deles o alertou sobre onde os insurgentes achavam que o general Tomoyuki Yamashita tinha localizado seu QG no centro de Manila. Ele era o comandante japonês nas Filipinas. Pappy foi direto ao coronel Hutchison com essa informação e pediu um avião para poder ir matá-lo.

Hutchison não aceitou o pedido de Pappy. Kenney concordou com Hutchison, dizendo a Pappy que ele seria mais valioso vivo do que qualquer general japonês morto era para a Força Aérea. Além disso, se ele fosse derrubado, poderia ser torturado para dar informações que poderiam levar sua família à morte. Esse pensamento conteve Pappy. Ele percebeu que eles estavam certos. Se os japoneses soubessem de sua identidade e verificassem as listas de internos, ele não tinha dúvida de que executariam sua família junto com ele.

Ele iria com as tropas de solo e estaria com os primeiros a atravessar os portões. Naquele momento, essa era a única maneira de estar seguro de que ele não causaria a morte de seus familiares se outra tentativa de resgate aéreo fracassasse.

Hutchison não sabia bem o que pensar da mudança de disposição de Pappy. Só para ter certeza, disse a todos no aeródromo que o arkansiano não mais voaria em missões de combate. E não pilotaria um avião em nenhuma circunstância. Mesmo assim, ele se preocupava com a possibilidade de Pappy tentar roubar um.

Pappy voltou ao trabalho no campo. Seu velho bando de piratas construiu com empenho uma torre de controle com troncos de palmeira cortados e arrastados da base da península. Ele supervisionou a construção de plataformas antiaéreas e de lugares para armazenamento de bombas, combustível e munição. Agora as oficinas de reparos funcionavam em jornada prolongada para manter voando os P-38 de Johnson. Estes já vinham obtendo vitórias, derrubando bombardeiros de mergulho sobre a frota de invasão apenas algumas horas depois de terem chegado ao campo.

No dia 28 um tufão interrompeu por pouco tempo os implacáveis ataques aéreos em que aviões atingiam alvos e saíam depressa. Mas o tempo transformou a pista em Dulag num pântano e as condições de vida em Tacloban ficaram ainda mais miseráveis. No dia seguinte, com o céu claro, os japoneses voltaram.

Dessa vez, um único caça Ki-43 Hayabusa passou sobre os topos de onda do golfo de Leyte, evitou a detecção por radar e surpreendeu todos em Tacloban.

Ele disparou contra a pista a poucos metros do solo, suas metralhadoras gêmeas varando de balas uma fileira de P-38. Jack Hedgepeth, chefe de tripulação de Jerry Johnson, foi morto instantaneamente na cabine do piloto do P-38 do grande líder, onde estava limpando o para-brisa antes da missão da manhã.

Mesmo com a chegada de uma das melhores unidades de caças no Pacífico, Tacloban continuava a ser um lugar muito perigoso.

No dia seguinte, Kenney estava no campo quando quatro caças-bombardeiros japoneses apareceram sobre a água, seguindo direto para a pista. Os atiradores antiaéreos abriram fogo, mas os quatro voavam baixo e rápido. Nenhum deles foi atingido.

Eles desceram metralhando a pista, soltando no caminho bombas de fósforo leves, de 27 quilos. Acertaram uma equipe de atiradores antiaéreos, matando dois homens. Mais à frente na pista, um par de P-38 explodiu em chamas. Quando o ataque começou Kenney estava parado perto de um jipe com um mapa aberto sobre o capô, conversando com um oficial engenheiro. No momento em que os caças dispararam na direção dele, ele e o engenheiro se esconderam atrás do jipe. A três metros de distância, uma explosão de fogo de metralhadora rasgou um caminhão, ferindo o motorista e incendiando o veículo.

Pappy foi apanhado em seu jipe no meio do ataque, ao ar livre. Um dos aviões zumbiu bem acima dele, com as metralhadoras disparando. Numa fração de segundo, uma bomba caiu menos de um metro à frente do jipe. A explosão arrancou Pappy do assento do motorista e o jogou no chão. Ele ficou lá estatelado, inconsciente por vários momentos. Então se sentou e, cambaleante, se pôs de pé. Deu alguns passos trôpegos, gritando em agonia, depois desabou de cara no chão, inerte, na fria pista que ele se empenhara tanto para construir.

43. A promessa de última instância

Fim de outubro de 1944
Santo Tomas, Manila, Filipinas

"Bom dia a todos. São 6h01. Peço desculpa pelo atraso, mas antes tarde do que nunca!", a voz de Don Bell anunciou de maneira alegre ao campo. Ele estava tão acostumado a passar impunemente, de forma sub-reptícia, notícias em sua transmissão diária, que a volta de MacArthur às Filipinas o tornou imprudente. A referência era tão óbvia que mesmo os japoneses a entenderam. Pouco depois da transmissão, os Kempeitai o arrastaram para o Forte Santiago.

Os internos perderam sua amada voz de Santo Tomas, mas a última notícia que ele dividiu com seus colegas prisioneiros varreu o campo como um incêndio devastador. Fazia semanas que eles sabiam que algo estava em andamento. Quase todos os dias, aviões americanos atacavam de surpresa a área de Manila. Os japoneses agora ordenaram que os internos permanecessem longe das janelas e não saíssem dos prédios durante os ataques. Parte disso era para protegê-los de estilhaços ou de bombas desgarradas, mas os internos também suspeitavam que era o jeito deles de evitar humilhação. De senhores de um reino sombrio e cruel, eles agora passavam a ser observadores impotentes do pleno poder de uma América ressurgente e rearmada. Eles sabiam que seu tempo estava acabando.

O Exército Imperial se apropriou de todos os alimentos disponíveis enquanto se preparava para uma última tentativa de resistência em Luzon, levando à fome a população civil. Dentro do campo, os japoneses reduziram a ração de arroz a menos de um punhado por dia para cada prisioneiro. Eles a suplementavam com bulbos e ervas e uma planta chamada beldroega, a qual Julie comentou que era o que os filipinos davam de comer a seus porcos. Depois de dezoito meses de vida na casa dos Gurevich, a repentina mudança de dieta a deixou enjoada e revoltada. Mesmo estando desesperada de fome, ela não conseguia comer muito do que os garotos encontravam para suplementar suas rações.

No começo de novembro, a situação no campo ficou realmente horrível. O número de mortes continuava a crescer. A inanição reduzia as capacidades mentais de todos. Eles falavam mais devagar, processavam as coisas mais lentamente. Os adultos ficavam letárgicos, e a produtividade nas hortas e cozinhas sofria enquanto seus corpos definhavam. Nesse momento, a maioria dos homens tinha perdido uma média de 23 quilos, quase 33% do peso corporal. Uma perda de 40% era quase sempre fatal. A sobrevivência estava por um fio, e a distância entre os que tinham alguma coisa e os que tinham muito pouco ficou ainda maior.

Aqueles que não haviam racionado seus pacotes da Cruz Vermelha ou guardado alguma reserva de comida passavam muito mal. Eles viam com inveja os vizinhos e colegas de quarto acrescentar petiscos de seus esconderijos às rações diárias. Mesmo coisinhas como sal ou um quarto de colher de chá de óleo de coco rançoso significavam a diferença entre mais um dia de vida e o colapso total. Aqueles que tinham planejado para os dias de escassez se sentiam culpados, mas não podiam compartilhar com os que haviam esgotado seus manás sem pôr em risco a própria saúde. Naquele outono era cada família, cada pessoa por si enquanto a morte espreitava o campo.

Polly racionava impiedosamente o que restava dos cinco pacotes da Cruz Vermelha deles. No jantar, ela exibia uma das poucas barras de chocolate que restavam, e na frente da família arrancava dela um único quadrado e depois o cortava em cinco partes iguais. Até as raspas eram divididas, já que nada devia ser desperdiçado. Polly tentava reduzir as próprias rações em benefício dos filhos, mas eles puseram fim nisso. A mãe já havia perdido peso demais, e eles estavam terrivelmente preocupados com ela. Julie notou com horror que, na última vez em que Polly pisara na balança no térreo, o peso da mãe era 35 quilos.

Nath passou a correr riscos maiores para conseguir qualquer coisa extra para a família. Ele e seus amigos íntimos praticavam sua própria versão de fraude com os japoneses. Durante uma de suas muitas espreitas, eles descobriram que o guarda da prisão tinha barris de peixe seco e outros produtos empilhados atrás de uma cerca de arame soldado. Se eles pudessem distrair os guardas, um deles conseguiria enfiar a mão através da cerca e pegar uma comida extra.

Eles designaram Ruski para a tarefa. Ele era da equipe de Nath, um garoto com cidadania britânica e ascendência russa, que tinha morado na China tempo suficiente para aprender um pouco de japonês. Nath deparou com ele pela primeira vez um dia, quando o garoto estava do lado de fora esculpindo biplanos e peças de xadrez de madeira. Ele se apresentou, e eles se tornaram amigos, passando a jogar xadrez sempre que o tempo permitia. Ruski era um mestre no jogo, e Nath nunca conseguia vencê-lo.

Nath sabia que, para conseguir ter sucesso naquele truque, eles precisariam do pensamento estratégico e das habilidades linguísticas de Ruski.

Eles discutiram o plano em detalhes. Eram três: Ruski seria o chamariz; Nath e outro garoto seriam os ladrões. Ruski foi ao portão, até a área de alojamento dos guardas, e disse alguma coisa em japonês. Os soldados o deixaram entrar e começaram a conversar com ele. A capacidade de Ruski de falar japonês tornara o garoto um favorito dos guardas, e eles costumavam parar para falar com ele. Essa intimidade convenceu muitas pessoas de que Ruski era um informante. Mas ele era tudo, menos isso — desprezava os japoneses pelo que eles tinham infligido a seus amigos na China, mas seu relacionamento com os guardas muitas vezes se mostrava útil.

Os guardas deram a Ruski um pouco de comida enquanto eles conversavam. Nesse meio-tempo, Nath e o outro garoto foram sorrateiramente para a lateral da área da cozinha. Distraídos, os soldados não os viram. Eles enfiaram os braços através da tela de arame e começaram a pegar o peixe seco, guardando-o nos bolsos.

Escaparam sem ser notados. Depois que saíram da área, Ruski se despediu dos guardas e voltou ao prédio principal para dividir o butim por igual. Cada um deles levou sua parte para a família.

Eles só executaram esse plano algumas vezes. A cada vez havia um risco enorme que só podia ser corrido à luz do dia. Na última vez, Nath achou que um dos guardas o notara surrupiando o peixe, mas preferira deixá-lo escapar. Entre os guardas havia conscritos coreanos. Eles tendiam a ser mais amistosos e lenientes que os japoneses. Provavelmente, o guarda que percebera Nath com a mão no barril de peixe era um dos coreanos.

Com a piora da situação, Dan Stickle abandonou toda a simulação de não conhecer os Gunn e às vezes levava sua mulher, Marie, ao quarto 46 para dividir a refeição com Polly e os filhos. Polly retribuiu, e eles começaram a trabalhar juntos para sobreviver. Um dos grandes feitos de Dan foi conseguir um pouco de carne de caribu, que Polly cozinhou para fazer uma sopa aguada. Julie mal conseguiu engoli-la, mas os garotos e Connie comeram tudo.

Pouco depois, Nath apanhou e matou um gato que pertencia a um dos guardas japoneses. Ele amava gatos, e não pôde deixar de pensar em Amos e Chi-Chi. Mas qualquer tipo de carne era necessário, mesmo que aquilo fosse uma das coisas mais difíceis que ele teve de fazer desde que fora aprisionado.

Polly, a maior amante de animais na família, o temperou e fez com ele uma sopa. Eles tentaram esconder de Julie a natureza da carne, mas ela suspeitou e se recusou a tomar mais que um ou dois goles.

Enquanto isso, os ataques aéreos americanos atingiam a área de Manila quase todos os dias. Quando chuva ou nuvens impediam os bombardeiros de se aproximar, o moral no campo caía. O som de bombas e fogo antiaéreo pode ter aterrorizado alguns no início, mas se transformou em uma forma de revide dos habitantes de Santo Tomas contra os japoneses. Além disso, toda vez que um avião americano aparecia, lembrava a eles que sua provação não duraria para sempre. Em breve, eles esperavam, os soldados do Tio Sam estariam no portão, e sua liberdade finalmente retornaria.

Em 13 de novembro de 1944, alguns dos B-24 Liberator de Kenney passaram troando sobre Manila. Embora proibidos de fazê-lo, muitos dos internos observaram esses aviões com fascínio, espiando por janelas a despeito do risco que isso acarretava. Aqueles eram aviões maravilhosos e surpreendentes que nenhum deles jamais vira. Todos tinham conhecido e visto os B-17 que MacArthur possuía antes da guerra. Esses bombardeiros quadrimotores pareciam muito maiores, com asas estreitas elegantes e hélices gêmeas que os faziam parecer que tinham cauda dupla. Eles desfilaram no céu em formação compacta, aparentemente invulneráveis ao fogo antiaéreo e aos caças japoneses que os atacavam.

Então os japoneses deram um golpe de sorte. Nath, Connie e Polly viram um avião explodir em chamas e sair da formação. Enquanto ele caía, homens começaram a saltar do avião. Os japoneses concentraram neles o fogo antiaéreo, e, para horror de Polly e dos filhos, os aviadores foram explodidos de seus paraquedas pelos projéteis dos japoneses.

Polly ofegou e começou a chorar. Nath se levantou, hipnotizado com o horror do que tinha visto. "Mãe?", foi tudo que conseguiu dizer.

Ela não conseguia olhar para seu caçula. Apenas deu um abraço apertado nele e em Connie. Quando aquilo terminou, ela sussurrou sua dor: "Aquele podia ter sido P.I. Aquele podia ter sido P.I.".

Nath nunca tinha pensado nisso. Nem Connie. Eles deram um abraço apertado na mãe e, juntos, fizeram uma prece por aqueles bravos homens cuja morte tinham testemunhado.

Alguns dias depois, durante outro ataque aéreo, o campo ficou pontilhado de estilhaços de fogo antiaéreo. Um pedaço de granada caiu no pátio principal e ficou chiando no solo macio. Nath, que observava de uma janela próxima, o viu cair. Sem pensar, pulou e saiu correndo na direção dele, querendo-o como suvenir. Outro garoto, de uns dezessete anos, correu atrás dele. Nath pegou o pedaço de granada primeiro, e estava prestes a puxá-lo do solo quando uma sombra passou sobre ele.

Ele olhou para cima, pensando que era seu competidor. Mas se viu olhando para o tenente Abiko. Com a bainha da baioneta na mão, o rosto enfurecido, ele bateu em Nath. Abiko empurrou a bainha no peito dele, derrubando-o. Ele a brandia de um lado para outro, o metal duro atingindo Nath enquanto este lutava em vão para se desviar dela, até que caiu no chão, tonto e morrendo de dor. Abiko o viu desabar no chão e se virou para o outro garoto, estapeando repetidamente seu rosto e depois o enchendo de golpes na cabeça. O garoto caiu ao lado de Nath, sangrando e quase inconsciente. Abiko os estudou por um momento, com um olhar de triunfo e satisfação no rosto. Sem mais palavra, prendeu a bainha no cinto, virou-se e saiu empertigado.

Um erro. Só era preciso isso em Santo Tomas. Don Bell cometera esse único erro e agora definhava no calabouço da polícia secreta no Forte Santiago. Nath tinha desafiado as regras de forma imprudente sem necessidade, e isso poderia ter lhe custado mais que uma forte dor de cabeça e um nó no peito. Depois disso, ele só infringia as regras para atender às necessidades de sobrevivência da família.

Pelo menos ele e Paul estavam de novo perto da mãe. Podiam cuidar dela, protegê-la. Os homens no novo quarto deles os deixavam em paz. Estavam fracos devido à desnutrição, apáticos e deprimidos. Os garotos possuíam mais força, mais energia. O jogo tinha virado. Agora eles é que eram temidos, e ninguém tentava roubar seus pertences. Na terra do *Senhor das moscas*, todos entendiam as regras da Oitava Avenida.

Enquanto isso, no Forte Santiago, Don Bell não falava. Furiosos, os Kempeitai fizeram repetidas buscas no campo em busca de rádios clandestinos. Revistaram até o hospital, examinando os mosquiteiros e todas as instalações elétricas na esperança de encontrar uma antena escondida que pudesse levá--los ao aparelho.

Como isso não funcionou, em dezembro eles surpreenderam o campo com uma busca em grande escala. Passaram por todos os quartos, puxando os pertences pessoais de cada interno e espalhando-os loucamente. Deixaram para trás uma série de itens de luxo, preservados com cuidado pelos membros abastados da elite branca de Manila. Agasalhos de pelo de animal, ternos, vestidos e roupas de cama finos foram jogados pelos quartos como lembranças destruídas de tempos melhores. Todos se agarravam a esses pedacinhos da boa vida, a despeito da dura realidade que enfrentavam.

A polícia secreta não verificou o traseiro do gorila. O rádio secreto de Don Bell nunca foi encontrado. Havia alguns outros espalhados pelo campo, e eles também permaneceram habilmente escondidos.

As chuvas de dezembro castigaram o campo, e o moral mergulhou para seu nível mais baixo. Presos em um torpor de fome, os sobreviventes passaram de uma luta diária para uma luta horária. Aguentar até a próxima refeição, viver um pouco mais.

Polly, devastada pelo beribéri, perdendo a força rapidamente, agora só conseguia caminhar distâncias curtas. Connie era pouco mais que um espantalho vestido em farrapos. A saúde de Julie começou de novo a piorar, e mesmo o imperturbável Paul estava sofrendo. Carregar as panelas na cozinha exigia um teste de vontade diário. Menino-homem versus dor indescritível. O menino-homem ganhava todas as vezes, mas a margem de vitória era cada vez mais estreita.

Então, Nath desabou depois do Natal. Começou com uma febre; ele tivera muitas delas ao longo dos anos. Essa parecia diferente. Não era a febre rítmica que vinha com a dengue. Não era gripe, nem malária, nem a temida tuberculose. No dia seguinte, o estômago dele queimava. Ficou tão ruim que ficar de pé o fazia ofegar e enfraquecer de dor.

A mãe viu seu rosto congestionado e coberto de suor e o levou ao hospital. Eles fizeram o trajeto de quatrocentos metros debaixo de chuva, um apoiado no outro, cada passo drenando suas últimas reservas de força. Conseguiram chegar como sobreviviam a tudo mais: juntos.

Os médicos estavam irritados e assoberbados de trabalho. A ala estava lotada de homens moribundos, sofrendo. Polly arrastou Nath, agora quase dobrado de dor e exaustão, para uma cama vazia, e uma enfermeira a ajudou a acomodá-lo nela. Seu caçula olhou para ela com olhos mais velhos que os de seus catorze anos. Ele era seu bravo, um espelho de P.I., seu aprendiz de homem endurecido pelas circunstâncias e pelo dever.

Um médico o diagnosticou com apendicite aguda. Nath precisava ser operado imediatamente, assim como Connie tinha sido muito antes. A mãe dele viu as enfermeiras o levarem para a precária sala de cirurgia, onde entorpeceram o local da incisão com gelo. O gelo o atingiu como agulhas na carne inchada. Um momento depois, deram a ele um comprimido que o deixou zonzo e desorientado. Ele ficou lá deitado, a sala girando em sua volta enquanto ele lutava para controlar o medo. Uma enfermeira apareceu sobre ele para enrolar um lençol na frente de seu queixo de forma que ele não visse o cirurgião trabalhar. Mas ele tentou olhar. Apareceram rostos com máscara, meio ocultados por aquela peça de tecido branco. Ele sentiu uma pontada de dor rasgante, e um jato de sangue borrifou de vermelho o lençol. Ele olhou para aquilo, chocado, percebendo vagamente que era seu sangue. Um segundo depois, seu cérebro desligou e ele desmaiou.

Nath recobrou a consciência na enfermaria, com uma enfermeira ao seu lado. Não havia analgésico a dar para ele, e o lado direito de seu corpo parecia em chamas. A enfermeira gentilmente contou a ele que a cirurgia tinha sido um sucesso. Ele ia se recuperar. O que não foi dito foi que ele só se recuperaria se não houvesse uma infecção. Sem antibióticos, nem mesmo álcool para esterilizar a incisão, não havia nenhuma garantia contra isso.

Connie foi visitá-lo. A mãe claudicou os quatrocentos metros na ida e na volta para também ver o filho. Na maior parte do tempo, ele ficava sozinho. No início, incapaz sequer de se sentar, dormia espasmodicamente o máximo que conseguia, dizendo a si mesmo que tinha de recuperar as forças para estar disponível para a mãe e os irmãos.

Na manhã seguinte, um barulho de fogo rápido o despertou do sono. Metal sobre metal. Ele não podia ver o que era, mas algum tipo de comoção ocorria na enfermaria. Ele quis se sentar para ver o que estava acontecendo, mas não conseguia nem levantar a cabeça. Um momento depois, avistou um movimento no corredor principal da enfermaria. Com esforço, virou a cabeça e viu o garotinho com braçadeiras, manquitolando sozinho, as muletas batendo nas grades de metal na ponta de cada cama hospitalar.

Ele ainda estava vivo, vivendo a única vida que podia ter no meio de fileiras de homens moribundos. Passou balançando por Nath, com as pernas nas braçadeiras em movimentos descontrolados, os olhos encovados. Logo depois, esbarrou em alguma coisa e desabou no chão. Uma enfermeira correu para ajudá-lo e o carregou para sua cama.

Quando a enfermeira de Nath veio verificar como ele estava, ele perguntou sobre o garoto. Estava surpreso de ele ainda se encontrar ali, ainda vivo dois anos depois. A enfermeira não sabia que Nath o tinha visto em 1942 e entendido. Ela supunha que Nath estava incomodado com o garoto, como tantos outros pacientes ficavam.

"Não se preocupe com ele", ela disse. "É isso que ele faz."

Fez uma pausa, depois acrescentou: "Isso é tudo que ele tem".

Era mais do que Nath tinha. Ele imaginou quando seria capaz de voltar a correr.

Uma semana depois, Paul chegou para pegar Nath, que ainda estava fraco demais para ir caminhando até o prédio principal. Dois homens tinham morrido em camas próximas de Nath, e ele só queria sair dali o mais depressa possível.

Com o braço em volta do irmão, ele coxeou devagar pela enfermaria e saiu para a luz da manhã. Enquanto caminhavam, Paul contou ao irmão os últimos rumores que circulavam no campo. O Exército americano tinha desembarcado no golfo de Lingayen, quase no mesmo lugar que os japoneses tinham usado em dezembro de 1941. Agora estavam seguindo para o sul, na direção de Manila, e os japoneses no campo estavam se comportando de modo estranho.

Desde o verão, eles tinham ouvido boatos de massacres de prisioneiros de guerra em outros campos. Os japoneses, sabendo que iam perder, preferiam execuções em massa a deixar que os prisioneiros fossem libertados.

O que se dizia era que os japoneses estavam prestes a fazer a mesma coisa em Santo Tomas. Havia uns cinquenta guardas para os 3 mil prisioneiros, e talvez, se estivessem em melhor forma, eles conseguissem dominá-los como um último recurso para impedir um massacre. Mas ninguém estava em forma para lutar; estavam todos muito doentes, famintos, debilitados. O campo estava pronto para a matança.

Enquanto Paul semicarregava o irmão para o prédio principal, eles fizeram uma promessa solene um ao outro. Ficariam perto de Polly nos dias seguintes. Se os japoneses começassem um massacre, eles defenderiam a mãe e as irmãs, do jeito que pudessem. Fosse como fosse, não deixariam que a mãe e as irmãs fossem violadas. Morreriam defendendo-as, como sabiam que o pai faria.

Os irmãos entraram cambaleando no prédio principal e subiram devagar as escadas. Cada lance parecia uma pequena montanha que fazia Nath praguejar contra seu estado de fraqueza e se perguntar quanto tempo ainda lhes restava.

44. A batalha final de Pappy

Janeiro de 1945
42º Hospital Geral, Brisbane, Austrália

Pappy estava deitado, encharcado de suor e fraco, apreensivo com o momento prestes a chegar. Uma enfermeira olhou para ele com o cenho franzido enquanto verificava seus sinais vitais e examinava o gesso que lhe cobria o braço ferido. No fundo, o sistema de som do 42º Hospital Geral tocava música de big band. "Begin the Beguine" era a canção do momento. Em dias melhores, ela teria trazido a Pappy a lembrança daquelas noites em Villamor Court dançando com Polly enquanto as crianças assistiam e riam.

Agora ela só lhe trazia tormento. Cada nota grave disparava um novo surto de dor em seu braço ferido. Isso o fez estremecer, implorando à enfermeira que desligasse o som.

"O senhor sabe que eu não posso fazer isso, coronel. Já passamos por isso antes", ela disse, num tom de desdém.

Ela terminou de verificar como ele estava e estendeu a mão para as cobertas. Pappy sabia o que ia acontecer. No passado, ele explicava, implorava e gritava para que os que o atendiam parassem. Era ignorado. E o mais irritante era que pareciam pensar que ele era um caso psiquiátrico.

As cobertas o cobriram. Ele as sentiu atingir seu corpo como uma cama de pregos. O contato repentino entre pele e lençol causou nele uma nova onda de angústia. Com as costas arqueadas, uma careta de dor no rosto, o tenente-coronel Pappy Gunn desmaiou. A enfermeira correu para atender seu próximo paciente.

Pappy tinha entrado em coma no momento em que chegara ao 42º Hospital Geral, no começo de novembro de 1944. Passou cinco semanas vagando entre a escuridão e momentos de dor. Duas vezes, despertou quando alguém lhe injetava novocaína no pescoço. Outra vez, ficou levemente consciente da presença de pessoas enquanto lhe engessavam o braço. Mas esses momentos nunca duravam. A intensidade da dor dominava seu sistema, e cada vez que ele acordava a dor logo o levava de volta à inconsciência.

Um dentista examinou os dentes dele e não encontrou nada fora do comum. Não percebeu que Pappy usava dentaduras. Antes da guerra, um dentista nipo-americano no Havaí que era amigo da família lhe arrancou os dentes e fez para ele dentes falsos. Depois, durante a guerra, ele foi um dos poucos nipo-americanos no Havaí enviados a um campo de internação no continente. Enquanto estava preso lá, algo o compeliu a fazer outro par de dentaduras e mandá-las pelo correio à família de Pappy nos Estados Unidos. Elas acabaram chegando à Austrália por um puro acaso feliz — Pappy tinha acabado de quebrar suas dentaduras originais. Quando recebeu seu correio e descobriu a caixa de dentes junto com um bilhete de seu velho amigo, ficou momentaneamente sem palavras. Essa se tornou uma de suas histórias favoritas.

O dentista do hospital não percebeu os dentes falsos, e as gengivas de Pappy praticamente foram destruídas enquanto as dentaduras permaneciam em sua boca durante o coma.

Por volta do Natal, quando os médicos do campo operaram o apêndice de Nath, Pappy acordou. A dor em seu braço tinha diminuído. O dentista voltou e lhe arrancou as dentaduras. Com as gengivas empoladas e rasgadas, passaram-se dias antes que ele pudesse comer.

No começo, ele pareceu melhorar lentamente. Os médicos previam sua plena recuperação. Julgavam que o ferimento não era grave.

Então aconteceram coisas estranhas. Um ventilador próximo, usado para refrescar a enfermaria, foi apontado na direção dele, e a corrente de ar sobre seu corpo causou nele convulsões de dor. Quando pessoas de bota andavam pelo piso de madeira da enfermaria, a batida das solas ressoava em seu braço ferido. Pappy inchava embaixo do gesso até que a dor o fazia desfalecer de novo. Ele acordava horas depois, fraco e mole devido à provação.

Dez horas por dia, o sistema de som tocava música. Cada momento atormentava Pappy. As notas graves causavam um estrago particular em seu braço. Ele não entendia a ligação, só sabia que havia uma. Pedia às enfermeiras que deslocassem o potente alto-falante da enfermaria para outro lugar. Elas recusavam. Ele percorreu a cadeia de comando, encheu os médicos e o coronel comandante do hospital de pedidos para se livrar daquela coisa.

Todos eles recusaram, dizendo que os outros residentes da enfermaria gostavam da música. Pappy perdia e retomava a consciência enquanto a música o torturava. Uma manhã ele acordou determinado a garantir para si um melhor tratamento. Não podia continuar daquele jeito; sabia que, em seu estado de fraqueza, se algo não mudasse, a dor acabaria matando-o.

Foi à luta contra o pessoal do hospital. Todo dia, arengava aos atendentes e enfermeiras da enfermaria. Dia sim, dia não, criticava o oficial comandante do 42º Hospital Geral, exigindo vê-lo e depois enchendo-o de pedidos para ser transferido para uma enfermaria tranquila.

No início, a campanha não teve efeito. As enfermeiras e os médicos simplesmente passaram a acreditar que Pappy era um mal-intencionado fingindo-se de doente que inventava dores fantasmas ou era um caso psiquiátrico. À medida que a irritação de Pappy crescia, a posição deles sobre ele se solidificou. Eles ignoravam seus pedidos de ajuda e desprezavam as descrições de dor feitas por ele.

Os médicos do hospital retiraram o gesso e não encontraram nenhuma razão para a dor que ele sentia. O estilhaço tinha atravessado o braço de Pappy sem atingir nada vital.

Porém, quando Pappy estava consciente, a dor quase sempre estava presente. Em algum grau, ele vivia com ela em todos os momentos. Cada ruído alto a fazia aumentar para níveis que muitas vezes o dominavam de novo e o faziam desmaiar. Quando ele acordava, o ciclo se repetia.

Irritado, ele fazia um escarcéu sempre que podia. Por fim, o comandante do hospital, um certo coronel Gundrey, consentiu em deslocar Pappy vinte metros na enfermaria, para longe dos outros pacientes cujas conversas barulhentas alimentavam a dor em seu braço.

Ele travava uma guerra que não podia vencer. O coronel estava um grau acima dele na hierarquia, e àquela altura ele sabia o que o staff pensava dele. Ele mudou a tática — e tentou fugir.

Um dia, obrigou-se a sair da cama. Não conseguia calçar os sapatos sem ajuda; não conseguia se vestir sem a atenção de um atendente. Mesmo assim, pôs os pés no chão e deu alguns passos bambos em volta da cama antes de desabar de exaustão.

No dia seguinte, tentou de novo. Dessa vez, conseguiu dar mais alguns passos antes de perder as forças. Ele se recusava a desistir. Sabia que, se ficasse naquela cama, seu destino não seria bom.

Pappy exigiu ser liberado do hospital para poder pagar por seu tratamento em um hospital civil em outro lugar em Brisbane. O coronel Gundrey não quis nem considerar essa ideia. Pappy tentou de novo, pedindo para ser mudado para uma parte não usada da base onde poderia contratar ajuda externa para cuidar dele.

Pedido negado.

Mesmo assim ele fugiu.

Um dia, saiu cambaleando pela entrada principal da enfermaria. Não foi muito longe, mas o suficiente para ter uma visão geral daquele lado da base. Havia alguns prédios nas proximidades, mas ele viu ao longe um grupo cerrado de árvores. Lentamente, a cada manhã ele chegava um pouco mais perto das árvores antes de voltar à enfermaria.

Uma manhã ele chegou ao bosque. Levou uma hora para avançar com dificuldade os 1600 metros até aquelas árvores, e ficou tão esgotado pelo esforço que desabou entre dois troncos caídos. Ficou lá, cercado pela floresta e relaxado no silêncio. Não havia mais música. Não havia mais os sons das botas no piso de madeira de lei, as risadas dos outros pacientes enquanto esperavam ordens para mandá-los para os Estados Unidos.

Ele ficou no bosque durante horas, finalmente em paz consigo de novo. O coronel não o liberaria. Não deixaria que médicos civis o examinassem. Esse teria que ser seu santuário.

Depois disso, a cada manhã Pappy fazia a caminhada de uma hora até o bosque. Deitava entre os troncos, sonolento, e fugia para seus pensamentos. Depois da hora do almoço, ele coxeava de volta para todo o processo de sua reabilitação — uma compressa fria e uma leve massagem superficial — antes de voltar ao bosque e lá ficar até o anoitecer. Passava lá o máximo de tempo que conseguia, e continuava a bombardear o staff com exigências de ser transferido.

Depois que Pappy ameaçou ir ao chefe do serviço médico do Exército e denunciar todos pelo modo como o tratavam, o coronel Gundrey finalmente permitiu que ele fosse transferido para a Enfermaria 6. Era um prédio vazio na borda do hospital. Pappy encontrou conforto na quietude de lá por duas semanas. O inchaço em seu braço desapareceu, a dor foi embora, e ele rapidamente recuperou a força.

Isso só durou duas semanas. Então, a banda do hospital começou a ensaiar ao lado de onde ele estava. A música enviou de novo ondas de dor para seu braço. Ele inchou até o dobro de seu tamanho normal. Os médicos não conseguiram entender isso e mais uma vez puseram a culpa em problemas psiquiátricos. Estava tudo na cabeça de Pappy, relataram.

A banda ensaiava todos os dias, e o tormento de Pappy piorava. Sua condição se deteriorou, e ele implorou ao comandante do hospital que fizesse os músicos tocar em outro lugar. A resposta do coronel Gundrey foi: "Eles já passaram por todos os lugares da base porque ninguém gosta de ouvi-los ensaiar".

A banda se mudou para outro lugar, mas por pouco tempo. Um dia, os músicos voltaram para a própria Enfermaria 6 e fizeram Pappy saltar da cama. Seus braços de repente incharam e a dor o atingiu com tal força que ele mal conseguia se mexer.

Ele chamou o coronel Gundrey, que lhe assegurou que a banda seria transferida de novo. A essa altura, o staff estava cheio do assédio e — na visão deles — das exigências de tratamento especial daquele tenente-coronel. A partir desse momento, eles basicamente o ignoraram.

Pappy logo entendeu isso depois que solicitou um encontro com o chefe da cirurgia do hospital. Ele foi negado. Ele protestou outra vez que o ensaio da banda estava destruindo sua recuperação. Nada foi feito. Então, um dia, depois de ir com esforço até Eagle Farm para ver se conseguia voltar à cabine com essa bizarra reação ao som, ele chegou à Enfermaria 6 e descobriu que o staff do hospital tinha instalado um alto-falante de alta potência bem na saída de seu prédio. Mais uma vez, ele foi sujeitado a dez horas de sofrimento ao vivo enquanto o sistema de som emitia estrondosamente música para dançar.

Pappy Gunn nunca fugia de uma briga. Ferimentos não o punham fora de combate, nem grandes desvantagens ou situações desesperadoras. Quando era derrubado, ele sempre conseguia se levantar e voltava com o dobro de força e energia para demolir o obstáculo que estivesse em seu caminho.

Mas aquilo era diferente. Ele estava travando uma batalha pela própria saúde contra pessoas que agora controlavam quase todos os aspectos de sua vida. Era prisioneiro de um sistema que não só não se preocupava com ele como parecia fazer um esforço excepcional para esmagá-lo.

E isso estava começando a funcionar. Sua energia esvanecia. A dor o dominava quando seu braço inchava por efeito da música. O ânimo dele afundava. Ele começou a se perguntar se seu resultado seria bom. No melhor dos casos, ele poderia perder o braço. No pior, a dor ia matá-lo. Ele não via nenhum outro final.

Pela primeira vez, seu coração abandonou a luta. Com indiferença, ele se queixou ao coronel Gundrey do novo alto-falante. O oficial, encarregado do bem-estar e da recuperação de seus pacientes, encolheu os ombros e disse: "Os outros pacientes gostam dele. Você vai ser obrigado a aguentá-lo".

Parecia não haver saída.

45. O doce pêssego da Geórgia

3 de fevereiro de 1945
Santo Tomas, Manila, Filipinas

O céu acima de Santo Tomas fervilhava de aviões. Azuis e cinza, eles passavam velozes para um lado e para outro sobre Manila, mas não atacavam nenhum alvo. Se P.I. estivesse lá, teria dito a eles que eram bombardeiros de mergulho dos fuzileiros navais, do mesmo tipo que ele tinha ajudado a montar nas semanas desesperadas de janeiro de 1942. Em vez de chamá-los de A-24, o Corpo de Fuzileiros adotava o apelido de SBD Dauntless.

Um deles de repente se separou dos outros e mergulhou sobre o campo. Olhos calmos os observaram das janelas por todo o campo de Santo Tomas. E ele desceu, cada vez mais baixo, quase se como num voo de ataque. No último minuto, o piloto o fez subir e ele desapareceu atrás do prédio principal. Nath, ainda muito fraco por causa da cirurgia, estava nas sombras ao lado de uma janela parcialmente aberta e viu o piloto acenar ao passar. Violando regras, os prisioneiros deram vivas e bateram palmas, como se sua salvação voasse alinhada àquele glorioso SBD.

O avião animou o campo. No quarto 46, as mulheres irromperam em alegria, a energia extravasando do surto de adrenalina. Cenas semelhantes ocorreram em todo o prédio principal quando os internos começaram a falar todos ao mesmo tempo, tentando decifrar o significado daquela manobra.

Alguns minutos depois, alguém chegou ao prédio principal com mais notícias. O atirador do bombardeiro de mergulho tinha jogado fora seus óculos de proteção quando o avião passara pelo prédio. Eles caíram no pátio atrás do prédio principal, e vários prisioneiros corajosos saíram correndo para pegá-los antes que os japoneses os percebessem. Embrulhado nos óculos, eles encontraram um bilhete manuscrito: "Preparem o barril. O Natal vai chegar hoje ou amanhã".

Quando a notícia chegou ao segundo andar, o lugar entrou em completo tumulto. Vivas exultantes, gritos e tapas nas costas, rivais e inimigos de repente se abraçando e apertando as mãos — foi um momento diferente de qualquer outro que eles tinham vivido. Até que os monitores de quarto tentaram restaurar a ordem. No quarto de Paul e Nath, o nome do monitor era Henry Pyle. Ele finalmente fez todo mundo silenciar gritando: "Acalmem-se e calem a boca! Vocês querem que os japoneses venham aqui?".

Isso logo abrandou a situação. Os garotos saíram para o corredor e foram ficar com Polly e as irmãs. Agora as mulheres estavam aconchegadas e falando baixinho, deliciando-se com a perspectiva de libertação.

Um homem apareceu no vão da porta do quarto 46. As mulheres voltaram a atenção para ele quando ele disse: "Fiquem juntas — tentem não se deslocar mais que o absolutamente necessário".

Isso parecia lógico. Então ele acrescentou o que estava na mente de todos: "Estejam prontos para qualquer represália".

Nath e Paul se posicionaram ao lado da mãe. Pela janela, viam-se fogueiras na baía de Manila em navios mutilados pelos recentes ataques aéreos. A fumaça subia deles como sinal da iminente derrota japonesa. O homem estava certo. O tenente Abiko já era explosivo o suficiente. Isso podia levá-lo e a outros a um frenesi assassino.

Boatos se espalhavam, sussurrados de um quarto a outro ou passados entre amigos nos corredores do prédio principal. Os japoneses estavam planejando matar todos os homens. O campo inteiro logo seria levado para o Forte Santiago, o pavoroso covil de tortura dos Kempeitai. Outros ouviram que todos no campo seriam mortos.

Esses boatos aterrorizavam os prisioneiros. Ninguém tinha dúvida de que os japoneses eram capazes de cometer esses atos. No outono, o Exército Imperial dissolvera o comitê de internos e entregara três de seus membros aos

Kempeitai. Em Santiago, os japoneses os torturaram para obter informações antes de executá-los, em dezembro.

Don Bell de algum modo sobreviveu à sua provação no Forte Santiago, e por algum motivo os Kempeitai o devolveram ao campo. Depois da experiência lá, ele não era mais o mesmo, e suas histórias dos horrores impostos aos prisioneiros circularam no campo durante semanas.

Não. Ninguém tinha nenhuma dúvida de que os japoneses eram capazes dos atos mais bárbaros. No campo, as explosões de alegria evaporaram quando os prisioneiros foram para o térreo e esperaram a reação de seus captores. Para alguns, era como estar no corredor da morte, o relógio em contagem regressiva antes daquele encontro final enquanto os prisioneiros rezavam pela ligação do governador.

No fim daquela tarde, eles decidiram que Paul precisava ir à cozinha. Os americanos não tinham chegado, e eles precisariam do que ele conseguisse surrupiar dos estoques de arroz lá. Mesmo com a notícia, as necessidades básicas de sobrevivência ainda deviam ser atendidas. Relutante, ele abraçou a mãe e desapareceu pelo corredor.

As coisas permaneceram tensas até depois do jantar. Assim que a escuridão começou, a brisa do pôr do sol trouxe para o campo o som distante de tiroteio. Todos ouviram, em seus relatos tentando adivinhar o significado.

Nath voltou para o quarto pouco antes das nove. Paul voltou um pouco depois de completar suas tarefas na cozinha. Entrou no quarto 46 bem no momento em que um tremendo ribombo encheu o ar. Diferente de qualquer coisa que os prisioneiros jamais tinham ouvido, ele parecia estar vindo do portão principal. A janela do quarto dos garotos dava para aquela parte do campus e ficava a uns 150 metros do posto de controle pelo qual Julie passara tantas vezes.

Sem pensar duas vezes, Nath correu para a janela a tempo de ver um clarão de repente disparar para o céu. Ele explodiu no alto, banhando o portão com um sinistro brilho laranja oscilante. Um segundo depois, Paul e o resto da família se juntaram a ele para ver a cena, com um misto de surpresa reverente, esperança e medo.

Enquanto o clarão lentamente afundava na direção da terra, um tanque atravessou o muro. Ferro fundido e alvenaria voaram para todo lado enquanto o veículo avançava estrondeando pelo terreno do campo, um holofote montado em sua torre jogando seu feixe de luz diretamente no prédio principal.

Atrás do tanque vieram soldados correndo através do buraco. Todos no quarto foram para a janela ao mesmo tempo, de olhos fixos nas figuras que corriam.

Não pareciam americanos. Os soldados americanos que eles conheciam usavam capacetes de metal e uniformes cáqui no estilo da Primeira Guerra Mundial. Esses homens tinham um estilo de capacete que ninguém tinha visto antes e uniformes pardo-oliva.

"São alemães", alguém gritou horrorizado.

"Eu falo alemão", disse outra pessoa.

"Então ouça o que eles dizem. Tenho certeza, eles são alemães. Olhe os capacetes!"

O tanque parou, seu holofote varreu o prédio principal. Quando o feixe de luz passou pelo quarto dos garotos, eles viram uma bandeira americana hasteada em seu declive dianteiro. Na lateral estava o nome *Georgia Peach* [Pêssego da Geórgia].

Um dos soldados gritou: "É isso aí! Vamos avançar!".

"Eles são americanos!", alguém gritou. Uma súbita sucessão de vivas irrompeu. Nath e Paul abriram a janela, gritando a plenos pulmões: "Estamos aqui! Estamos aqui!".

Onde estava P.I.? Cada membro da família olhava atentamente para a cena que se desenrolava no portão, em busca da forma e do jeito de andar familiar dele. Ele não estava em nenhum lugar. Polly e Connie sentiram a euforia se esvair, substituída por mau pressentimento. Elas sabiam que P.I. não teria perdido esse momento por nada. Algo devia ter acontecido com ele.

O tanque avançou para o campus, uma fila irregular de soldados seguindo em sua esteira, com fuzis e submetralhadoras nos quadris. Nesse momento, duas figuras emergiram do escritório do comandante. O sr. Ohashi parou, em seu terno preto, braços levantados, apanhado pelo brilho do holofote do *Georgia Peach*. Atrás dele, outro administrador civil também ergueu os braços. Soldados se aproximaram dos dois com cautela.

Um interno gritou: "Não atirem neles! Eles são homens decentes!".

Os soldados os agarraram e os puxaram para trás do tanque. Um minuto depois, o tenente Abiko saiu da sala do comandante portando uma mochila e sua espada. Começou a andar na direção do *Geórgia Peach*, procurando algo na mochila. Alguns que o viram pensaram que ele estava sacando a espada.

Um soldado americano viu Abiko puxar uma granada da mochila. Disparou uma rajada de sua submetralhadora, ao mesmo tempo que outros soldados se dispersavam em volta dele. Abiko se virou, atingido na barriga por múltiplas balas. Desabou no chão, ainda respirando, mas incapaz de se mover.

Ver seu atormentador cair provocou uma súbita corrida de internos do prédio principal. Homens que antes eram banqueiros e empresários respeitados, mineiros e engenheiros, agora reduzidos a pouco mais que esqueletos ambulantes subjugados, irromperam com violência reprimida. Enquanto a família Gunn assistia do segundo andar, uma multidão de homens famintos enraivecidos começou a chutar e bater no oficial japonês ferido mortalmente. Alguém cortou as fitas de sua túnica como lembrança. Outro agarrou sua espada. Abiko foi despojado de tudo de valor, despido de tudo, pelas motivações humanas mais amargas e infundadas. Ficou deitado em uma poça de sangue, desamparado ante o violento ataque, fraco demais para sequer levantar um braço e desviar os golpes que choviam sobre ele. Várias mulheres de quem ele havia abusado abriram caminho até ele e se divertiram com sua incapacitação. Acenderam cigarros que lhes foram dados pelos soldados e queimaram Abiko com a ponta. Ele gritou e tentou resistir. O cheiro da sua carne queimada encheu o ar.

No fim, os soldados americanos o carregaram para o pequeno dispensário dentro do prédio principal, onde um médico tratou seus ferimentos. Enquanto recebia pontos, Abiko reuniu força suficiente para pegar outra granada escondida em seu corpo. Puxou o pino, mas a arma não explodiu. Um soldado a agarrou e a levou com cuidado para fora.

A tentativa de imolação destruiu qualquer esperança de piedade para o veterano de Guadalcanal. Uma multidão de internos enraivecidos apareceu e o puxou da mesa de exame. Arrastaram-no até um armário de vassouras embaixo da escada e o jogaram lá dentro. De poucos em poucos minutos, internos apareciam para dar uma olhada nele, chutá-lo de novo. Alguns jogavam bitucas de cigarro nele enquanto ele implorava em vão por água.

Enquanto isso, os outros guardas tinham fugido para o prédio da educação, onde quarenta deles tomaram como reféns o sr. Leake e os garotos. No total, eles tinham duzentos internos, e ameaçavam atirar neles se os americanos entrassem no prédio. Em vez de uma libertação tranquila e alegre, do tipo que encheria a imaginação daqueles em casa, acostumados a ver multidões dançantes nas vilas e cidades francesas, Santo Tomas tinha se transformado em um impasse de pesadelo.

Os tanques e soldados pertenciam ao Oitavo Regimento de Cavalaria, da Primeira Divisão de Cavalaria. Tendo recebido ordem de MacArthur para salvar os internos em Santo Tomas a qualquer custo antes que os japoneses os executassem, eles romperam as linhas japonesas e mergulharam no território inimigo até chegar à universidade, apoiados no caminho pelos bombardeiros de mergulho da Marinha que os internos tinham visto no céu naquela manhã.

Agora, oitocentos cavalarianos americanos e alguns tanques eram as únicas tropas de combate em Manila. O resto do Exército estava a dezenas de quilômetros de distância, em direção ao sul, enfrentando uma resistência crescente.

Em volta deles, 16 mil marinheiros e soldados japoneses ocupavam Manila. Passariam dias antes que chegassem reforços americanos, e os homens do Oitavo Regimento de Cavalaria enfrentavam uma situação terrível: uma crise de reféns dentro do complexo e uma desvantagem desesperadora lá fora. Eles se abrigaram para passar a noite, assim como os internos.

Nath, ainda fraco por causa da operação e incapaz de correr, se deu conta de que a luta podia impactar a capacidade de comer deles. As cozinhas podiam parar de funcionar, ou ser destruídas no que aconteceria. Os pacotes da Cruz Vermelha estavam quase vazios e as reservas de comida da família estavam reduzidas a quase nada.

Depois da meia-noite, ele saiu sozinho para ver o que podia fazer. Coxeou escada abaixo e saiu do prédio. O campus tinha ficado sem iluminação durante meses por causa dos ataques aéreos. Agora, todas as luzes brilhavam fortemente, como se para provocar os japoneses em outros lugares de Manila a vir e causar os maiores danos possíveis.

Ouviam-se tiros esporádicos. Os soldados dividiam sua comida com os internos. Não tinham muito, apenas rações K (de assalto) e C (de combate) — a repetição na Segunda Guerra Mundial das MRE (Meals Ready to Eat — refeições prontas para consumo). Algumas pessoas ainda dançavam e comemoravam, mas isso estava se esgotando. Nath atravessou a cena na direção de um pequeno armazém perto do portão da frente.

Um interno agarrou um soldado, abraçando-o e chorando: "Deus, espero que você seja real!".

O soldado o abraçou, falando com ele com sotaque texano. Muitos dos homens, ficou claro, tinham pertencido a uma unidade da Guarda Nacional do Texas antes da guerra, e sotaques do Sul abundavam.

Um cavalariano viu Nath mancando e de repente o acolheu nos braços. O homem estava suado e quente. Lutava havia dias sem dormir e sem chance de tomar banho, mas para Nath ele parecia fresco e limpo. Os internos fediam a morte e doença. Depois de um ano marinando naquele mau cheiro, sentir o odor de um humano saudável, mesmo suado, era algo divino.

O cavalariano soltou Nath e disse algo com forte sotaque texano. Nath não conseguiu entender. Olhou para o soldado, desconcertado. O homem repetiu o que dissera. Falava e se movia tão depressa que parecia opressivo. A desnutrição causava nos internos uma espécie de hibernação. Nath não percebera isso até aquele momento. Mesmo a fala deles ficava lenta, porque sua mente funcionava em ritmo de caracol em comparação com a de um ser humano bem alimentado. Nath tentou se comunicar com o homem, mas de nada adiantou. Eles eram cidadãos da mesma nação, seres humanos com experiências opostas, e por ora esse golfo não podia ser cruzado.

Nath prosseguiu para o armazém. Achou um jeito de entrar e se arrastou entre os barris ali guardados. Puxou a tampa de um deles, enfiou nele a mão e descobriu que estava cheio de sal. Pôs um punhado na boca. Sentiu a boca queimar, mas era tão delicioso que ele não se importou. Derramou punhados nos bolsos da calça, sabendo que sua família precisava desesperadamente de sal. Deu um passo até o próximo barril, abriu-o e descobriu que estava cheio de peixe salgado. Enfiou o máximo que conseguiu nos bolsos, depois enrolou ainda mais nas fraldas da camisa.

Voltou ao quarto 46 e entregou o produto do saque à mãe. Ela dividiu a comida com os outros residentes enquanto Nath foi buscar mais. Naquela noite, ele fez duas viagens interminavelmente lentas ao armazém. Quando voltou, estava totalmente esgotado. Desabou em seu beliche e caiu num sono de exaustão.

46. A guerra transformou homens em animais

5 de fevereiro de 1945
Manila, Filipinas

Guyenne Sanchez caminhou por ruas destruídas e prédios queimados, evitando patrulhas japonesas errantes enquanto seguia para o duplex dos Gurevich. Os japoneses tinham degenerado em loucura, matando qualquer pessoa que encontrassem na rua. Baionetavam civis, ateavam fogo neles e faziam com eles jogos mortais, sabendo que eles próprios estavam fadados a um fim terrível. Os americanos estavam vindo, e a cidade logo se tornaria um cemitério, disputada como um cadáver entre dois predadores.

Havia corpos espalhados na rua. Na maioria eram civis filipinos apanhados fora de casa pelas patrulhas japonesas. Guyenne passou por eles, cada vez mais ansioso. Ele amava Connie; tinha esperado que os Gunn um dia fossem sua família. Faria qualquer coisa por eles, e um gesto para provar isso foi o que o fez sair pelas ruas.

A cama de colunas. Polly uma vez contou a Guyenne sobre seu significado, como era o estimado presente de casamento deles. Onde ela estivera, os Gunn tinham feito dela um lar. Era a única constante na vida itinerante deles na Marinha. Não importava para onde P.I. fosse designado, eles encontravam um jeito de levar aquela bela obra de arte, confeccionada amorosamente pelo pai marceneiro de Polly, para o lugar que eles tinham alugado.

Guyenne virou para a última rua, agora andando depressa. Queria salvar a cama de colunas, desmontá-la e levá-la para algum lugar seguro.

Havia um cachorro deitado na rua. Chocado, Guyenne percebeu que era o adorado filhote de Eva. Ele se aproximou. O duplex soltava fumaça, parcialmente queimado. Leo Gurevich estava estatelado no pátio da frente. O pianista que gostava de se divertir, que adorava boogie-woogie e vivia para tocar música, estava imóvel, seus dedos esguios frios e inertes. Guyenne correu para o lado dele. Ele recebera muitos tiros e estava morto havia pelo menos um dia.

Os japoneses tinham estado ali.

A seguir Guyenne encontrou o pai de Leo, morto, em uma poça de sangue coagulado. O espanhol verificou o pulso, sabendo que não haveria nenhum batimento. Então se levantou e procurou por Eva. Ela tinha escapado?

Não.

Ele a viu a alguns metros, de rosto para baixo na rua.

Guyenne se ajoelhou gentilmente ao lado dela, rezando em silêncio para que conseguisse ouvir seu coração. Podia ver que ela tinha levado um tiro na cabeça. Sangue seco turvava seu cabelo, e o leito da rua em volta dela estava manchado de vermelho. Ele verificou o pulso de Eva, e quando seus dedos a tocaram no pescoço, ela se contraiu.

Eva ainda estava viva. Ele pegou sua forma flácida nos braços e se esforçou para ficar em pé. Segurando-a com o máximo de gentileza que conseguia, começou a caminhar para Santo Tomas.

Não se sabe como ele conseguiu atravessar uma cidade transformada em campo de batalha. De algum modo, a pé ele conseguiu evitar a artilharia, os japoneses e tiroteios de armas de pequeno porte enquanto carregava Eva para o único lugar que ele sabia que restava em sua amada cidade.

Chegou aos portões de Santo Tomas e a entregou aos médicos e atendentes que agora se reuniam lá. Saíra em busca da herança da família Gunn. Mas acabara salvando Eva. Ele a deixou aos cuidados dos cirurgiões e foi procurar Connie para lhe contar as novidades.

No quarto 46, Polly procurou em sua maleta e encontrou seu elegante vestido da libertação. Esperava usá-lo para P.I. quando eles fossem à capela juntos para agradecer a Deus por sua liberdade, mas P.I. não tinha vindo. Agora, fraca e doente, ela desdobrou vagarosamente o vestido e o estendeu na cama. Era um dos mais belos que ela havia costurado, aquele que salvara de um armário com roupas que ela criara com suas próprias habilidades enquanto estava sentada àquela Singer "porque sim" que P.I. lhe dera.

De qualquer forma, Polly queria vesti-lo e seguir para a capela, depois ir ao dispensário para ver Eva. Mas o esforço parecia demasiado para ela no momento. Decidiu esperar até depois do almoço para tentar vesti-lo.

Algumas cozinhas de campanha do Exército tinham chegado naquela manhã. Em consequência, o almoço foi adiado enquanto o campo esperava que os cozinheiros do Exército terminassem seu trabalho. Bastava de arroz aguado. Bastava de ervas, bulbos e insetos. Pensar em comida de verdade encheu todos de esperança.

Alguns minutos depois, Paul e Nath desceram para pegar o almoço para a família naquelas novas cozinhas de campanha, onde esperaram em fila e ouviram os últimos boatos. A crise dos reféns tinha acabado. Ernest Stanley, um cidadão britânico que falava japonês e era amplamente considerado um colaboracionista, negociou um passe seguro até a cidade para os guardas e o comandante. Em troca, eles libertaram todos os duzentos reféns. Os guardas japoneses saíram da universidade em uma coluna nervosa, Stanley caminhando com o comandante. Eles cruzaram os portões, mas depois circularam rumores de que uma célula de guerrilha os emboscara e matara todos os quarenta.

Com isso resolvido, a cavalaria passou a trabalhar para salvar o máximo de internos que conseguisse. Um deles não pôde ser salvo. O sr. Leake, cujos esforços incansáveis salvaram tantas crianças órfãs em Santo Tomas, morreu de inanição no dia em que o campo foi libertado.

A espera pela comida parecia interminável. Mas finalmente eles chegaram à frente da fila e encheram os pratos com a comida fumegante do Exército, e não viam nada parecido com aquilo desde a véspera do Ano-Novo de 1942.

Os garotos voltaram ao prédio principal, subiram as escadas até o segundo andar e encontraram Polly e as meninas sentadas a uma mesa no corredor ao lado do quarto 46. Juntaram-se a elas, pondo a comida na mesa e puxando cadeiras.

Em volta deles, outras famílias também começavam a comer. Uma das senhoras, que dormia a poucos metros de Polly, estava parada no vão da porta do quarto 46. Ela andou até o corredor ao lado de Nath, olhando a refeição que eles tinham acabado de trazer.

Uma tremenda explosão sacudiu o prédio. O piso tremeu, o som, semelhante ao de um trem de carga passando, ensurdeceu todos no corredor. Nath ergueu os olhos bem no momento em que algo atingiu nas costas a vizinha de Polly. A coisa saiu do lado esquerdo do peito dela, rasgando-lhe o vestido.

O rosto dela se contorceu, surpreso. Ela murmurou "Oh", em voz baixa e sem fôlego. Então caiu de joelhos entre Nath e Paul e afundou de cara no piso do corredor.

O tumulto irrompeu em torno deles. Pessoas correndo, berrando, gritos de ajuda encheram o ar. A família olhava em volta freneticamente, sem saber o que tinha acontecido. Correram para ajudar a vizinha, e Paul se ajoelhou ao lado dela. Nath a olhava, sua mente voando, mas nada havia a ser feito. Ela fora morta quase instantaneamente.

Lá fora, o irreprimível Don Bell fazia um relato ao vivo de Santo Tomas e da libertação do campo usando equipamento trazido por jornalistas integrados à Primeira Divisão de Cavalaria. Enquanto estava sentado e falando para a câmera de cinema, uma granada de artilharia japonesa explodiu atrás dele. Ele se abaixou por um momento, recompôs-se e continuou como se nada tivesse acontecido.

Lá dentro, as vítimas sangravam e pediam ajuda. A granada capturada pela câmera atrás de Don Bell tinha atingido o quarto 46, explodindo a parede e lançando estilhaços para todos os lados. Transformou nacos de alvenaria em projéteis, e um pedaço de concreto denteado atingiu uma mulher na cabeça com tanta força que lhe arrancou parte do rosto e do crânio.

De repente, atendentes do Exército surgiram do poço da escada, correndo entre os tropéis de internos em pânico. Um deles foi até a vizinha deitada ao lado da mesa dos Gunn. Ele a examinou, viu que estava morta e seguiu para a próxima vítima.

Nath andou até a mulher atingida na cabeça. O atendente chegou a ela primeiro. Ainda estava viva, mas sangrando muito. O atendente olhou em volta. "Ei, você", disse, apontando para Nath. "Venha aqui."

Nath se aproximou. Outros se juntaram a ele. Indistintamente, ele sentiu que Paul estava ao seu lado. O atendente apontou para o rosto arruinado da mulher. Ela tinha perdido um olho.

"Ei, você está me acompanhando?"

"Sim."

"Está vendo essa coisa esguichando?"

"Sim."

"Aperte-a. Não solte de jeito nenhum."

"O.k."

Nath pôs os dedos no lugar. O pedaço de concreto tinha rompido uma artéria no pescoço da mulher. Ela estava lisa e escorregadia, e por um segundo Nath a deixou escapar.

"Você a pegou?", perguntou o atendente.

Nath assentiu com a cabeça.

"Vamos erguê-la", disse o atendente aos outros em volta da mulher. "Precisamos levá-la para baixo, *agora*."

Paul e outros internos a levantaram, Nath ainda comprimindo a artéria.

"Vamos", ordenou o atendente. Eles carregaram a mulher para a escada e juntos a desceram para a enfermaria do andar principal, onde o tenente Abiko tinha sido costurado.

Um médico correu para o lado da mulher enquanto ela era deitada numa maca. Pegou um grampo e disse a Nath que soltasse a artéria enquanto ele ajustava nela o grampo. Nath continuou a comprimir a artéria, quase paralisado pela cena. O médico disse calmamente a Nath que ele podia parar. Ele soltou os dedos, puxou-os para o lado do corpo. Estavam cobertos de sangue da mulher.

Nath caminhou até o corredor ao lado da escada, atordoado pelo que estava acontecendo.

Ouviu um barulho vindo do armário debaixo da escada. Caminhou até lá e abriu a porta. Espiando dentro, ele viu o tenente Abiko deitado no chão, cercado por equipamento de limpeza. Seus ferimentos estavam infectados, e ele cheirava a gangrena. Pontas de cigarro jogadas nele por prisioneiros furiosos cobriam sua túnica ensanguentada.

Fracamente, ele fez com a mão o gesto de pedir água. Nath o olhou fixamente, lembrando-se da surra que esse homem moribundo lhe dera havia apenas alguns meses. Lembrou-se do olhar de triunfo no rosto de Abiko depois que ele batera nos garotos até deixá-los inconscientes. Nath tinha olhado para as botas engraxadas do oficial, para seu uniforme imaculado, através de uma névoa de dor.

Agora ele não era nenhuma ameaça, era um homem reduzido a implorar por um pouco de misericórdia das mesmas pessoas que ele atormentava.

Nath recuou, fechou a porta e saiu andando sem pensar mais naquilo. O tenente resistiu mais algumas horas antes de morrer.

No andar de cima, Julie seguiu Polly até a devastação do quarto 46. A explosão tinha destruído quase tudo, mas Polly viu seu vestido da libertação ainda estendido sobre a cama. Foi até ele, pegou-o e o levantou. Os estilhaços o haviam cortado em tiras. Faixas de tecido rasgado penderam flacidamente do vestido quando ela o segurou e o examinou.

Julie viu algo acontecer com a mãe. Talvez fosse uma reação retardada ao que elas viram no corredor. Talvez o vestido arruinado simbolizasse o sonho rompido de como eles seriam libertados.

Polly tinha se controlado com um controle ferrenho por três anos. Travara todas as batalhas; tinha usado suas últimas reservas de força para proteger e cuidar dos filhos. Agora, enquanto mais projéteis choviam sobre a universidade, fazendo todos mergulhar em busca de cobertura, o trauma rompia esse controle. Nos dias seguintes, ela ficou passiva, em silêncio. Aquiescente. Já não havia o fogo de resistência causado pela necessidade de aguentar firme e proteger os filhos. Em vez disso, ela se pôs aos cuidados deles e de outros. Cada pessoa tinha um ponto de ruptura. Polly atingiu o seu no corredor naquela tarde.

47. Enfermaria 6

Fevereiro de 1945
Enfermaria 6, Brisbane, Austrália

Paul Gunn Jr. saiu do carro australiano usando roupas de outra pessoa. Calça cáqui de cintura alta vários números acima do seu, presa por um cinto grande demais, uma camisa de algodão listrado dentro da qual ele flutuava, e um par de sapatos escuros que ele ganhara em algum lugar no caminho eram suas únicas posses mundanas.

Ele ficou parado ao lado do carro, esperando que a mãe e as irmãs saíssem. Nath, usando short, um cinto com listras diagonais e uma camisa que não lhe servia desceu e se posicionou ao lado dele.

Depois de uma viagem de milhares de quilômetros, a Força Aérea do Exército tinha levado a família para um hotel. Paul olhou para o belo edifício com uma confusão de emoções. Quantas vezes ele tinha pensado nesse momento? Quantas vezes tinha criado cenários na cabeça, complementados por discursos eloquentes que ele faria? Esses pensamentos costumavam sustentá-lo durante algumas das piores noites no campo.

Os últimos dias tinham sido um vendaval tão intenso que ele não tivera tempo para encontrar as palavras que queria dizer. Isso o fazia sentir-se despreparado e vulnerável. O retorno à civilização acrescentava confusão, choque e um ar de irrealidade às emoções que se agitavam dentro dele. O mundo à sua volta parecia indistinto, onírico e vago. Talvez parte disso se devesse aos efeitos da inanição, mas parte, ele sabia, estava esperando dentro do hotel.

Polly saiu debilmente do carro usando um vestido sobre sua forma esquelética, semelhante a um boneco palito. Ela penteara o cabelo e se maquiara pela primeira vez em anos, mas não encontrara hibisco vemelho na Austrália. Ela dera de ombros. De qualquer forma, isso não importava; o símbolo já não era necessário.

Ela reuniu seu rebanho. Paul andou na direção dela em seu estado onírico. Queria sair dele, encontrar as palavras que precisava encontrar, preparar-se para o que viria. Ele se xingou, perscrutou, mas sua mente simplesmente não tinha palavras.

Paul flutuou na corrente de seus familiares, seguindo-os enquanto eles subiam a escada da frente e entravam no hotel. O opulento saguão os desorientou ainda mais. Fazia apenas três dias que eles tinham escapado do inferno de Manila. A cidade havia morrido em uma orgia de violência tão bárbara que manteria os investigadores de crimes de guerra ocupados durante anos. As ruas que eles amavam, as lojas e igrejas — tudo desapareceu. Queimado até o chão ou despedaçado pelo fogo da artilharia enquanto dois exércitos combatiam casa a casa, aposento a aposento. Cem mil filipinos morreram, presos entre os exércitos.

Depois que eles foram resgatados de Santo Tomas, um tenente designado pela Quinta Força Aérea para escoltar a família para fora de Manila preferiu primeiro fazer com eles uma espécie de passeio turístico pela cidade. Levou-os em um jipe através dos destroços, pensando que isso seria uma saída divertida para os internos libertados. Com fogo ocasional de franco-atiradores soando ao longe e projéteis explodindo, o passeio foi tudo, menos isso.

Durante a maior parte do trajeto, Polly e as meninas desviaram os olhos dos inumeráveis horrores. Seres humanos aviltados na morte se espalhavam por todo canto. Queimados. Atingidos por tiros. Explodidos em pedaços. Depois de tudo por que tinha passado, a família não precisava ver o destino de sua cidade. Nath e Paul, jovens e curiosos demais para evitar, olhavam para tudo. As imagens que viam ficaram marcadas em sua memória, para nunca ser esquecidas.

Quando o tenente voltou com eles depois do passeio macabro, um coronel correu até ele e gritou: "Você tem alguma ideia do que Pappy Gunn faria com você se soubesse que acabou de pôr a família dele em risco desse jeito?".

Pappy Gunn. Eles tinham ouvido o chamarem assim mais cedo, quando um primo da cidade de Texarkana lotado na Primeira Divisão de Cavalaria atravessou o portão em Santo Tomas procurando por eles. Com 1,93 metro e 110 quilos, ele fazia parte do lado Owen da família. Kenney e o coronel Hutchison tinham garantido que ele fosse enviado com alguns oficiais de campo para encontrar os Gunn e tirá-los do perigo.

Paul segurou a porta aberta, espiando a vista impressionante enquanto a mãe e as irmãs passavam por ela. O saguão pululava de pessoas — de rostos jovens, asseadas e bem-vestidas. Elas nunca tinham enfrentado a fome, nem surras, nem homens de negócios transformados em feras pelo cativeiro. A cena refinada sublinhava a grande divisão entre realidades. Paul se deu conta então de que a transição de um mundo ao outro não seria fácil.

O primo deles foi o primeiro a chamar P.I. de herói de guerra. Contou a eles que Pappy era uma lenda para todos que combatiam no Sudoeste do Pacífico. Polly não se surpreendeu; não esperava nada menos de seu marido acelerado.

Então o parente deles deu a notícia de que Pappy estava ferido em Leyte. Ele não sabia detalhes. Nos três dias seguintes, Polly pediu a qualquer pessoa com quem pôde falar que lhes contasse o que acontecia com seu marido. Ninguém sabia.

A Força Aérea do Exército os levou de avião de Manila a Mindoro, onde eles encontraram algumas das tripulações de *strafer* de Kenney. A família ficou desconcertada com a recepção, pois os jovens a tratavam como realeza. Histórias sobre Pappy foram contadas aos borbotões. Todos pareciam ter uma. Mas ninguém sabia da gravidade de seus ferimentos. Ou, se sabia, não queria contar.

Pappy. O nome era tão estranho para a família. Ele sempre fora P.I. ou papai. Era como se esses amigos de seu pai conhecessem uma pessoa totalmente diferente.

No dia seguinte, eles tinham subido em um avião de transporte e encontrado duas enfermeiras equipadas com garrafas e leite. Quando Polly perguntou o que elas estavam fazendo, as enfermeiras responderam: "Fomos mandadas pelo general Kenney para cuidar dos bebês de Pappy".

Polly rira e apontara para Nath. "Este é o bebê de Pappy."

Paul era o planejador, o pensador no campo. Agora, enquanto eles cruzavam o saguão, ainda se movendo com metade da velocidade das pessoas ricas que os cercavam, ele se sentiu totalmente perdido. Não tinha nenhum plano, nenhum esboço do que fazer nem de como reagir ao que os esperava. Isso o fazia sentir-se incapaz de enfrentá-lo.

Chegaram à escada e lentamente a subiram enquanto a cabeça de Paul se enchia de lembranças aleatórias passando com velocidade. A última vez que ele tinha visto o pai, naquela véspera de Natal em 1941. Forte, capaz, cheio de confiança, P.I. o beijara e prometera voltar para eles.

Os filhos tinham aprendido quando mais jovens que uma promessa de um Gunn era um compromisso que nunca poderia ser rompido. Uma promessa sagrada.

P.I. tinha rompido a mais importante que já fizera. Isso deixara Paul alternando entre a raiva e a angústia por três anos. Ele queria respostas. Queria saber por que o pai os havia abandonado a um destino tão terrível.

O avião de transporte os levou à ilha Biak, onde mais pilotos os cercaram e os assediaram com comida que eles não conseguiam comer e histórias de Pappy que eles realmente não conseguiam entender. Era como se tivessem passado os últimos três anos vivendo no fundo do oceano. O mundo tinha avançado. A tecnologia dera saltos gigantescos que eles não podiam sequer imaginar. Eventos, tendências, filmes e programas de rádio haviam, todos, mudado. Agora, o avião de transporte os jogara nessa nova cultura sem contexto. Eles se sentiam desenraizados, desorientados.

O tempo todo, eles ouviam o mesmo refrão: Pappy era uma lenda, um herói, um mito, que tinha ajudado a vencer a guerra na Nova Guiné.

Chegaram a um patamar, e o dr. Gilmore, que acompanhara a família do aeroporto de Brisbane ao hotel, contou a eles que esse era o andar. A família entrou lentamente em um corredor. O médico apontou para uma porta e disse: "Ele está aí dentro. Vou esperar aqui, se vocês precisarem de alguma coisa".

Polly estava no piloto automático desde o dia em que os primeiros projéteis caíram em Santo Tomas. Atrás daquela porta esperava o homem que sempre tinha cuidado dela. Agora ela precisava disso mais do que nunca. Seu corpo estava devastado pela experiência deles. Ela estava fraca e espiritualmente ferida. Precisava que ele assumisse o volante por algum tempo.

Polly olhou para os filhos para ver se estavam prontos. Todos lutavam com a mesma gama de emoções. A reunião deles finalmente ia acontecer, e a família ia por fim ficar inteira de novo. Como seria isso? Eles nunca poderiam voltar a como era antes, isso todos percebiam. Além disso...?

Polly abriu a porta e entrou no quarto, e os filhos a seguiram.

Era uma suíte pequena com uma cama ao fundo e uma mesa ao lado da porta, na qual havia algumas frutas numa fruteira. No fundo do quarto, um velho, de ombros encolhidos, estava sentado em uma cadeira, com uma coberta estendida sobre o colo.

Eles tinham entrado no quarto errado.

O velho se mexeu. Seus olhos brilharam com lágrimas quando ele olhou para eles. Seu braço esquerdo estava em uma tipoia, e o direito tinha só quatro dedos. O rosto era enrugado e tão completamente abatido que ele parecia desidratado, e manchas de cinza agora lhe coloriam o cabelo.

Não. Quarto certo. Eles se deram conta disso simultaneamente e tentaram esconder o choque.

Polly olhou fixamente para o homem em que a guerra tinha transformado seu marido e ficou sem palavras. Ele parecia deplorável, muito pior do que ela em seu estado devastado. Ao lado dela, os filhos se esforçavam para conciliar as últimas imagens do pai com o homem sentado diante deles agora.

Não existia mais a energia, o homem que tinha só duas velocidades: máxima e desligado. O pai robusto e jovem de quem eles se despediram na véspera do Natal havia se transformado em uma concha irreconhecível.

Pappy tentou ficar de pé. Cerrou os dentes e se levantou devagar, com esforço evidente. Quando finalmente ficou em pé, parecia encurvado como um ponto de interrogação. Paul tinha nutrido em silêncio uma dor profunda por ter sido abandonado. Durante três anos, ele combatera a amargura dessa dor. Agora, enquanto olhava o pai brigar com o corpo ferido para ter a dignidade que antes possuía, essa raiva se desfez. Como ele podia ser amargo quando o pai tinha evidentemente dado tanto?

Quando eles entraram no quarto, ele tinha olhado para o pai com pena. Agora, conhecia o orgulho. Seu pai podia ter quebrado a promessa a eles, mas não os abandonara. Tinha dado tudo à guerra. Era o herói que aqueles pilotos descreviam. As peças se encaixavam, e o homem que Paul conhecia como pai estava diante dele agora como o herói que se tornara enquanto tentava cumprir sua promessa. Nenhum filho podia pedir mais.

Enquanto Pappy se levantava, esperando que eles viessem a ele, Polly se deu conta de que era ele quem precisava de cuidado. As necessidades dela teriam de esperar. Essa percepção tornou aquele momento aguardado por tanto tempo uma mistura de prazer e dor. Bastava de piloto automático; agora ela teria de ser a defensora.

O clima no quarto tendia ao embaraçoso. Ninguém dizia nada, o choque dos efeitos da guerra no pai e na família produzindo efeitos em cada pessoa. Polly sabia que precisava fazer alguma coisa para mudar aquela situação. O ferrenho autocontrole que ela tinha em Santo Tomas voltou. Ela tomou a iniciativa.

Viva e alegre, sua voz soou: "Bem, eu sei onde nós estivemos nos últimos três anos. Onde você esteve?".

Ela fez uma pausa, depois sorriu. "Espero que tenha sido bom."

O encanto se quebrou. Lágrimas rolaram pelo rosto rígido de Pappy quando ele acolheu a esposa com o braço bom. Eles se abraçaram gentilmente enquanto os filhos os olhavam, cada um esperando sua vez. As meninas foram as primeiras, dizendo algumas palavras baixinho enquanto abraçavam o pai em volta de suas feridas.

Nath, o mais novo, seria o último. Ele esperou na porta, ansioso por sua vez. Seu estômago roncou de fome, distraindo-o, até que finalmente ele pegou uma ameixa da fruteira. Uma se tornou quatro; depois que acabava cada uma, ele segurava as sementes.

Paul foi até o pai depois que as meninas tiveram seu momento com ele. O lado esquerdo de Pappy estava obviamente tão dolorido que todos tinham semiabraçado o direito. Seu braço único se abriu para o filho mais velho e Paul se moveu para ele. Eles se abraçaram enquanto Paul sentia um surto de emoção. Orgulho pelo herói que P.I. se tornara. Tristeza pelo custo. Pura alegria por ter o pai finalmente de volta.

Paul temia ficar sem fala, dominado pelo momento. Em vez disso, a alegria que crescia dentro dele explodiu em uma longa torrente de conversa. Pappy ouviu, disse pouco em troca, e o puxou para ainda mais perto.

E então foi a vez de Nath. O dr. Gilmore entrou no quarto ao lado dele para ver como estavam as coisas. Agora, o Gunn mais jovem tinha um punhado de sementes de ameixa e um pai perdido havia muito tempo para cumprimentar. Sem saber o que mais fazer, ele se virou para o dr. Gilmore e deu a ele as sementes.

Enxugou o suco de ameixa no short e foi até o pai. O coração deles era o mesmo, seus temperamentos eram espelhados. Eram protetores, doadores. Realizadores, os dois. Com o tempo, isso causaria conflito entre eles. Quando isso acontecia, Polly sempre dizia que eles brigavam porque eram muito parecidos.

Pappy abraçou o filho mais novo enquanto dizia, com a voz fraca: "Você conseguiu. Você conseguiu", como um mantra de alegria e alívio.

Enquanto eles começavam a se atualizar, Pappy lhes contou que tinha reservado quartos para a família no hotel.

"Onde você vai ficar?", perguntou Polly.

"No 42º Hospital Geral. Nesta mesma rua."

Polly perguntou por que eles se encontraram ali no hotel. Pappy lhe disse que não queria que a primeira vez que a família o visse fosse em uma cama de hospital.

Não foi satisfatório. Polly assumiu de imediato o controle. "Nós vamos ficar com você", anunciou numa voz que não admitia discussão. De qualquer forma, Pappy estava cansado e dolorido demais para argumentar.

O dr. Gilmore desapareceu por alguns minutos, depois voltou com uma cadeira de rodas. Pappy só conseguiu ficar de pé alguns minutos, e mesmo isso se revelou exaustivo. Ele teria que ser levado na cadeira ao 42º.

A reunião terminou. A vida em conjunto recomeçou. Eles seguiram pelo corredor até os elevadores e descobriram que precisavam de duas viagens para que toda a família descesse, dado o tamanho da cadeira de rodas. Nath e Paul foram em uma, e todos os demais na outra. Os garotos ficaram presos no elevador, e um empregado do hotel teve que fazer o elevador funcionar para eles. O atraso levou a um momento revelador para o resto da família.

Quando Pappy foi empurrado para o saguão, eles encontraram o lugar cheio de tocadores de gaita de foles mexendo em seus instrumentos. O dr. Gilmore olhou em volta, nervoso. Um tocador parado perto deles começou a tocar, e de repente Pappy se contorceu de dor. Polly e as meninas olharam alarmadas. O que estava acontecendo? O médico correu até o músico e ordenou rispidamente que ele parasse. Os tocadores de gaita olharam irritados. Alguns outros começaram a tocar, mas o médico os silenciou com ordens gritadas num tom furioso.

Rapidamente, eles empurraram Pappy para fora do hotel e de volta ao 42º Hospital Geral. Sete meses antes, o staff o havia posto sozinho em um prédio externo chamado Enfermaria 6, onde ele permanecia isolado do resto da população do hospital.

O dr. Gilmore explicou a Polly que a bomba de fósforo que jogara Pappy do jipe lançara dois pedaços de granada através de seu braço esquerdo acima do cotovelo. Os médicos em Leyte viram a entrada livre e os ferimentos de saída, costuraram Pappy, o trataram contra infecção e acreditaram que ele se recuperaria plenamente. Mandaram-no de volta a Brisbane para ficar saudável.

Mas ele não sarou como era esperado. Tinha sofrido por meses na enfermaria, debatendo-se em agonia enquanto o staff praticamente o ignorava. Não sabiam quem ele era nem que ele tinha se doado à causa. As enfermeiras e os médicos o consideravam um suboficial fingindo de doente que não fazia nada além de reclamar.

A família se mudou para a Enfermaria 6 com Pappy para sarar junto e se refamiliarizar com ele. Não demorou muito para Polly descobrir que a dor não estava na cabeça de Pappy, como os médicos insistiam em lhe dizer. Ela levou isso ao staff, mas eles a descartaram prontamente, inclusive o médico-chefe do hospital, um coronel irascível que claramente não gostava de Pappy.

Um dia, o general Enis Whitehead apareceu para uma visita. Pappy não estava em boa forma, e o general ficou atônito de ver sua transformação. Trêmulo devido à dor e aos analgésicos, ele parecia estar definhando. Polly agarrou essa chance e contou ao general tudo o que tinha visto e como os médicos continuavam a insistir que a agonia de Pappy era toda psicossomática. Disse a Whitehead que testemunhara o braço dele de repente inchar quando Pappy estava em sono profundo. Um ônibus freando forte na rua causara isso uma vez. Outra vez, Nath assoviando no banheiro fizera isso acontecer. Polly queria que os médicos pusessem o marido para dormir e tocassem música perto dele. Se o braço inchasse, o problema não podia estar na cabeça dele. Eles rejeitaram prontamente a ideia, considerando que tudo aquilo era uma farsa.

Whitehead foi até o telefone mais próximo e exigiu ver imediatamente os médicos de Pappy. Eles vieram correndo e Whitehead soltou os cachorros em cima deles. O general era conhecido por seus esporros cheios de palavrões, e esse foi épico como sempre. Quando ele terminou, os médicos tinham sido completamente intimidados.

Whitehead se virou para Polly e pediu desculpas pela linguagem indecente. Polly brincou: "General, eu estou casada com um marinheiro há anos".

Os médicos levaram imediatamente Pappy na cadeira de rodas para a cirurgia. Eles o anestesiaram e examinaram seu braço. Sem dúvida, ondas de som o faziam inchar. Acontecera algo muito mais sério que um ferimento causado por um estilhaço que atravessara o braço, e ninguém tinha notado isso. Os cirurgiões começaram a trabalhar e operaram o braço.

Dentro, eles descobriam um único fragmento de fósforo alojado no braço. Ele tinha queimado grande parte do tecido em volta do local e transformado o nervo numa barafunda quebradiça. Ruídos altos, especialmente música, faziam o nervo danificado vibrar como um diapasão. Era essa a fonte do inchaço.

Eles limparam o local, removeram o fragmento de fósforo e costuraram o braço. Quando Pappy voltou para a enfermaria no fim do dia, a diferença em seu comportamento surpreendeu a todos. Acabara o velho aprisionado pela dor. Voltaram os olhos brilhantes e o humor do homem que eles conheciam e amavam. Ele se recuperou gradativamente e logo começou a caminhar pequenas distâncias.

Algumas semanas depois, Pappy foi mandado a um hospital na Califórnia para mais exames e reabilitação. Foi levado de avião de Brisbane enquanto a família o seguia a bordo de um navio de passageiros. No verão de 1945, depois de oito meses em hospitais, Pappy recebeu alta. Ele precisaria de uma última cirurgia em 1948 para eliminar completamente a dor, e seu braço nunca voltaria a exercer os movimentos de forma plena. Não era a recuperação que ele queria, mas era o máximo que a tecnologia médica podia lhe oferecer.

Depois de sua alta, a família se retirou para Pensacola e a casa na baía no Navy Boulevard. Lá no sol da Flórida naquele verão, eles retomaram as forças e aprenderam como estar juntos de novo. Esse seria um processo longo; as coisas tinham mudado, os filhos tinham crescido, e nos meses seguintes eles precisaram estabelecer seu novo senso de normalidade, assim como suas identidades após a guerra.

A guerra lhes havia roubado seu estilo de antes. Arruinara o meio de vida de Pappy e os depojara de todas as posses, inclusive a cama de colunas. Tirara deles a saúde, negara a eles as alegrias da experiência compartilhada. Destruíra a cidade que eles amavam e os obrigara a enfrentar realidades que teriam destruído almas menores. Apesar de tudo o que infligiu a eles, a guerra nunca demoliu o amor que tinham um pelo outro. Isso era indestrutível.

Posfácio

A revolução que Pappy Gunn começou com os A-20 e os B-25 ajudou a assegurar que mais de 250 mil soldados japoneses fossem isolados e abandonados na Nova Guiné. Eram quase tantos homens quanto os que os alemães perderam na Batalha de Stalingrado. Foi a maior força a ser isolada durante a Guerra do Pacífico. Menos de 10 mil desses japoneses permaneceram vivos para voltar a sua pátria depois do fim da Segunda Guerra Mundial.

Muitos disseram que Pappy fez mais que qualquer outro abaixo da patente de general para ganhar a guerra no Sudoeste do Pacífico. Seu legado é mais que isso e dura até hoje. Os *gunships* continuaram a ser uma parte fundamental das Forças Armadas americanas desde a Batalha do Mar de Bismarck. Hoje, quando A-10 Thunderbolts e AC-130 Spectres rondam os campos de batalha da Guerra ao Terror, o espírito de Pappy Gunn voa em suas asas.

Big Jim Davies, John Henebry e David Hutchison ganharam suas estrelas de general. Outro ex-membro do Terceiro Grupo de Ataque, Dick Ellis, chegou a vice-comandante da Força Aérea dos Estados Unidos. Kenney tornou-se o primeiro líder do Comando Aéreo Estratégico. Sem o louco bando de desajustados e inovadores que tinha feito a Quinta Força Aérea ser tão bem-sucedida, ele teve de se esforçar na função.

Depois que Pappy foi ferido, Kenney enviou Jack Evans para a escola de pilotagem nos Estados Unidos. Ele foi morto durante um voo de treinamento em um AT-6 Texan no começo de 1945.

Duas semanas depois de Santo Tomas ser libertado, Don Bell conseguiu ser incluído em um ataque de bombardeio da Marinha ao longo da costa chinesa. Ele foi integrado ao esquadrão VPB-118 e voou com eles em uma missão de combate. Seu avião foi derrubado e a tripulação foi isolada no mar ao largo de praias controladas pelos japoneses. Ele e os outros membros do bombardeiro conseguiram chegar à praia, fugiram e evitaram os japoneses durante semanas, até ser encontrados por uma unidade de guerrilha chinesa. No fim, Don voltou a linhas amigas e trouxe mais uma história épica para o povo americano. Ele é um dos jornalistas mais capazes e mais corajosos que os Estados Unidos já produziram.

A família Gunn mais tarde voltou a Manila, onde Pappy ajudou a erguer a nova Força Aérea Filipina e reconstituiu a Philippine Airlines. Connie se apaixonou por um oficial da Marinha e casou-se com ele. A notícia partiu o coração de Guyenne Sanchez, e embora também tenha se casado e encontrado a felicidade, ele a amou pelo resto de sua vida.

Julie foi trabalhar para a CIA. Nath e Paul foram trabalhar para o pai, e os três Gunn mais tarde começaram juntos sua própria empresa de transporte aéreo. Nath, talvez querendo viver à altura da lenda do pai, passou quinze anos como mercenário aéreo; foi ferido muitas vezes e abatido durante a Guerra de Independência da Indonésia. Seu pai o ensinou a pilotar, e embora ele tenha passado milhares de horas no ar pilotando tudo, de caças P-51 Mustang a aviões de carga e Beech 18, nunca recebeu oficialmente uma licença de piloto americana.

Paul serviu como sargento no Exército durante a Guerra da Coreia. Depois voltou para casa e se estabeleceu na vida tranquila de professor de história do ensino fundamental.

Eva Gurevich recuperou-se plenamente. Emigrou para os Estados Unidos, casou-se de novo e trabalhou como tradutora para vários órgãos de governo antes de se aposentar na área da baía de San Francisco.

Uma década depois da guerra, Nath deparou com a mulher cujo rosto tinha sido rasgado no bombardeio de Santo Tomas. Ela tinha um olho de vidro e caminhava com uma bengala, mas os cirurgiões plásticos tinham feito o que podiam por ela. A mulher contou a Nath como soubera o que ele tinha feito por ela e lhe agradeceu com um abraço demorado.

Numa noite em 1957, Pappy estava operando os controles de um Beech 18 em um voo charter entre Mindanao e Luzon. Voando baixo como sempre, seu avião foi atingido por uma forte corrente de ar descendente sobre a ilha de Cebu. A corrente jogou o Beech no chão. Com esforço supremo, Pappy conseguiu levantar voo mesmo depois do impacto. O 18 sofreu graves danos, e ele virou na direção da pista de pouso mais próxima. Quando fez isso, o avião bateu em um coqueiro e caiu. Todos a bordo morreram.

Polly nunca voltou a se casar, embora tenha tido oportunidade. Um dos amigos mais antigos da família foi visitá-la um dia, anos depois da morte de Pappy. Confessou que sempre fora apaixonado por ela, e achava que agora as circunstâncias e o momento finalmente eram os certos. Propôs a ela casamento na cozinha da casa de Nath.

"Eu não posso me casar com você", Polly disse a ele. "Já tive o amor de minha vida."

Agradecimentos

Este livro começou com um pedido de aniversário na primavera de 2014. Minha filha, Renee, me disse: "Pai, este ano, como presente de aniversário, quero que você escreva um livro sozinho". Eu segui dois caminhos em minha carreira — livros que escrevi sozinho e livros em colaboração com veteranos combatentes. Fazia anos que eu não escrevia um livro só meu, tendo tido ligação com *Outlaw Platoon*, *The Trident*, *Shock Factor* e *Level Zero Heroes*. Então, quando Renee fez seu pedido, pensei: você não podia ter pedido um carro? Teria sido mais fácil.

Pouco tempo depois, voltei de carro para a Califórnia. No caminho, pensei na lista que fizera de pessoas e assuntos sobre os quais queria escrever antes de morrer. No topo dessa lista estavam Pappy Gunn e George Kenney. Nos anos 1990, quando comecei a pesquisar a carreira de combates do piloto de caça Gerald R. Johnson na Quinta Força Aérea, muitos dos veteranos que entrevistei para minha tese de mestrado, ao falar sobre os grandes ases de Kenney, acabavam mencionando o lendário Pappy Gunn. Ouvi muitas histórias sobre Gunn e o tempo em que ele esteve no Terceiro Grupo de Ataque de dois amigos íntimos de Johnson, que também voaram no Terceiro — Don Good e John Henebry. Antes da guerra, Don e Gerald foram juntos para a Universidade de Oregon, onde competiram pela afeição da mesma garota. Johnson venceu a corte e depois se casou com ela. Mas um dia Don e Gerald se encontraram por acaso em Dobodura e descobriram que haviam estado em muitas missões de combate juntos. Os antigos rivais românticos tornaram-se agora uma combinação muito eficiente contra os japoneses, Don em seus aviões A-20 modificados por Pappy varrendo a bala navios e aeronaves em solo enquanto Johnson pairava protetoramente no alto em seu P-38. Por meio de Don, Gerald conheceu John Henebry, e os dois logo viraram amigos pelo resto da guerra.

Entrevistei os dois homens na pós-graduação e mais tarde escrevi a biografia de Johnson como meu segundo livro, *Jungle Ace*. As histórias que eles contaram sobre as façanhas de Pappy e o Terceiro Grupo de Ataque repercutiram em mim. Mais tarde, outro veterano da Quinta Força Aérea, Billy Runey, me descreveu como assistira às investidas dos *strafers* contra um comboio ao largo de Wewak em 1944. A destruição causada por esse ataque foi algo que permaneceu vividamente na memória de Bill até sua morte, em julho de 2015.

É evidente que a história do louco professor de aviação e dos *strafers* que ele criou era algo sobre o qual eu queria escrever fazia quase vinte anos. Para mim, ela ilustra o melhor do espírito "dá para fazer" americano e serve como um conto exemplar de criação de grandeza a partir de desastres e deficiências.

Em abril de 2014, eu me tranquei em um hotel perto de Santa Cruz, na Califórnia, e deixei as histórias de Pappy fluírem até virar uma proposta. Isso se tornou a gênese de *Indestrutível*.

Em um desses acasos felizes da vida, no mesmo momento em que Jim Hornfischer levou a proposta de *Indestrutível* para o mercado, Mauro DiPreta começou a trabalhar na Hachette Books como seu novo publisher e vice-presidente. A parceria entre nós tem sido uma experiência pessoal e profissional extraordinária. Mauro, obrigado por me dar uma chance, obrigado por compartilhar a visão para este livro e obrigado por sua amizade. Você o melhorou tanto com sua orientação e seu aconselhamento que qualquer sucesso que ele tiver será uma conquista sua. Obrigado por todas as conversas estimulantes, pelas longas ligações no meio do seu dia de trabalho e por sua flexibilidade, empatia e compaixão depois que Bill Runey morreu. Essas são as marcas não apenas de um editor capaz e talentoso, mas de um ser humano excepcional. Foi uma honra trabalhar com você em *Indestrutível*.

Um viva bem alto para Betsy Hulsebosch, Mandy Kain, Ashley Yancey, Melanie Gold, David Lamb, o resto da equipe da Hachette e o editor de texto Mark Steven Long. Trabalhar com todos vocês foi uma tremenda alegria. Obrigado pelo trabalho e pelo esforço intenso que dedicaram para tornar

Indestrutível a homenagem a uma família americana em tempo de guerra que imaginamos há dois anos.

No verão de 2014, fui de avião para o Texas para conhecer Nath (agora Nat) Gunn e sua mulher, Vera. Ao longo dos anos, muitas pessoas os abordaram com a intenção de fazer um filme ou escrever um livro sobre Pappy, e Nat se irritara mais de uma vez. Não sei ao certo por que eles se arriscaram comigo, mas nunca conseguirei expressar gratidão suficiente pelo que fizeram. O que se desenvolveu a partir daquele primeiro encontro foi uma amizade duradoura construída em ligações quase diárias entre nós há dois anos. O insight, as lembranças e o material fornecidos por Nat e Vera foram essenciais para dar vida a *Indestrutível*. Nat, você tem sido para mim um amigo mais do que praticamente qualquer outra pessoa em minha vida desde que voltei do Afeganistão. Tem sido um mentor com quem aprendi muito sobre como me orientar na vida. Você e Vera, o amor que vocês compartilham um pelo outro — isso é Indestrutível, e inspirador para mim. Vocês não são apenas amigos; esta jornada os tornou parte da minha família. Obrigado por tudo o que vocês fizeram por mim. Anseio por vê-los novamente em breve.

Em seguida preciso agradecer a Renee. Com dezesseis anos na época de seu pedido de aniversário, ela agora se transformou em uma caloura de faculdade de dezoito anos. Li grande parte de *Indestrutível* para ela em voz alta junto com o resto da minha família, observando com cuidado sua reação emocional e atentando para as áreas em que o material da aviação técnica a deixava perdida. Eu queria uma história não apenas para engenheiros e fanáticos por aviação antiga (como eu), mas que fosse acessível e significativa para qualquer pessoa que tenha uma família e tenha conhecido a separação de seus entes queridos ou vivido dificuldades com eles. Os comentários, insights e reações de Renee ajudaram a moldar a narrativa para alcançar esse objetivo. Obrigado, Cricket. Estou ansioso por mais viagens de carro e fotos de lêmures com você. Nós dois narramos uma série de podcasts chamada *John and Renee Do History*, que pode ser encontrada na internet aqui: <https://soundcloud.com/john-r-bruning/>.

Ed é meu aprendiz de fanático por aviação antiga. Agora com catorze anos e caloro em sua escola, ele passa o horário de almoço discutindo tanques Sherman e ataques de B-29 com seu amigo Scooter Reid. Percebi que o interesse de Ed na história e na aviação também precisava ser saciado, e suas reações ao manuscrito ajudaram a equilibrar as partes pessoais e emocionais da história com a tenacidade do combate aéreo em 1942. Obrigado, Ed, por todo o tempo que você dedicou a *Indestrutível*, seja me escutando ler, seja lidando comigo longe de Independence enquanto eu o escrevi. Agora anseio por muitos voos de drone no Campo Adair com você!

Jennifer, obrigado por me possibilitar viajar por *Indestrutível* e me isolar na floresta para escrevê-lo. Comecei o projeto com uma viagem de um mês que me levou de Oregon à Flórida e de volta, parando em arquivos e em pontos fundamentais da história. Viagens posteriores me levaram à Virgínia e ao sudeste. Quando a escrita começou, eu me enfurnei em uma cabana nas Cascades durante a maior parte da primavera e do verão de 2015. Aquelas longas ausências de Independence foram difíceis para vocês, crianças, mas vocês suportaram e tornaram tudo isso possível. Obrigado por serem uma parte tão vital do processo.

Robin e Marici Reid me deram muita informação. Ambos são aviadores extremamente experientes que por acaso também possuem um Beech 18. Seu filho Jonathon me deixou rastejar no Beech deles, tirando fotos do cockpit e da área da cabine. Eles também me forneceram uma série de recursos sobre o Beech, inclusive vários livros fantásticos sobre essa notável aeronave.

Bill Bartsch é um dos melhores e mais completos historiadores da aviação que já encontrei. Seus livros sobre unidades de combate da Força Aérea do Extremo Oriente (FAEO) nas Filipinas e nas Índias Orientais Holandesas são indispensáveis para qualquer pessoa que queira saber sobre a Força Aérea de MacArthur nos estágios iniciais da Guerra do Pacífico. Ele dedicou a vida a manter o legado dos condenados mas corajosos aviadores vivos, não apenas por meio de seus livros, mas também doando graciosamente sua pesquisa ao MacArthur Memorial. Sua coleção constitui um dos recursos mais valiosos sobre os primeiros dias da USAAF na Segunda Guerra Mundial. Sua generosa correspondência comigo foi encorajadora e extremamente útil. Obrigado Bill, por toda a ajuda que você forneceu.

Jon Parshall e Jim Sawruk me ajudaram a rastrear detalhes do primeiro combate de Pappy, em dezembro de 1941. Obrigado por me ajudarem nesse processo e por desvendarem o mistério de como A6M Zeros conseguiram chegar a Cebu, tão longe ao sul, e tão cedo, no início da campanha filipina.

Jim Zobel é o impressionante arquivista do MacArthur Memorial. Ele é uma fonte incrível de conhecimento não apenas sobre as coleções no Memorial, mas também sobre a vida de MacArthur em geral. Estou convencido de que ele de alguma forma criou seu próprio Intersect inspirado em *Chuck* e carregou o arquivo inteiro em sua mente. Eu lhe fazia perguntas e juro que podia vê-lo *lampejar*. Minutos depois, ele saía do cofre com caixas cheias de material útil para mim. E além de tudo ele ama Buddy Holly e os outros grandes roqueiros da era dos anos 1950 e 1960. A semana que passei lá foi a mais divertida que já tive bisbilhotando fontes primárias enquanto rock 'n' roll americano inicial tocava em um aparelho de som na sala das copiadoras.

No Centro de Pesquisa da Força Aérea dos Estados Unidos, Maranda Gilmore me proporcionou uma ajuda enorme quando estive lá em setembro de 2014. Durante uma semana, eu a inundei de perguntas e pedidos de documentos, com os quais ela lidou com profissionalismo e habilidade consumados. Obrigado por todo o trabalho duro em meu benefício, Maranda.

Jim Hornfischer é meu agente desde 2006. Sua orientação, expertise e amizade se provaram inestimáveis para meu crescimento como escritor e historiador. Jim, devo a você meu sucesso e minha carreira. A vida que vivo foi definida em uma estrutura em cuja construção você desempenhou o papel fundamental, e sempre serei grato por isso. Mal posso esperar por aquela dose de bourbon com você em breve.

Meus agradecimentos também a Jeff Pullman, cuja cabana na floresta tem sido meu retiro de escrita há sete anos. Allison Serventi Morgan leu a proposta enquanto ela e toda a sua família sofriam de gastrenterite, fornecendo sua excelente percepção habitual antes de eu retrabalhá-la e enviá-la a Jim. Allison tem sido um suporte permanente e uma leitora de confiança de meus últimos onze livros. Obrigado, Allison; sua perspectiva sempre melhora o resultado final.

Grace Berry irrompeu em nossa vida em 2015 e rapidamente (não oficialmente) foi adotada por minha família. Grace organizou os milhares de páginas de documentos impressos que adquiri em minhas viagens de pesquisa. Seu trabalho possibilitou que eu encontrasse o que precisava com uma rápida revisão dos numerosos fichários que ela juntou para mim. Obrigado, Grace, seu trabalho fez uma enorme diferença nesse processo.

Em 2009, o especialista Taylor Marks foi morto no Iraque. Taylor fazia parte de meu grupo de voluntários OPFOR [forças opositoras], o 973º Civilians on the Battlefield, que treinava com a Guarda Nacional do Oregon, órgãos policiais, equipes da SWAT, unidades de HAZMAT [materiais perigosos] e outras organizações. Basicamente, nós éramos os bandidos, encenando tudo, de assaltantes à al-Qaeda no Iraque. Taylor estava no último ano do ensino médio quando se juntou a meu grupo, e isso mudou o arco de sua vida, da segurança e do desenvolvimento intelectual na Universidade de Oregon, onde ele havia sido premiado com uma bolsa de estudos, para as obrigações do trabalho desregrado de escolta do comboio da Guarda Nacional de Oregon no Iraque. Fiz seu elogio fúnebre em setembro de 2009 e, no Pontiac GTO, deixei que ele participasse do baile de formatura e ajudei a escoltar seus restos mortais para descansar. Diante de sua família e amigos, eu disse que agora viveria por dois, e que seu espírito de aventura me levaria adiante nos próximos anos. *Indestrutível* e a maneira como pesquisei a história foram inspirados por essa promessa. Todo dia que vivo é mais um em que o espírito de Taylor me inspira e me impulsiona a seguir em frente. A dor da perda nunca desaparece; nós apenas crescemos em torno dela e ela se torna parte de quem somos. Ser capaz de traduzir a inspiração dele para a palavra impressa garante que o legado de Taylor continue a crescer. Ele não será esquecido.

Para mais detalhes, histórias e fotos de Pappy e seu círculo de amigos e familiares, por favor, visite meu site: <https://theamericanwarrior.com/>.

Notas

6. TERROR NA NOITE [pp. 73-9]

1. O desastre no Campo Clark foi contado e recontado ao longo dos anos com aspereza considerável por parte tanto de participantes como de historiadores. O que exatamente aconteceu nunca será plenamente elucidado. Diz a lenda que Richard K. Sutherland guardou uma cópia da ordem escrita instruindo Brereton a deslocar todos os B-17 para Mindanao, o que provava que o general do ar de MacArthur desobedeceu deliberadamente à ordem. Sutherland fez referências a MacArthur sobre isso em cartas pessoais entre os dois na década de 1950. No entanto, de acordo com Jim Zobel, o arquivista do MacArthur Memorial, os arquivos de Sutherland foram destruídos por sua mulher durante o tumultuoso divórcio deles. Se isso for verdade, a perda para a história é importante.

8. PROCURANDO ENCRENCA [pp. 87-94]

1. De acordo com as recordações escritas de Julie Gunn, P.I. na verdade foi de carro a Cavite para tentar determinar seu status. Ele ainda estava na reserva inativa e podia ter sido chamado para o serviço ativo a qualquer momento pela Marinha americana. O caos nos primeiros dias da guerra impediu essa mudança, e os japoneses destruíram Cavite em 10 de dezembro.

22. INVALIDANDO A AUTORIZAÇÃO [pp. 216-25]

1. O que se seguiu durante esse período da vida de Pappy pode apenas ser vislumbrado por meio de algumas fontes sobreviventes dignas de crédito. Que ele pilotou o Miss EMF, disso não há dúvida — ele foi visto nele em Java, e a narrativa de sua Cruz de Serviço Distinto descreve em

detalhe o emprego do B-17 em sete ataques distintos. Referências a Pappy durante esse tempo podem ser encontradas na coleção de entrevistas de Walter Edmonds, em "Luck to the Fighters", de Weller, e em esparsos documentos do período e recordações pessoais escritas ao general Kenney enquanto ele estava coletando informações para seu livro. Uma fonte descreveu o colapso físico de Pappy devido ao número de horas que ele tinha voado nesse período. O rastreamento de suas locações conhecidas, a velocidade de cruzeiro do Miss EMF e o retorno dele a Brisbane resultaram em quase exatamente o número de horas voadas dado pela fonte.

24. WAINWRIGHT PARA MACARTHUR: ONDE ESTÁ O CAPITÃO GUNN? [pp. 239-48]

1. De acordo com Frank Bostrom, o piloto de B-17 que evacuou MacArthur das Filipinas, Pappy já tinha feito arranjos para encontrar seus familiares combinando com alguém para que os encontrasse e os levasse através da baía de Manila para Bataan, onde ele os resgataria no Beech.

25. A SORTE INVENCÍVEL DE PAPPY GUNN [pp. 257-65]

1. Não se sabe exatamente por que Pappy desceu da camada de nuvens. Pode ter sido apenas uma rápida verificação de orientação, ou simplesmente o avião perdeu força e ele não conseguiu manter a altitude. Seja como for, o avião japonês o viu imediatamente e o derrubou.

2. O destino de McFarland foi triste. De acordo com recordações encontradas nas entrevistas de Edmonds, ele voou para a cidade de Cebu em uma aeronave civil Bellanca, que foi destruída ao pousar ou em um ataque aéreo. Ele ficou isolado lá com sua família até ser capturado pelos japoneses, em 7 de maio de 1942. Em outubro de 1944, os japoneses levaram McFarland e cerca de 1800 outros prisioneiros de guerra para um navio conhecido como *Arisan Maru* com a intenção de levá-los das Filipinas ao Japão, onde eles seriam usados como mão de obra escrava.

26. OS COMANDOS CAMBERRA E OS INÚMEROS PROBLEMAS QUE SE SEGUIRAM [pp. 266-75]

1. O que exatamente aconteceu em seguida foi amplamente obscurecido por décadas de histórias de bar, exageros e documentos oficiais propositadamente vagos. Em uma das entradas finais do diário de guerra do 27º Grupo de Bombardeio, o historiador da unidade escreveu que "Seguiram--se numerosos problemas" quando eles foram pegar os B-25 dos holandeses. Davies depois disse em uma entrevista oficial que tinha recebido ordem de ir pegar os aviões. Talvez tenha sido esse o caso, porque o general Brereton pode ter dito a seu comandante de grupo mais agressivo e que mais odiava burocracia que pusesse fim ao impasse em Brisbane e simplesmente pegasse os aviões. Nenhum registro dessa ordem, se é que ela foi emitida, foi encontrado, a despeito das extensas pesquisas feitas por gerações de historiadores. O lado holandês disso enfatiza que os aviões foram entregues de boa vontade à USAAF em troca de outros que deviam chegar dos Estados Unidos.

2. Segundo a versão de Fox da reunião, Pappy em seguida contou a ele como caminhou até a área de serviço em Archerfield, subiu no B-25, examinou os controles e saiu. Enquanto deleitava o representante técnico com a travessura, sem saber que Fox tinha vindo resolver a questão dos Mitchell para os holandeses, Pappy brincou sobre como os tipos da Força Aérea "cabeça quadrada" deviam ter ficado quando viram seu avião partir.

3. De acordo com um relato, Pappy ameaçou levar o major à corte marcial se ele não os liberasse. E também acrescentou que dentro de poucos dias os aviões atacariam alvos japoneses.

27. MATANDO VON GRONAU [pp. 276-89]

1. Nenhuma outra fonte descreve esse incidente, e o veterano talvez não tenha estado realmente nessa missão naquele dia, mas ele soa verdadeiro.

28. SEGREDOS, ESPIÕES E BURACOS MISTERIOSOS [pp. 290-300]

1. Esses documentos sobrevivem hoje no MacArthur Memorial, em Norfolk, Virgínia.

32. BUST'EM GEORGE, O GENERAL RENEGADO SEM DOCUMENTOS [pp. 337-46]

1. Kenney se lembrou de que Pappy e sua equipe estavam trabalhando em um A-20 quando ele entrou no hangar, e talvez tenha sido esse o caso. Os registros de voo de Pappy mostram que ele estava fazendo voos de teste tanto no B-25 quanto no A-20 no começo de agosto. A diferença é sutil mas importante, dado o que se seguiu. George Kenney não deixava de assumir o crédito pelas ideias e pelo trabalho de outras pessoas, e em anos posteriores ele escreveria que o B-25 com oito metralhadoras foi ideia sua, embora o trabalho na aeronave tenha começado dois meses antes de ele chegar a Charters Towers. O *Pappy's Folly* só foi transferido oficialmente da propriedade dos holandeses para a USAAF em setembro de 1942, o que confere algum peso ao relato de Kenney. Porém, dada a maneira estranha como os B-25 holandeses caíram nas mãos do Terceiro Grupo de Ataque, o *Pappy's Folly* provavelmente deve ter ficado em Charters Towers durante a primavera e o verão, antes que a papelada o alcançasse.

2. Em narrativas posteriores da carreira de Pappy, muito foi escrito sobre sua participação nessa crise. De fato, ele passou três dias em Port Moresby e provavelmente voou em cinco missões de apoio ao solo contra os japoneses ao longo da Trilha Kokoda no *Está em falta*. Há muitas histórias de Pappy fazendo incursões de bombardeio em seu B-25, ou, às vezes, em um A-20, cantando enquanto explodia os japoneses. Um artigo de 1960 incluiu esta pérola: Pappy operava os controles com a ponta dos dedos. Um toco de charuto estava enfiado no canto de seu rosto quadrado e em volta dele ele cantava: "*Gimme that good old Mountain Dew...*" [Me traga aquele bom e velho orvalho da montanha].

Outras fontes creditam a Pappy solitários ataques de metralhadora e bombardeios ao Aeródromo de Lae. Uma dessas histórias implausíveis diz que ele incendiou dez aeronaves japonesas enquanto se esquivava e atirava de um lado para outro sobre esse aeródromo japonês.

41. O MINDINHO E OS PULMÕES [pp. 415-22]

1. É possível que Pappy tenha feito voos para as Filipinas na primavera de 1944, mas eles não podem ser comprovados de forma definitiva. Os aeródromos foram devastados pelos japoneses em junho, e isso levou ao cancelamento de novas missões. No entanto, depois da guerra, amigos de Pappy costumavam ir vê-lo nas Filipinas, entre eles John Henebry e Jim Davies. Eles às vezes falavam sobre o que consideravam a missão mais louca de Pappy, que Nat Gunn se recordou de ser um voo de longa distância para lançar a propaganda "Eu Vou Voltar" de MacArthur, inclusive caixas de fósforo com o rosto do general, em grande parte do Sudeste da Ásia e das Filipinas. Se isso for verdade, é provável que tenha acontecido durante esse momento da guerra.

Referências bibliográficas

FONTES SECUNDÁRIAS

ANZAI, Rosemary. *For Love of Country: WWII Secret Agent Arthur Komori*. Paragon Agency, 2013.

BALL, Larry. *The Immortal Twin Beech*. Ball Publications, 1995.

BARR, James A. *Airpower Employment of the Fifth Air Force in the World War II Southwest Pacific Theater*. Pennyhill Press, 1997.

BARTSCH, William H. *December 8, 1941: MacArthur's Pearl Harbor*. Texas A&M University Press, 2003.

_____. *Doomed at the Start: American Pursuit Pilots in the Philippines, 1941-1942*. Texas A&M University Press, 1992.

_____. *Every Day a Nightmare: American Pursuit Pilots in the Defense of Java, 1941-42*. Texas A&M University Press, 2010.

BAUMGARDNER, Randy (Org.). *Fifth Air Force*. Turner, 1994.

BERRY, Evalena. *Time and the River: A History of Cleburne County*. Rose Publishing, 1982.

BIRDSALL, Stephen. *Flying Buccaneers: The Illustrated Story of Kenney's Fifth Air Force*. Doubleday, 1977.

BOER, P. C. *The Loss of Java*. National University of Singapore Press, 2011.

BRERETON, Lewis. *The Brereton Diaries: The War in the Air in the Pacific, Middle East and Europe, 3 October 1941-8 May 1945*. Pickle Partners, 2014.

BURTON, John. *Fortnight of Infamy: The Collapse of Allied Airpower West of Pearl Harbor*. Naval Institute Press, 2006.

CANNON, M. Hamlin. *Leyte: The Return to the Philippines*. CreateSpace, 2015.

CASEY, John W. *Warriors Without Weapons: Triumph of the Tech Reps*. Amethyst Moon, 2010.

_____; BOYD, Jon. *North American Aviation: The Rise and Fall of an Aerospace Giant*. Amethyst Moon, 2011.

CATES, Tressa R. *Infamous Santo Tomás: Authentic W.W.II Civilian Prisoner of War Camp Story.* Pacific Press, 1981.

CLARINGBOULD, Michael J. *Black Sunday: When the U.S. 5th Air Force Lost to New Guinea's Weather.* Impressão particular, 1995.

COGAN, Frances B. *Captured: The Japanese Internment of American Civilians in the Philippines, 1941-1945.* University of Georgia Press, 2000.

COLLEY, George S. *Manila-Kuching and Return, 1941-1945.* Taylor & Taylor, 1946.

COOPER, Anthony. *Kokoda Air Strikes: Allied Air Forces in New Guinea, 1942.* NewSouth, 2014.

CORTESI, Lawrence. *The Battle of the Bismarck Sea.* Leisure Books, 1967.

_____. *The Grim Reapers: History of the 3rd Bomb Group, 1918-1965.* Historical Aviation Album, 1985.

COX, Jeffrey. *Rising Sun, Falling Skies: The Disastrous Java Sea Campaign of World War II.* Osprey, 2014.

CRAVEN, Wesley Frank; CATE, James Lea (Orgs.) *The Army Air Forces in World War II.* University of Chicago Press, 1948, 1950. V. 1 e 4.

CUMMINS, Joseph. *Forgotten Battlefields of World War II.* Hidden History, 2013.

CUTLER, Robert S. *America's Worst Aviation Disaster in Australia.* Publicado originalmente como *Mackay's Flying Fortress: The Story of Australia's Worst Air Crash in World War II.* Central Queensland University Press, 2003.

CUTLER, Thomas J. *The Battle of Leyte Gulf: 23-26 October 1944.* Bluejacket Books; Naval Institute Press, 2001.

DAVIES, R.E.G. *Airlines of Asia Since 1920.* Putnam, 1997.

DEDAL, Tony. *Wings over the Philippines.* New Day Publishers, 2008.

DULL, Paul S. *A Battle History of the Imperial Japanese Navy, 1941-1945.* Naval Institute Press, 1978.

DUNN, William J. *Pacific Microphone.* Texas A&M University Press, 1988.

DYESS, William E; LEAVELLE, Charles. *The Dyess Story.* G. P. Putnam's Sons, 1944.

EDMONDS, Walter D. *They Fought with What They Had.* Little, Brown, 1951.

EICHELBERGER, Robert L. *Our Jungle Road to Tokyo.* Battery Press, 1989.

EPHRAIM, Frank. *Escape to Manila: From Nazi Tyranny to Japanese Terror.* University of Illinois Press, 2008.

FITZGERALD, Earl A. *Voices in the Night: Messages from Prisoners of War in the South Pacific, 1942- -1945.* Pioneer Printing, 1948.

FREDRICKSON, John; ROPER, John. *Images of Aviation: Kansas City B-25 Factory.* Arcadia Publishing, 2014.

FREER, William B. *The Philippine Experiences of an American Teacher.* Scribner, 1906.

GAILEY, Harry. *MacArthur Strikes Back: Decision at Buna, New Guinea, 1942-1943.* Presidio Press, 2000.

_____. *MacArthur's Victory: The War in New Guinea, 1943-44.* Presidio, 2004.

GAMBLE, Bruce. *Fortress Rabaul: The Battle for the Southwest Pacific, January 1942-April 1943.* Zenith Press, 2010.

GLEECK, Lewis E. Jr. *The Manila Americans (1901-1964).* Carmelo & Bauermann, 1977.

GORDON, John. *Fighting for MacArthur: The Navy and Marine Corps' Desperate Defense of the Philippines.* Naval Institute Press, 2011.

GRASHIO, Samuel C; NORLING, Bernard. *Return to Freedom*. University Press, 1982.

GRIFFITH, Thomas E. *MacArthur's Airman*. University Press of Kansas, 1998.

GROVER, Roy Lee. *Incidents in the Life of a B-25 Pilot*. AuthorHouse, 2006.

GUNN, Nathaniel. *Pappy Gunn*. AuthorHouse, 2004.

GUNNISON, Royal Arch. *So Sorry, No Peace*. Viking Press, 1944.

HENEBRY, John P. *The Grim Reapers at Work in the Pacific Theater*. Pictorial Histories, 2002.

HICKEY, Lawrence J. *Warpath Across the Pacific*. International Research and Publishing, 1984.

_____; FELLOWS, Jack. *Stories from the Fifth Air Force*. International Historical Research Associates, 2015.

HIND, R. Renton. *Spirits Unbroken: Three Years a Prisoner in a Philippines Internment Camp*. CreateSpace, 2014.

HOLBROOK, Stewart. *None More Courageous: American War Heroes of Today*. Macmillan, 1942.

HOLLAND, Robert B. *100 Miles to Freedom: The Epic Story of the Rescue of Santo Tomas and the Liberation of Manila: 1943-1945*. Turner, 2011.

HORNFISCHER, James D. *The Last Stand of the Tin Can Sailors*. Bantam, 2005.

IMPARATO, Edward T. *Into Darkness: A Pilot's Journey Through Headhunter Territory*. Howell Press, 1995.

IND, Allison. *Bataan: The Judgment Seat: The Saga of the Philippine Command of the United States Army Air Force, May 1941 to May 1942*. Ind Press, 2007.

_____; MACARTHUR, Daniel. *Allied Intelligence Bureau: The Secret Weapon in the War Against Japan*. Bibliopoesy Book Publishing, 2014.

ISHIDA, Jintaro. *The Remains of War: Apology and Forgiveness — Testimonies of the Japanese Imperial Army and Its Filipino Victims*. Lyons Press, 2002.

JAMES, D. Clayton. *The Years of MacArthur*. Houghton Mifflin, 1970, 1975. V. 1 e 2.

JOHNSTON, Mark. *Whispering Death: Australian Airmen in the Pacific War*. Allen & Unwin, 2011.

KENNEY, George C. *General Kenney Reports*. United States Air Force, Office of Air Force History, 1987.

KIDSTON, Martin J. *From Poplar to Papua: Montana's 163rd Infantry Regiment in World War II*. Farcountry Press, 2004.

KING, Dan. *The Last Zero Fighter: Firsthand Accounts from WWII Japanese Naval Pilots*. Pacific, 2012.

LEE, Clark. *They Call It Pacific: An Eye-Witness Story of Our War Against Japan from Bataan to the Solomons*. Viking Press, 1943.

LICHAUCO, Marcial P. *Dear Mother Putnam: Life & Death in Manila During the Japanese Occupation 1941-1945*. Impressão particular, 2005.

LORENZEN, Angus. *A Lovely Little War: Life in a Japanese Prison Camp Through the Eyes of a Child*. History, 2008.

LUCAS, Celia. *Living Hell: The Prisoners of Santo Tomas*. Endeavour Press, 2013.

MACAULEY, Doris. *Bread and Rice: An American Woman's Fight to Survive in the Jungles and Prison Camps of the WWII Philippines*. Uncommon Valor Press, 2014.

MAIN, Vernon; BIENVENU, Richard. *The Royce Raid: The True Story of a Secret Suicide Mission in the WWII Pacific Theatre*. Welcome One Associates, 2013.

MANTELLI, Brown, Kittel e Graf. *North American B-25 Mitchell*. Edizioni R.E.I., 2015.

MARQUEZ, Adalia. *Blood on the Rising Sun: A Factual Story of the Japanese Invasion of the Philippines.* DeTanko Publishers, 1957.

MARSHALL, Cecily Mattocks. *Happy Life Blues: A Memoir of Survival.* Angus MacGregor Books, 2007.

MARTIN, Adrian R; STEPHENSON, Larry W. *Operation Plum: The Ill-Fated 27th Bombardment Group and the Fight for the Western Pacific.* Texas A&M University Press, 2008.

MCAULAY, Lex. *Battle of the Bismarck Sea.* St. Martin's Press, 1991.

_____. *MacArthur's Eagles: The U.S. Air War over New Guinea 1943-1944.* Naval Institute Press, 2005.

MCGOWAN, Sam. *World War II: Sam McGowan's Articles About World War II.* Impressão particular, 2012.

MERRIAM, Ray. *War in the Philippines, 1941-1945.* Merriam Press, 2013.

MESSIMER, Dwight R. *In the Hands of Fate: The Story of Patrol Wing Ten, 8 December 1941-11 May 1942.* Bluejacket Books; Naval Institute Press, 1985.

MIDDLEBROOK, Garrett. *Air Combat at 20 Feet: Selected Missions from a Strafer Pilot's Diary.* AuthorHouse, 2004.

MILLER, John. *Cartwheel: The Reduction of Rabaul.* Amazon Digital Services, 2013.

MILNER, Samuel. *Victory in Papua.* Amazon Digital Services, 2013.

MINER, William D.; MINER, Lewis A. *Surviving Hell; Surrender on Cebu.* Turner, 2010.

MOREHEAD, James B. *In My Sights: The Memoir of a P-40 Ace.* Presidio, 1998.

MORRILL, John. *South From Corregidor.* CreateSpace, 2013.

MORTON, Louis. *The Fall of the Philippines.* Amazon Digital Services, 2013.

_____. *The War in the Pacific: Strategy and Command: The First Two Years.* Amazon Digital Services, 2013.

MURPHY, James T.; FEUER, A. B. *Skip Bombing: The True Story of Stealth Bombing Techniques Used in 1942.* Integrated Book Technology, [s.d].

MYDANS, Carl. *More Than Meets the Eye.* Harper, 1959.

NULL, Gary. *Weapon of Denial: Air Power and the Battle for New Guinea.* United States Air Force History and Museums, 2014.

PERRET, Geoffrey. *Old Soldiers Never Die: The Life of Douglas MacArthur.* Adams Media, 1996.

PHILLIPS, Claire. *Agent High Pockets: A Woman's Fight Against the Japanese in the Philippines.* Uncommon Valor Press, 2014.

PHILLIPS, Edward H. *The Staggerwing Story: A History of the Beechcraft Model 17.* Flying Books International, 1996.

PREFER, Nathan. *MacArthur's New Guinea Campaign.* Combined Books, 1995.

READY, J. Lee. *The Massacre of ABDACOM: The Destruction of the United States, British, Dutch and Australian Forces by the Japanese in World War II.* Monticello, 2013.

REES, Laurence. *Horror in the East: Japan and the Atrocities of World War II.* Da Capo Press, 2001.

ROBINSON, Pat. *The Fight for New Guinea.* Random House, 1943.

RODMAN, Matthew K. *A War of Their Own: Bombers over the Southwest Pacific.* Air University Press, 2005.

ROMULO, Carlos P. *I Saw the Fall of the Philippines.* Doubleday, Doran, 1942.

RUFFATO, Luca; CLARINGBOULD, Michael J. *Eagles of the Southern Sky: The Tainan Air Group in WWII.* Tainan Research and Publishing, 2012. V. 1.

RUSSELL, Edward Frederick Langley. *The Knights of Bushido: A History of Japanese War Crimes During World War II*. Skyhorse, 2008.

RUTTER, Joseph. *Wreaking Havoc: A Year in an A-20*. Texas A&M University Press, 2004.

SAKAI, Saburo et al. *Samurai!*. Bantam, 1985.

SAKAIDA, Henry. *Imperial Japanese Navy Aces 1937-45*. Osprey, 1998.

_____. *Pacific Air Combat WWII: Voices from the Past*. Phalanx, 1993.

_____. *Winged Samurai: Saburo Sakai and the Zero Fighter Pilots*. Champlin Fighter Museum Press, 1985.

SALECKER, Gene Eric. *Fortress Against the Sun: The B-17 Flying Fortress in the Pacific*. Combined, 2001.

SCUTTS, Jerry. *B-25 Mitchell at War*. Ian Allen, 1983.

SHORES, Christopher et al. *Bloody Shambles: The First Comprehensive Account of Air Operations Over South-East Asia*. Grub Street, 1992, 1993. 2 v.

SMITH, Robert Ross. *The Approach to the Philippines*. CreateSpace, 2015.

_____. *Triumph in the Philippines*. CreateSpace, 2015.

SPENCER, Louise Reid. *Guerrilla Wife*. Crowell, 1945.

STENBUCK, Jack (Org.). *Typewriter Battalion: Dramatic Frontline Dispatches from World War II*. Quill; William Morrow, 1995.

STILLE, Mark E. *The Imperial Japanese Navy in the Pacific War*. Osprey, 2014.

STOELB, Richard A. *Time in Hell: The Battle for Buna on the Island of New Guinea*. Sheboygan County Historical Research Center, 2012.

STRAUBEL, James H. *Air Force Diary: 111 Stories from the Official Service Journal of the USAAF*. Simon & Schuster, 1947.

SUNDERMAN, James F. *Air Escape and Evasion*. Franklin Watts, 1963.

TAAFFE, Stephen R. *MacArthur's Jungle War*. University Press of Kansas, 1998.

TAGAYA, Osamu. *Mitsubishi Type 1 Rikko "Betty" Units of World War 2*. Osprey, 2001.

TANAKA, Yuki. *Hidden Horrors: Japanese War Crimes in World War II*. Westview Press, 1996.

The Philippines Campaign of 1941-1942: The First Major Campaign in the Pacific Theater. Charles River Editors, 2014.

TUNNEY, Noel. *Winning from Down Under*. Boolarong Press, 2010.

UNDERBRINK, Robert L. *Destination Corregidor*. Naval Institute Press, 1971.

UNITED States Army. Center for Military History. *Papuan Campaign: The Buna-Sanananda Operation 16 November-23 January 1943*. Amazon Digital Services, 2012.

UNITED States Navy. Office of Naval Intelligence. *Combat Narratives Volume 1: The Java Sea Campaign, Early Raids in the Pacific Ocean, The Battle of Midway, the Battle of Coral Sea*. Publication Branch, Office of Naval Intelligence, 1943.

VILLAMOR, Jesus A; SNYDER, Gerald S. *They Never Surrendered: A True Story of Resistance in World War II*. Vera-Reyes, 1982.

VOLCKMANN, R. W. *We Remained: Three Years Behind Enemy Lines in the Philippines*. W. W. Norton, 1954.

WARD, Lorraine; ERWIN, Katherine; OSHIRO, Yoshinobu. *Reflections of Honor: The Untold Story of a Nisei Spy*. University of Hawai'i at Mānoa, 2014.

WELLER, George. *Singapore Is Silent*. Harcourt, Brace, 1943.

WELLER, George. *Weller's War: A Legendary Foreign Correspondent's Saga of World War II on Five Continents.* Crown, 2009.

WHITMAN, John W. *Bataan: Our Last Ditch: The Bataan Campaign, 1942.* Hippocrene Books, 1990.

WILKINSON, Rupert. *Surviving a Japanese Internment Camp: Life and Liberation at Santo Tomas, Manila, in World War II.* McFarland, 2013.

WILLIFORD, Glen. *Racing the Sunrise: Reinforcing America's Pacific Outposts 1941-42.* Naval Institute Press, 2010.

WILLMOTT, H. P. *The Barrier and the Javelin.* Naval Institute Press, 2008.

_____. *The Battle of Leyte Gulf: The Last Fleet Action.* Indiana University Press, 2005.

WOLF, William. *The Douglas A-20 Havoc.* Schiffer, 2015.

WOMACK, Tom. *The Dutch Naval Air Force Against Japan.* McFarland, 2006.

WOODWARD, C. Vann. *The Battle for Leyte Gulf: The Incredible Story of World War II's Largest Naval Battle.* Skyhorse, 2007.

YENNE, Bill. *The Imperial Japanese Army: The Invincible Years 1941-42.* Osprey, 2014.

PERIÓDICOS

Air Classics, v. 42, n. 12, dez. 2006.

Air Classics, v. 45, n. 6, jun. 2009.

Air Classics Review: B-25: 50th Anniversary of the North American Mitchell. 1990.

Air Classics 20th Anniversary Edition, v. 1, 1985.

Argosy, v. 363, n. 2, ago. 1966.

Journal of the American Aviation Historical Society, v. 20, n. 1-4, 1975.

Man's Conquest, v. 7, n. 5, out. 1962.

National Geographic, v. 173, n. 4, abr. 1988.

National Geographic, v. 174, n. 2, ago. 1988.

Philippines Journal of Science, v. 7, seção A, n. 4, ago. 1912.

Plane & Pilot Antique & Classic Airplane Annual, 1971.

World War II, v. 28, n. 1, maio-jun. 2003.

WEBSITES

Foi feita uma extensa pesquisa em Fold3.com, Ancestry.com, Newspaperarchive.com e Newspapers.com. Também foi útil Pacificwrecks.com.

FONTES PRIMÁRIAS

Entrevistas feitas pelo autor

Nat Gunn, 2014-6.

John Henebry, Terceiro Grupo de Bombardeio, 1996.

Don Good, Terceiro Grupo de Bombardeio, 1992, 2000.

Bill Runey, 49º Grupo de Caça, 1992, 1996, 1998-9, 2015.

Wally Jordan, 49º Grupo de Caça, 1992-3.
James Morehead, veterano de Java, 49º Grupo de Caça, 1997-8.

Fontes de arquivos

United States Air Force Historical Research Agency [Agência de Pesquisa Histórica da Força Aérea dos Estados Unidos]
Aproximadamente 11 mil páginas de documentos foram adquiridas por meio de cópia direta e via arquivos eletrônicos em PDF durante o mês de setembro de 2014. Arquivos e grupos de registros acessados relacionados a operações da Força Aérea do Extremo Oriente (FAEO) do outono de 1941 até a Campanha de Leyte, em 1944, operações da Quinta Força Aérea de 1942 a 1944, Coleção Edmonds de entrevistas e documentos, arquivos pessoais do general Kenney, histórias de unidade para o 27º Grupo de Bombardeio, o Terceiro Grupo de Bombardeio, o 38º Grupo de Bombardeio e o 345º Grupo de Bombardeio e os esquadrões neles alocados, registros do Comando de Serviço Aéreo da Quinta Força Aérea, registros pertencentes ao Comando de Material da Força Aérea e do estabelecimento de centros de modificação por todos os Estados Unidos, além de diários e entrevistas de veteranos do comando da Área do Sudoeste do Pacífico, inclusive o diário do 27º Grupo de Bombardeio de McAfee. Também foi útil uma coleção de entrevistas depois da participação em combate com veteranos retornados, realizadas em sua volta aos Estados Unidos por pessoal da USAAF em busca de informações sobre quais táticas funcionavam, quais não, e que melhorias precisavam ser feitas nos equipamentos e nas aeronaves em uso em seu teatro de combate. Informações adicionais sobre o desenvolvimento do bombardeio de raspão também foram encontradas em registros de unidade de esquadrões de B-26 empregados em combate no teatro do Norte da África em 1942-3. Também foram usados os sumários de inteligência de 1942 da Força Aérea dos Estados Unidos, traduções *ATIS* e ADVANTIS de interrogatórios, e documentos e diários japoneses capturados. Isso se mostrou particularmente útil para entender a perspectiva japonesa sobre a Batalha do Mar de Bismarck. Também foram acessadas as entrevistas após a guerra com veteranos da FAEO e da Quinta Força Aérea realizadas para o programa de história oral da USAF.

Uma listagem completa de todos os grupos de registros acessados para este livro pode ser encontrada em <https://theamericanwarrior.com>.

Arquivos do Memorial MacArthur
Aproximadamente 1500 páginas de documentos, além de numerosas fotografias, foram adquiridas dessa notável coleção. Nelas estão incluídos excertos do diário de operações do G-3 da USAFFE, de dezembro de 1941 a março de 1942, informações extensas extraídas da Coleção Bartsch, a Coleção Pappy Gunn (material doado dos arquivos pessoais de Julie Gunn), comunicações entre MacArthur e Wainwright, de fevereiro a maio de 1942, a Coleção Marshall, relacionada à construção de depósitos de suprimentos na Austrália, 1942, arquivos pessoais de MacArthur, documentos sobreviventes da FAEO do verão e do inverno de 1941, além de memórias de veteranos do 24º Grupo de Caça, do 19º Grupo de Bombardeio, da Frota Bambu e de várias unidades da Força Aérea do Exército alocadas no Aeródromo de Del Monte e no Campo Clark.

Uma listagem completa de todos os grupos de registros acessados para este livro pode ser encontrada em <https://theamericanwarrior.com>.

Arquivos Nacionais

A coleção de fotos anteriores a 1954 da USAF encontrada na Seção de Fotografias Still em College Park foi usada para apoiar a pesquisa e a ilustração de *Indestrutível*. Também foram usados filmes e telejornais adicionais e transmissões originais de notícias de rádio, inclusive o lendário relato de Don Bell do alto do topo do prédio da NBC durante o primeiro bombardeio de surpresa a Manila, em dezembro de 1941. Também foram adquiridos outros materiais sobre as operações e sumários de missões da Quinta Força Aérea.

Centro Nacional de Registros de Pessoal

O material relevante para *Indestrutível* incluiu os relatórios do Formulário 5 (registros de voo) de Pappy Gunn e quase todos os pilotos mencionados na narrativa, aí incluídos Jim Davies, John Henebry, Bill Runey, Harold Slingsby, Don Hall etc. A necessidade de preencher os Formulários 5 aparentemente foi negligenciada durante o período caótico de dezembro de 1941 a março de 1942. A maioria dos veteranos das Filipinas e das primeiras ações na Área do Sudoeste do Pacífico tem lacunas em seus relatórios durante esse período.

Aqui também foram acessados os arquivos de pessoal da Marinha dos Estados Unidos relacionados a Paul I. Gunn, os quais, embora extensos, têm lacunas importantes no começo dos anos 1930. A maior parte dos arquivos da USAAF sobre Gunn foi destruída no incêndio que assolou a instalação em 1973; no entanto, alguns itens sobreviveram, entre eles uma lista revisada de suas condecorações conhecidas.

Condado de Searcy, Arkansas

Registros legais do período 1900-18 foram acessados no tribunal do condado.

Condado de Cleburne, Arkansas, Arquivos e Sociedade Histórica

Registros legais de 1898 a 1918 foram acessados no Tribunal do Condado de Cleburne, em Heber Springs. Os documentos estavam cobertos de mofo e muito destruídos por causa de armazenamento inadequado.

A sociedade histórica e biblioteca em Heber Springs tem uma coleção histórica especial que arquiva a publicação trimestral da sociedade histórica e jornais do período 1900-18. Infelizmente, há muitas lacunas nos jornais sobreviventes, inclusive para o período em que o pai de P.I. Gunn morreu. Consequentemente, nunca consegui determinar de forma conclusiva a causa da morte de seu pai.

Arquivos da família Gunn

Pappy Gunn conservou uma valise cheia de documentos e algumas fotografias relacionados a suas experiências na Segunda Guerra Mundial. Pedidos, transferências, relatos que ele escreveu ao general Kenney e a outros, todos sobreviveram e estão nos arquivos de Nat Gunn sobre seu pai. Entre os abrangentes registros de família a que Nat me deu acesso estavam o diário escondido de Polly escrito em Santo Tomas durante o começo de 1942, escritos e recordações posteriores de Polly, Julie e Paul, além de fotografias de família, certidões de casamento etc. Este livro não poderia ter sido escrito sem a generosa ajuda de Nat e a liberdade de acesso que ele me concedeu aos documentos pessoais da família.

Índice remissivo

17º Esquadrão de Caça Provisório, 183-5, 200
19º Grupo de Bombardeio, 76, 97, 214, 263, 270, 282, 359
21º Esquadrão de Transporte, 224, 314, 317, 319
27º Grupo de Bombardeio: A-24s do, 175, 179, 183, 262-3, 279, 430; B-18s do, 212; B-25s do, 281; John Davies e, 177, 183; P-40s do, 190; P.I. Gunn e, 181, 279
38º Grupo de Bombardeio, 397, 401
89º Esquadrão de Bombardeio, 321, 323, 332, 343-4, 379

A-20 Havocs: e a Batalha do Mar de Bismarck, 379; modificações feitas por P.I. Gunn, 316-23, 326, 330, 334, 342-6, 360, 362, 388, 473; Terceiro Grupo de Ataque e, 316, 318-20, 323, 334, 360, 395, 419
A-24 Dauntless, bombardeiros de mergulho: libertação de Manila e, 451; montagem de, 177, 179, 182-3; na Nova Guiné, 323, 334; nas Índias Orientais Holandesas, 189; no 27º Grupo de Bombardeio, 263; no comboio do *Pensacola*, 175
Abiko, Nanukaza, 408-9, 412, 440, 452, 454-5, 462

Amberly, Campo, 179, 184, 186, 262
Archerfield, 175, 178, 180, 187, 263, 271-2, 314-5
armas antiaéreas: B-17 no solo como, 92; bombardeio de baixa altitude e, 294, 316, 400; eliminação de, 314, 323, 346, 360, 375; em Del Monte, 102; em Manila, 82-4, 90, 95, 118, 124, 144, 150, 160, 411, 439; Miss EMF e, 223; na Batalha do Mar de Bismarck, 375-8, 400; na invasão de Leyte, 431, 434-5
Arnold, Hap, 341, 344, 384-6

B-18 Bolo, 83, 212, 297-8
B-24 Liberator, 212, 217, 439
B-25 Billy Mitchell: afundamento de destroieres japoneses, 399-400; apresentados a P.I. Gunn, 263; bombardeio de raspão e, 346, 360, 362, 374, 376, 378, 415; missão de resgate de espiões em Corregidor e, 291; modificações feitas por P.I. Gunn, 325-7, 331-3, 336-8, 342, 362, 373, 382, 385-9, 395-403, 416, 419, 473; na Batalha do Mar de Bismarck, 375-7, 379-80; na invasão das Filipinas, 421; na Nova Guiné, 323-4; na operação secreta em Cebu, 356, 358; no ataque a Davao, 290-1; no ataque ao porto

de Cebu, 293-4; no Royce Raid, 278-89; pilhagem de, 322; retirada de Del Monte, 296-300; tática e equipamento melhorados e, 313; tomados de forças holandesas, 264, 267-75, 281, 316, 329, 362

Bataan: aeródromos, 162, 242, 244; defesa de, 239, 262, 277-8; missão do quinino para, 242-8, 257-62, 278; rendição de, 279, 297, 301; retirada do Exército filipino-americano para, 146-8, 210, 355; turmas de solo do 27º Grupo de Bombardeio e, 177

Bataan, Marcha da Morte, 354, 417

Batalha do Mar de Bismarck, 374-81, 385, 397, 400, 402, 473

Batangas, Campo, 103, 120, 136

Batchelor, Campo, 185, 211, 219, 241, 245

Baxter, J. C., 163, 235

Beech 18: acidente fatal de P.I. Gunn e, 474; autonomia, 187; consertos no NPC-54, 136-7, 155; evacuação de Brereton e seu staff e, 151-2, 154-5, 157-8; FAEO e, 93, 97-103, 125; fugas de ataques de Zeros, 127-31, 135; na missão do quinino para Bataan, 242-8, 257-60; nas Índias Orientais Holandesas, 190-1, 197-202, 212; operações em Grace Park, 78, 86-7, 91, 102-3, 120, 125, 130, 138, 145, 152, 155; PAL e, 39-40, 76, 91, 97-8, 125, 131, 135-7, 151, 190, 212, 260, 322

Beech Staggerwings: danificado em Paracale, 53-4, 56-7, 61, 75, 97, 121; FAEO e, 137; P.I. Gunn e, 44-51, 55, 159; PAL e, 39-40, 43, 54, 219

Bell, Don: como jornalista integrado, 474; como Voz de Manila, 56, 59, 67-9, 71, 82, 143, 159, 161, 164; em Santo Tomas, 367, 369, 436, 440, 461; fuga da China, 60

bombardeio antinavio: B-17s e, 278, 316, 346, 374; B-25s e, 346, 360, 362, 374, 376, 378, 415; P.I. Gunn e, 286, 294, 316-7, 380

bombardeio de raspão, 359-60, 362, 374, 386

bombas de fragmentação com paraquedas, 340, 344-5, 362, 403, 419

Bostrom, Frank, 276, 278, 284, 288

Bradford, William, 137, 219, 262

Brereton, Louis, 70, 74, 96, 136, 148-9, 151-8, 185-6, 195, 221, 270

Brett, Howard, 169, 268-9, 276-7, 324, 338, 341

Brisbane, Austrália, material de guerra em, 175, 179-80, 182-3, 212, 216

Buna, 355, 359, 363-5, 380-1, 394-5, 402

Bureau de Inteligência dos Aliados (BIA), 335, 338, 355, 417

canibalismo, 334, 416

Carroll, Earl, 349, 352

Cavite, 76, 92, 94, 150, 156

Cebu, ilha de: acidente fatal de P.I. Gunn na, 474; ataque a força anfíbia japonesa na, 282-6, 289, 294; B-25 Billy Mitchells, 293-4, 356, 358; bloqueio japonês de Bataan e, 277; família de Cecil McFarland e, 244; Jess Villamor e, 356, 371, 382; Joseph Stevenot e, 41; operação secreta do BIA na, 356; P.I. Gunn atacado por Zeros na, 127-31

Charters Towers: B-25s holandeses e, 270-1, 274, 331, 336; Jim Davies e, 269, 275, 278, 316, 318, 320, 322, 341

China, invasão japonesa da, 36, 56, 58, 60, 82, 95, 133, 162, 311, 438

Clark, Campo: ataques japoneses ao, 69, 76, 78, 87-90, 92, 97, 100, 102, 120, 124-5, 288; conjuntos de radares e, 54

Comando Americano-Britânico-Holandês-Australiano (ABDA), 186, 189, 219, 222, 267

Comando de Material da Força Aérea, 317, 385-6

Comando de Transporte Aéreo, 212, 215, 224, 244

Connelly, Louis, 91, 96, 98, 125, 137, 200

Corpo Aéreo do Exército filipino, 55, 78, 103, 136, 147, 157, 212

Corregidor, ilha, 147-8, 239, 279, 284, 291-2, 334

Cruz Vermelha, 26, 96, 120, 145, 162, 408, 411, 437

Curtiss, hidroaviões, 191, 193-4, 214

Davao: ataques dos Aliados a, 213, 282, 290-2; ataques japoneses sobre, 68, 96, 102, 136, 145, 261, 290

Davies, John "Big Jim": A-20 e, 316-9, 322, 334; A-24 e, 177, 179-80, 183; B-25 e, 262, 264-5, 269-71, 274-5, 324, 333; como general, 473; em Charters Towers, 269, 275, 278, 316, 318, 320, 322, 341; George Kenney e, 339, 341-2, 344; P.I. Gunn e, 176, 180, 262, 275-6, 286, 314, 327, 330, 419; Royce Raid e, 278, 284-5, 287-8; retirada de Del Monte e, 295-6

defesa de Java, 188, 190, 196, 200-1, 216, 240, 262, 267, 269, 271

Del Carmen, Campo, 90, 94, 124

Del Monte: ataques japoneses a, 295, 297; B-17 em, 76, 97, 102, 118-9, 136, 219, 241-2, 260, 262; missão do quinino para Bataan e, 242-4, 246, 257, 261, 278; missões de suprimento de P.I. Gunn para, 125, 135, 151; retirada de, 295-300; Royce Raid sobre, 277-9, 282, 284-5, 287

"destruidores de comércio" (B-25 modificados), 360-1, 374-9, 397

Eagle Farm, 358-60, 373-4, 449

Elsmore, Ray T., 101-2, 138, 261-3, 282, 295, 298-300

Esquadrão Número 18, 268, 275

Eubank, William, 270, 274

Evans, Jack: A-20 e, 321; B-25 e, 325, 361-2; morte de, 473; P.I. Gunn e, 181, 183, 271, 279, 284, 293, 297, 314, 333

Filipinas: ataques japoneses às, 34, 36-7, 39, 42, 52, 57, 59-61, 68-79, 87-94, 96, 100, 139, 145-8, 241; conquista japonesa das, 313, 334; êxodo de oficiais de campo das, 138; internação de alemães, 163; Joseph Stevenot e, 41-2; libertação das, 313, 322, 345, 359, 366, 381, 389, 403, 412, 420-1, 436; operação secreta do BIA nas, 356; reforço pelos militares dos EUA, 37; sistema de alerta aéreo, 51-2; *ver também cidades, aeródromos e ilhas específicos*

Flying Chiefs, 35, 218

fome: de soldados japoneses, 343, 356; em Bataan, 262; em Luzon, 436-7; em Santo Tomas, 303, 382, 408, 411, 413, 437, 441, 457, 460, 465-6

Força Aérea do Exército dos Estados Unidos, 34-5, 38, 90, 97, 268

Força Aérea do Extremo Oriente (FAEO): aeronaves civis e, 97, 121, 136, 241; ataques a Manila e, 93-5, 148, 162; ataques antinavio da, 286; aviões de transporte e, 93, 103, 137; B-25 holandeses e, 274-6; Beech 18 e, 93, 97-103, 125; dispersão de aeronaves para evitar ataques, 136; evacuação de Brereton e seu staff, 151-2, 156; George Kenney e, 338-9; missão do quinino para Bataan e, 262; PAL e, 97, 122, 136-7; perda de aeronaves, 100, 103, 136, 288, 295; problemas na, 38; quartel-general da, 38, 76, 149, 325, 338, 356; William Eubank e, 270

forças holandesas: B-25s e, 264, 267-75, 316, 329, 362; defesa de Java e, 222; em Timor, 190, 195, 199, 202, 220; opinião de P.I. Gunn sobre, 220-1, 264-5; poder aéreo e, 188-9, 201, 264-5, 267-9, 271; relacionamento com os Aliados, 266-9

Força-Tarefa do Sul do Pacífico, 176, 181

Fortalezas Voadoras B-17: bombardeio antinavio e, 278, 316, 346, 374; bombardeio de raspão, 359; em Del Monte, 76, 97, 102, 118-9, 136, 219, 241-2, 260, 262; George Kenney e, 340; miras de bombardeio nas, 263; Miss EMF, 212-25, 242, 245, 247, 287, 418; na Batalha do Mar de Bismarck, 375-6, 379-80; na operação secreta em Cebu, 356; nas Índias Orientais Holandesas, 190; no Campo Clark, 76, 90, 92; no Campo Nielson, 38; no Royce Raid, 278, 282-5, 287-8; som das, 78; suprimentos de manutenção para, 176

Fox, Jack: B-25 holandeses e, 271-3, 278, 281; modificações feitas nos B-25 por P.I. Gunn e, 314, 326, 332-3, 338, 361, 373-4, 388, 397

Frota Bambu, 138, 219, 242, 261-2, 291-2

Garriz, Charlie e Raleigh, 143-4, 161, 163-4, 352, 354

Gilmore, Jim, 327, 330, 357, 396, 416-7, 419, 467, 469-70

Grace Park: Beech 18 e, 78, 86-7, 91, 102-3, 120, 125, 130, 138, 145, 152, 155; evacuação da família Gunn de Manila e, 154; evacuação de Brereton e seu staff e, 156-8; PAL e, 92-3, 103, 136; Royce Raid e, 288

guerra de guerrilha: na China, 474; nas Filipinas, 36, 121, 298, 335, 352, 354, 371, 382, 417, 434, 460; nas Índias Orientais Holandesas, 261

Gunn, Charles (tio), 113-4, 116

Gunn, Charley (irmão), 105, 111-5

Gunn, Connie (filha): abrigo antibombas e, 150, 160; ataque a Pearl Harbor e, 69, 71; ataques dos Aliados a Manila e, 411; ataques japoneses a Manila e, 57-61, 80-6, 150-1; Cruz Vermelha e, 145, 162; educação escolar, 26, 28, 63, 65; em Santo Tomas, 226-30, 237, 301-2, 304, 306, 352, 405, 410, 439, 444, 452-7; evacuação de Manila, 153-5; família Gurevich e, 134-5; Guyenne Sanchez e, 142-3, 145, 458-9; Jonathan Wainwright e, 38; libertação de Manila e, 460-5; ocupação de Manila e, 203, 206-10; queda de Manila e, 159-64; relacionamento com o pai, 123, 141; reunião com P.I. Gunn, 464, 467-72; transferências de lugar depois do ataque a Manila, 93, 96, 119-24, 135; vida após a guerra, 474

Gunn, Julie (filha): ataque a Pearl Harbor e, 69, 71; ataques dos Aliados a Manila e, 411; ataques japoneses a Manila e, 57, 75, 80-6, 150-1; Cruz Vermelha e, 145, 162; educação escolar, 26, 28, 63, 65; em Santo Tomas, 226-30, 235, 237, 301-2, 306, 347-53, 404-8, 414, 437, 439, 441, 444, 452-7; evacuação de Manila, 153-5; família Gurevich e, 134-5; Jonathan Wainwright e, 38; libertação de Manila e, 460, 463, 465; ocupação de Manila e, 206-10; queda de Manila e, 159-64; resistência filipina e, 354; reunião com P.I.

Gunn, 464, 467-72; transferências de moradia depois do ataque a Manila e, 93, 96, 119-24, 135; vida após a guerra, 474

Gunn, Nathan (filho): abrigo antibombas e, 140, 150, 160; ataque a Pearl Harbor e, 66-7, 69, 71, 73-4; ataque japonês às Filipinas e, 57, 61; ataques dos Aliados a Manila e, 411; ataques japoneses a Manila e, 80-4; em Santo Tomas, 226-38, 304-10, 352-3, 368-9, 405-7, 410, 412-3, 437-44, 446, 451-4, 456-7; escola católica e, 63, 65; evacuação de Manila, 153-5; Guyenne Sanchez e, 142-3; infância no Havaí, 203-4; libertação de Manila e, 460-2, 465-6; ocupação de Manila e, 203, 206-10; queda de Manila e, 159-65; relacionamento com o pai, 25, 123, 131, 154, 204-6, 306, 308, 380; reunião com P.I. Gunn, 464-, 466-72; sobre o patriotismo de P.I. Gunn, 92; transferências de moradia depois do ataque a Manila, 93, 96, 119-24; vida antes da guerra em Manila, 24-6, 28, 31, 33; vida após a guerra, 474; voo com P.I. Gunn, 55, 99

Gunn, Nathanial Hezakiah (pai), 107-8, 112-3

Gunn, Paul (filho): abrigo antibombas e, 150, 160; ataque a Pearl Harbor e, 66-7, 69, 71, 73-4; ataque japonês às Filipinas e, 61; ataques dos Aliados a Manila e, 411; ataques japoneses a Manila e, 80-4; em Santo Tomas, 226-37, 304, 306-9, 368-9, 405, 410, 413, 440-1, 443, 452-3; escola católica e, 63, 65; evacuação de Manila, 153-5; Guyenne Sanchez e, 142-3; infância no Havaí, 203-4; libertação de Manila e, 460-2, 465-6; ocupação de Manila e, 206-10; queda de Manila e, 159-64; relacionamento com o pai, 123, 131; reunião com P.I. Gunn, 464-72; transferências de moradia depois do ataque a Manila, 93, 96, 119-24, 135; vida antes da guerra em Manila, 24, 26, 28, 31, 33; voo com P.I. Gunn, 54-5, 99

Gunn, Paul Irvin (P.I., Pappy): 17º Esquadrão de Caça Provisório e, 183-5, 200; acidente de pouso do Beech 18 NPC-54, 127-30, 136-7;

Andrés Soriano e, 39, 54, 91, 121, 320; ataque a Davao, 290-1; ataque a destroieres japoneses, 399-400; ataque a Pearl Harbor e, 56-8, 73-4; ataque ao porto de Cebu, 294, 316; ataque do Japão às Filipinas e, 59, 61, 73-9; ataques a Manila e, 75-91; B-25 Billy Mitchell e, 263-5, 268; B-25 holandeses e, 264-5, 269-75, 329; Batalha do Mar de Bismarck e, 375, 380-1; BIA e, 335-6, 338, 355, 417; bombardeio antinavio de baixa altitude, 286, 294, 316-7, 380; bombardeio de raspão e, 360, 386; busca por porta-aviões japonês, 292-3; como contador de histórias, 327-9; como figura lendária, 169-72, 183-4, 220, 222, 393-4, 466-7; como jovem no Arkansas, 32, 105-17; como mecânico especializado, 106; como pioneiro da aviação, 26, 45, 214; como voluntário da Força Aérea do Exército, 97, 99, 103-4, 141; crenças religiosas, 30, 64, 108; Cruz de Serviço Distinto, 202; defesa das Índias Orientais Holandesas e, 189-90; desconfiança dos altos escalões militares, 158, 169, 174, 195, 241, 264, 300, 313, 338, 387, 396; em Eagle Farm, 358-60, 373-4, 449; evacuação da família de Manila, 146, 152-5; evacuação de Brereton e seu staff para a Austrália, 151-8; ferimentos e recuperação, 445-50, 466-72; George Kenney e, 342, 344, 356, 358-61, 380, 385, 396, 420; Guyenne Sanchez e, 142; habilidade e experiência como piloto, 41, 44-50, 127-30, 218-9, 246-58, 292, 328; invasão de Leyte e, 423-35; John Davies e, 176, 180, 262, 275-6, 286, 314, 327, 330, 419; Joseph Stevenot e, 41-2, 44, 51; libertação das Filipinas e, 420-1; melhorias na tática e no equipamento do B-25, 313; Miss EMF e, 211-25, 242, 245, 247, 287; missão do quinino para Bataan, 242-62, 278; missões de suprimento a Del Monte, 125, 135, 151; missões para Port Moresby e, 329, 343; modificações no A-20 e, 316-23, 326, 330, 334, 342-6, 360, 362, 388, 473; modificações no B-25 e, 314,

326-7, 331-2, 336-8, 342, 361, 373-4, 382, 385-9, 397-403, 416, 419, 473; morte de, 474; necessidade de combate, 294-5, 315; opinião negativa sobre as forças holandesas, 220-1, 264-5, 267; peça quase fatal pregada em, 419; personalidade complexa de, 25-6; Ralph Royce e, 291-2, 295-6, 320, 323; relacionamento com Nathan, 25, 123, 131, 154, 204-6, 306, 308, 380; relacionamento com Polly, 26-7, 122, 131-2, 142, 191, 303, 347-8; resgate da família em Manila, 175, 182, 195, 216, 219, 222, 225, 242, 260, 262, 280-1, 283, 297-8, 300, 311-2, 320-1, 358, 388, 396, 420, 422, 433-4; resgate de espiões em Corregidor, 291-2; retirada de Del Monte e, 295-300; retirada do Exército filoamericano para Bataan e, 146, 149; reunião com a família, 467-72; Royce Raid e, 278-83, 285, 288, 311-4, 330; segurança nacional e, 30, 42; traição de MacArthur e, 174; transferências de moradia da família depois do ataque a Manila, 91, 93, 96, 120, 122-3, 135, 139; venda ilegal de bebida e, 110-1, 114; viagem de lua de mel, 191-4; vida familiar, 23-31, 55; volta aos EUA, 383-4, 387-8

Gunn, Polly (esposa): abrigo antibombas e, 140, 150-1, 160; ataque a Pearl Harbor e, 66-7, 71, 74; ataques dos Aliados a Manila e, 411; ataques japoneses a Manila e, 33, 42, 57, 59-60, 77-86, 150-1; catolicismo e, 30, 62-4; comissão de P.I. Gunn na Força Aérea e, 141; em Santo Tomas, 209, 226, 229, 231-2, 234-7, 301-10, 347-53, 368, 370, 384, 405-8, 414, 437-44, 452-4, 457; evacuação de Manila, 146, 153-5; família Gurevich e, 134-5, 143; Guyenne Sanchez e, 143-4; libertação de Manila e, 459-60, 463, 465-6; ocupação de Manila e, 203, 206-10; queda de Manila e, 159-65; relacionamento com P.I. Gunn, 25, 27, 122, 131-2, 142, 191, 303, 347-8; reunião com P.I. Gunn, 464-72; transferências de moradia depois do ataque a Manila, 93, 96, 119-24, 135; viagem de lua de mel, 191-4; vida antes da guerra em Manila, 23-31, 54; vida após a guerra, 475

Gurevich, Boria, 133-4, 140, 143, 160, 164, 352, 406, 437, 458

Gurevich, Eva: como refugiada, 133-4; emigração para os EUA, 474; família Gunn e, 134, 140, 143, 160, 164, 208-10, 226-7, 352, 406, 437; libertação de Manila e, 459-60

Gurevich, Leo: família Gunn e, 134-5, 140, 143, 160, 164, 210, 226-7, 229, 352, 404, 406, 437; morte de, 459

Hall, Don P., 317-9, 321, 324, 332-3, 343, 345, 399

Halsey, William "Bull", 431

Henebry, John, 362, 377, 397, 399, 473

hidroaviões de casco e de flutuadores, 24, 34-5, 45, 138, 191, 193-4, 198-9, 208, 214, 240, 285-6

Hollandia, nova Guiné, 415-6, 421

Hutchinson, David "Photo", 421, 426, 428, 431, 433-4, 466, 473

Iba, Campo, 37, 54, 89, 120

Ind, Allison, 355-6

Índias Orientais Holandesas: Beech 18 nas, 190-1, 197-202, 212; invasão japonesa das, 186, 188-90, 202, 219, 222-4, 239-40, 261, 267, 275; P-40s e, 189-90, 195-7, 201-2

Japão: ataque a Koepang, 202; ataque a Pearl Harbor, 56-7, 66-7, 69, 74; ataques a Del Monte, 295, 297; ataques a Luzon, 37, 59, 87, 94, 139, 146-7, 239, 244; ataques a Manila, 33-4, 36, 42, 57-61, 70, 75-91, 94-5, 118, 120, 122, 124, 136, 139, 144, 146, 148, 150-2, 160, 162, 194; ataques a Port Moresby, 323-4, 330, 333-5, 343, 345, 356; ataques às Filipinas, 34, 36-7, 39, 42, 52, 57, 59-61, 68-79, 87-94, 96, 100, 139, 145-8, 241; aviões de combate do, 51, 58; controle do Pacífico ocidental, 175, 196, 295; Davao e, 68, 96, 102, 136, 145, 261, 290; defesa de Buna, 363-5; defesa de Leyte, 424-6, 428-35; derrotas no Pacífico, 366-7, 370, 410; guardas de Santo Tomas, 229, 235-6, 353, 366-9, 408-12, 414, 438, 440, 443, 452-5, 460; guerra com a China, 36, 56, 58, 60, 82, 95, 133, 162, 311, 438; guerra na Nova Guiné, 275, 321-4, 333, 346, 363-5, 374, 397, 401-3, 416, 473; habilidade de seus pilotos, 285-6, 288, 324; invasão das Filipinas pelos Aliados e, 422; invasão das Índias Orientais Holandesas, 186, 188-90, 202, 219, 222-4, 239-40, 261, 267, 275; invasão terrestre das Filipinas, 145-8; libertação de Manila e, 458-9; massacres de prisioneiros de guerra, 443, 452-3; perda de comboios de reforço, 374-82; queda de Manila, 160, 456, 458; Royce Raid e, 277, 285, 287, 289

Johnson, Alexander, 180, 183, 212, 224, 244, 269

Johnson, Gerald R., 433-5

Kawanishi H6ks, 198-9

Kenney, George: A-26 Invader e, 418-9; ataque a Wewak e, 401, 403; Batalha do Mar de Bismarck e, 374-5, 380-1, 385; bombardeio de baixa altitude e, 346, 375; bombas de fragmentação e, 340, 344, 362, 419; Comando Aéreo Estratégico e, 473; Dobodura e, 395; FAEO e, 338-9; guerra na Nova Guiné e, 343, 363; invasão das Filipinas pelos Aliados e, 420-1; invasão de Leyte e, 425, 427, 433-5; libertação de Manila e, 466; operação secreta em Cebu e, 356, 363; P.I. Gunn e, 342, 344, 356, 358, 361, 380, 385, 396, 420

Kincaid, Thomas, 426, 429-31

Koepang, Timor, 158, 195-202, 220

Kokoda, Trilha, 333-4, 343, 346, 355, 359, 363

K-T Flying Service, 55, 67, 95, 292

Larner, Ed, 360, 375, 377-9, 396

Leake, Betram Godfrey, 232-3, 306-8, 370, 409, 412-3, 455, 460

Leyte, ilha de, 420, 423-35, 466, 470

Lil' Fox, 395, 397-8
Lockheed Hudson, 199-200, 202
Lockheed Lodestar, 212, 262, 278
Luzon: ataques japoneses a, 37, 59, 87, 94, 139, 146-7, 239, 244; campos de prisioneiros, 235, 421; defesa japonesa de, 436; dispersão de aviões de caça da FAEO em, 136; êxodo de oficiais de campo, 138; fome em, 436-7; libertação das Filipinas e, 420; observadores aéreos em, 51; Raid de Royce e, 282-3; rendição de, 297-8; tomada de aeródromos japoneses, 119

MacArthur, Douglas: Allison Ind e, 355; apoio às guerrilhas, 335; ataque a Buna por, 359, 363-5; Batalha do Mar de Bismarck e, 374, 381; BIA e, 417; bloqueio japonês de Bataan e, 277; comunicados de guerra, 143, 163; defesa das Filipinas e, 33, 36, 38, 42-3; defesa de Manila, 71, 74, 139, 141, 152, 158, 174; forças holandesas e, 266, 268; fuga para a Austrália, 239, 242, 276; George Kenney e, 341; Howard Brett e, 338; invasão anfíbia de Hollandia, 416; invasão de Leyte e, 423, 428; libertação das Filipinas e, 313, 322, 345, 359, 366, 381, 389, 403, 412, 420, 436; missão do quinino para Bataan e, 263, 278; operação secreta em Cebu e, 382; resgate de espiões em Corregidor, 291; retirada para Bataan, 146, 148; Royce Raid e, 278-80; Santo Tomas e, 456; transferência de B-17 para a Austrália, 136; tropas Filipinas de, 144-5
Manila: ataques dos Aliados a, 411, 414, 439, 451-6; ataques japoneses a, 33-4, 36, 42, 57-61, 70, 75-91, 94-5, 118, 120, 122, 124, 136, 139, 144, 146, 148, 150-2, 160, 162, 194; catolicismo de, 62; libertação de, 411, 451, 458-66; ocupação japonesa, 203, 206-10, 227, 404, 436; queda de, 159-65, 175, 195; retirada de dependentes dos EUA de, 33, 65
McAfee, Jim, 276, 285, 337
McFarland, Cecil, 212, 244-8, 258, 260-2
McKinley, Forte, 33, 37, 81, 83, 85, 149, 155

Mindanao, 68, 145, 242, 281-2, 284-5, 295, 300, 420
Mindoro, ilha de, 139, 152, 195
miras de bombardeio, 58, 263, 273-4, 317, 362
Miss EMF, 211-3, 217-25, 242, 245, 247, 287, 418
Mitsubishi Zero: ataque ao Beech 18 de P.I. Gunn, 127-30; Miss EMF e, 213, 223; na Batalha do Mar de Bismarck, 376; nas Índias Orientais Holandesas, 189, 202; nos ataques a aeródromos nas Filipinas, 94, 125; reputação dos, 216
Morehead, Jim, 218

Nanquim, China, 58-9, 312
Nichols, Campo: acidente de pouso do Beech 18 de P.I. Gunn, 130, 136; alojamento para, 33; ataques japoneses ao, 57, 75, 77, 81-2, 84, 87-8, 94, 124-5, 152, 194; demolição do, 157, 159; P-40 em, 34-5, 37, 69, 86, 88; Royce Raid e, 284, 288
Nielson, Campo: ataques japoneses ao, 57, 76-7, 85, 88-9, 92, 124, 152; B-17s no, 38; captura do, 161; como QG da FAEO, 149; evacuação de Brereton e seu staff e, 157; observadores aéreos e, 51, 53
Norden, miras, 263, 273, 317, 362
North American Aviation, 385, 388-9
Nova Bretanha, 321, 397, 399
Nova Guiné: George Kenney e, 343, 363; Japão e, 275, 321-4, 333, 346, 363-5, 374, 397, 401-3, 416, 473; Terceiro Grupo de Ataque e, 274, 314, 322-4, 333-4; ver também ilhas específicas

Owen, Haz, 110-1, 116, 383
Owen, Jewell Gunn, 105, 108-11, 113, 115, 383-4, 387

P-26 Peashooter, 78, 120, 147
P-38 Lightning, 375-6, 403, 433-5
P-40 Warhawk: 17º Esquadrão de Caça Provisório e, 183-4; ataques a Darwin e, 241;

dificuldades de montagem, 180, 183, 187; em Del Monte, 261; forças holandesas e, 267; invasão japonesa de Manila e, 148, 162; mortes japonesas, 239; na defesa de aeródromos nas Filipinas, 125; na defesa de Java, 216-7; na defesa de Manila, 94-5; nas Índias Orientais Holandesas, 189-90, 195-7, 201-2; no Campo Clark, 88-9, 97; no Campo Nichols, 34-5, 37, 69, 86, 88; no Campo Nielson, 157; no comboio do *Pensacola*, 176; remendos nos, 93, 137, 358; som dos, 78

Pappy's Folly, 327, 332, 361

Paracale, 39, 40, 48, 50, 53, 89, 120

Pearl Harbor, ataque a, 56-7, 66-74, 241

Philippine Air Lines (PAL): Beech 18s da, 39-40, 76, 91, 97-8, 125, 131, 135-7, 151, 190, 212, 260, 322; Beech Staggerwings da, 39-40, 43, 54, 219; destruição das instalações em Davao, 290-1; estoques de combustível, 139; evacuação de Brereton e seu staff e, 151, 153, 156; FAEO e, 96, 122, 136-7; Grace Park e, 91, 93, 103, 136; P.I. Gunn e, 39-40, 55, 75, 89; restabelecimento após a guerra, 474; transferências de moradia da família Gunn e, 124, 140-1

Philippine Air Taxi Company (PATCO), 42, 78, 137

Port Moresby, 275, 321, 323-4, 329, 333-5, 343, 345, 356

Quezon, Manuel, 118, 146, 148, 262

Quinta Força Aérea, 356, 358, 375, 397, 403, 415, 418-9, 421, 426

Quitman, Arkansas, 32, 64, 106-12, 116, 383

Rabaul, 275, 365, 374, 395, 398, 401, 412

radar, 52-4, 89, 121

Rádio Manila, 143, 159, 164

Real Força Aérea Australiana (RAAF), 241, 267-8

Roberts, C. G., 335, 355

Rogers, Jack, 54, 121

Roosevelt, Franklin D., 38, 76, 212, 295, 385

Royce Raid, 276-89, 311, 313-4, 330

Royce, Ralph: P.I. Gunn e, 291-2, 295-6, 320, 323; retirada de Del Monte e, 295-6

Runey, Bill, 401, 415

Sanchez, Guyenne, 142-4, 161, 163-4, 301-2, 352-4, 408, 458-9, 474

Santo Tomas, Campo de Internação: família Gunn e, 209, 226-38, 301-10, 347-53, 368-70, 384, 404-8, 410, 412-4, 437-44, 446, 452-4; fome no, 303, 382, 408, 411, 413, 437, 441, 457, 460, 465-6; guardas, 229, 235-6, 353, 366-9, 408-12, 414, 438, 440, 443, 452-5, 460; libertação do, 451-61; tortura no, 235, 237, 370

SBD Dauntless ver A-24 Dauntless, bombardeiros de mergulho

SCR-270 e 271, sistemas de radar, 52-3, 89, 121

Sétima Cavalaria, 424

Singapura, 186, 201, 219, 222, 239-40, 268

Slingsby, Harold, 91, 96-8, 102, 125, 137, 155, 212

Soriano, Andrés, 39-40, 54, 91, 121, 125, 142-3, 320

Sprague, Bud, 184-5, 189-90, 195-6, 200-2, 222, 239

Stevenot, Joseph, 41-2, 44, 51, 53, 61, 89, 121

Stickle, Dan, 67, 95-7, 119-22, 151, 225, 235, 439

Stickle, Marie, 96, 119, 122, 235, 439

subnutrição, 309, 347, 416, 440

Surabaya, 42, 201-2, 223

Tacloban, 421, 424, 426-7, 429-31, 433-4

Tainan, Grupo Aéreo, 324, 330, 333, 345

Terceiro Grupo de Ataque (Grim Reapers): A-20s do, 316, 318-20, 323, 334, 360, 395, 419; A-26s do, 418-9; ataque a destroieres japoneses, 399-400; ataque a Wewak, 402-3; ataques a Cebu, 284-6; B-25s holandeses e, 270-1, 273-5, 316, 329; Batalha do Mar de Bismarck e, 375, 379; bombas de fragmentação com paraquedas e, 345, 403; George

Kenney e, 340; modificações feitas por P.I. Gunn no B-25 e, 326-7, 341, 395-401, 419; Nova Guiné e, 274, 314, 322-4, 333-4; perda de pilotos, 331, 333, 345; retirada de Del Monte, 296; Royce Raid, 276-9; táticas melhoradoras para, 314

Timor, 158, 190, 195-202, 219-20, 239, 247

tortura, 235, 237, 334, 370, 452

treinamento de pilotos, 35, 46, 55, 216

Tyce, Bob, 67, 69, 71

USS *Langley*, 27, 34, 240

USS *Lexington*, 35, 57, 67, 208, 218, 333

USS *Pensacola*, 148, 175-7, 212

Valencia, 282, 284, 297-8

van Oyen, L. H., 267-9

Villamor, Jesus "Jess", 120, 160, 262, 335, 355-7, 371, 382

Wainwright, Jonathan: bloqueio japonês de Bataan e, 277-8; Corregidor e, 239, 334; FAEO e, 38, 86; missão do quinino para Bataan e, 242, 261-2, 278; rendição de Bataan e, 279; Royce Raid e, 288

Wake, ilha de, 69

Wewak, 398, 401-3, 415

Whitehead, Enis, 266, 471

Wright, Campo, 317, 340, 382, 387

Zablan, Campo, 103, 129

Zelekofsky, Abraham, 233, 412-3

ESTA OBRA FOI COMPOSTA PELA ABREU'S SYSTEM EM INES LIGHT
E IMPRESSA EM OFSETE PELA GRÁFICA SANTA MARTA SOBRE PAPEL PÓLEN SOFT DA
SUZANO S.A. PARA A EDITORA SCHWARCZ EM MARÇO DE 2020

A marca FSC® é a garantia de que a madeira utilizada na fabricação do papel deste livro provém de florestas que foram gerenciadas de maneira ambientalmente correta, socialmente justa e economicamente viável, além de outras fontes de origem controlada.